法律人 AI指南

张萌 李小武 兰洋 陈中泽 张娴 张井 武泽钰 黄晓静 张小露 周雅婷 ◎著
付姝 陈静怡 魏博文 杨仁泽 王小宇 胡晓月 岳荧宏 齐倍羚

大模型10倍提升工作效率的方法与技巧

机械工业出版社
CHINA MACHINE PRESS

图书在版编目（CIP）数据

法律人 AI 指南：大模型 10 倍提升工作效率的方法与
技巧 / 张萌等著 . -- 北京：机械工业出版社，2025. 3.
ISBN 978-7-111-77583-6

Ⅰ. D9-39

中国国家版本馆 CIP 数据核字第 20252SH653 号

机械工业出版社（北京市百万庄大街 22 号　邮政编码 100037）
策划编辑：杨福川　　　　　　　　责任编辑：杨福川
责任校对：张雨霏　马荣华　景　飞　责任印制：常天培
北京铭成印刷有限公司印刷
2025 年 3 月第 1 版第 1 次印刷
170mm×230mm · 22 印张 · 398 千字
标准书号：ISBN 978-7-111-77583-6
定价：99.00 元

电话服务　　　　　　　　　网络服务
客服电话：010-88361066　　机 工 官 网：www.cmpbook.com
　　　　　010-88379833　　机 工 官 博：weibo.com/cmp1952
　　　　　010-68326294　　金 书 网：www.golden-book.com
封底无防伪标均为盗版　　机工教育服务网：www.cmpedu.com

Preface 序 I

"智慧法律，未来已来！AI 助手与您共创法律新世界。"

这是我用人工智能（AI）向本书读者发出的一句问候语！

当新一代生成式人工智能震撼登场时，我们法律人的心情是百味杂陈的。

律师，一个古老而坚韧的职业。我们以其悠久的历史为傲，视保守为坚守正义与秩序的美德。我们犹如屹立不倒的古老钟楼，任凭外界风雨肆虐，依旧敲着独有的沉闷节奏；我们像是那见证了无数沧桑变幻的深幽之井，即便暴风骤雨激起层层涟漪，也总是能在瞬息之间归于宁静。历次汹涌的工业革命浪潮，都只是给法律人带来了更为复杂多变的立法需求、交易形态与纠纷解决挑战，为法律人提供了更多展现法律智慧与技艺的舞台，而从未动摇法律职业活动的根本。我们是不被技术所诱惑和俘获的职业，我们固守着自己的人性传统，一张纸、一支笔、一部法典、一个法庭，贯穿了法律职业几千年的发展历程。

然而，AI 来了。

别了，没有 AI 的时代！

它震撼了法律人的灵魂。它搅动了一潭深水。它宣告了一个新时代的到来。

它到底是吞噬法律人的洪水猛兽，还是能被法律人的智慧和勇气所驯服的力量？

它是一条法律人走向覆灭的道路，还是一道指引法律人走向另一场胜利的曙光？

它会使我们的生活更加乏味无趣，还是将使我们的职业生活和家庭生活更有质感？

它是对法律人的压迫，还是对法律人的支撑？

它会弱化人的主体地位，还是将彰显和增强人的尊严与价值？

它将定义我们的一切，还是我们将主宰它的未来？

它会消灭我们的光荣和梦想，还是将赋予我们新的荣光和辉煌？

本书努力解答了所有这些疑问。

本书以法律人的视角观察、审视了 AI 带来的机遇和挑战。

本书是一场技术与法律、坚守与变革、逻辑与人性的深刻对话。

无论是怀抱新奇、震撼、幻想、渴望，还是充满迷惑、惶恐、怀疑、拒斥，我们都必须接受，AI 的时代已经揭幕，一个全新的时代正在加速到来。AI 作为法律行业转型升级的核心驱动力，也许在 10 年或者 5 年内就会普及和惠及到法律行业的每个角落。讨论 AI，不是为了猎奇，不是为了炫酷，而是为了发展，为了生存。

无论是合伙人、非合伙律师，还是律师事务所的行政管理人员，都必须承认，AI 正以前所未有的深度和广度改变着法律实务的面貌，而无论是在律师行业的职业属性方面，还是在律师行业的商业属性方面。AI 的影响是全方位的，律师行业的每个人都无法逃避 AI 的影响。AI 会将我们从传统的舒适区中驱逐出来，但是如果我们能与 AI 牵手，它也会引领我们进入另一个更高层次的舒适区。AI 并没有带来人类律师的"黄昏"，它可以是我们的坚定同盟军，是我们的"24 小时 +"，是律师行业的新质生产力，是律师行业高质量发展中的"风云人物"，是未来法律世界的新秩序。

逐梦 AI 是当代法律人的宿命。不与 AI 结盟，就是在与时代为敌，就是在背叛自己的职业，背叛自己的初心。

但是，不认清 AI 的局限性，就是在"玩火"。现阶段的 AI 虽然具有强大的数据处理和模式识别能力，但是它在很多方面仍然存在着显著的局限性。例如，AI 缺乏真正的理解和创造力，它只能根据已有的数据进行预测和推理，而无法像人类一样进行深度思考。AI 还面临着伦理、隐私和安全等方面的挑战。总之，对完美的 AI 的痴情，终将像我们对 DNA 技术的迷信一样幻灭。

因此，套用一句俗语："AI 不是万能的，但没有 AI 是万万不能的。"

这就是本书给我们的回答。

这是不想在新时代出局的每个法律人应当深入阅读的一本书。

本书也为法学教育提出了新的历史任务。在 AI 已经如此普遍地触及法律人的职业的时代，法学教育还能独善其身吗？在法学院生产"生产者"时，不关注 AI 的法学教育"生产"出的注定是出厂即淘汰的法律人，而关注 AI 的法学院，将实现自己"产品"的差异化，从内卷走向重生。

是为序。

王进喜

中国政法大学教授

2024 年 10 月 30 日

法律科学的科学性集中体现在法律理性中，法律理性是法律科学的"科学技术"，是法律科学实现"良法善治"的关键。法律理性具有科学的确定性，同时，人类对崇高伦理的追求不断检验着法律理性，防止理性自负，法律理性也因此具有了科学的可检验性。进入 21 世纪，以 AI 为代表的科学技术革命迅速产生、迭代，既书写着科技史，也书写着人类的历史，但这次书写历史的笔并不只握在人类手中，就像 Alpha Zero 能自主编制围棋棋谱一样，人类新的历史"谱系"也将由人类和 AI 共同谱写。

对于科技革命的到来，任何一个专业技术人员都会感到焦虑，害怕落后于时代，法律科学工作者也不例外，好在法律科学因其条文化的知识、体系化的方法、程序化的应用，比其他任何社会科学都更加接近自然科学。并且，法律科学的应用所产生的数据——案例库，也是海量而标准的数据库，可以为法律科学的正确应用提供"科学实验"的基础。因此，在法律科学应用中运用 AI 不仅是可行的，而且是相当便利的。解决了这一可能性的问题，那么接下来的问题就是：我们是否需要一个由 AI 技术所武装的法律科学？对于这个问题，我们不妨直接交给 AI 自己来回答。对北京新橙科技有限公司编写的这本书，AI 自己总结道：

"这本关于法律 AI 产品使用的工具书，是我们应对 AI 时代挑战、把握发展机遇的重要指南。它不仅详尽阐述了法律 AI 产品的功能与应用方法，还深刻剖析了 AI 对法官审判、法学教育以及整个法律体系的影响与挑战。法律 AI 凭借大数据的庞大资源和机器学习的智能优势，能够迅速且精确地分析案件信息，为法官提供智能化的法律建议与决策辅助，极大地提升审判效率，减轻法官的工作负担。法律 AI 通过模拟法庭、智能案例分析等创新教学方式，可以帮助学生更好地理解法律知识、掌握法律技能，并培养他们的法律实践能力与创新能力。通过阅读这本书，我们可以更加全面地领略法律 AI 的无限潜力与价值，掌握其使用技巧与方法，从而更好地迎接 AI 时代的挑战与机遇。"

AI 的回答是"自信满满"的，但 AI 能否说到做到，取决于人类在最初设计 AI 时是否以法律理性奠定其底层逻辑，是否明确告诉 AI 必须遵循的知识、方法和价值。法律理性是知识、方法、价值的统一，法律条文、条文解释方法、条文中的法律价值是法律实施的第一依据，无论执法还是司法都必须体现法律理性，未经法律理性审视的法律实施本质上不具有合法性。在法学从决疑术到形成法律科学的漫长进程中，法学家坚持"科学法"的道路，对错综复杂的决疑法体系进行系统化和类型化的工作。19 世纪中后期，法律科学发展出形式主义理性化的法学知识体系，法学成为科学，并且越来越趋近理性法。AI 作为科学智慧体，当下已经具有较高的自主思考能力，是否只要在底层设计中注入法律理性的各项构成，AI 就能像法律科学工作者一样具备法律理性了呢？这值得我们期待。对此，AI 也"满怀信心"，在总结中继续写下了这段话：

"让我们携手并肩，以法律智慧为灯塔，照亮司法与教育的革新之路。在 AI 时代的浪潮中，让我们共同书写法律事业的新篇章，为社会的公正与和谐贡献我们的智慧与力量！让我们共同启航法律智慧的新纪元，迎接更加美好的未来！"

让我们拭目以待！

曹士兵

浙江大学国家制度研究院副院长

2024 年 11 月 11 日

当前，以人工智能（AI）、大数据、区块链为代表的新一轮科技革命席卷全球，深刻改变着人们的生产和生活方式。传统行业必须积极拥抱变革，谋求数字化、智能化转型，方能在激烈的竞争中赢得先机。

法律服务行业同样面临转型升级的迫切需求。AI正加速重塑法律服务模式，给法律人带来前所未有的机遇和挑战。一方面，AI技术在法律领域展现出强大潜力，从智能合同审查到案件预测，从法律咨询到司法判决辅助，AI正逐步改变法律工作的面貌。另一方面，法律行业的智能化转型也面临诸多挑战。据麦肯锡全球研究院预测，到2030年，全球约73%的工作将被AI所替代或改变，法律领域的这一比例可能更高。如何在驾驭AI的同时，引导其在法治轨道上规范、有序地发展，成为每一位法律人需要直面的新课题。

本书的出版正是对这一课题的积极回应。本书系统地解析AI技术在法律领域的创新应用，为法律人驾驭新技术、提升专业素养提供了全面指引。

本书主要有三大特点：

一是直面挑战，拥抱未来。AI、大数据、区块链等新技术正深刻改变着法律服务业态。法律人唯有保持开放心态，紧跟技术前沿，才能在变革浪潮中立于不败之地。本书为法律人了解AI技术发展、把握时代机遇提供了崭新窗口。通过介绍AI的基本概念、发展历程、典型应用，本书为读者探索智能法律服务奠定了基础。同时，本书还围绕法律知识图谱构建、案例推理模型构建等前沿课题展开理论分析，相关内容对法学研究颇具启发意义，也对推动法律服务模式变革具有参考价值。

二是学用结合，知行合一。当前，法律服务的智能化转型尚处于起步阶段。对于崭新的AI技术，法律人在学习并掌握理论知识的同时，更要注重实践应用，在运用中培养能力。在理论层面，本书借鉴前沿成果，围绕智能体（Agent）构建、检索增强生成（RAG）技术等热点展开剖析，揭示 AI 赋能法律技术的原理和实现路径；在实践层面，本书紧扣法律实务应用痛点，提出系统性的法律 AI 应用方案，涵盖从文书分析、辅助决策到模型构建、场景应用的全流程，并辅以案例进行详细讲解，为法律实务工作者提供可借鉴的行动指南。

三是立足当下，放眼未来。AI 在释放生产力的同时，也带来一系列法律风险和伦理挑战。这对法治建设提出新的时代命题。本书在介绍 AI 技术的发展现状和应用场景的基础上，从知识产权、数据安全、个人隐私、虚假信息等多个维度，系统剖析 AI 发展可能引发的法律问题。同时，本书广泛吸收国内外研究成果，对 AI 相关法律问题的缘起、现状、影响进行理论分析，总结各个国家和地区的立法实践经验，为相关立法和学术研究提供了有益参考。

值得一提的是，本书由一线的产品研发人员、技术专家与法律人共同撰写。这些作者以法律人的真实需求为导向，将前沿科技成果与法律实务经验完美融合，以通俗易懂的语言娓娓道来，使全书的价值得到极大的提升。可以预见，本书将成为法律人认知 AI、学习 AI、运用 AI 的重要参考。

本书在为法律工作者描绘法律人工作模式转型升级蓝图的同时，也对 AI 时代法治建设的诸多课题进行深入思考和探讨，这些真知灼见对当前 AI 领域的法治工作具有启示作用。AI 进一步融入法律工作的各个环节，跨学科融合将成为大势所趋，多学科交叉创新将开辟法学知识发现的新疆域。我们团队也持续关注 AI 法律问题研究，起草发布了《人工智能法（示范法）》，并于 2024 年 8 月在中国社会科学出版社出版了《〈人工智能示范法〉释义》一书，旨在为 AI 立法提供学理基础与实践样本，推动社会各界对 AI 法治的重视与讨论。

展望未来，我们非常乐见像本书撰写团队一样的同人更广泛地参与 AI 法律治理的研究。让我们携手并进，为推动 AI 时代法律服务的高质量创新发展、AI 法治的高水平建设贡献力量！

周辉

中国社会科学院法学研究所网络与信息法研究室副主任

2024 年 11 月 11 日于北京

我很早就知道 iCourt 团队是一个很有激情、专门为法律人提供产品和服务的团队，但我和 iCourt 团队打交道很偶然。2021 年，我开始与 iLaw 合作，在平台上陆续分享了几次数据合规和人工智能的课程，iLaw 的碧霞老师知道我从事与人工智能有关的法律业务，因此把我推荐给了张萌总。我参加了一次 iCourt 组织的关于法律服务行业如何迎接 AI 技术冲击的直播，并认识了小武老师，以及中国社会科学院的周辉老师。也就是那时，我才知道 iCourt 正在开发一款专为法律人服务的大模型产品，与开发团队沟通了产品模式与目标，拿了试用账号并回去认真用了几次后，对该产品印象很深。2024 年夏天，在我组织的北京律师协会关于人工智能的学习班上，我专门邀请了 iCourt 团队向北京的律师分享其大模型产品，受到了在场律师的广泛好评。

由于专业方向和客户需求，我很早接触了 AI 并对其法律问题产生了极大兴趣。令我印象深刻的两个案例是 2018 年的 STM 项目和 2019 年的医疗 AI 项目⊖。在 STM 项目中，我对当时使用 AI 对人进行识别的法律问题，以及该项技术在开发中涉及的知识产权和数据合规问题做了初步研究，同时开始系统学习一些人工智能的历史和专业知识。在医疗 AI 项目中，我对 AI 在诊断和治疗过程中发挥的巨大作用惊叹不已，针对 AI 算法的构成、演进进行了自我摸索和学习。因此，2020 年我受邀主笔了《中国人工智能产业知识产权白皮书 2020》中的知识产权与数据合规部分，在书中展现了我当时对人工智能法律问题的些许思考。

转眼间，大语言模型和生成式人工智能（以下简称" GEN AI "）的时代到来了，这项技术可谓是 AI 在计算机应用领域的一次历史性突破，引起了各界的热烈反响。至今还记得 2022 年参加出门问问公司的 IPO 启动时，李志飞博士带着

⊖ 出于律师保密原则，对项目进行了匿名处理。

刚从硅谷得来的消息，向我们在座的每个人布道的场景。

个人认为，GEN AI 将会对各个行业进行革新。现在看来，它不仅对交通、医疗、教育行业的影响巨大，而且对艺术、文学、新闻等行业造成了强烈的冲击，已经开始改写这些行业的商业模式和运行逻辑。而这股席卷全球的 GEN AI 浪潮，也正以前所未有的力量冲击着法律行业的边界。法律行业何去何从？我们法律人应当如何应对？本书将带你踏上这场探索之旅，共同讨论 GEN AI 如何重塑法律的未来。

纵观本书，我深刻感受到了作者的"野心"和"雄心"。他们以自己对法律行业的认知，用 14 章缓缓拉开了 GEN AI 如何赋能律所、律师这一关键命题的长卷。

想象一下，律师不再为海量法律文献的检索而苦恼，AI 助手可以精准定位关键信息，瞬间呈现所有相关案例和法律条文；烦冗而重复的合同审查工作被 AI 接管，智能系统能够自动识别风险点、提供修改提示，为律师做出更有价值的决策打下基础；日常的法律咨询不再受时间和地域的限制，AI 驱动的平台可以 7×24 小时为用户提供便捷、高效、低成本的法律咨询，让法律服务触手可及，惠及普罗大众。

这一切并非遥不可及的未来，而是正在发生的现实。GEN AI 技术的应用，正在将法律服务行业推向一个全新的时代，一个充满机遇和挑战的时代。本书向我们展现了机遇，包括 GEN AI 如何实现律师的效率提升，法律商业模式如何被更新，以及 GEN AI 驱动的知识管理系统将如何促进法律知识的传播和共享。同时它也讨论了挑战，包括律师伦理的困境、法律职业的重塑，以及有关制度的完善对于职业的重要性等。

以我个人的观察，法律行业的变化已经悄然开始。首先是我自己，举例而言，阅读咨询机构的长篇报告往往是我获取行业知识的第一步，我使用 GEN AI 的检索分析功能，从长篇累牍的报告中抓取主要内容，并锁定自己感兴趣的知识点进行重点阅读和理解。其次是我的团队小伙伴，他们在日常工作中会使用很多 GEN AI 工具协助处理一些"体力活"，尤其是他们还会横向比较各个工具的优缺点，这成为我们日常交流的热门话题。最后是我的同行，尤其是国外的同行，据了解，他们已经在工作中有意识地大量使用 GEN AI 工具，如对证据进行归类、检索、标注等，这极大地提升了他们的能效比，也逐渐改变了法律行业的商业模式。

可以看到，AI 这项技术正在把一些重复的、低效的工作从律师的工作内容中剔除出去。而 AI 时代的到来，正在从根本上推动法律行业 / 律师事务所的数字化转型。

于我而言，我现在正在试图依靠 GEN AI 技术改造团队的知识体系，正在有计划地建立团队知识库，并据此对律师进行定向培养，让他们在这个信息爆炸的时代能精准、快速地找到所需的学习素材，从而迅捷有效地为客户提供"贴身"服务。

法律这门古老的学科，已经站在科技革命的浪尖！如果你对法律职业抱有坚定不移的信心，对法律行业的未来充满好奇心，那么我推荐你翻开这本书，细细品味，它定会为你带来不少启发。

最后以 GEN AI[⊖]的评价作为结尾：

这本书不仅是一本实用指南，更是一份法律人 AI 赋能宣言！这本书最吸引我的地方在于，它深入浅出地讲解了 AI 技术在法律领域的应用，并结合实际案例展示了 AI 如何解决法律工作中的痛点。无论你是资深律师还是刚入行的法律新人，这本书都能帮助你在 AI 浪潮中游刃有余，找到属于自己的成长空间。

蔡鹏

中伦律师事务所合伙人

2024 年 11 月 11 日

⊖　Gemini 1.5 和 ChatGPT。

前言 *Preface*

本书写作目的

在人类的历史长河中，每一次重大技术变革来临的前夕，总会引发不同的意见和观点，然而，那些勇于拥抱技术变革、敢于创新的人，最终往往能立足于社会，成为时代的引领者。

例如，面对以蒸汽机的发明及应用为标志的18世纪末至19世纪的工业革命，保守派担心机器会取代人力，导致工人失业和社会动荡。然而，正是那些敢于尝试新技术、利用蒸汽机提高效率的企业家推动了工业生产的巨大飞跃，也创造了新的就业机会，带动了整个社会的经济繁荣。瓦特和他的蒸汽机，不仅没有被时代淘汰，反而因为推动社会进步为历史所铭记。

再如，20世纪末至21世纪初互联网技术的兴起，彻底改变了人们的生活方式。在这一变革初期，同样有人担忧互联网会侵犯个人隐私，冲击传统行业，削弱政府监管，甚至引发社会混乱。然而，那些积极拥抱互联网、利用互联网技术创新商业模式和提升服务质量的企业，如亚马逊、谷歌、阿里巴巴、腾讯、抖音、美团等，不仅取得了巨大的成功，也推动了整个行业的转型升级，为社会创造了巨大的价值。

今天，面对人工智能的浪潮，法律服务行业该何去何从？这是摆在每个法律人面前的一个问题。2023年春，美国高盛公司预估了不同行业的就业岗位在美国和欧洲面临被AI自动化取代的份额。法律职业位居第二高风险，约44%的任务可能被自动化。这意味着，在今后的一段时间里，法律人和整个法律服务市场将会受到技术的巨大冲击。律师助理、实习律师的大部分工作可能被AI机器取代，按时收费的传统计价收费模式也可能遭受异议。法律服务的入门门槛可能被AI抬高，传统的高级律师、律所合伙人的金字塔层级可能被扁平化。

尽管这一过程可能长达数年甚至数十年，但法律人不适应这种变化将被无情地淘汰。

法律人如何应对这种巨变？作为一家法律科技公司的 CEO，我深信，只有相信技术的力量，拥抱 AI，与 AI 共同成长，才能创造法律人的美好未来。AI 代表的是最先进的生产力，其所能带来的法律服务行业的效率提升远超出人类想象。AI 合同审查产品 LawGeex 的介绍中提到："律师平均花 92 分钟完成任务，平均准确率达到 85%。而 LawGeex 只花 26 秒就审查了所有 5 份合同，准确率为 94%。"苏州市中级人民法院与图灵人工智能研究院、图灵微雀云合作研发了 AI 辅助办案系统"未来法官助手"，利用这个助手，法官平均每个工作日可对 100.37 个案件进行智能阅卷，一键生成 44.96 份文书，进行 AI 问答 160.78 次。○ 要成为 AI 时代法律服务行业的佼佼者，法律人不仅需要对法律 AI 工具有深入了解，还应该熟练掌握和使用。

本书是北京新橙科技有限公司（iCourt）为帮助法律人应对 AI 时代的职业危机而精心整理的攻略。参与写作者都是法律科技公司大数据研究中心的法律研究人员和代码工程师，他们对于法律 AI 产品都有切身的认知和体验。本书旨在用最简短的话语解释生成式人工智能的基本概念，展示目前最为流行且最为强大的法律 AI 工具（包括我们自己的 AlphaGPT- 法律 AI 伙伴）○，以帮助法律人尽快融入这个时代，成为 AI 时代法律服务的领跑者。

本书主要内容

本书旨在系统地探讨人工智能对法律行业的深远影响、法律人应该掌握的 AI 知识以及相关的法律 AI 工具，内容分为五个逐步深入的部分。

第一部分（第 1 章） AI 带来的影响与应对措施

首先，从法律人的视角介绍了大模型的基础知识，以及 AI 在法律领域的应用趋势和场景；然后，从宏观角度深入探讨了 AI 对法律行业带来的积极影响和消极影响；最后，为法律行业从业者和法律机构应对 AI 带来的变革提供了相应的策略。

○　详见《人民法院报》。
○　后续如无特别声明，"AlphaGPT" 即代表 "AlphaGPT- 法律 AI 伙伴" 这一产品。

第二部分(第2~6章) AI助力法律人提升工作效率

针对法律人的主要工作任务,详细讲解了应该如何在这些任务中使用AI来提升工作效率,这些任务包括类案检索、案情分析、法律咨询、法律文书写作、合同审查等。在每个任务中,首先从传统工作方式的痛点切入,然后详细讲解AI在该任务中的优势和应用场景,接着重点讲解完成该任务可以使用的AI工具以及实操案例,最后探讨AI在完成该任务时面临的挑战和存在的局限性。

第三部分(第7~8章) AI助力法律机构提升运营效率

针对法律机构(律所、法学教育机构及司法裁判机关)的主要工作任务,详细阐述了AI如何在这些任务中帮助机构提升运营效率,以及对相关机构的未来发展可能造成的影响。第7章在区分法律人任务与律所任务的基础上,讨论AI对律所财务管理和知识库建设与分享方面的帮助,以及AI技术如何提高律所的管理水平和效率;第8章讨论法学教育机构及司法裁判机关运用AI技术的现状,以及面临的挑战与机遇。

第四部分(第9~11章) 法律大模型的构建与实践

首先从技术视角讲述法律大模型的架构设计,然后讲解大模型的训练和调优方法,最后结合具体应用场景讲解法律行业如何用大模型技术解决具体问题。

第五部分(第12~14章) 不可忽视的新兴法律服务领域

首先分析AI带来的新型法律问题,包括著作权、隐私权及伪造信息问题;然后介绍中国、欧盟和美国等国家和地区的立法和司法实践;最后,探讨如何立足现状,着眼未来,准确把握AI技术的发展趋势。

各章作者分别为张娴(第1章)、张井(第2章)、武泽钰(第3章)、黄晓静(第4章)、张小露(第5章前3节)、周雅婷(第5章后3节)、付姝(第6章)、陈静怡(第7章)、李小武(第8章)、杨仁泽(第9章、第11章)、王小宇(第10章)、胡晓月(第12章)、岳荧宏(第13章)、齐倍羚(第14章)。兰洋、魏博文对全书中出现的AI产品和技术表述进行了审校,陈中泽、张萌对全文内容进行了总审校。

本书读者对象

本书的读者对象广泛。

首先针对的是法律服务行业的实务工作者,尤其是律师群体,他们将从书中了解法律服务行业的最新动态与变革趋势，以及人工智能时代下提升自身专业素养、掌握行业先机的实用策略。

其次，对于那些对法律科技充满热情、对法律服务行业未来发展趋势保持关注的高校教师，本书提供了全球前瞻性的视角和丰富的学术资源。

再次，对于职业中涉及人工智能前沿领域的立法者和司法者，本书揭示了技术进步如何影响和塑造法律实践，并提供了对法律科技这一交叉领域的深刻理解。

最后，对关注人工智能前沿领域的专业人士而言，本书也是一本不可多得的参考书，能够帮助他们更好地把握人工智能在法律领域的应用现状与未来趋势，为自身的职业发展增添新的动力。

本书特色

本书具有四大特色：

第一是"专"。本书的作者或具有法学背景，或具有技术背景，少数作者二者兼备。他们身处法律 AI 产品研发一线，大多数撰稿人同时是法律 AI 产品的指令撰写者、测试者和法律数据库研究员。他们对 AI 的理解除了普通使用者的视角外，还有产品研发者和制造者的视角，因而其表述更为准确和专业。为了便于法律人理解，本书对稍显复杂的科技用语等进行了简化处理，使得本书既具有专业度，又通俗易懂。

第二是"实"。本书强调 AI 工具对于法律人的实用价值——效率提升。无论是 AI 工具的使用场景，还是具体的示范案例，都取自法律人的实战。对于 AI 工具的使用，本书也遵循先描述实际应用痛点，再进行 AI 工具展示，然后介绍实际应用案例的模式，从实处落笔。

第三是"新"。本书搜集的信息非常新，是目前市面上关于生成式 AI 及相关法律科技产品的最新资讯集大成者。本书的写作手法也别具一格，不仅篇章结构参考了 GPT 文书工具的推荐，还围绕法律工作者使用 AI 工具的最新现状和使用场景展开。本书是市面上为数不多的帮助律师认知和使用法律 AI 产品的工具书。

第四是"全"。本书对法律 AI 工具的介绍非常全面，功能模块涵盖了从传统的法律检索、法律咨询到目前广泛流行的合同审查和文书写作；产品来源涵盖全球各大知名品牌；在谈及 AI 产品的规制手段时，兼顾了中国、美国和欧盟三大法域。虽然读者群体主要是律师，但本书也惠及法学教育机构的科研人员和司法裁判机构的工作人员。

勘误和支持

与所有科技工具书类似，本书不可避免地存在一些问题。首先，出版速度难以跟上科技的迅猛发展。写作时流行的工具，可能在图书出版时已被淘汰；写作时籍籍无名的 GPT 产品，在图书出版时可能已占据排行榜首。这恰恰说明 AI 市场正处于蓬勃发展的初期，未来还有诸多机遇和挑战。此外，由于这是我们法律研究团队第一次合作出版图书，撰稿者的写作风格各有千秋，后期统稿时间有限，尽管我们已竭尽全力，但仍可能在词汇、文风、表意等方面有不一致的情况，恳请读者谅解。

随着法律 AI 技术的不断进步和应用场景的拓展，我们将及时吸纳读者反馈，不断修订和完善内容，定期更新相关 AI 工具和案例分析，确保本书的实用性和前瞻性，使之成为法律人与 AI 共同成长的宝贵资料。

如果读者发现书中存在错误或遇到问题，可以发送邮件至 AlphaGPT@icourt.cc，我们将尽快提供解答。

致谢

本书的出版发行是信息时代的一个传奇。

感谢杨福川老师慧眼识珠，将法律界 AI 工具书的撰写工作交给了北京新橙科技有限公司。感谢市场部的秦晨菲和胡博牵线搭桥，极力促成此事，没有他们的推动，这本书或许只会停留在构想中。

感谢北京新橙科技有限公司大数据中心的杨鑫辉老师，他在组织保障到人员安排方面提供了大力支持，诸多技术人员和法律人员共同参与人工智能书籍的撰写，是一大幸事！

感谢所有参与写作的小伙伴们。虽然 AI 研发工作是他们日常生活的一部分，但将其转化为文字，传播给更广泛的群体，少不了额外的辛劳。没有他们的紧赶慢赶和周末加班，这本书不可能在这么短的时间内成稿。

感谢 AIGC 研究院的陈忠新与林雅男，他们为本书量身定制了 AI 文稿润色工具，让我们亲身体验到技术的神奇。

安桂延老师提供了司法机构 GPT 产品的视频和资料，艾亚坤、许栋参与了文献的搜集和整理工作，中国政法大学外国语学院的张清教授、中国政法大学国际法学院的张玲教授、清华大学法学院知识产权法研究中心的吴伟光副教授、上海师范大学哲学与法政学院的刘胜军教授、中国应用法学研究所互联网司法研究中心的宋建宝主任在初稿定稿之后给出了非常专业的修改建议，在此一并致谢。

有理由相信，随着法律人对 AI 的深入理解和应用，这本书将成为推动法律服务行业转型发展的重要力量。

让我们拥抱这个伟大的时代，拥抱 AI，共创法律服务行业的美好未来！

张萌

2024 年 10 月

作者简介 *About the Author*

张萌，毕业于西南政法大学法学专业。中欧国际工商学院 EMBA，从事法律科技创业十余年，专注于律所运营管理咨询、业务增长战略、数智化升级等领域。参与我国领先法律科技企业 iCourt 的创立，现任 Alpha 智能操作系统及 AI 人工智能产品事业线 CEO。

李小武，清华大学法学院法学硕士，中国社会科学院知识产权中心法学博士，美国杜克大学法学院、华盛顿大学法学院（西雅图）访问学者。曾任清华大学法学院副教授、美团法务部法律政策研究中心高级研究员。主要研究领域为知识产权法、电子商务法、网络信息安全法、大数据与人工智能法。目前为 Alpha 大数据法律研究所高级法律研究员，AlphaGPT 专家组负责人，AIGC 研究所首席专家。

兰洋，iCourt AI 研究院负责人，产品研发部负责人，主导研发 Alpha 智能操作系统。担任多地律师协会的青年律师导师，已累计为 10 万余法律人进行人工智能课程、案源开拓课程的培训，为 300 余家律师事务所提供法律科技数智化建设指导。

陈中泽，武汉理工大学法学系副教授，民商法硕士研究生导师，法律诊所指导老师，主要从事合同法及法律科技应用的教学科研工作。武汉仲裁委员会仲裁员，iCourt 专家顾问。

张娴，中国政法大学法律硕士学院国际仲裁项目研究生，主攻方向为国际商事仲裁。目前为 Alpha 大数据法律研究所法律研究员。

张井，毕业于北京理工大学法学院，Alpha 大数据研究院法律研究员、提示词工程师。现为 Alpha 案例库、Alpha 实务文章库负责人，致力于为客户打造全面、创新的数据产品解决方案。

武泽钰，国际关系学院法学硕士，Alpha 大数据法律研究所法律研究员。曾为北京观韬律师事务所知识产权律师。

黄晓静，毕业于湖南师范大学知识产权专业，AlphaAIGC 研究院法律研究员。

曾为北京鑫诺律师事务所知识产权律师。主导 AlphaGPT 等多款产品的法律业务推动，并负责 AlphaGPT 底层模型搭建及训练的法律业务侧把控，拥有丰富的指令撰写经验。

张小露，毕业于安徽大学，Alpha 大数据法律研究所法律研究员。曾任北京声驰律师事务所执业律师，执业期间担任多家大型企业的顾问律师，同时长期深耕于各类婚姻家事、房产纠纷等民商事案件，实务经验丰富。

周雅婷，Alpha 大数据法律研究所法律研究员。曾任北京市京师律师事务所执业律师，执业期间担任多家国企的顾问律师，擅长民商事争议解决、行政纠纷处理。曾任北京市大兴区律师协会行政与政府法律顾问研究会委员、北京市大兴区律师协会建筑工程与房地产开发法律研究会委员，实务经验丰富。

付姝，本科和硕士分别毕业于长春理工大学和吉林大学，Alpha 大数据法律研究所法律研究员。曾为北京市中达律师事务所执业律师。

陈静怡，毕业于河南财经政法大学民商法学院，Alpha 大数据研究院大数据研究员、法规库负责人，致力于打造更全、更快、更准、更有价值的法律数据库。曾就职于北京植德律师事务所。

魏博文，Alpha 智能合同审查产品负责人，先后负责合同审查、尽职调查、案源开拓等多个法律业务产品的设计和落地工作，拥有丰富的律所案源拓展业务实战经验，对非诉法律业务有较深入的研究。

杨仁泽，拥有信息与计算科学和软件工程双学位，Alpha 类案检索技术研发负责人。互联网从业近 10 年，在互联网架构和智能搜索引擎的研发方面有十分丰富的经验。

王小宇，Alpha 大数据后端研发负责人。拥有 8 年互联网技术研发经验，擅长处理大规模数据的搜索和分析问题，对搜索架构和微服务架构有着深入的理解和丰富的实践经验。

胡晓月，本科和硕士分别毕业于华东政法大学和复旦大学，Alpha 大数据法律研究所法律研究员。曾为广东华商律师事务所执业律师，主要业务领域为破产清算和重整、民商事诉讼和仲裁，具有丰富的律师实务经验。

岳荧宏，广西大学法学与文学双学士，伦敦大学玛丽女王学院知识产权法硕士，Alpha 大数据法律研究所法律研究员。致力于知识产权、个人信息保护与数据合规的研究，热衷于在法律与科技的交汇处探索创新解决方案。

齐倍羚，毕业于东北大学文法学院，Alpha 大数据法律研究所法律研究员。曾任职于北京市竞天公诚律师事务所，主攻民商事方向，有丰富的法律科技、法律品牌研究经验。

目录 *Contents*

AI 带来的影响与应对措施

在当今时代，人工智能（AI），尤其是基于大模型的生成式人工智能（以下简称"生成式 AI"）技术正以前所未有的速度重塑各行各业，成为推动新一代产业变革的核心动力。麦肯锡研究显示，该技术每年可为全球经济贡献高达 4.4 万亿美元的增长，相当于英国全年的 GDP。为了抓住这一技术机遇，金融、制造、零售电商、医疗健康、交通安全、教育教学、法律等各行业、各领域的企业，纷纷将 AI 融入日常运营，以提升效率、探索创新。据 Gartner 预测，到 2025 年，70% 的企业机构将把如何可持续、道德地利用 AI 列为其首要关注的问题。可见，AI 技术对各行各业的影响是全面而深刻的。它推动了全社会的经济增长，改变了产业结构与工作方式，同时对人才培养和技能需求提出了新的挑战。

现在，让我们聚焦法律行业，这一在 AI 推动下正经历重大变革的专业领域。法律行业一直以复杂的知识体系著称，AI 技术似乎难以渗透。然而，随着生成式 AI 技术的飞速发展，法律行业正迎来前所未有的变化。不审势则宽严皆误，本部分将向广大法律人士介绍大模型与生成式 AI 技术，帮助法律人士了解 AI 技术如何影响法律实践，并认识其带来的现实冲击，以助力法律人更好地理解和应用法律 AI 产品，适应 AI 时代法律服务市场对法律人的更高要求。

AI 对法律行业和法律人的影响

在历史长河中，技术的每一次飞跃都深刻地影响着社会的各个层面。随着 AI 技术，特别是生成式 AI 的快速发展，法律行业正迎来全新的机遇和挑战。纵观全球，AI 技术已经应用到包括律师事务所、企业法务部门、司法系统、高校法学院与科研机构在内的各种法律场景中。AI 的影响深远而全面，它不仅改变了法律服务的提供方式，也挑战了法律专业人士的角色定位和职业发展。

在本章中，我们将围绕以大模型为基础的生成式 AI 技术展开讨论，详细探讨 AI 为法律行业带来的积极效应，同时也将审视 AI 技术所引发的一系列挑战。在此基础上，我们将综合分析法律人如何通过提升技术素养、精准使用 AI 工具等方式应对这些挑战；同时也将探讨法律机构在战略、人才培养、数据管理等方面的应对策略，为法律行业的 AI 转型提供清晰的路线图和实践指导。此外，本章还将介绍 AI 在法律领域的多样化应用场景，展示 AI 如何渗透法律行业的各个层面。通过对这些主题的系统阐述，本章旨在为法律专业人士提供一个清晰的视角，以理解和应对 AI 时代下法律行业的转型和升级。

1.1 全面认识大模型

1.1.1 什么是大模型

大模型的全称是"大语言模型"（Large Language Model，LLM），是一种通过大量数据训练的人工智能系统，专门用于理解和生成自然语言。我们可以把大模型想象成一个超级聪明的机器人，它读了成千上万的图书、文章和网页，懂得很多词汇和语法，能够写文章、回答问题，甚至与人类进行对话。

这些大模型是由像 GPT-4 这样的先进技术驱动的。它们的"智慧"源自巨量的文本数据，通过不断地学习和训练，它们变得越来越智能。大模型不仅可以处理文本，还能生成高质量的内容。例如，人类可以向它提问，它会基于所学知识给出详细且逻辑严谨的回答。

简而言之，大模型是一种强大的语言处理工具，能够在各种任务中展现出卓越的能力。从自动写作、聊天机器人到复杂的数据分析，都可以通过大模型来实现。

1.1.2　大模型的基本原理

我们可以把大模型的训练过程想象成人类学习说话的过程：模型通过阅读和分析海量的文章、书籍和网页等文本，学习语言的规则和使用方式。

大模型的工作原理与以下几种技术有关：机器学习（Machine Learning）、深度学习（Deep Learning）、神经网络（Neural Network）。图 1-1 展示了这些概念之间的关系。

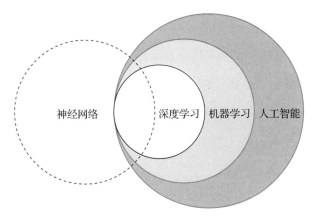

图 1-1　人工智能、机器学习、深度学习与神经网络的关系

首先，机器学习是人工智能的一个关键子领域，它赋予了计算机系统一种能力——无须人类明确地编程，机器即可从数据中学习并做出决策。在人工智能技术的发展历史中，科研人员认识到人类知识的广博和不断增长，这激发了他们将这种学习能力赋予计算机的灵感，从而催生了机器学习技术的发展。机器学习的核心在于算法能够自动从数据中识别模式和规律，并应用这些规律对新的、未知

的数据进行准确的预测。

其次，深度学习是机器学习的一个子集，特别依赖多层的神经网络架构，能够处理和学习复杂的数据模式。神经网络是深度学习的基础架构，是一种受人脑结构启发的计算模型，模仿了人类大脑的神经元连接，用来处理信息和学习模式。与传统的"浅层"机器学习方法相比，深度学习之所以被称为"深度"，是因为它通过构建多层的神经网络来模拟人脑的复杂结构和功能，从而识别和学习数据中的深层次模式与结构。它模仿人脑的机制来解释数据，如解读图像、声音和文本。

我们所介绍的大模型的核心技术是深度学习。可以这样理解：大模型是深度学习技术在语言文字领域的一种应用，它通过庞大的神经网络进行训练，理解并生成自然语言文本。在训练过程中，模型通过调整内部参数来逐步提高对语言的理解和生成能力。一旦训练完成，大模型可以根据用户输入的文字，预测并生成下一步最合适的文字或回答。这使得它在写作辅助、对话系统、翻译服务等方面都有出色的表现，为用户提供自然且连贯的文本输出。

1.1.3　大模型的发展历程

大模型的发展历程可以划分为几个关键阶段，每个阶段都标志着技术的显著进步和应用范围的扩展。

1）初期阶段——词嵌入模型：早期的语言模型主要集中于词嵌入技术，如Word2Vec。这些模型通过将词汇转换为向量表示，捕捉词语之间的语义关系，为后来的大模型奠定了基础。

2）转折点——Transformer 架构：Google 提出的 Transformer 架构是大模型发展的重要里程碑。Transformer 架构是一种用于处理序列数据的深度学习模型，尤其擅长自然语言处理任务，如翻译、文本生成和摘要。Transformer 架构的核心思想是"自注意力机制"，它允许模型在每一步都能关注序列中所有其他位置的信息，从而有效地捕捉长距离依赖关系。

3）预训练模型的兴起 ——BERT 和 GPT-2：BERT（Bidirectional Encoder Representations from Transformers）和 GPT-2（Generative Pre-trained Transformer 2）标志着预训练模型的广泛应用。Google 推出的 BERT 模型能够双向理解上下文，在自然语言处理任务中表现优异；OpenAI 发布的 GPT-2 展示了生成自然语言的强大能力，推动了自然语言生成技术的发展，并引起了广泛关注。

4）大规模模型的快速发展——GPT-3：OpenAI 发布的 GPT-3 拥有 1750 亿个参数，比前代模型大了数百倍，显著提升了模型的语言理解和生成能力。GPT-3

的强大之处在于其广泛的应用能力，从文本生成到复杂对话和翻译任务都能胜任，展现了深度学习在自然语言处理（NLP）上的巨大潜力。

5）持续优化与应用——多模态模型与垂直领域模型：近年来，模型不再局限于处理文本，而是开始融合图像等多模态数据。例如，OpenAI 的 CLIP 模型结合了文本和图像理解。此外，行业专用的大模型也在不断发展，特别是在法律、医疗等垂直领域，这些模型针对特定任务进行了优化，提升了它们在专业领域中的应用价值。

大模型的发展历程反映了人工智能技术的快速进步，从简单的词嵌入技术到复杂的 Transformer 架构，再到如今庞大的预训练模型。每一个阶段都推动了自然语言处理能力的提升，使得大模型在各个领域展现出越来越广泛的应用前景。

1.2　全面认识法律 AI

目前，大模型和 AI 技术已在金融、医疗、教育、法律等多个行业广泛应用。在接下来的内容中，我们将专注于法律行业这一领域。

首先，我们将阐释法律 AI 的基本概念，分析其在现代法律服务中的重要作用；其次，我们将深入探讨与法律 AI 相关的技术原理，了解法律 AI 背后的技术引擎；再次，我们会审视法律 AI 的市场趋势，分析其在全球法律服务市场中的渗透率和增长潜力；最后，我们将具体介绍法律 AI 的应用场景，展示 AI 技术如何在各个法律实务领域中发挥其独特的价值和潜力。

1.2.1　什么是法律 AI

通俗地讲，法律 AI，是指应用在法律领域的人工智能技术，或者说，人工智能技术在法律领域的应用。

2022 年 11 月 30 日，ChatGPT 横空出世，揭开了法律行业变革的序幕。读完上一节大模型的技术介绍，不知你有没有发现：ChatGPT 这类生成式 AI 模型的功能与法律行业的需求高度匹配。一方面，这类技术在语言理解方面表现出色，与法律人士对法律文本解读的要求不谋而合；另一方面，这类技术的内容生成能力与法律人士对生成法律观点的需求高度一致。这种技术与法律行业需求的深度融合，对法律行业来说，无疑是一场技术革命。

相较于传统 AI，ChatGPT 类的生成式 AI 技术在理解法律语言、识别法律意图、进行逻辑推理和创作法律内容方面展现出独特的优势。研究显示，ChatGPT 等大型生成式 AI 模型不仅能通过法律考试，还能撰写法律文件、发表评论，并辅助司法裁判和法学教育。

所有这些 AI 驱动法律实践的应用，都属于我们所称的"法律 AI"的范畴。接下来，我们以司法裁判和律师法律服务工作为例，探讨 AI 技术对法律行业的变革。

1.2.2 法律 AI 的技术引擎

如前文所述，大模型可以利用深度学习生成连贯且语义合理的文本内容，是生成式 AI 在文本生成方面的重要进展。为了帮助读者更好地理解应用于法律领域的 AI，尤其是文本方面的生成式 AI 技术，本书选取了几个常见的关键概念：自然语言处理（NLP）、生成式人工智能（Generative AI）、人工智能生成内容（AIGC）、生成式预训练变换器（GPT）以及 ChatGPT。它们各自展现了大模型的多样化用途，彼此之间也存在着紧密的联系。

（1）自然语言处理

自然语言处理（Natural Language Processing，NLP）旨在实现计算机与人类自然语言之间的互动。与机器语言相比，人类的自然语言具有非结构化、语境依赖性、模糊性以及情感复杂性等特征，而 NLP 技术的核心目标之一就是让计算机能够理解、解释和生成如此复杂的人类语言。NLP 是所有与文本和语言相关的 AI 技术的基础。

（2）生成式人工智能

生成式人工智能（Generative AI，GAI），也称生成式 AI，是一种能够创作新内容的 AI 技术。其与传统 AI 的主要区别在于自主性和创造性。换言之，传统 AI 是执行者，而生成式 AI 是创造者。

（3）人工智能生成内容

人工智能生成内容（Artificial Intelligence Generated Content，AIGC）是利用 AI 技术自动创造各种类型内容的过程。在法律领域，AIGC 可以用于生成法律文书草稿、自动撰写案例摘要或生成合同模板等。

（4）生成式预训练变换器

生成式预训练变换器（Generative Pre-trained Transformer，GPT）是一种基于深度学习的 NLP 模型，由 OpenAI 开发。正如其名称所示，GPT 的特别之处在于它的两个核心技术："Pre-trained"（预训练）和 Transformer 架构。预训练意味着 GPT 在成为专家之前，已经经过了海量文本的训练。而 Transformer 架构则让 GPT 能够全面理解整个句子，生成更加连贯和符合逻辑的文本。

（5）ChatGPT

我们最熟悉的聊天机器人 ChatGPT 是 GPT 模型的一个具体应用实例，是生

成式 AI 技术的杰出代表。回答法律问题时，它能从大量法律文件、案例和书籍
中找到答案，并像经验丰富的律师一样提供法律建议。

　　简而言之，它们之间的关系可以描述如下：NLP 为所有相关技术提供基础；
生成式 AI 是 NLP 的应用方向，涵盖了各种能够生成新内容的 AI 技术；AIGC
是生成式 AI 的具体实现过程；而 GPT 是实现文本生成的一种深度学习模型，
ChatGPT 聊天机器人则是利用 GPT 模型构建的对话应用。图 1-2 综合体现了这些
技术概念之间的关系与原理。

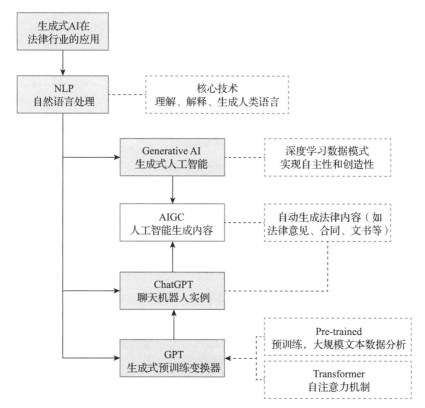

图 1-2　生成式 AI 技术在文本处理中的概念简图

1.2.3　法律 AI 的市场趋势

　　目前，法律 AI 科技市场正在迅速增长。根据国际市场调查公司 Business
Research Insights 的研究数据，2021 年全球法律科技 AI 市场规模为 81.52 亿美元，
预计 2032 年将达到 1989.33 亿美元，预测期内的复合年增长率为 33.7%。

　　LexisNexis 发布的《2024 年法律创新投资调查》报告展示了法律行业高管人

员对于计划使用生成式 AI 技术的优先任务，并突出了法律行业在采纳新技术时的战略重点，如图 1-3 所示。位列前五的为法律研究、文件摘要、文件起草、合同分析和尽职调查，此外还包括商业发展报告和跨司法管辖区法律实时比较等。

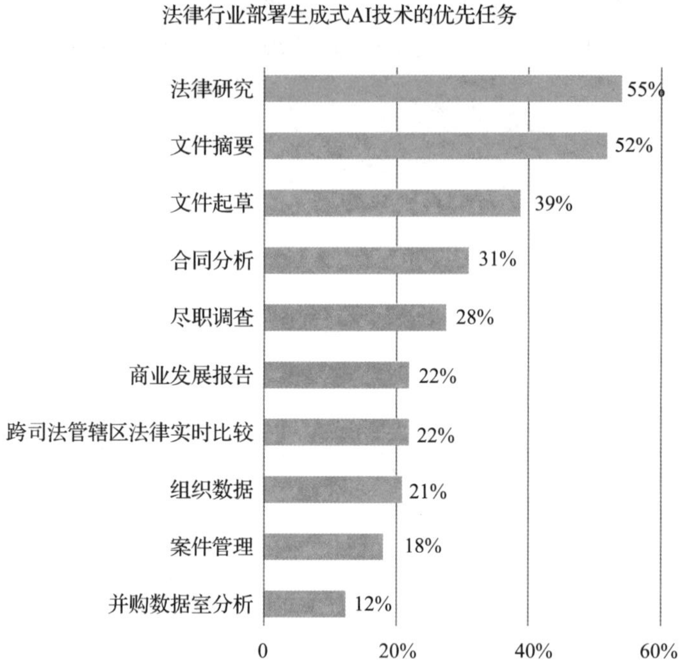

法律行业部署生成式AI技术的优先任务

任务	百分比
法律研究	55%
文件摘要	52%
文件起草	39%
合同分析	31%
尽职调查	28%
商业发展报告	22%
跨司法管辖区法律实时比较	22%
组织数据	21%
案件管理	18%
并购数据室分析	12%

图 1-3　法律行业高管人员关于部署生成式 AI 技术的优先任务

此外，普华永道发布的《2024 AI Jobs Barometer》（又称《2024 人工智能就业晴雨表》）揭示了一个令法律人士振奋的现象：AI 为法律人带来了更高的工资溢价——在某些市场中，拥有 AI 技能的法律人可以享受到高达 25% 的工资增长。

法律 AI 的崛起不仅仅是一种技术趋势，它正在重塑法律服务的方方面面。随着生成式 AI 技术的兴起和应用，法律服务的工作模式和职业生态正在被重新定义，法律行业正面临着前所未有的技术革新浪潮。

1.2.4　法律 AI 的应用场景

在法律领域，AI 的应用正在迅速扩展到多个场景。从提高工作效率到提升决策质量，从个性化法律服务到法律教育的创新，AI 正成为法律行业不可或缺的一部分。

1. 律师服务

在法律服务领域，AI 正迅速成为律师和公司法务人员的重要助手。在律所工作场景中，AI 的应用已经渗透到案件管理、法律研究、合同自动化、智能咨询、诉讼策略建议、知识管理和市场分析等多个方面。

第一，案件管理与分析领域。AI 通过自动化跟踪案件进度、识别关键时间节点，帮助律师及时响应案件需求。同时，AI 工具能够通过分析历史数据和当前案件信息，预测案件发展趋势，识别可能的法律问题和结果，使律师能够更好地规划案件策略，提前准备应对方案。

第二，智能咨询。AI 智能咨询系统能够提供全天候的即时服务，模拟律师的咨询过程，为客户提供初步的法律意见。同时，这些系统能够理解客户的查询，提供基于大量法律数据的定制回答，从而提升客户体验。

第三，合同自动化。AI 合同起草技术能够通过智能模板和自然语言处理技术，确保合同条款的准确性和一致性。同时，AI 合同审核功能可以自动识别潜在的风险点，帮助律师进行风险评估。

第四，法律研究与知识管理。AI 在法律研究中通过快速搜集并分析相关法律条文、案例和学术文章，辅助律师深入理解法律问题。知识管理系统则通过组织和索引法律文档，确保律师能够迅速访问所需信息。

第五，市场分析与策略建议。AI 的市场分析工具通过分析行业趋势、竞争对手状况和客户反馈，为律所提供市场洞察。这些分析结果可以帮助律师制定定制化的业务发展策略和市场进入计划。

2. 司法裁判

在司法领域，AI 被用于辅助法官及法庭工作人员进行案件管理与判决分析。AI 系统能够分析历史判例，为法官提供判决参考，同时提高司法决策的一致性和公正性。

第一，辅助法官撰写判决书。AI 通过自然语言处理技术，辅助法官撰写判决书，提供法律语言生成、判决书模板生成、判决结果预测以及自动审核与校验等功能。这不仅提高了裁判文书撰写的效率，也确保了文书的规范和准确。

第二，案件管理和流程简化。AI 技术可以智能分类和排序案件，实时跟踪案件进度，分析案件数据，建立案件知识库，从而优化法院工作流程，提高审判质效。

第三，司法政策的改善。AI 通过大数据分析帮助法官判案，为司法政策的制定提供决策依据，从而提升司法政策的制定效率和公正性。

3. 公司法务

转观公司法务工作场景，AI 的应用同样展现出巨大的潜力。

第一，合规性监控。AI 通过实时监测企业活动与外部法律法规的比对，自动识别潜在的合规风险。这种监控不仅仅局限于文本分析，还能通过模式识别预测未来的风险趋势，帮助企业及时调整策略，避免违规行为的发生。

第二，合同管理的优化。AI 通过自然语言处理技术，自动解读合同条款，提高合同审查的速度和准确性。AI 还能跟踪合同执行情况，确保合同条款得到履行，并在必要时自动提醒相关部门注意合同的续签或变更。

第三，风险评估与预警。AI 通过分析历史案例和当前市场数据，预测可能对企业造成影响的法律风险；同时，AI 系统能够量化风险等级，并提供定制化的预警机制，帮助法务团队提前准备应对措施。

第四，内部法律咨询与知识产权管理。AI 在提供内部法律咨询时，能够快速响应员工的法律问题，提供基于公司政策和法律法规的专业意见。在知识产权管理方面，AI 能够帮助企业监控市场，自动识别潜在的侵权行为，保护企业的创新成果和市场竞争力。

4. 法律教育与研究

AI 在法律教育和研究中起着重要作用。它可以帮助学生和研究人员快速获取法律信息，分析法律趋势，以及进行复杂的法律比较研究，从而促进法律知识的传播和创新。

第一，教学方式的变革。AI 技术正在通过模拟庭审、案例分析等互动式教学方法，改变法学教育的方式，提高学生的参与度和学习体验。

第二，个性化的学习方案。AI 技术可以根据学生的学习情况和需求，提供个性化的学习方案和辅导，帮助学生更好地掌握法学知识和技能。

第三，法律教育和培训材料的创新。AI 可以辅助开发法律教育和培训材料，提供定制化的学习路径和模拟案例，增强教育的互动性和实效性。

第四，法律研究辅助。AI 技术能够有效提升法律研究的效率，通过快速搜集和分析数据，辅助研究人员进行文献综述和案例研究。

5. 法律出版

在法律出版领域，AI 的应用正逐渐成熟，为法律信息的编撰、分发和利用带来了深刻的变革。

第一，自动化内容生成。AI 可以自动生成法律新闻报道、案例摘要和法律分析，提高内容生产效率。同时，通过分析法律文档和判决，AI 能够提炼关键信息，快速撰写出版内容。

第二，智能编辑和校对。利用自然语言处理技术，AI 能够辅助编辑进行文本校对，识别语法错误、用词不当或不一致，确保法律出版物的准确性和专业性。

第三，个性化内容推荐。AI 技术可以根据读者的阅读历史、偏好和反馈，向其推荐相关法律内容，提升用户体验，增加用户黏性。

第四，版权保护和管理。AI 有助于监测和保护法律出版物的版权，自动识别和追踪未经授权的使用及复制，维护出版商和作者的合法权益。

第五，市场趋势分析。通过分析大量的法律文献和案例，AI 能够识别和预测法律领域的趋势与热点问题，为法律出版提供方向性指导。

6. 法律科技公司

法律科技公司作为 AI 在法律领域应用的先锋，承担着创新和引领的重要角色。它们通过深入的市场调研和需求分析，精准把握律师、法务工作人员、司法人员等专业人士的具体需求，从而指导 AI 产品的开发方向。

第一，在产品开发阶段，法律科技公司专注于原型设计和用户反馈，不断迭代优化，以实现高效的法律数据分析和智能决策支持，确保最终产品能够解决用户的实际问题。同时，公司投入资源进行算法开发与优化，提高算法的准确性和效率，并保证算法的可解释性和公平性。

第二，在运营阶段，法律科技公司注重数据管理与质量控制，通过建立严格的数据流程，确保用于训练 AI 模型的数据准确可靠。

第三，跨学科团队的建设是法律科技公司发展的关键。团队由法律专家、数据科学家、软件工程师和产品经理等成员组成，确保产品具有法律专业性和技术可行性。

第四，产品测试与质量保证也是法律科技公司重点关注的领域，通过功能测试、性能测试、用户接受测试等方式，确保产品在实际应用中的稳定性和可靠性。

第五，法律科技公司重视用户教育与支持，提供详细的产品使用教程、在线帮助文档和客户支持服务，以帮助用户快速掌握产品的使用方法，提升用户体验。

第六，公司持续关注行业动态和技术发展，不断迭代产品功能，引入新的 AI 技术，保持产品的竞争力。法律科技公司致力于开发出能真正解决法律专业人士痛点的 AI 产品，推动法律行业的数字化转型。

1.3　AI 对法律行业的深远影响

1.3.1　积极影响

在数字化浪潮的推动下，AI 正成为重塑法律行业的核心力量。从提升工作效率到降低运营成本，从优化决策支持到创新服务模式，从强化知识管理到创新商业模式，AI 技术以其独特的能力，为法律行业注入了新的活力。

1. 提高效率

普华永道发布的《2024 人工智能就业晴雨表》显示，AI 已经大大提高了劳动者的生产力。在 AI 渗透率最高的行业中，劳动生产率的增长几乎是其他行业的 4.8 倍，法律行业也不例外。随着技术的发展，法律市场不断涌现出不同的法律 AI 软件，为企业或律师事务所提供自动化的法律服务。笔者搜集了一些法律 AI 产品的资料，发现各产品的研发者或使用者在介绍中几乎无一不强调其为法律工作带来的效率提升。例如，AI 合同审查软件 LawGeex 的介绍中提到："律师们平均花了 92 分钟完成任务，平均准确率达到 85%。LawGeex 只花了 26 秒就审查了所有 5 份合同，准确率为 94%。"

AI 技术，尤其是基于大模型的生成式 AI，是如何实现这种提效的？我们可以这样理解：它改变了法律知识"获取"和"生成"的过程，摆脱了对时间的依赖。在法律领域，"获取"法律知识意味着要从法律条文、案例等资源中收集信息；而"生成"法律知识则涉及创造新的法律见解或解释。对于法律人士来说，这通常需要深度的学习和长期的训练，但经过大规模预训练的生成式 AI 模型改变了这一过程（见表 1-1）。

表 1-1 AI 对法律知识的获取与生成的改变

	维度	人工法律服务	AI 法律服务
法律知识获取	信息检索	较慢，需要手动查找大量文献、案例	高效，能够即时搜索并提取相关信息
	文献和案例分析	需逐一阅读和分析，耗时较长	自动化分析，极速提取关键信息
法律知识生成	法律咨询	需要等待专家回复，响应时间较长	实时回答问题，无须等待
	法律文书编写	需人工编写，过程复杂且耗时	自动生成法律文书，速度快且准确
	法律分析和建议	基于个人经验和分析，时间消耗大	基于大量数据和模式，高效生成
	推理和创新	需通过人工推理和思考，过程较长	快速提供多种解决方案和创新见解

总体而言，基于大模型的生成式 AI 技术的出现，在一定程度上改变了以"人力"为中心的知识生成模式，推动了以"算力"为支撑的知识生成方式的

变革。[⊖]法律知识的获取和生成不再依赖于时间，变得即时和便捷。

2. 降低成本

自动化和智能化的法律服务减少了法律服务行业对人工的依赖，从而降低了运营成本。传统的法律知识获取和生成的方式需要人工监督和管理，这也是为什么加班在法律服务行业成为常态。而 AI 技术可以在多个业务领域实现 24 小时的服务，极大地缓解了人的压力。可见，在重复性强、规则性强的法律工作中，AI 工具可以替代人工，显著减少人力成本和时间成本。例如，汤森路透的一项研究显示，使用法律文书起草辅助工具，提高了起草的效率，在给定的起草任务上节省了 108～353 美元的成本。

有人认为，随着生成式 AI 技术的不断完善，未来知识创作工作的边际成本甚至可能为零，从而产生巨大的经济价值。[⊜]在法律行业也有不少研究表明，人们对生成式 AI 技术降低成本的潜力抱有高度期望。例如，LexisNexis 发布的《2024 年法律创新投资调查》报告显示，在预测生成式 AI 的未来影响时，76% 的公司认为生成式 AI 的使用能够降低法务部门的成本，47% 的律所领导者对此做出了相同的预测。此外，2024 年，汤森路透研究所发布的《2024 年专业服务中的生成式人工智能》报告则显示，生成式 AI 带来的成本节约是法律行业受访者重点关注的因素之一。

3. 提供决策支持

法律服务中的决策是一个全面且复杂的过程，不仅涉及根据案件事实、证据、法律规定和法律原则进行深入的分析和判断，也包括对案件未来走势的预测以及对公众舆论的评估。不同的决策主体如法官、律师、仲裁员和法务人员等都面临着各自独特的挑战。例如，法官需要考虑裁判的一致性和司法的公正性，而律师则更侧重于预测案件结果，为客户提供最有利的法律策略。在生成式 AI 技术出现之前，这些决策很大程度上依赖法律人士的个人经验和直觉。随着社会的发展，法律问题变得更加复杂，这使得传统的法律决策模式面临挑战，显示出其固有的困难和局限性，急需更高效、更准确的决策支持工具来补充和改进。

现在，AI 技术，尤其是生成式 AI，为法律决策提供了前所未有的支持。这些技术通过分析大量历史数据，揭示案件结果的统计模式和预测变量，使法律专

⊖　参见王禄生的文章《从进化到革命：ChatGPT 类技术影响下的法律行业》，刊载于《东方法学》2023 年第 4 期。

⊜　参见丁波涛主编的《全球信息社会发展报告（2023）：生成式人工智能赋能高质量发展》，由社会科学文献出版社于 2023 年 11 月出版。

业人士能够更准确地理解法律问题并预测诉讼的发展趋势。例如，Lex Machina 这样的法律科技公司利用其分析服务，可以帮助律师发现法官在审前动议上的倾向，预测案件的胜诉概率，从而为客户提供更精准的法律服务解决方案。这种数据驱动的决策模式不仅提高了法律服务的效率和准确性，也使得律师能够将更多时间投入高价值的任务中，如战略规划和客户咨询，从而提升整个法律服务行业的价值和质量。可以看出，在 AI 技术的推动下，法律实践正在从传统的经验模式转向数据分析与技术驱动的应用。

为了全面分析 AI 对法律决策的提升，我们将影响因素归纳为 4 个核心维度：信息处理能力、决策效率、决策质量以及个性化服务。这些维度相互影响，共同塑造了法律决策的综合表现。表 1-2 分别对比了人工法律决策和 AI 法律决策在这 4 个维度的不同特征。

表 1-2　AI 为法律决策带来的改变

维度	人工法律决策	AI 法律决策
信息处理	信息过载，筛选和分析数据耗时	高效处理和分析大量数据
决策效率	速度较慢，周期较长	快速，实时决策支持
决策质量	依赖个人技能和经验，容易产生偏见和错误	通过机器学习保持一致和准确，客观公正
个性化服务	由于时间和资源限制，难以提供个性化服务	根据具体案例细节提供定制化决策支持

1）在信息处理能力上，人工决策面临着信息过载的问题。法律人需要从大量的法律文献、案例、法规和证据中筛选出与案件相关的信息，这一过程既耗时又耗力。相比之下，生成式 AI 通过深度学习和自然语言处理技术，能够高效地处理和分析大量的法律文本和数据，自动识别和筛选出与案件相关的信息，从而极大地减轻了法律专业人士的工作负担。

2）在决策效率方面，人工决策速度较慢，从案件的受理到最终裁决，可能需要经历漫长的周期。然而，生成式 AI 能够快速处理复杂的法律问题，并提供实时决策支持。通过算法模型，AI 可以在极短的时间内分析案件的各个方面，并生成初步的决策建议，大幅缩短了案件处理时间。

3）在决策质量方面，人工决策依赖个人技能和经验，容易产生偏见和错误。随着社会的发展和法律问题日益复杂化，传统的法律服务决策在处理涉及大量数据和跨领域知识的案件（如金融、科技等领域）时，往往显得力不从心。对此，生成式 AI 通过机器学习和大数据分析，能够不断优化其决策模型，提高决策的一致性和准确性。AI 系统不受个人经验和认知偏差影响，能够提供更为客观和公正的决策建议。此外，AI 还能够通过不断学习，逐步提高其决策质量，使自身更加可靠。

4）在个性化服务方面，由于资源和时间的限制，法律人士很难为每个案件提供深入的定制化分析和建议，这在一定程度上限制了法律服务的质量和对当事人需求的满足。而生成式 AI 能够根据每个案件的具体情况，提供定制化的决策支持，满足不同当事人的需求。

显然，AI 在上述 4 个关键维度上展现出了超越传统人工法律决策的优势。当然，评价法律决策的优劣并非仅限于这些标准，AI 在法律决策上的应用同样面临一些挑战，例如对复杂情境的理解限制、伦理和隐私问题等。尽管如此，AI 通过其卓越的数据处理和分析能力，已经显著提高了法律决策的效率和精确度，这一点是不容忽视的。

4. 改变服务模式

当谈论"服务模式"时，我们指的是服务提供的方式和过程，包括服务的获取、交付、互动和后续支持。"服务模式"是法律人与客户之间互动的桥梁，直接影响着客户的体验和满意度。

生成式 AI 技术带来的飞跃并非一蹴而就，而是一段漫长且充满挑战的探索。为了展示 AI 技术如何逐步渗透并重塑法律服务模式，我们将回溯历史上法律技术发展的各个阶段，通过审视每个时期的技术突破，描绘法律服务模式在技术浪潮推动下的转变。如图 1-4 所示，我们将其梳理为 4 个发展阶段。

（1）2010 年以前：计算机化与信息化

自 20 世纪 60 年代计算机辅助法律研究的初步尝试，到 20 世纪 80 年代中国法学界提出"法律工作的计算机化"概念，法律科技经历了显著的发展。在此期间，在线法律数据库如 LexisNexis 和 Westlaw 的普及，为法律人士提供了全新的信息访问途径。同时，办公自动化（OA）、管理信息系统（MIS）和企业资源规划（ERP）等技术的引入，实现了法律行业信息管理的数字化，极大提升了工作效率。此外，随着 20 世纪 90 年代末互联网的普及，电子数据在法律诉讼中的重要性日益凸显，e-discovery（电子证据开示）技术的兴起，标志着法律诉讼标准实践的变革。由此可见，在这一时期，法律服务模式的改进主要体现为技术辅助下的自动化：法律专业人士开始利用在线数据库进行法律研究，使用办公自动化和企业管理系统来提高工作效率；客户开始体验到更快捷的法律咨询和案件处理速度，但同时也需要适应新的技术工具和信息获取方式。

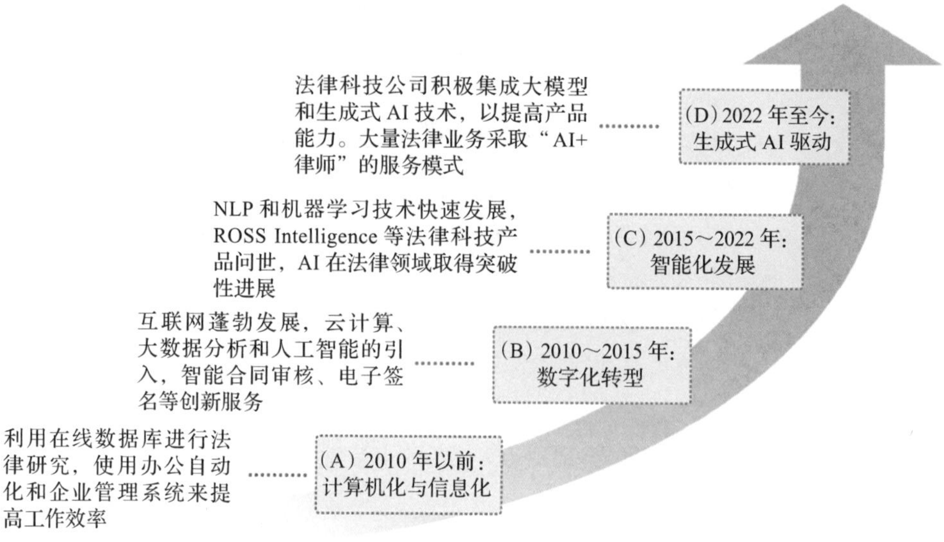

法律科技公司积极集成大模型
和生成式 AI 技术，以提高产品
能力。大量法律业务采取"AI+
律师"的服务模式 ·········· (D) 2022 年至今：
生成式 AI 驱动

NLP 和机器学习技术快速发展，
ROSS Intelligence 等法律科技产
品问世，AI 在法律领域取得突破
性进展 ·········· (C) 2015～2022 年：
智能化发展

互联网蓬勃发展，云计算、
大数据分析和人工智能的引
入，智能合同审核、电子签
名等创新服务 ·········· (B) 2010～2015 年：
数字化转型

利用在线数据库进行法
律研究，使用办公自动
化和企业管理系统来提
高工作效率 ·········· (A) 2010 年以前：
计算机化与信息化

图 1-4 法律技术与服务模式的发展历程

（2）2010～2015 年：数字化转型

随着互联网的蓬勃发展，以及云计算、大数据分析和人工智能的引入，法律服务模式经历了显著的数字化转型。2010 年前后，法律科技初创公司 LegalZoom和 Rocket Lawyer 在美国诞生，推动了智能合同审核、在线法律咨询和电子签名等创新服务的发展。2012 年，区块链技术的兴起为法律服务自动化和去中心化铺平了道路，智能合约的发展为法律科技领域带来了革命性的变化。同年，IBM Watson 超级计算机在智力问答竞赛节目 Jeopardy! 中的胜利，及其在法律领域的应用，显示了人工智能技术在法律服务中的巨大潜力。这个时期，服务模式转变为更多的在线交互和自助服务，客户对于法律服务的期望提高，开始寻求更加快速、灵活和成本效益高的解决方案。

（3）2015～2022 年：智能化发展

在这一时期，法律科技经历了显著的智能化与全球化发展。2015 年后，ROSS Intelligence 和 LawGeex 等公司的成立与产品的应用，标志着 AI 在法律科技领域的突破性进展。2018 年前后，自然语言处理（NLP）和机器学习技术的快速发展，推动了法律咨询聊天机器人的普及。同时，基于人工智能的司法判决预测研究取得进展，体现出机器学习在预测法律案件结果方面的潜力。2020 年，COVID-19 疫情进一步加速了远程法律服务和在线法庭的发展。到了 2021 年，法律科技继续扩展到环境法律、知识产权和国际法律服务等新领域，这一趋势体现了法律科技服务国家工作大局和高质量发展的导向。在这一阶段，服务模式变得智能化，更加高效和精准，客户体验从传统的等待响应转变为即时获取服务和个性化解决方案。

（4）2022 年至今：生成式 AI 驱动

2022 年后，ChatGPT 等应用的崛起，标志着法律科技行业进入了一个以生成式 AI 技术为主导的新时代。在这一时期，法律科技公司积极集成大模型和生成式 AI 技术，以提高产品能力，如法律检索、智能合同管理、合同审查和法律研究等，落地应用众多。此外，律师事务所、替代性法律服务商（ALSP）、企业法务部门、法院和法学院等都在积极探索使用 AI 技术，推动法律服务范式的转变。新兴法律服务业作为法律行业的"新质生产力"代表，迎来了发展机遇。这一时期，服务模式从传统的人工操作和数字化服务，转变为以 AI 为核心的智能服务，客户期望通过更加智能和先进的技术获得高质量的法律服务，同时对服务的透明度和可访问性有了更高的要求。

目前，已经有大量的法律业务采取"AI+ 律师"的服务模式。展望未来，AI 技术将继续推动法律服务模式的创新。我们可能会看到 AI 在替代性争议解决（ADR）中扮演更重要的角色，或者在法律合规检查中实现更全面的自动化。

5. 强化知识管理

在法律行业中，知识管理是一套系统化流程，涉及对法律知识和相关信息的收集、组织、存储、共享、检索、应用和更新及技术支持，以确保法律文档、案例、法规等资料的有序整理和安全保管，并建立高效的搜索机制以快速检索信息。然而，法律行业常常面临知识管理上的困境，其中尤为突出的就是信息孤岛问题。不同团队和部门往往各自拥有独立的知识和信息系统，这种分散导致知识流通受限、共享困难，进而引发重复工作，降低了整体的工作效率。此外，法律领域是一个动态变化的领域，新的法规、案例和先例频繁出现，这要求法律专业人士持续更新自己的知识库，适应法律环境的新变化。因此，有效的知识管理对于法律人士至关重要。

AI 技术的创新应用正在构建先进的法律知识管理系统，显著增强了法律专业人士管理和应用大量法律数据的能力，推动法律服务行业朝着更加智能、高效的方向发展。例如，知识管理系统 AlchemyAPI 能够从文本中提取关键短语，实现更广泛的聚合，并展示无法用单一领域概念表达的知识项。此外，AlchemyAPI 采用了 SimRank 相似性算法，这是一种衡量上下文中个体相似度的方法，基于图的拓扑结构来衡量图中任意两个点的相似程度。借助这类算法，即便文档之间没有直接的共同特征，AlchemyAPI 也能通过特征路径找到并链接相似文档。

AI 系统的核心在于其处理和分析大量数据的能力。通过这种能力，AI 技术正在改变法律行业的知识管理方式，实现从数据收集到知识分析、生成、更新、发现和个性化服务的全流程智能化，以下是这一变革的具体展现。

1）知识的自动化更新：借助 AI 技术对数据的敏感性和更新能力，法律知识管理系统能够实时监控并采纳新的法律数据，确保知识库的持续更新和准确性。

2）数据的智能分析与转化：AI 技术在法律知识管理中的作用不仅限于数据的收集和存储，更重要的是对数据进行智能分析和解释，将原始数据转化为有用的法律知识，实现数据与知识的融合。

3）基于数据的知识发现：AI 技术通过分析法律数据，识别数据模式和关联，帮助法律专业人士发现新的知识领域和研究方向。

4）个性化的知识服务：AI 系统利用历史查询数据和用户行为分析，从庞大的数据中筛选并构建知识，为法律专业人士提供个性化的知识推荐服务。

在 AI 技术的驱动下，法律人士在知识管理方案上有了更多选择。

第一，个人知识库的创建。律师可以利用 AI 工具自由创建自己的知识库，将个人经验和学习成果系统化整理和存储。这些知识库可以包含案例分析、法律评论、法规解读等，形成丰富的个人专业资源。

第二，知识发现与法律研究。首先，AI 能够追踪法律领域的最新发展，识别新兴问题和趋势，确保法律研究始终基于最新的法律框架。其次，通过 AI 的深度法律分析，法律人士能够快速、深入地挖掘法律文献、案例和学术文章中的有效信息。此外，AI 工具通过构建知识图谱，将分散的法律知识点连接起来，形成一个全面、互联的法律知识体系，为法律人士提供强大的知识资源。

第三，个性化知识推荐。AI 系统能够根据律师的专业领域、历史查询和工作模式，将相关的法律资讯、案例分析和法规更新推荐给需要的团队成员，增强团队成员之间的协作和沟通。通过这种知识共享，AI 技术还可以帮助法律机构建立更加开放和透明的知识管理文化。

通过这些实操性的应用，AI 技术正成为法律知识管理的强大工具，帮助法律专业人士提高工作效率、提升服务质量，并保持对法律知识的深入理解。

6. 创新商业模式

AI 技术的融入不仅为法律服务提供了新的工具和平台，更引发了法律服务商业模式的创新。我们将从以下两方面展开讨论：其一，新兴市场主体——法律科技公司的崛起及其对传统法律服务市场的补充作用；其二，AI 技术助力法律服务机构在市场中重新定位，拓展跨领域、综合性的"法律＋科技"商业模式。

（1）新兴市场主体的崛起：法律科技公司

如今，AI 不仅作为一项工具被整合进现有的服务流程中，更催生了全新的商业模式和市场参与者。有观点认为，未来的法律服务市场中，以律所为代表的法律服务机构不再具有唯一性，而以 AI 技术应用为依托的法律科技公司也可能融入法律服务市场，并成为新兴主体。

1）基于大数据分析的法律科技公司。实际上，在生成式 AI 技术崛起之前，市场上已经存在许多基于大数据分析提供法律研究和法律实践工具的科技公司，比如我们熟悉的汤森路透和 LexisNexis。这类公司在 21 世纪初随着大数据技术的发展而兴起，利用数据分析技术来提供法律研究、案件分析、风险评估和合规性检查等服务。

2）生成式 AI 驱动的新型法律科技公司。随着生成式 AI 技术的逐步发展，法律科技公司开始进行技术转型，市场上涌现出许多专注于开发生成式 AI 驱动的法律产品的新型公司。这些企业不仅关注数据分析，还关注内容生成，通过 AI 模拟法律思维，执行法律咨询、文书起草和案件策略建议等任务。这类公司代表了法律科技领域的前沿，标志着法律科技从数据驱动向智能化服务的转变。

以北京新橙科技有限公司（iCourt）为例，自 2013 年成立至今，iCourt 已成为国内法律科技行业的领先企业。该公司推出的 Alpha 系统整合了法律数据库、案件管理和律所管理等功能，覆盖法律检索、合同审查和文书起草等关键领域，极大地提升了法律服务的专业性和便捷性。目前，iCourt 的产品已被超过 15 万名法律工作者和 6000 多家律所采用，用户基础正迅速扩大。iCourt 的成功不仅展示了 AI 在法律服务领域的应用潜力，也证明了新型法律科技公司能够为法律专业人士提供高效、专业的解决方案，引领行业的创新和变革。

3）跨界科技公司。此外，我们还见证了跨界科技公司的加入。这些公司虽然不专注于法律领域，但它们将积累的技术优势应用于法律科技市场。例如，智能语音技术公司科大讯飞依托讯飞星火认知大模型，推出了"星火法律大模型"，开始在法律科技领域布局。

随着 AI 技术的不断进步，可以预见，生成式 AI 驱动的新型法律科技公司将在法律服务市场中扮演越来越重要的角色，满足市场对智能法律服务的迫切需求。

然而，在变革的浪潮中，法律科技公司的崛起也引发了一些争议和疑虑。部分观点认为它们仅是 AI 热潮的跟风者，目的在于吸引眼球和争夺市场。不过，这些看法是一种严重的误解。法律科技公司是行业发展的必然产物，其存在是对原有法律服务的补充而非竞争。在全球范围内，AI 技术已深入司法、教学、科研等多个法律场景，法律行业正面临技术融合的挑战，这要求法律和技术人员的跨学科合作——法律科技公司恰恰满足了这种融合的需要。它们不仅提供技术支持，还在深刻理解法律服务领域需求的基础上，利用 AI 技术来提供更加高效、精准的解决方案。作为法律市场中的新兴力量，法律科技公司将与现有法律服务机构携手，共同塑造行业的未来，通过互补合作来满足市场的多元化需求。

（2）全新的商业模式：法律 + 科技

为了更好地分析 AI 如何作用于法律行业的商业模式革新，我们需要先理解"商业模式"在法律行业中的内涵与价值。我们所说的法律行业的商业模式是指在提供法律服务的过程中，法律机构创造价值、交付价值和获取价值的一系列方法和策略。如图 1-5 所示，商业模式的价值体现在多个维度：服务模式与客户关系、收入与成本结构、市场定位与竞争策略以及技术应用与市场适应性。

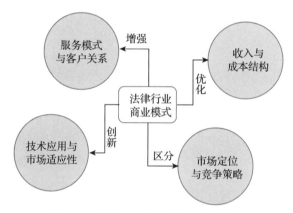

图 1-5　法律行业商业模式的价值体现

表 1-3 对比了传统法律模式与新兴的"法律 + 科技"商业模式，以便读者更清晰地理解在 AI 技术影响下，法律服务价值在这 4 个维度上的转变和发展。

表 1-3　AI 技术下"法律 + 科技"商业模式的价值改变

维度	传统法律模式	"法律 + 科技"模式
服务模式与客户关系	人工服务 1）人工法律咨询 2）定制化解决方案 3）客户关系管理依靠经验	自动化服务 1）AI 即时咨询，7×24 小时服务 2）数据驱动的个性化服务 3）增强客户忠诚度的算法
收入与成本结构	高成本 1）基于小时计费 / 固定费用 2）人力和运营成本高 3）收入来源单一	降低运营成本 1）基于价值计费 2）技术投资成本 3）多元化收入来源

（续）

维度	传统法律模式	"法律 + 科技"模式
市场定位与竞争策略	小范围、地域性竞争 1）经验和品牌优势 2）专注特定法律领域 3）偏好高端市场	跨领域、综合性竞争 1）技术和数据优势 2）多领域综合服务 3）广泛面向小企业和个人
技术应用与市场适应性	传统办公设备 1）人工数据管理 2）慢速适应市场变化	云计算和 AI 技术 1）智能化数据分析 2）快速响应市场需求

第一，服务模式与客户关系。借助生成式 AI 技术，律所不仅能够为客户提供 24 小时的实时法律咨询，还可以根据客户的历史数据进行细分，帮助律师针对特定的客户群体开展个性化服务。同时，生成式 AI 还能为营销活动生成个性化内容，通过瞄准正确受众、预测转化可能，不断发展新的客户群体。

第二，从收入与成本结构来看，随着 AI 带来的变革，传统的按小时计费方式将不再占据主导地位。在新的计费模式中，律师的报酬将更多地与其完成的工作量和实现的工作价值挂钩，而非单纯的时间消耗。在此基础上，律所可以探索多种收入模式，如基于订阅的服务、价值导向的收费，或是与 AI 技术相结合的增值服务。

第三，在市场定位与竞争策略方面，法律服务不再仅仅依赖于经验和品牌，而是通过技术创新来提升竞争力，使用 AI 技术处理和分析来自不同法律领域和行业的数据。"法律 + 科技"的商业模式使得律所的业务能够跨越传统领域的限制，更广泛地服务于小企业和个人客户，极大地拓宽了客户来源。

第四，在技术应用与市场适应性方面，AI 技术的应用使得法律服务能够更迅速地适应市场变化。在"法律 + 科技"的模式下，AI 系统能够帮助律所快速分析并预测市场趋势，及时调整服务策略，从而使其在激烈的市场竞争中占据优势，而传统法律模式在这方面则相对较慢。

显然，技术革新正推动律师事务所进行商业模式和价值主张的转型。"法律 + 科技"商业模式不仅提高了服务效率和市场适应性，还拓宽了律师事务所的市场定位和竞争策略。生成式 AI 技术的灵活性和通用性，配合开放接口，允许律所根据客户需求定制服务。这意味着，如果未来的律师事务所能够与科技公司合作，开发出定制化的 AI 工具，就能为用户提供更加个性化的服务。而 AI 的价值也正在于此，谁能用好这些强大的工具，谁就能提高效率和服务质量，同时大幅扩展自身的业务范围。

1.3.2 消极影响

AI 的广泛应用虽然为法律服务带来了技术优势和商业上的突破，但其潜在的负面影响同样不容忽视。本节将讨论 AI 技术对法律行业的消极影响，包括失业风险、数据隐私和安全问题、合规与监管的挑战，以及伦理问题。

1. 失业风险

历史上，每次工业革命都改变了人们的工作方式。从蒸汽机到电力，再到电子信息技术，每一次技术进步都提高了机器的自动化水平，同时也导致人们面临失业危机。现在，AI 的发展也造成了同样的结果。它在提高工作效率的同时，逐渐替代人类的决策和思考。2023 年，高盛估算了不同行业在美国和欧洲被 AI 自动化取代的就业岗位的比例。法律职业的风险位居第二，大约 44% 的任务可能被自动化。

接下来，我们将从基础性工作的替代、专业普及与执业泛化、劳动力结构的变化这三个方面，共同探讨 AI 技术对法律行业造成的失业风险。

（1）基础性工作的替代

"初级法律人士的境况会变化吗？"当被问及此问题时，汤森路透研究所技术和创新内容负责人扎克·沃伦（Zach Warren）明确表示：当然会变化。"检索、文件或合同起草等'手工'工作通常是一年级和二年级律师的工作范围，而这些显然是生成式 AI 的用例。"虽然在可预见的未来，人类律师被 AI 技术完全取代的可能性不大，但 AI 将能够承担大部分依赖记忆法律条文和执行标准程序的任务。

为了更清晰地理解，我们从实际的工作出发，先将传统的法律服务大致分为 3 种类型：基础型、经验型和专业型，如图 1-6 所示。

图 1-6 中的金字塔结构展示了法律服务工作的 3 种类型。首先，AI 的影响体现在基础型事务，这些任务由于规则性强、重复性高，最容易被自动化工具取代。例如，AI 可以快速处理大量数据，执行标准化的合同审核和文档生成任务，从而提高效率并减少对人力的需求。其次，经验型事务也受到 AI 的冲击。通过机器学习和自然语言处理技术，AI 能够分析历史案例，提供解决纠纷的参考方案，这可能会在一定程度上减少对法律人员的需求。最后，专业型事务虽然对专业知识和经验的要求较高，但 AI 的高级分析和模式识别能力，也可能在一定程度上辅助或改变资深律师的工作方式，尤其是在前期的案件分析和策略制定阶段。这提出了一个引人思考的问题：在未来，经验型事务和专业型事务是否也会像基础型事务一样，主要由机器劳动承担？

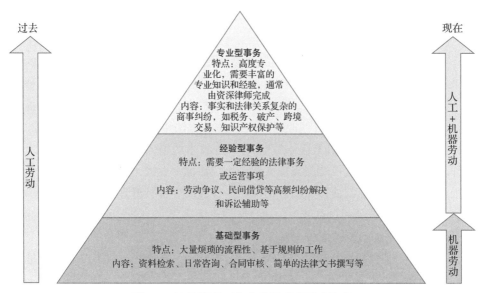

过去　　　　　　　　　　　　　　　　　　　　　现在

人工劳动

人工+机器劳动

机器劳动

专业型事务
特点：高度专业化，需要丰富的专业知识和经验，通常由资深律师完成
内容：事实和法律关系复杂的商事纠纷，如税务、破产、跨境交易、知识产权保护等

经验型事务
特点：需要一定经验的法律事务或运营事项
内容：劳动争议、民间借贷等高频纠纷解决和诉讼辅助等

基础型事务
特点：大量烦琐的流程性、基于规则的工作
内容：资料检索、日常咨询、合同审核、简单的法律文书撰写等

图 1-6　法律服务工作分类及劳动形式演变

关于 AI 发展能否取代人类的工作，目前存在两种观点。一种观点认为，AI 技术对就业有一种"补偿效应"，即 AI 技术的进步能提高生产效率、降低成本，进而刺激市场需求，而需求增加可能促使企业扩招，从而在一定程度上补充因技术进步而减少的工作岗位。高盛的研究持此观点，它们认为，从历史上看，自动化带来的失业影响往往被新岗位的产生所冲淡，技术创新带来的新职业是就业增长的主要来源。而另一种观点则更为谨慎，指出 AI 虽然在创造新的工作岗位，但这些新岗位的数量正在减少，并且 AI 同时也在取代更多的工作岗位。例如，美国在 20 世纪 80 年代新岗位的创造率是 8.2%，到了 21 世纪初，这个数字下降到了 0.5%。这说明，智能机器在一定程度上确实可以创造新的工作岗位，从而促进就业，但是其促进作用有限，并且这种促进作用越来越小。

根据这两种观点，我们应当认识到 AI 技术对就业的复杂影响。AI 技术的发展会创造新的职业和需求，但同时也确实会导致某些岗位面临消失的风险，法律行业尤为明显。AI 技术在法律行业中创造了新岗位，如数据隐私律师、法律科技顾问等，但这些新岗位的数量目前仍然较少。AI 技术在创造新工作岗位的同时，也在取代旧的工作岗位。许多技能要求低、重复性强的工作岗位正在被 AI 技术

○　参见王大顺的论文《马克思主义视角下"人工智能"技术变革对就业的影响研究》。
○　参见田凤娟、徐建红编著的《人工智能伦理素养》，由北京邮电大学出版社于 2023 年 3 月出版。

取代，导致很多劳动者面临失业。

（2）专业普及与执业泛化

在法律行业中，传统的职业主义通过使用专业的法律术语和接受专门的培训来维持其专业性和神秘感。法律服务通常由法律专业人士主导，形成了一种单向的服务模式。在这种模式下，客户往往无法根据自己的知识自由选择服务提供者，而是依赖人际关系、口碑和品牌等因素来获取法律服务。

然而，随着像 ChatGPT 这样的生成式 AI 技术的引入，公众可以更容易地获取和理解法律知识，这可能会降低人们对传统法律专业人士的依赖。非法律专业人士也能够掌握一定的法律知识，从而在一定程度上自行处理一些法律事务。同时，AI 驱动的科技公司也可能对法律行业构成竞争压力，它们可能会以替代性法律服务提供商（ALSP）的身份进入市场，成为公众获取法律服务的选择之一。换言之，客户可能会更倾向于使用 AI 工具来处理一些常规的法律事务，而不是寻求专业律师的帮助。

（3）劳动力结构的变化

随着技术的发展，劳动力市场出现了两极分化。这个问题不仅导致低技能劳动者面临就业困难，还可能引发高端技术岗位的人才短缺。随着 AI 技术的迅猛发展与更新，高端技术岗位对新人才的需求急剧增加，但市场上却难以找到合适的人选。在此趋势下，法律行业的劳动力结构也在调整。AI 技术正在覆盖传统的法律服务工作，行业对信息技术能力强的高端法律技术人才的需求日益增加，但市场上合格的候选人仍然相对较少。

同时，这种趋势也可能引起法律服务机构内部层级的变化。通常，资深法律从业者因其深厚的实践经验和业务资源，在律所层级体系中占据领导地位。然而，年轻法律从业者在掌握和应用 ChatGPT 等 AI 技术方面更胜一筹，这可能削弱传统执业经验的优势，推动法律机构的层级结构向多元化评价标准转变。我们认为，这种技能需求的变化也反映了法律就业门槛的提高。随着 AI 技术在法律行业的深入应用，对法律从业者的技术要求也在不断提高，法律专业的从业者和学生需要掌握更多技术知识，以适应这一变化。

2. 数据隐私与安全问题

有人认为："在这个世界上，每当我们浏览互联网、操作智能手机、使用信用卡或参与社交媒体互动、通过电子收费站、观看流媒体影片或收看电视时，实际上都在为 AI 的发展提供数据支持。"这句话揭示了：在数字化时代，我们每个人都是数据的创造者。我们的活动不断产生数据，这些数据被收集、分析，并用于训练和优化 AI 系统，使它们能够更好地模仿人类，输出更加精准和个性化的内容。

　　然而，这也提醒我们，随着个人数据被用于 AI 训练，数据隐私和安全问题变得尤为重要。我们需要确保这些数据的使用透明、受到监管，并且尊重我们作为数据主体的权利。对于法律服务主体而言，保护客户数据不仅是法律要求，更是维护客户关系和律所声誉的关键。AI 在法律领域的应用需要大量的数据支持，这些数据往往涉及个人隐私和敏感信息。无论是在模型研发过程中，还是在客户服务过程中，AI 技术下的数据使用都催生了数据隐私和安全的重要议题。

　　（1）模型研发过程中使用数据的风险

　　随着技术的发展，越来越多的法律科技公司和大型律所积极探索并训练自己的 AI 模型。然而，AI 模型的训练是一个复杂的过程，通常依赖海量数据的输入，面临隐私侵犯和版权保护等挑战。模型开发的主要数据来源渠道一般是公开数据，包括互联网上的研究报告、新闻报道和社交媒体内容等。但是，这些数据可能含有个人信息，即使经过匿名化处理，也可能存在隐私侵犯的风险。此外，版权问题也是一大挑战，因为某些数据可能仍受版权保护，未经授权的使用可能引发法律纠纷。例如，OpenAI 在训练 GPT 模型时，因使用受版权保护的书籍和文章数据而遭遇多起侵权诉讼，包括作家 Paul Tremblay 和 Mona Awad 的诉讼，以及《纽约时报》对模型复现文章内容及生成虚假信息的指控。此类案件凸显了大模型时代数据使用的法律与安全问题。

　　（2）客户服务过程中数据使用的风险

　　在法律服务过程中，生成式 AI 系统的使用与优化依赖大量用户交互数据，这要求服务提供者需严格遵守个人信息保护法规。若在未经用户明确同意的情况下使用其数据进行模型训练，可能引发法律诉讼和声誉风险。例如，美国联邦贸易委员会曾处罚一家名为 Everalbum 的公司，因为它未经用户同意就收集照片和视频，并用这些数据训练算法。同时，数据可能涉及敏感信息，如个人身份、财务或健康记录，因此使用者需确保数据安全，防止未授权访问和网络攻击。此外，AI 内容生成的不透明性可能削弱客户信任，影响法律机构的市场竞争力。当前，随着国家数据局的成立，我国的数据要素市场将进一步完善。随着我国数据要素市场的完善和《生成式人工智能服务管理暂行办法》的实施，企业和社会机构在数字化转型中必须提升数据管理水平，确保数据处理的合规性，保护用户个人信息。

3. 合规与监管的挑战

　　AI 技术发展迅速，如何确保 AI 技术在法律行业中的应用符合现有的法律法规，以及如何制定新的法律法规来监管 AI 的应用，成为法律行业面临的重大挑战。

（1）合规的挑战

在法律技术领域，"AI 的合规"（AI Compliance）是指确保 AI 系统在设计、开发和部署过程中遵循所有适用的法律法规、行业标准和组织内部政策，涵盖数据保护、隐私、透明度和算法公平性等方面。目前，AI 的合规面临如下挑战。

第一，算法的透明度和可解释性。许多 AI 系统，尤其是深度学习模型，其内部工作原理的复杂性往往超出法律专业人士和监管机构的理解能力，导致所谓的"黑箱"问题。这种不透明不仅增加了法律风险，也使评估 AI 决策的合理性和公正性变得困难。

第二，技术风险管理。首先，数据泄露风险要求法律机构采取先进的加密技术和严格的访问控制措施，以确保敏感数据的安全性。其次，算法偏见风险需要法律机构通过定期审查和测试 AI 系统来识别和纠正，以保证决策的公正性。最后，技术过时风险的存在要求法律机构持续更新和维护 AI 技术，以保持其先进性和合规性。

第三，跨国法律合规。随着法律机构处理的数据越来越多地跨越国界，它们必须遵守不同国家的监管政策和法律要求，这些要求在数据保护、隐私权、知识产权等方面可能存在显著差异。法律机构需要深入了解各个司法管辖区的法律环境，并确保其 AI 应用在全球范围内的合规性。

第四，合规性培训与教育问题。法律专业人士需要保持对最新技术发展的敏感性，并预见这些技术如何影响现有的合规框架。这要求法律机构对员工进行定期的合规性培训，提高他们对 AI 技术潜在风险的认识水平，并确保他们了解在使用 AI 时应如何遵守相关法规和内部政策。

（2）监管的挑战

"AI 监管"（AI Regulation）指政府或监管机构对 AI 技术的开发和应用实施的监督与控制措施，旨在通过制定标准、规则和政策来维护市场秩序、保护消费者权益，并促进技术创新在社会伦理和法律框架内的可持续发展。

目前，我们将法律领域的人工智能监管问题总结如下。

第一，AI 技术快速发展导致法规滞后。首先，对于监管部门来说，AI 技术的迭代更新速度远远超出法律的适应速度，导致许多创新应用缺乏明确的法律框架，从而对监管部门提出了更新法规、制定新政策的迫切要求。其次，对于法律服务机构而言，AI 技术的发展与法规更新速度的差异，使它们在采纳 AI 技术时往往面临未知的法律风险；与此同时，不同国家和地区对 AI 的监管态度和法规存在差异，这给跨国运营的法律机构带来了复杂的合规问题。

第二，AI 系统的法律责任。当 AI 系统参与案件分析和判决过程时，如果出现错误或不公正的结果，责任应如何界定、由谁承担？是 AI 的开发者、使用者，还是 AI 系统本身？目前尚无普遍接受的监管框架来解决这些问题。同时，责任归属问题不仅是一个监管问题，也涉及伦理考量。

2024 年 2 月，广州互联网法院就某 AI 平台向公众提供的 AI 服务中生成的图片涉嫌侵犯"奥特曼"的著作权一案做出判决，这被称为"全国首例 AIGC 服务提供者侵犯著作权案"。此案中，法院认为 AI 平台在提供服务时，未能充分审查生成内容的合法性，因此对侵权行为负有责任。尽管社会各界对此案的判决结果"褒贬不一"，但不可否认，此案引发了对 AI 技术伦理和监管的积极讨论，包括如何在创新与保护知识产权之间找到平衡点，以及如何确保 AI 技术的发展不会侵犯他人的合法权益。随着 AI 技术的不断进步，这些问题将变得越来越重要。

第三，特定领域的监管挑战。在对 AI 技术的监管上，各领域都有其独特的需求和标准。例如，知识产权法律服务中的 AI 应用需对技术细节和法律要求有深入理解，既要鼓励创新，又要保护知识产权；在医疗法律服务中，AI 系统的使用必须符合医疗保密和保护患者隐私的高标准；在刑事司法系统中，AI 的应用，如犯罪预测，引发了关于公正性和道德责任的重要问题，需要监管机构制定严格的规则。

总之，随着 AI 技术的不断进步，法律行业在合规和监管方面将面临一系列挑战，这些问题凸显了现有法律框架与快速发展的 AI 技术之间的矛盾，并在全球化背景下显示出对统一监管标准的迫切需求。

4. 伦理问题

就像人类社会发展进程中每项新技术的诞生一样，AI 的变革性发展也必然伴随着伦理问题。有观点认为，AI 无限接近人的智慧，但又"逃离"了制造者和使用者的意志驱动，必将深刻挑战以人为基础的伦理体系。AI 伦理的建构在某种程度上将决定 AI 是人类文明的又一巅峰，还是人类文明的"终结者"。[⊖]

在法律领域，AI 的应用也引发了诸多伦理问题，如 AI 创作内容的权利归属、AI 对人类主体地位的挑战、AI 决策的偏见问题等。

（1）AI 创作内容的版权性

随着 AI 技术在创作领域的应用日益广泛，AI 生成的文本开始挑战传统的版权归属理念，AI 创作与版权辨析成为法律界和伦理界必须面对的问题。

　⊖　参见田凤娟、徐建红编著的《人工智能伦理素养》，由北京邮电大学出版社于 2023 年 3 月出版。

第一，版权资格问题。AI 生成的内容是否满足版权法所要求的原创性？ AI 能否被视为具有作者身份的实体？

第二，界定原创性标准。AI 作品的创作过程通常基于大量现有数据和算法模式，这是否足以认定其具有原创性？

第三，作者身份归属的问题。如果 AI 创作的作品被认定为具有版权，那么版权归属应当如何确定？是归属于 AI 的开发者、使用者，还是应当赋予 AI 某种形式的"作者"地位？

第四，关于版权保护范围的问题。AI 作品的版权保护是否应当与传统作品一视同仁，还是需要制定特别的法规来适应其独特性？

在这一过程中，伦理与法律的平衡显得尤为重要。如何在保护创新成果和促进知识共享之间找到合适的平衡点，是法律制定者和伦理学者需要认真思考的问题。

2023 年年底，北京互联网法院审结了李某与刘某侵害作品署名权和信息网络传播权纠纷一案，确认了 AI 生成图片可作为"作品"并承认使用者的"创作者"身份，前提是图片展现了原告的独创性和智力投入。同时，本案判决强调，利用 AI 生成的内容是否构成作品需要进行个案判断，不能一概而论。站在创新发展的角度，许多法律界人士对此案的判决结果持积极态度，认为它有利于强化人对 AI 的主导地位，推动 AI 技术的创新发展和应用。

随着 AI 技术的不断进步，AI 生成内容的版权问题将变得更加突出。法律体系需要适应这些变化，以确保 AI 技术的发展既符合伦理标准，又能够在法律框架内得到合理利用。

（2）主体价值

长久以来，人类在认知中具有核心价值，所有伦理和道德都是围绕人类展开的。然而，随着技术的发展，尤其是生成式 AI 的崛起，AI 开始在一些领域表现出自主决策的能力。这种能力使得 AI 可以影响甚至塑造人类的观念和认知，导致"AI 塑造人类"的现象。AI 技术对人类主体价值的伦理挑战主要体现在以下两方面。

第一，人类决策过度依赖 AI。生成式 AI 的自主性和对信息的高效处理，可能会让法律人士越来越依赖技术，形成盲目崇拜和依赖——即使他意识到技术的不足，也会倾向于依赖技术做出决策。与此同时，如果法律专业人士过度依赖 AI 而忽视了与现实世界的直接接触和实践经验积累，就可能导致更严重的认知偏差和决策失误。例如，如果一个 AI 系统在分析案件时给出了错误的建议，而法律人并未进行独立的审查或判断，就可能会导致不公正的判决。

第二，AI 对人类价值观的影响。AI 系统通常基于算法和数据进行决策，而人类则可能基于道德、伦理和社会价值观进行判断。这种差异可能导致 AI 在处理某些案件时无法做出符合人类价值观的决策。

例如，亚马逊的语音助手 Alexa 曾因程序漏洞建议用户自杀。一位名叫 Danni 的英国用户在向 Alexa 询问心动周期的问题时，Alexa 竟然建议她"将刀插入心脏"，并补充说"心脏的跳动是人类赖以生存的动力，这是对地球的一种消耗。"又如，当自动驾驶汽车在运行过程中遭遇突发路况，需要采取避让措施时，是选择撞向行人，还是避开行人而导致乘客受伤？AI 系统如何进行道德判断，是一个复杂问题。还有一些例子，如被广泛应用的面部识别技术本身也隐含了种族歧视的因素，许多能够成功识别白人面孔的算法无法正确识别有色人种。2019 年，美国国家标准与技术研究院发布了一份报告，显示了全球 99 名开发人员提交的 189 种人脸识别算法在识别来自不同人口统计数据中的面孔时的表现。测试显示，与白人相比，算法无法准确识别非洲裔或亚裔人脸照片的可能性高出10～100 倍。在搜索数据库以查找给定的面孔时，非洲裔女性显示错误的比例明显高于其他人口。⊖

可以看出，如果 AI 在面对复杂的指示时无法正确理解人类的意图，可能会做出不符合伦理道德的决策。一旦失去控制，AI 可能会对人类社会的伦理秩序造成严重冲击。

（3）算法偏见与歧视

生成式 AI 从大量数据中学习，这些数据本身可能包含偏见，由此而生的后果是，生成式 AI 技术往往会继承并放大人类社会中的歧视。此外，AI 在与人类交互的过程中，如果用户输入带有偏见的数据，AI 也会学习并反馈这些偏见。例如，某些生成式 AI 在处理宗教问题时表现出了偏见，在 23% 的测试案例中将其与恐怖主义联系在一起。⊖

在法律领域，AI 的应用可能会导致某些群体受到不公平对待。例如，有研究表明，某些用于预测犯罪风险的 AI 系统可能会对少数族裔群体给出更高的风险评分；又如，亚马逊著名的 AI 招聘系统，由于训练数据中男性占多数，导致 AI 在招聘中倾向于男性，形成性别歧视。

总而言之，法律行业需要认真思考和解决如何在利用 AI 技术的同时确保其符合伦理道德标准的问题。

⊖　访问链接为 https://epaper.gmw.cn/gmrb/html/2022-06/20/nw.D110000gmrb_20220620_1-12.htm。

⊖　访问链接为 https://arxiv.org/abs/2101.05783。

1.4 法律人与法律机构如何应对 AI

现在，我们正站在"法律＋科技"智能化浪潮的巅峰。数据建模和智能应用变得无处不在，从预测分析到个性化推荐，数据模型将人类智慧嵌入法律业务流程中，实现了法律业务自动化，甚至在某些情况下超越了人类的能力。正如美国商业创新咨询机构（Board of Innovation）首席执行官 Phil De Ridder 所言，AI 不会取代创新者，但使用 AI 的创新者将会取代那些不使用 AI 的创新者。

1.4.1 法律人如何应对 AI

面对 AI 带来的技术革新，我们应该相信，人类将继续在法律行业中扮演核心角色，只不过具体的角色、技能和专业将迎来调整，以与新兴技术互补，而非相互对抗。未来的法律专业人士必须能够熟练掌握如何以及何时使用 AI 工具，如何编写能够生成最佳输出的 AI 提示词，如何评估 AI 结果的准确性和质量等，从而提供切实的法律策略。

1. 提升技术素养

AI 的关键在于其技术联结能力。展望未来，那些擅长使用生成式 AI 技术辅助法律研究和分析的"超级律师"将更受市场青睐。这些律师能够为客户提供更精准、全面的法律建议，因为他们掌握了将 AI 技术与专业法律知识相结合的方法，以提供更高质量的服务。

首先，培养有效的"提示"（Prompt）能力。"提示"指的是用户向 AI 系统提供的信息或问题，用以引导系统理解用户的需求并生成相应的回答或输出。高质量的输出依赖于高质量的输入提示，在 ChatGPT 时代，"提示"是形成所需知识的关键。

在法律领域中，"提示"的应用可以是律师向 AI 法律助手提出的具体问题，比如："显示与合同违约相关的最新司法解释"或者"列出适用此案的法律条文"。有效的提示能力意味着能够清晰、具体地向 AI 系统提出问题或请求，以便获得最准确和有用的信息。

为了更好地理解"提示"的作用，我们通过图 1-7 描述一个对话型 AI 法律服务模型，展示使用者从输入到获得结果的过程。

结合图 1-7，我们可简要概括法律人士在日常场景中使用 AI 工具的步骤原理：

第一步，准确向 AI 描述需求。我们知道，AI 工具能够处理和理解人类的自然语言，将输入的内容转化为具体的查询或指令。因此，我们首先需要准确理解并捕捉当前的问题，并输入法律 AI 工具中。

图 1-7　对话型 AI 法律服务模型工作过程

第二步，AI 进行法律知识检索。AI 工具具备从大量数据中提取和整合信息的能力，法律从业者可以利用 AI 工具进行法律知识的检索，快速访问相关的法律法规、案例和学术资源。

第三步，AI 整合生成结果。AI 工具能够自动生成新的法律知识，为法律人提供决策支持。

在这个过程中，反馈循环和系统优化是提升 AI 工具效能的关键。法律专业人士可以不断调整和改进 AI 工具的应用，以实现更佳的服务效果。

为了提升"提示"技能，法律专业人士应该在日常工作中不断练习，例如通过模拟不同的法律问题场景，练习构建"提示"，并根据 AI 的输出结果进行调整。此外，法律专业人士应该积极参与 AI 技术的培训课程，学习如何最大限度地利用这些技术。他们还需要跟进技术的最新发展，以便及时调整自己的"提示"策略。

同时，我们也必须意识到，法律人士的技术素养需要持续提升。定期参加研讨会、工作坊或网络研讨会，与同行交流技术应用经验，是提升技术素养的有效途径。此外，法律人士还应该与技术团队合作，了解 AI 系统的最新功能，并探讨如何根据法律专业的需求进行定制。通过跨学科的合作，法律人士可以更好地将 AI 技术应用于法律实践，提高工作效率，为客户提供更高质量的服务。

2. 应用专业工具

现今，市场上已有各类研发成熟的 AI 工具，包括但不限于类案检索、案情分析、法律咨询自动化、文书写作辅助以及合同审查等。在使用这些工具时，法律人士只需按照功能指引，进行基本需求的输入和文件上传，便可借助工具的能力，得到想要的结果。

为了给读者提供参考，我们调研了国内法律市场上的主要法律科技产品，并简要总结了其功能,见表 1-4。

表 1-4 国内主要法律科技产品与功能总结

法律科技产品	法律咨询	类案检索	法规检索	文书生成	阅读	合同审查	合同管理	知识管理	客户项目案件管理	其他功能
Alpha GPT	√	√	√	√	√	√				实务研究
ChatLaw	√		√	√	√					
得理	√	√	√						√	
法宝新 AI	√			√			√		√	模拟诉讼、智慧立法、智慧执法、企业法治
法行宝	√			√						
MetaLaw	√	√	√							全网搜索
幂律智能						√	√			面向企业的集成工具
通义法睿	√	√	√	√	√	√				
元典问达	√									全网观点
智爱法律大模型	√						√			债权审查

关于律师如何将这些 AI 工具融入工作中,实现法律服务的创新与优化,我们提供了一些思路。

第一步:利用 AI 工具捕捉用户需求。融入 AI 工具的第一步,是开始使用 AI 工具来分析客户需求和市场趋势,并以此为基础提供定制化的服务。

第二步:构建 AI 法律知识库。法律人士应构建一个全面的 AI 法律知识库,整合法律法规、案例、学术文章等资源。这将作为法律人士提供高效法律服务的基础。

第三步:设计并实施至少一个利用 AI 技术提升服务效率的项目,比如自动化合同审查流程或案件管理系统。

第四步:持续反馈与优化。持续收集用户反馈,评估 AI 服务效果,并据此优化 AI 系统。这有助于形成正循环,不断提升服务质量。

第五步:跨学科合作与创新。法律专业人士应与技术专家、数据科学家等跨学科团队合作,共同探索 AI 在法律领域的新应用,推动法律服务模式的创新。

需要注意的是,在使用 AI 工具的过程中,法律专业人士必须重视数据安全和客户隐私保护,确保所有数据处理活动都符合法律法规,保护客户的敏感信息不受侵害。

3. 把握决策核心

在不断提升技术能力的同时，我们也需要认识到，尽管先进的生成式 AI 能显著提升法律服务的效率和质量，但它们仍存在局限。例如，"知识幻觉"等问题可能会影响 AI 生成内容的准确性。此外，这些 AI 工具通常基于大量数据生成标准化答案，但在提供创新性法律见解方面可能存在不足。面对需要深度思考和创新的复杂法律问题，经验丰富的律师仍然不可替代，他们依靠批判性思维和创造性思维来解决问题。

虽然"AI 控制人类"最近广受关注，但至少目前及未来一段时间内，法律专业人士应明确 AI 是辅助工具，而非决策主体，我们仍需要对问题进行独立审查判断，将决策权掌握在自己手中。

首先，法律人应主导法律知识的掌控。尽管 AI 技术基于大量语言数据进行学习，但法律领域的数据可能存在不足、不准确或结构化不够的问题。此外，法律涉及的隐性知识，如司法经验，难以完全转化为 AI 能理解的语言。因此，法律人需要独立判断，过滤 AI 生成的不准确信息，并建立相应的信任水平，定期进行调整，以提高与 AI 合作的效果。

其次，法律人在法律知识创新中应发挥主导作用。AI 技术生成的知识可能对个体用户来说是新的，但对人类知识库而言并非创新。在一个以知识为核心的社会中，进步依赖于对现有知识的创新。法律人应以批判性思维进行实践，不断突破现有知识，推动法律领域的发展。

最后，法律人在法律价值判断中应保持主导地位。法律的价值判断是一个复杂过程，需要法律人运用经验和判断力。虽然 AI 可以学习人类的价值观念，但它缺乏主观意识和情感体验，无法进行复杂的价值判断。因此，即使 AI 技术广泛应用于法律行业，法律人也仍需在价值判断中发挥关键作用，确保法律价值的连贯性和一致性。

4. 优化人机协作

法律人士应充分利用 ChatGPT 等生成式 AI 技术的优势，精心设计 AI 与法律专业人员的协同工作流程，以确保技术优势得到充分发挥，同时确保法律专业人员的核心地位。

具体而言，AI 在处理大数据、执行标准化任务、快速检索和初步分析方面具有显著优势。它能够高效地整理文档、识别模式、生成报告，以及完成其他重复性高的工作。这些自动化的能力让法律专业人员从繁重的劳动中解放出来，专注于更加复杂和具有创造性的任务。而法律专业人员在提供定制化咨询、战略规划以及创新解决方案方面具有不可替代的作用。他们的批判性思维、深刻的法律理解以及对案件情境的敏感度是 AI 所不具备的。在法律服务中，专业人员的直觉、经验和道德判断对于做出合理决策至关重要。

为了实现有效的人机协作，应采取以下策略：

- ❑ 设计包含 AI 辅助的法律服务流程，在正确的环节让 AI 提供支持，同时为法律专业人员留出决策空间。
- ❑ 明智地分配任务，确保 AI 处理适合其能力的事务，而将需要专业判断的任务留给法律人员。
- ❑ 对法律专业人员进行 AI 工具使用的培训，同时开发更易使用的 AI 交互界面。
- ❑ 建立质量控制机制，确保 AI 生成的内容在用于决策前由专业人员审核。
- ❑ 鼓励法律专业人员对 AI 输出提供反馈，以不断优化 AI 的性能。
- ❑ 确立使用 AI 过程中的伦理准则和责任归属，以确保法律专业人员保有最终决策权。

通过这些措施，我们可以构建一种高效的工作模式，让 AI 和法律专业人员各自发挥优势，共同提高法律服务的质量和效率。强化这种人机协作不仅能提升法律服务的专业水平，还能确保法律职业的核心价值得到维护和发扬。

1.4.2　法律机构如何应对 AI

1. 抓住市场机遇，推动技术转型

普华永道的第 27 次年度全球 CEO 调查显示，84% 的公司 CEO 已开始采用 AI 技术提升工作效率，70% 的 CEO 预计 AI 将在未来 3 年内显著改变公司的价值创造与获取方式。在法律行业，市场研究机构 Mordor Intelligence 的研究报告《法律 AI 软件市场规模和份额分析——增长趋势和预测》显示，目前法律行业的 AI 软件市场渗透率较低，但由于前景光明、投资不断增加，现有市场参与者和新进入者都有机会塑造这一新兴领域。

法律机构应识别并利用 AI 带来的市场机遇，积极推进技术转型，引入和应用先进的 AI 技术，提升法律服务的效率和质量。正如 1.3.1 节在讲述 AI 创新商业模式时所提到的，律师事务所需要加强技术投入，例如采用最新的 AI 技术优化数据处理和分析能力，开发新的服务工具和平台。而尚未具备此能力的律所可以通过与科技公司合作，获得技术支持，加速技术整合。

我们也需要注意，在"法律 + 科技"的商业模式下，法律服务市场的竞争格局可能会发生变化。大型律所可能会利用其资源丰富的优势，投资 AI 技术开发高级定制工具，从而在个性化法律服务方面进一步扩大与小型律所之间的差距；中型律所通常具备一定的资源，可以通过 AI 技术的灵活性快速适应市场，提升服务能力。相比之下，小型律所可能面临着更大的竞争压力。但是，这类律所不必对 AI 技术感到惊慌，而应在明确自己的市场定位的同时，积极参与到法律科技的发展中来，专注于提供高价值的法律服务，不断提升自身的竞争力。

2. 重视人才培养，应对结构性变化

随着生成式 AI 技术的发展和普及，法律等专业服务行业将经历结构性变化，例如现有职业受到影响、新的工作角色出现。许多组织已经开始为适应这些变化进行规划，积极培训员工正确使用生成式 AI，并预计在未来几年内会出现如 AI 专家、数据分析师和 AI 实施协调员等全新职位。

汤森路透研究所《2024 年专业服务中的生成式人工智能》报告展示了法律等领域的专业人士对生成式 AI 的态度，以及他们为应对生成式 AI 带来的结构变化而在人员教育培训上的做法。这项调查基于 2024 年 1 月和 2 月对 1128 名受访者进行的在线调查，受访者主要来自美国（占总数的 48%）、英国（19%）、加拿大（16%）、澳大利亚（14%）和新西兰（4%），包括公司内部法律、税务和风险管理团队成员，以及外部的律师事务所、税务和会计事务所，还有政府法律部门和法院的专业人士。大多数受访者担任合伙人、经理、董事、总法律顾问、助理总法律顾问、律师或法官等职位。

根据调查结果，许多组织已经开始积极培训员工正确使用生成式 AI。尽管在调查受访者中，这样的组织仍然是少数，但在公司风险管理部门，这一比例已接近 40%。具体而言，19% 的受访者表示他们的组织已经提供了关于生成式 AI 的教育或培训。在法律行业（律所 / 公司法务）中，21% 的受访者表示他们已经提供了生成式 AI 的培训，这一比例略高于平均水平。

可见，随着生成式 AI 在各类组织中的应用增加，雇用熟悉生成式 AI 并具备相关技能的员工将变得越来越普遍。报告显示，越来越多的组织，尤其是在公司风险管理、法律和税务领域，称生成式 AI 技能是招聘时的必备条件。

3. 控制数据安全，加强风险管理

在 1.3.2 节中，我们提到，AI 法律服务的过程面临隐私保护和数据安全方面的挑战。数据作为法律行业的核心资产，其保护尤为关键。法律机构必须采取一系列措施确保敏感信息的安全，同时制定策略应对与 AI 技术使用相关的风险。

第一，实施强有力的保护措施，包括采用先进的加密技术保护数据传输的安全，使用安全的数据存储解决方案防止未经授权的访问，以及建立严格的访问控制限制对敏感数据的访问。

第二，制定合理的风险管理策略。识别和评估与 AI 技术使用相关的风险，进行定期的安全审计，监控潜在的数据泄露风险，并制订应急计划以应对可能的安全事件。

第三，合规性也是法律机构必须考虑的重要因素。随着数据保护法规的日益严格，法律机构必须确保其数据处理活动符合所有适用的法律和行业标准。

第四，法律机构在与科技公司合作时，应确保合作伙伴遵守相同的数据安全和风险管理标准，这可能需要在合作协议中明确数据保护和风险管理的要求。同时，在开发和部署 AI 工具时，法律机构应将数据安全和风险管理纳入产品设计的核心。

数据安全和风险管理是一个持续的过程。法律机构应定期评估其数据安全措施的有效性，并根据新的威胁和漏洞更新其风险管理策略。

AI 助力法律人提升工作效率

　　在当下以数据为驱动力、技术持续迭代进步的时代，法律领域正经历前所未有的深刻变革。本书将引领你全面深入地了解人工智能（AI）在法律服务中的多维度应用，全方位展现 AI 为法律工作者带来的强大助力。从类案检索到案情分析，从法律咨询到文书写作，再到合同审查，AI 在各个环节都发挥着重要作用。

　　首先，在第 2 章中，AI 凭借强大的算法和数据处理能力，迅速从海量法律案例库中筛选出高度相关的案例并清晰呈现，为法律专业人士的决策提供重要参考，进一步提高工作效率和决策准确性。在第 3 章中，面对复杂案件，AI 运用先进的数据分析技术梳理关键信息、识别潜在法律问题，为律师构建案件策略提供有力支持。在第 4 章中，AI 依靠丰富的法律知识库为当事人快速提供准确的法律意见，如同随时待命的法律顾问。在第 5 章中，AI 根据需求生成初稿并智能修订，确保法律文件的专业性和合规性，从而为律师节省时间和精力。在第 6 章中，AI 全面细致地审查合同，快速识别潜在的法律风险，如同严谨的审计师为合同的签订和履行提供可靠保障。

AI 助力类案检索

在当今数字化时代，AI 技术高歌猛进，其发展势头如疾风骤雨，正在深刻而全面地重塑各个行业，法律领域也未能例外。对律师而言，类案的检索分析是法律人日常工作中不可或缺的一环。2023 年 12 月 22 日，最高人民法院相关部门负责人在就人民法院案例库参考案例有关问题答记者问时指出：人民法院审理案件，必须查阅案例库，参考同类案例做出裁判，以保障法律适用统一、裁判尺度统一，避免"同案不同判"。面对规模庞大的案例数据及复杂多变的法律问题，传统的检索方式逐渐暴露出效率低下、准确性不足等问题。而应运而生的 AI 类案检索工具，凭借先进的算法和强大的数据处理能力，为律师带来了新的解题思路和方法，大幅提升了工作效率和质量。

本章将聚焦 AI 类案检索工具，分析传统类案检索方法中存在的痛点，并全面探讨 AI 类案检索在准确性和高效性方面展现的显著优势。此外，本章还会简要分析当前国内具有代表性的 AI 类案检索工具的应用情况，以及这些工具在数据质量和用户信任等方面面临的挑战。

2.1 AI 解决传统类案检索的痛点

传统的类案检索方式存在诸多痛点，检索过程烦琐复杂、在海量信息中精准筛选困难、结果准确性难以保证等问题常常令律师们感到困扰，影响案件办理的效率和质量。而随着 AI 技术的崛起，其强大的数据分析和处理能力为解决这些痛点带来了新的启发。本节将深入剖析传统类案检索所面临的困境，探讨 AI 如何凭借其独特优势为类案检索带来创新。

2.1.1 传统类案检索的痛点

1. 检索过程

（1）关键词确定困难

确定准确的检索关键词是进行有效类案检索的关键。然而，在面对复杂的法律问题时，我们有时并不完全清楚应该搜索哪些具体的关键词，或者希望检索系统能够推荐一些令人意想不到但与案件密切关联的案例。然而，法律术语的专业性和复杂性使我们难以用简洁、准确的关键词描述案件核心问题；此外，不同法官在裁判文书中对同一法律问题的表述可能存在差异，这也增加了律师在实际使用中确定检索关键词的难度。

（2）范围划定需要反复琢磨

律师需要的并非简单的案例罗列，而是能够辅助进行法律分析和制定案件策略的深度信息。然而，传统类案检索系统通常呈现大量文本信息，海量的检索结果使得用户难以迅速锁定最相关的案例，信息难以直接应用。在这种情况下，律师必须手动二次筛选案例，这一过程既耗时又费力，还容易导致信息过载，极大地降低了检索效率。

2. 检索结果

（1）检索结果筛选困难

找到类案后，律师还需要判断该类案对代理案件的适用性。每一个案件都是独一无二的，尽管可能存在相似的法律问题，但案件事实的细微差别往往会对类案的适用性产生重大影响。例如，在合同纠纷案件中，合同的具体条款、履行情况、当事人的行为动机等方面的差异都可能导致不同的法律后果。即使检索到了看似相似的类案，如果不能准确把握这些事实差异，也很难判断类案是否适用于当前案件。因此，在众多检索结果中，律师需要仔细筛选，找出与代理案件最为相似的类案。这一过程不仅耗时费力，而且容易出现遗漏或错误，一旦用错类案，就可能导致类案适用偏差或论证不力。

（2）检索结果分析不足

律师在制定诉讼策略时，常常需要对比不同案例中的判决差异。传统的法律类案检索结果通常只是孤立的案例，在案例间细微差别的对比分析方面有所欠缺，使得律师难以准确把握不同法院或不同法官在类似案件中的裁判倾向。此外，传统类案检索通常仅能依据用户输入的关键词进行简单的匹配和检索，对于关键词背后所蕴含的深层次法律概念和关系往往缺乏深入理解和准确把握。这种信息对比和理解的缺失，不仅加大了律师研究案件的工作量，还可能影响律师为客户提供准确的法律意见。

3. 影响使用体验的因素

（1）使用者熟练度不足

在进行类案检索时，一些律师往往凭借经验和直觉操作，缺乏系统的检索方法。这可能导致检索过程缺乏条理性和针对性，律师浪费大量时间而难以找到真正有价值的类案。一些律师可能只是简单地输入几个关键词进行检索，而未考虑不同检索平台的特点、数据库的范围以及检索逻辑的运用等因素。实际上，相同的检索关键词在不同检索维度、位置和逻辑检索关系下，得到的结果可能迥然不同。例如，检索"在土地使用权出让合同类案件中解除合同并要求返还竞买保证金"的案例，使用Alpha案例库输入的检索条件和得出的数量差异明显，见表2-1。

表 2-1　同一问题在不同检索条件下的数量

序号	检索条件	检索结果数量
1	全文：同句"合同解除" 案由：建设用地使用权出让合同纠纷 争议焦点包含：竞买保证金	11
2	全文：同段"解除合同" 案由：建设用地使用权出让合同纠纷 裁判结果包含：竞买保证金	11
3	全文：建设用地使用权 争议焦点包含：竞买保证金	39
4	全文：竞买保证金 案由：建设用地使用权出让合同纠纷	903

注：检索时间为2024年8月20日，检索平台为Alpha案例库。

（2）使用者技能欠缺

如何只在案例的辩方答辩意见中进行检索？如何检索到近3年内抢劫罪的"无罪"案例？如何检索到某某公司作为第三人的所有案例？何时使用同句、同段或间隔位置搜索？一些律师可能技能掌握程度有限，往往仅从案号、标题、案由、法官、地域、法院等基础维度进行检索，不熟悉如何实现以上操作。

对于涉及多个法律关系、跨领域的复杂案件，仅熟悉基础检索方式的律师会有些吃力。在具体的场景下，一般需要总结出案件的争议焦点，这需要律师具备深厚的法律专业知识和丰富的实践经验，并对相关法律条文有深入的理解，以及能够准确地将其运用到具体案件中。同时，律师还需要具备敏锐的洞察力和分析能力，能够从纷繁复杂的案件事实中提炼出关键的争议点。对一些年轻律师或经验不足的律师来说，这无疑是一项巨大的挑战，他们可能因为专业能力的不足而难以准确地总结争议焦点，从而影响类案检索的效果和案件的处理结果。

（3）时间与效率失衡

在处理案件时，律师往往已经面临着大量的证据梳理、法律研究和客户沟通等工作。而类案检索需要律师投入更多的时间和精力去拆解案件。对于复杂的案件，检索前还需要反复阅读大量的案件材料，这无疑大大增加了律师的工作负担和时间成本，使得律师在有限的时间内难以高效地完成任务。

虽然类案检索对于案件处理具有重要意义，但进行全面、深入的类案检索往往需要耗费大量时间。律师在繁忙的工作中需要在确保检索准确性和充分利用有限时间处理其他重要事务之间找到平衡，这是一项巨大的挑战。如果花费过多时间在检索上，可能会影响其他工作进度；如果过于仓促地进行检索，又可能无法充分发挥类案检索的作用。

4. 对不同职业群体的影响

（1）律师

首先，传统类案检索会影响业务质量。低效率的检索会使律师在案件准备阶段投入过多时间，减少其对案件策略制定、证据整理等关键环节的精力投入。不准确的检索结果可能导致律师在法庭上提出不恰当的主张，影响案件的胜诉率。缺乏深度分析使得律师难以充分发挥类案的参考价值，无法为当事人提供高质量的法律服务。其次，增加工作压力。律师通常面临严格的时间限制和客户的高期望，传统类案检索的痛点使得律师在有限的时间内难以完成高质量的工作，增加了工作压力。这种压力可能影响律师的工作状态和心理健康，甚至可能导致职业倦怠。再次，制约职业发展。对于律师来说，不断学习和提升专业能力是职业发展的关键。传统检索方式的不足使得律师难以获取全面、深入的类案信息，限制了律师对法律问题的研究和思考，影响律师提升专业素养和业务水平，从而影响职业发展。最后，影响客户信任。如果律师无法通过有效的类案检索为客户提供有力的法律支持，客户可能会对律师的专业能力产生疑虑，降低对律师的信任度。这不仅会影响当前案件的处理，还可能对律师的声誉和未来业务发展产生负面影响。

在处理复杂案件时，一个法律问题可能涉及多个层面的法律概念和关系，传统类案检索的局限性可能导致律师错过一些关键的参考案例。例如在处理企业并购中的反垄断问题时，仅依靠关键词检索可能无法涵盖所有与反垄断相关的法律要点，如市场份额的界定、竞争行为的评估等；此外，在处理劳动纠纷案件中，涉及劳动合同的解除、经济补偿等问题时，可能与劳动法中的特殊保护规定、企业规章制度等多个方面相关。如果不能准确把握这些深层次的法律关系，检索结果可能只聚焦于表面的合同解除条款，而忽略了其他重要因素对案件的影响，从而导致律师难以全面把握案件的法律风险。

（2）法官

在审判效率方面，低效的检索过程极大地耗费了法官的时间与精力。这使得法官在案件审理的其他关键环节所能投入的时间大幅减少，可能导致案件审理周期延长。当事人对司法公正和效率有较高的期待，但漫长的审理周期显然无法及时满足他们的需求。同时，法官因面临时间压力，在检索过程中可能不够细致，这无疑会影响类案参考的质量，进一步对审判的准确性和公正性产生潜在威胁。

从审判风险的角度来看，不准确的检索结果极有可能导致法官在法律适用上出现错误判断。一旦法官根据不适当的类案做出判决，就可能引发当事人的上诉或申诉。严重的情况下，甚至可能导致冤假错案的发生，这将对司法公信力造成严重冲击。此外，缺乏深度分析使得法官难以充分考虑各种复杂因素，判决的不确定性和风险也随之增加。

在法官专业成长方面，大量优质类案的学习和研究是法官专业成长的必经之路。然而，传统检索方式的缺陷，使法官难以获取全面、深入的类案信息。这极大地限制了法官对法律问题的思考和探索，不利于法官提升专业素养和审判水平。在司法实践不断变化的背景下，法官也难以适应新的需求。

（3）学者

法学学者和研究人员需要查阅大量案例进行研究。如果检索效率低下，他们会浪费大量时间在查找案例上，从而影响研究的进度和质量。此外，检索结果不准确可能导致研究结论的偏差。法学学者和研究人员依赖准确的类案检索结果进行分析和研究，若检索结果不准确，可能会得出错误的研究结论。法学学者和研究人员需要对案例进行深入分析和比较，才能发现新的问题和研究方向，为法学研究和学术创新做出贡献。

由于法学学者和研究人员在研究中需要全面了解一个法律问题的发展脉络和

不同角度的解读，传统检索无法深入理解关键词背后的深层次法律概念和关系，可能使研究工作陷入瓶颈。例如，在研究新兴领域的法律问题时，如区块链技术的法律规制，传统检索可能无法将区块链的技术特点与现有的法律框架进行有效结合和分析，从而阻碍法律研究的创新和发展。

2.1.2　AI 类案检索的优势

随着科技的飞速发展，AI 在各个领域展现出了巨大的潜力。AI 的引入为解决问题带来了新的机遇和优势。本节将深入探讨 AI 助力律师进行类案检索的优势，以期为律师行业的发展提供有益的参考。

1. 提高检索效率

（1）快速获取关键词

在法律实践中，准确且迅速地确定检索关键词是实现高效类案检索的关键第一步。AI 凭借其卓越的自然语言处理能力，在这一方面展现出无可比拟的优势。AI 能够对用户输入的详细案件描述展开深入的自然语言处理，不仅能识别文字表面的含义，还能通过复杂的算法和模型，深入挖掘文本背后隐藏的关键信息。

与传统的人工确定关键词的方式相比，AI 的处理速度和准确性都有了质的飞跃。人工确定关键词时，律师往往需要耗费大量时间和精力去阅读与理解案件描述，然后凭借个人经验和直觉来挑选关键词。这一过程不仅效率低下，还容易受到个人知识局限和主观判断的影响，导致关键词选取得不全面或不准确。而 AI 则能够在瞬间完成对大量文本的分析和处理。

例如，当律师输入一起交通事故纠纷案件的复杂描述时，AI 能够迅速而精准地识别出其中的关键信息，如事故发生的具体时间、地点、天气状况、车辆型号与速度、事故情形（碰撞方式、损伤程度等）、责任认定（主要责任、次要责任、无责任等），并基于这些信息自动生成全面且准确的检索关键词。这种快速且精准的关键词生成能力，大幅缩短了检索的准备时间，提高了整个检索流程的效率，使得律师能够在最短的时间内获得最相关的检索结果，为案件的处理赢得了宝贵的时间。

（2）智能筛选结果

面对海量检索结果，如何从中筛选出最有价值、最具参考性的类案信息，是法律工作者面临的又一挑战。AI 以其强大的智能筛选和分类功能，为这一难题提供了高效的解决方案。通过运用机器学习和深度学习等先进技术，AI 能像一位经验丰富的法律专家一样，学习和领悟不同类型案件的独特特征和内在规律。它能从无数的过往案例中总结出模式和趋势，从而根据这些积累的知识对新的检索结果进行准确的筛选和分类。

以合同纠纷案件为例，AI 不会仅仅局限于表面的合同条款和文本内容，而是能够深入分析合同的类型（如买卖合同、租赁合同、服务合同等）、争议的焦点（如合同的有效性、履行的瑕疵、违约责任的界定等）、最终的判决结果以及背后的法律依据。基于这些综合因素，AI 能够将检索结果精细分类，为律师提供有高度针对性的类案参考。

这种智能筛选和分类功能，极大地提高了律师获取有用信息的效率。律师不再需要在浩如烟海的信息中艰难地筛选，而是能够直接获取与当前案件高度相关、最具参考价值的类案信息。这不仅节省了时间和精力，还提高了案件分析的准确性和全面性。此外，AI 的智能筛选功能还能不断自我优化和改进。随着处理的案件数量增加和数据不断更新，AI 能够逐步完善其筛选和分类模型，使其结果更加精准和符合实际需求。

2. 增强检索准确性

（1）深入理解法律术语

AI 可以对大量法律文本进行分析和学习，深入理解法律概念和关系。相比传统的检索方式，AI 能够更加准确地把握关键词背后所蕴含的深层次法律概念和关系，从而提高检索的准确性。例如，当律师输入"知识产权侵权"这一关键词时，AI 可以通过学习相关法律文本，理解知识产权侵权的不同类型、侵权行为的认定标准、赔偿数额的计算方法等深层次法律概念和关系，并根据这些理解对检索结果进行筛选和分类，为律师提供更加准确的类案参考。

与此同时，AI 能够综合分析案件的多个关键因素。对于一个具体案件，其涉及的因素包括案件的事实细节、适用的法律条文、案件发生的社会背景、当时的政策环境以及法官在类似案件中的自由裁量权等，这些因素相互交织。AI 凭借强大的数据分析和处理能力，能够对这些复杂因素进行全面而深入的剖析。例如，在处理一起复杂的商业纠纷案件时，AI 不仅会关注合同条款的具体内容和履行情况，还会考虑当时的市场环境、行业惯例以及相关政策法规的变化。

通过这种全方位的综合分析，AI 能够更加准确地评估类案的适用性，为律师提供关于类案参考价值的精准判断，从而助力律师制定出更周全、合理且更具针对性的策略。

（2）避免人为因素的干扰

传统的类案检索方式往往受到人为因素的影响，如律师的经验、知识水平、主观判断等。而 AI 可以避免这些人为因素的影响，实现更加客观、准确的检索。例如，在确定检索关键词和筛选检索结果时，AI 不会受到律师的主观判断和经验的影响。相反，在确定检索关键词和筛选检索结果的过程中，AI 始终遵循严格的数据分析逻辑和模式识别规则，确保每一个步骤都基于客观事实和数据驱动。通过这种方式，AI 能够根据客观的数据分析和算法进行处理，从而提高检索的准确性。

3. 提升类案的适用性判断能力

（1）综合分析案件的因素

AI 可以通过对案件的多个因素进行综合分析，提高对类案适用性的判断能力。例如，AI 可以分析案件的事实、法律适用背景、法官的自由裁量权等因素，并根据这些因素对类案的适用性进行评估。通过综合分析上述因素，AI 可以为律师提供更加准确的类案适用性判断，帮助律师更好地制定诉讼策略。

（2）学习法官的裁判思维

AI 可以通过对大量裁判文书的学习和分析，逐渐领会法官的裁判思维和逻辑模式。在司法实践中，法官的裁判思维往往受到法律原则、先例判决、社会公共利益以及公平正义观念等多种因素的影响。AI 利用其强大的学习能力，对海量的裁判文书进行深入挖掘和研究，试图解读法官在类似案件中的思考路径和决策依据。当律师输入新的案件时，AI 能够迅速将当前案件与过往的类似案例进行对比和分析，找出其中的相似之处和不同点，并基于对法官裁判思维的理解，为律师提供关于类案适用性的合理建议。这种能够贴近司法实践、洞察法官内心想法的能力，使得 AI 为律师提供的类案参考更具实用性和可操作性，大大提高了类案在实际应用中的效果和价值。

4. 提供个性化服务

（1）根据律师的需求定制检索方案

无须律师亲自拆解关键词，AI 就可以根据律师的不同需求定制个性化的检索方案。AI 还可以根据律师的需求调整检索策略和参数，为律师提供更加符合其需求的类案参考。同时，AI 也可以根据律师的使用习惯和反馈信息不断优化检索方案，提高服务质量。

（2）推送相关法律资讯和案例更新

AI 可以通过对法律资讯和案例的实时监测与分析，为律师推送相关的法律资讯和案例更新。例如，当有新的法律法规或司法解释出台时，AI 可以及时为律师推送相关的资讯和解读；当有新的类似案例出现时，AI 可以及时为律师推送这些案例，并分析其对当前案件的影响。通过推送相关法律资讯和案例更新，AI 可以帮助律师及时了解法律动态，提高工作效率。

2.2 AI 类案检索常用工具

自 2023 年年底开始，国内逐渐涌现出越来越多的 AI 类案检索工具。这些工具通常利用自然语言处理、机器学习等技术，对大量的法律文本进行分析和处理，实现快速、准确的类案检索。目前，国内市场上的 AI 类案检索工具主要有以下几种类型：

- ❑ 专业法律数据库公司推出的类案检索工具。这些工具通常依托于庞大的法律数据库，具有丰富的案例资源和专业的检索算法。例如，Alpha、北大法宝、威科先行等法律数据库公司都推出了自己的 AI 类案检索工具。
- ❑ 科技公司开发的法律智能助手。这些工具通常结合了人工智能技术和法律专业知识，能够为律师提供更加智能化的服务。例如，无讼、法蝉等法律科技公司开发的法律智能助手，不仅可以进行类案检索，还可以提供法律文书生成和案件分析等功能。
- ❑ 律师事务所自主研发的类案检索工具。一些大型律师事务所为了提高工作效率和服务质量，已开始自主研发类案检索工具。这些工具通常根据律师事务所的业务特点和需求定制，具有较强的针对性和实用性。

以下将简要介绍上述 AI 类案检索工具中的 3 款。

（1）AlphaGPT

AlphaGPT 是一款先进的法律 AI 工具，充分整合了 Alpha 法律数据库的数据优势以及人工智能技术和深度学习技术，致力于提升律师和法律工作者的类案检索效率。其亮点功能众多：智能搜索功能能够理解用户查询的上下文，从而提供更为准确的搜索结果；类案综述功能可以总结案例的焦点和差异，让用户一目了然；可视化功能能够自动生成案例摘要，帮助用户快速把握案件要点。

（2）元典问达

元典问达是一款基于 AI 大模型创新研发的法律智能问答引擎。其"案例洞察"功能可以根据用户提问自动完成类案检索，具备类案分析功能，帮助用户快速找到相似案例，解析案件焦点和判决趋势。元典问达深度集成了元典独家的法律知识库与大模型技术，提供了一站式的法律知识服务。用户只需输入问题，元典问达便可迅速理解核心问题，并精准呈现可溯源的回答，实现了法律检索工作的创新与延伸。

（3）MetaLaw

MetaLaw 是秘塔科技推出的智能法律类案检索工具。它利用人工智能技术，为用户提供精准类案检索服务，提高法律研究效率。MetaLaw 功能丰富，用户可以一键直达案例，节省检索时间。内置的 AI 分析助理能够对案例进行智能分析，提供关键信息和相关法律条文，帮助用户快速理解。它还有争议焦点思维导图功能，以视觉化方式帮助用户梳理案件的关键点和逻辑关系。此外，它能够摘录类案判决书中引用的法律法规，方便用户锁定请求权基础，并进行证据和辩论的罗列与组织。

2.3　AI 类案检索的智能应用与实战演练

基于上述产品简介，笔者选取了 AlphaGPT 作为垂直法律 AI 产品的代表，以 1 组问题为例，直观展示大模型在类案检索方面的表现。以下为输入的案例内容，让我们一同看看大模型的分析能力如何发挥作用。

问题：在健身房报了私教课，上了两节后教练离职，健身房想给客户更换教练，但客户不想要其他的教练，并要求解除合同，可以支持吗？

2.3.1　类案综述

类案综述是对特定法律问题相关的一系列类似案件进行综合分析和概括的内容呈现，通常包括对类案的主要特征、争议焦点、法律适用情况以及普遍裁判倾向等方面的总结。通过梳理和归纳多个类似案件，类案综述能够为律师等法律从业者、学习者及相关人士提供一个快速了解特定法律领域实践情况的途径，以便他们更好地把握法律问题的本质和处理方法。

例如，当接手一个新的知识产权侵权案件时，律师通过检索相关案例得到类案综述，快速了解该类案件中常见的侵权行为类型、赔偿标准范围以及法院在证据认定方面的重点，从而在短时间内对整个案件领域有一个宏观的认识。

具体到测试案例，该案涉及服务合同纠纷，AlphaGPT 的类案综述阐述了"合同解除的权利""退费问题""格式条款的效力""服务合同的特性"和"违约金问题"5 个角度，延伸论述丰富，有助于我们全面解读本案。每点论述中都附有跳转链接，方便我们对照查看案例。

AlphaGPT 的类案综述如下：

　　根据您的问题和相关类案，我们归纳总结中国法院的裁判观点，综述如下：

　　私教服务合同具有较强的人身属性，当原定私教离职后，消费者对于更换教练有选择权。若消费者基于对特定教练的信任和认可而购买私教服务，原教练的离职导致消费者不愿继续接受服务，法院通常会支持消费者解除合同的请求。同时，法院会考虑合同的履行情况、消费者个人体验和双方信任基础等因素，依据公平原则和诚实信用原则，对是否退还费用及退还数额进行酌定。

　　在【（2019）京 0111 民初 15568 号】案例中，法院认为，尽管合同中有关于私教离职后更换教练的条款，但该条款是健身房预先拟定的格式条款，排除了消费者的主要权利，应属无效。消费者因私教离职不愿继续接受服务，要求解除合同，法院予以支持，并酌定退还部分费用。

　　在【（2020）沪 0107 民初 24332 号】案例中，法院指出，私教合同具有很强的人身属性，需要双方相互信任并配合履行。指定教练离职后，消费者有权解除私教合同，被告应全额退还剩余私教费用。

　　在【（2019）京 0111 民初 15565 号】案例中，法院同样支持了消费者因私教离职要求解除合同的请求，并认为格式条款排除消费者权利应属无效，酌定退还部分服务费。

　　在【（2018）京 0105 民初 77823 号】案例中，法院认为，私教合同具有特定人身属性，原告购买私教课程主要是针对教练个人提供的服务。原教练离职后，原告不愿继续接受服务，法院支持解除合同，并酌定退还部分费用。

　　在【（2017）浙 0203 民初 1307 号】案例中，法院认为，私教服务是学员基于对特定教练的认可签订的协议。原指定教练无法继续提供服务时，被告未按约履行私教协议，原告要求解除私教协议并退还剩余未上课程费用的诉请，法院予以支持。

　　在【（2020）苏 0192 民初 4950 号】案例中，法院认为，原告与被告之间形成服务合同关系，原告要求退还尚未消费的课程费，法院支持解除合同，并酌定原告承担 20% 的违约责任，被告退还剩余费用。

　　在【（2022）沪 0115 民初 53851 号】案例中，法院支持了原告因原教练离职要求解除私教服务协议的诉请，并认为格式条款排除消费者权利应属无效，酌定违约金为 700 元，退还部分私教课时费。

在【（2020）沪 0107 民初 24327 号】案例中，法院支持了原告因指定私教离职要求解除私教合同的请求，并认为被告提供的格式条款免除其责任、排除原告权利应属无效，判决被告全额退还剩余私教费用和会籍费。

综上所述，法院在处理私教离职后消费者要求解除合同的案件时，通常会考虑私教服务合同的人身属性、消费者的信任基础、合同的履行情况以及格式条款的效力等因素，支持消费者解除合同的请求，并根据案件具体情况酌定退还费用的数额。

2.3.2　案例列表页

案例结果以列表的形式呈现。单击任意案例，即可查看该案例的具体信息。案例的结构清晰、条理分明，能够让律师快速浏览并获取关键信息（如年份、审理程序、案件类型、裁判结果等），从而提高信息获取的效率。通过分类和排序设置，律师可以根据自己的需求和关注点，迅速筛选出最相关且有价值的案例，节省大量查找和筛选的时间。无须逐一打开每个案例详细查看，律师通过列表页的排序和概要信息即可初步判断案例的价值和相关性。

AlphaGPT 的列表页可以选择以文本形式呈现案例，或按可视化方式呈现。它涵盖了从 2017 年到 2024 年的较广时间范围，便于用户了解不同时期的类似案件状况。它提供了多种筛选条件，如年份、审理程序、案件类型、行业等，方便用户精准检索。每个案例的介绍也较为详细，包含案件概述、审理情况、标的额、诉请金额等关键信息，并明确标注了裁判结果、引用法条等重要法律元素，增加了专业性和参考价值。此外，它高亮显示命中的段落，同时对裁判文书中"当事人信息""案件概述""法院查明""法院认为""判决结果""审判人员"等各个部分进行划分，为用户提供良好的界面交互体验。用户可以通过简单点击与工具进行交互，获取所需的信息。

AlphaGPT 的类案检索中引用的裁判文书并非仅按句子或段落机械地进行召回。准确地说，这些裁判文书是依照不同内容逻辑精心划分的。Alpha 一直致力于"技术驱动法律"，因此能出色地完成这项工作。Alpha 案例库目前的数据总量超过 1.6 亿，其中包括指导性案例、人民法院案例库参考案例、公报案例、典型案例、优案评析、类案参考和普通案例。Alpha 案例库是目前国内最大的裁判文书数据库，已拥有全行业第一的案例库和数据解析技术。

AlphaGPT 凭借全面、准确的数据支持，为法律专业人士在处理复杂的法律问题和进行类案检索时提供了有力的保障，其底层案例数据介绍见表 2-2。

表 2-2　AlphaGPT 底层案例数据介绍

底层数据		介绍
案例	指导案例	是指由最高人民法院、最高人民检察院确定并统一发布，已经发生法律效力、认定事实清楚、适用法律正确、裁判说理充分、法律效果和社会效果良好、对审理类似案件具有普遍指导意义的案例
	参考案例	是指"人民法院案例库"官方网站中发布的"参考案例"，体例规范、要素齐全，经最高人民法院统一审核把关、编发，对类案办理具有参考示范价值
	公报案例	是指在《最高人民法院公报》和《最高人民检察院公报》这两种官方刊物上发布的案例
	典型案例	主要是指各级人民法院、各级人民检察院以公文形式发布的具有典型意义的案例 2020 年 9 月 14 日发布的《最高人民法院关于完善统一法律适用标准工作机制的意见》明确规定：司法指导性文件、典型案例对于正确适用法律、统一裁判标准、实现裁判法律效果和社会效果统一具有指导和调节作用
	普通案例	是指各级人民法院审结并在中国裁判文书网及其他官方平台发布的裁判文书。Alpha 案例库的数据更新及时，目前数量为 1.5 亿份，是国内量级最大的案例数据库
司法观点		司法观点库收录的是《最高人民法院司法观点集成》系列全集，全集共计9386 个司法观点，Alpha 全部收录。司法观点库覆盖刑事、民事、商事、知识产权、民事诉讼、行政及国家赔偿等各个审判领域，代表最高人民法院对一些法律适用问题的司法态度、立场和意见，是法官、律师办案的重要参考和依据。Alpha 享有该集成系列的独家电子版权
类案同判		类案同判库是最高人民法院审判理论研究会及其下设的 18 个专业委员会运用 Alpha 案例库持续出版的系列丛书，是最高人民法院类案研究专项成果。系列丛书至今已出版 40 册，后续还会继续出版。系列丛书中汇集了大量的类案裁判规则，是类案检索、类案同判的重要参考。Alpha 是该研究项目的合作支持方，也是该系列丛书的独家电子版权方
优案评析		优案评析库的基础库是《人民法院案例选》的电子版，收录了《人民法院案例选》创刊以来的案例数据，同时 Alpha 与中国应用法学研究所合作，收录了每年由全国各地法院选送到最高人民法院的全部案例。这些选送案例每省每年约 100 个，经过专家评审，部分会编入《人民法院案例选》。Alpha 可以查看本地法院送审和入选的全部案例

《最高人民法院关于统一法律适用加强类案检索的指导意见（试行）》中明确规定："类案检索范围一般包括：（一）最高人民法院发布的指导性案例；（二）最高人民法院发布的典型案例及裁判生效的案件；（三）本省（自治区、直辖市）高级人民法院发布的参考性案例及裁判生效的案件；（四）上一级人民法院及本院裁判生效的案件。"由表 2-2 可知，AlphaGPT 的底层数据完美契合了此规定下的案例要求。

表 2-3 提供了更多例子供我们体验。

表 2-3　类案检索参考问题及要点

类型	问题	AI 识别的基础点	AI 分析的关键点
问题咨询类	明知他人注册商标及字号的知名度和影响力，仍然大量使用与他人注册商标近似的商标，开展相同的业务，可以获得哪些赔偿	❑ 事实相关 ❑ 案由相关 ❑ 诉讼请求和裁判结果需要明确涉及赔偿种类及金额	对赔偿数额需要详细论述
问题咨询类	劳动者离职后用人单位没有及时停缴公积金，用人单位能否以不当得利为由向员工追偿	❑ 事实相关 ❑ 案由相关 ❑ 请求权基础是不当得利的相关条款	对离职员工是否构成不当得利需要详细论述
定向查找类	请搜索近 5 年内商标侵权案件中法院关于"混淆可能性"标准的具体判例	❑ 案由相关 ❑ 时间相关 ❑ 争议焦点是涉案情形是否属于"混淆可能性"标准	"法院认为"部分需对"混淆可能性"标准详细论述
定向查找类	某地区近 5 年关于彩礼纠纷的相关案例	❑ 地域相关 ❑ 时间相关 ❑ 涉案情形属于彩礼相关纠纷	可对彩礼是否返还、如何返还详细论述
定向查找类	艺人被侵犯名誉权，艺人起诉却败诉的案例	❑ 案由相关 ❑ 当事人相关 ❑ 裁判结果相关	对是否侵犯名誉权详细论述

2.4　AI 类案检索面临的挑战

　　AI 类案检索展现出巨大的潜力和优势，但如同任何新兴技术一样，它在发展和应用过程中也面临诸多挑战。这些挑战不仅影响 AI 类案检索的准确性和可靠性，也关乎其能否真正成为律师等法律从业者的得力助手，并在法律实践中发挥更大的作用。本节将深入探讨 AI 类案检索面临的主要挑战，并提出可能的应对措施。

2.4.1　数据的准确性难以保证

　　AI 通常通过对大量数据的学习来建立模型和算法。AI 类案检索的准确性和可靠性依赖于高质量的数据。如果数据质量较差，AI 学习到的模型就可能不准确。一些数据库可能存在数据录入错误，导致检索结果出现偏差。此外，部分数据库的数据更新不完整，无法反映全面的案例情况。

1. 案例数据输入错误

　　在大量法律数据录入过程中，由于人为失误、系统故障或数据来源不准确等原因，可能导致错误信息被录入数据库中。例如，案件的关键事实可能被错误描述，法律条款的引用可能出现错误，或当事人的信息可能不准确。这些错误数据一旦被 AI 系统学习和分析，就可能导致错误的检索结果。比如，在一个交通事故赔偿案件的类案检索中，如果某一案例中关于事故责任的划分被错误录入，那么 AI 在检索相关类案时，就可能将这个错误的案例作为参考，从而影响律师对当前案件的判断。

2. 案例数据缺失

法律数据通常包含众多细节和信息，例如案件的事实经过、证据材料以及法律适用的理由等。如果这些数据不完整，就会影响 AI 对案件的全面理解和分析。例如，在一个合同纠纷案件中，如果数据库中某些案例缺少关键的合同条款信息，那么 AI 在进行类案检索时，就无法准确判断这些案例与当前案件的相似性，从而降低检索的准确性。此外，数据不完整还可能导致 AI 无法学习到某些重要的法律特征和规律，进而影响其对新案件的分析能力。

为了解决数据质量和准确性问题，可以采取以下措施：

❑ 加强数据质量管理。建立严格的数据录入、审核、更新机制，以确保数据的准确性、完整性和一致性。

❑ 采用数据清洗和预处理技术，对原始数据进行清洗和预处理，去除噪声数据、纠正错误数据、补充缺失数据等，从而提高数据的质量。

❑ 选择优质的法律数据库。优质的法律数据库通常精心整合了来自不同渠道的数据，如法院官网、裁判文书官网，能够有效保证数据的覆盖面和准确性。

2.4.2 难以理解决策过程

AI 类案检索的算法通常比较复杂，难以解释其决策过程和结果。这可能会导致律师对 AI 结果产生怀疑和不信任，影响使用效果。

1. 律师困惑

复杂的算法意味着其内部的逻辑和运算过程对于大多数非专业技术人员来说是难以理解的。作为法律专业人士，律师习惯于依靠明确的法律条文、逻辑推理和证据来做出判断。然而，当面对 AI 给出的类案检索结果时，由于不清楚算法是如何进行数据筛选、权重分配以及结果排序的，律师可能会感到困惑和不安。例如，在一个复杂的商业合同纠纷案件中，AI 可能会检索出一系列看似相关的类案，但律师无法得知这些案例是基于哪些具体特征被选中的，也不明白为什么某些案例会被排在更重要的位置。这种不确定性会让律师在使用这些结果时心存疑虑，担心可能存在错误或遗漏。

2. 信任难建

缺乏对算法决策过程的解释也可能引发信任危机。如果我们不能理解 AI 的决策过程，那么就难以确定结果的可信度。尤其是在一些重大案件或关键决策中，律师需要对所依据的信息有充分的了解和信任。例如，在涉及高额赔偿的知识产权侵权案件中，律师需要确保所参考的类案是经过合理筛选和准确匹配的。如果我们对 AI 的结果缺乏信任，就可能会花费更多的时间和精力去自行验证结果的准确性，甚至可能放弃使用 AI 类案检索，转而采用传统的检索方式，这无疑会降低工作效率，影响案件的处理进度。

为了解决算法的可解释性问题，可以采取以下措施：

❑ 采用可解释性算法。选择一些具有可解释性的算法，如决策树、规则推理等，使律师能够理解 AI 的决策过程和结果。

❑ 提供解释说明和可视化工具。为律师提供解释说明和可视化工具，以通俗、简略、易懂的方式展示检索的大数据逻辑和检索的方式方法，帮助律师理解 AI 的结果。例如，可以通过图表、流程图等方式展示 AI 的决策过程和结果，使律师能够更加直观地了解其工作原理。

❑ 加强与律师的沟通和交流。与律师进行充分的沟通和交流，了解他们的需求和关注点，及时解答他们的疑问和困惑，提高他们对 AI 的信任度。

2.4.3　难以及时更新模型

法律是不断发展和变化的，新的法律法规、司法解释、案例等不断涌现。AI 需要不断学习和更新法律知识，以适应法律的变化。然而，目前 AI 的学习和更新能力还存在一定的滞后性，难以及时掌握新的法律知识。

1. 意图理解存在迟延

法律知识的更新不仅仅是条文的修改，还涉及对法律概念的重新解释、法律原则的调整以及法律适用范围的变化等。AI 需要具备深入理解这些变化的能力，并将其准确地应用于类案检索中。然而，目前的 AI 技术在理解复杂的法律概念和逻辑关系方面仍存在不足。例如，当一个新的司法解释对某一法律条款的含义进行了重大调整时，AI 可能难以准确理解这种调整的意图和影响，从而导致类案检索出现错误或遗漏。

2. 法律推理路径复杂

法律推理并不总是适用三段论逻辑，它涉及复杂的法律概念和事实的转化。对于简单案件，直接应用法律规范可能足够，但复杂案件则需考虑法律漏洞和类似情况的类推适用。这要求对法律规范的立法目的进行价值判断，而非仅依赖形式逻辑。例如，将拖拉机视为机动车，或将硫酸视为刑法中的武器，需要根据法律规范的目的进行扩大或限缩解释。这种法律适用的灵活性和深度，是 AI 在模拟法律推理时必须掌握但在短时间内较难达到的。

3. 新兴案例检索无结果

法律领域的变化频繁且迅速，尤其是在新兴领域或社会热点问题上。AI 可能难以及时跟上这种快速变化的节奏，难以在短时间内快速、准确地掌握新的法律知识。例如，在互联网金融、人工智能等新兴领域，法律规则和监管政策会随着技术的发展和市场的变化不断调整。由于实际判决与公开上网之间存在时延，AI 在面对这些快速变化的法律环境时，可能显得力不从心，无法及时为律师提供准确的类案检索结果。

为了解决法律知识更新和适应性问题，可以采取以下措施：

- ❑ 建立动态学习机制。通过建立动态学习机制，使 AI 能够实时监测法律变化，并及时学习和更新法律知识。例如，可以通过定期更新数据库或采用增量学习算法等方式，提高 AI 的学习和更新能力。
- ❑ 引入专家系统和知识图谱。通过引入专家系统和知识图谱，将法律专家的知识和经验转化为计算机可理解的形式，为 AI 提供更加准确、全面的法律知识支持。
- ❑ 注重法律概念的体系解释。法律概念需要结合节、章、编等上下文进行综合理解，以提高解释的精确性。如果体系解释可能存在不科学或不合理之处，还需结合立法目的进行价值判断，确保解释的正确性和合理性。
- ❑ 加强与法律学术界和实务界的合作，及时了解法律的最新动态和发展趋势，为 AI 的学习和更新提供指导与支持。

探讨 AI 类案检索当前面临的挑战时，我们不可避免地要深入分析这一技术在实际应用中的多维问题。尽管 AI 类案检索技术为法律实践带来了前所未有的便利，但同时也引发了一些亟待解决的问题。

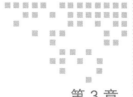

第 3 章 *Chapter 3*

AI 助力案情分析

在司法实践中，案情分析是律师、法官等法律人工作中的关键环节。通过系统梳理和深入分析案情，法律人能够准确把握法律依据，预见潜在法律风险。然而，传统的法律检索和研究方式在面对海量数据、时间和精力限制、复杂案情时，往往难以满足需求。

本章探讨 AI 技术在案情分析中的应用及优势与现状，介绍如 AlphaGPT、通义法睿等在该领域表现出显著潜力的 AI 工具。通过具体案例，本章从实务角度展示这些工具在实际案情分析中的应用。然而，AI 在法律分析中仍面临挑战，其在案情分析中的应用仍需进一步研究和改进。

3.1 AI 解决传统案情分析的痛点

案情分析通常指对案件中的事实、证据、法律问题及其相关法律适用进行分析，是一个事实认定和法律解释的过程。在民事案情分析中，律师的主要任务是确认民事法律关系，通过理顺不同的法律关系及其性质和权利义务内容，确定诸如主体和客体等要素及其变化情况，从而全面把握案件的性质与当事人的权利义务关系。刑事案情分析则常涉及划分罪与非罪，确定罪名界限并评估量刑问题。

从律师的角度来看，案情分析是一项全局性工作，旨在帮助律师全面了解案件背景、法律依据、潜在法律风险及可能的判决结果，从而为当事人制定有效的诉讼策略或提供法律建议。其核心在于以识别法律关系为前提、以了解案件事实为基础，并以实现客户目标为最终目的。通过明确办案思路和方案，律师能够在分析结果的基础上形成书面的《法律意见书》，作为工作的具体成果展示。这要求律师不仅具备扎实的法律理论基础，还要有丰富的实践经验。

本节将讨论传统案情分析所面临的痛点，主要从律师的工作角度展开，同时简要提及法官的视角。传统案情分析过程中，律师常常面临多重挑战，包括法律检索的烦琐、案情及法律条文的复杂和多变、时间与资源的有限以及跨领域的知识壁垒。这些因素使得高效、准确地进行案情分析成为律师工作中一个急需解决的重要课题。

3.1.1 传统案情分析的痛点

在深入探讨传统案情分析的痛点之前，我们不妨先思考一下律师这一职业在日常工作中所承担的角色。多数人对律师的印象可能仍停留在荧幕中精英、干练的职业形象上，认为法庭和谈判桌是他们的主战场。事实上，律师作为法律人，工作内容远比我们想象得广泛且复杂。从密密麻麻的卷宗，到细致入微的法律条文，再到与客户的深入沟通，每一个细节都凝聚着他们的智慧和汗水。

律师的工作包括但不限于以下几个方面：

❑ 代理当事人处理诉讼案件及非诉讼事务；
❑ 提供法律咨询并解答法律问题；
❑ 起草、审查和修订各类法律文件；
❑ 协商与谈判处理各类法律纠纷和争议；
❑ 参与调解和仲裁等替代性争议解决方式；
❑ 参与调查、取证以及证人询问等活动；
❑ 提供法律培训和指导等服务。

在这些工作中，无论是处理诉讼案件、解答法律问题，还是日常咨询等工作，往往都会涉及案情分析。

笔者将律师在进行案情分析时需要开展的工作大致归纳为"案情梳理 + 法律研究 + 制定策略"三部分。然而，从接洽一个案件开始，律师在整个过程中难免会遇到一些挑战。

1. 海量数据中的精准检索耗时又费力

（1）传统法律数据库的局限性

案情分析的首要步骤是法律检索。2013 年被誉为"法律大数据元年"，最高人民法院推出了中国裁判文书网，这标志着法律数据资源化的开始。随后，一些法律数据库应运而生，它们收集了大量的法律数据。尽管这些数据库在发展中已经日臻完善，但目前仍存在一些明显的局限性，其中最突出的就是关键词检索的精确性不足。这种不足在面对复杂案件时尤其显著，因为传统数据库往往无法通过简单的关键词组合实现对复杂法律问题的精准检索。此外，随着法律条文和判例的不断增加，如何高效、准确地从海量数据中筛选出相关信息，仍然是这些数据库面临的一大挑战。这不仅限制了律师进行复杂组合检索的效能，也在一定程度上影响了案情分析的全面性和准确性。

（2）关键词设定与检索效率的关联

在上述情况下，律师往往需要通过设定和不断调整关键词，才能从海量数据中定位并检索到所需信息。这无疑是一项既耗时又费力的任务。

一是关键词的设置要求律师具备一定的检索能力和丰富的业务知识储备。如果关键词设定得不准确或不合理，就很难检索到所需的信息，从而影响后续案情分析的准确性和专业性。

二是传统法律数据库的功能限制和产品逻辑带来挑战。在检索某条法规或案例时，数据库排序和相关度等因素可能不尽如人意，律师需花费额外时间和精力进行筛选与排序。

三是完成检索后，律师仍需耗费大量时间阅读和筛选内容。这使得律师在处理案件时，难以在有限的时间内全面掌握所有相关信息，从而影响工作效率和案件处理的质量。

2. 法律分析及证据梳理复杂

（1）法律分析的复杂性

在法律实践中，尤其是在民事案情的分析过程中，法律分析的复杂性往往对律师提出了严峻挑战。复杂的民事案件通常涉及多个交织在一起的法律关系，这使得案情分析过程极为烦琐，并要求律师具备高度的专业知识和丰富的实践经验。某些复杂的民事案件可能同时涉及合同纠纷、侵权纠纷以及物权纠纷等多种法律关系，甚至可能涉及刑民交叉问题。这些法律关系涵盖了不同的法律领域，从而增加了案件的复杂性。这种复杂的法律关系交织对律师提出了多方面的要求，律师不仅要具备扎实的法律知识，还需要具备敏锐的洞察力和缜密的逻辑思维。

（2）证据收集与整理的难度

根据民事诉讼"谁主张谁举证"的原则，律师需要在短时间内高效收集并评估大量证据。这不仅包括直接证据，还涉及间接证据和相关背景信息。特别是在复杂案件中，证据繁多且杂乱，律师必须花费大量时间和精力来甄别证据的相关性和有效性。这个过程耗时又耗力，且由于证据的复杂性，还容易出现疏漏，对律师来说是一个不小的挑战。

在刑事案件中，律师必须阅卷并深入分析案件。整理证据材料是有效质证的基础工作，但阅卷对律师来说并不轻松。刑事案卷通常数量庞大，内容繁杂，既包括有罪、罪重的证据，也包括无罪、罪轻的证据。目前，智能阅卷系统尚不完善，律师多依赖人工摘录或制作阅卷笔录，工作量巨大，提高了案件处理的难度。

（3）多样的证据给案件认定带来不确定性

证据的多样性也是一个重要因素。证据背后反映了当事人的主张，而这些主张通过各种证据展现出来。法官在审理过程中必须对证据进行审查，但这种审查往往受制于法官对证据特性的理解和认知。证据种类繁多，如书证、物证、证人证言、视听资料、电子数据等，每种形式都有其特定的证明力和局限性。法官需在众多证据中寻找相互印证的部分，以形成对事实的整体认知。然而，不同证据之间可能存在矛盾，法官需要通过细致的分析和判断，确定哪些证据更为可信。证据的多样性使得法官在认定事实时必须综合考虑各种因素，增加了案件认定过程的复杂性和不确定性。

3. 难以突破的专业壁垒限制了法律实践

（1）律师在多领域发展中的困境

法律领域涵盖民商事、刑事、行政等多个方面。每个领域都有其独特的法律规定和司法解释。面对庞大的法律知识体系，律师难以全面掌握所有领域的知识，专业化已成为行业发展的必然趋势。随着经济发展和群众法制意识的提高，对律师服务质量的要求也越来越高。律师必须不断提升自己的专业能力。

专业化不仅提升了律师的专业实力，还使其在激烈的市场竞争中更具竞争力，从而难以替代。律师执业领域向专业化和精细化发展，已成为法律服务市场的现实需求和未来方向。例如，一个企业可能涉及投资、金融、房地产和涉外等多个领域，因此需要不同专业领域的律师共同提供服务。这种分工模式反映出律师在处理复杂案件时，必须具备深厚的专业知识和丰富的实务经验。

在此背景下，专业化不仅提升了律师服务的质量，也推动了整个法律服务行业的发展。通过专业化，律师能够更深入地研究特定领域的法律问题，提供更加精准和高效的服务，这也是多数律师的必然选择。

（2）专业化与客户需求之间的平衡挑战

律师在为客户提供服务时，通常需要根据客户的具体需求深入某一专业领域。然而，客户的法律问题往往是多样化的，一旦超出律师熟悉的领域，重新学习和研究的成本就会很高，耗费律师大量时间和精力。

与传统的专业化发展路径不同，律师若能全面掌握不同领域的知识并深入了解各行业，将有助于吸引客户并满足他们多样化的需求。然而，全面性与专业化之间的权衡是律师的一大挑战，即选择"小而精"还是"大而全"成为多数律师必须面对的抉择。

随着法律服务行业人员的不断增加，律师在获取案源方面的主动权逐渐减弱。为了吸引更多客户，律师不得不学习并研究多个领域的法律知识，尤其是新兴行业和前沿法律问题。这要求律师保持敏锐的洞察力和前瞻性，持续学习和自我提升。然而，正如"罗马非一日建成"一样，在短时间内成为某一领域的专家极具挑战性。学习成本高、专业壁垒强，这些因素都成为律师在追求专业化道路上的难题。

4. 时间与资源受限下难以平衡效率与质量

（1）效率与质量之间的平衡挑战

律师的工作本质上是将时间和精力投入到为客户提供法律服务中，这些投入通常与律师的费用成正比。然而，在预算有限的情况下，律师可能难以投入足够的时间来深入分析案件。

在这种情况下，律师必须在效率和质量之间找到平衡。为了在有限的时间内提供高质量的法律服务，律师常常需要压缩休息时间，延长工作时长，或利用各种提高效率的工具。例如，借助法律科技工具来提高文书撰写和检索的效率，通过团队合作分担工作负担，以及通过不断学习和积累经验来提升工作效率。尽管客户可能无法完全理解或看到律师为案件付出的努力，但这些努力是确保案件成功的关键基础。

（2）律师工作的隐性价值难以被发现

客户通常只关注最终的结果，往往会忽略律师为此付出的努力和时间。在代理民事案件时，律师常常面临时间紧迫和资源有限的双重压力。由于诉讼时效的限制，律师必须在短时间内完成案情分析、制定策略以及撰写法律文书。这对律师来说无疑是一项巨大的挑战，如何在有限的时间内高效完成这些工作，并保证高质量，是每个律师都必须面对的现实问题。一份寥寥几页的类案检索报告或一份代理词，背后往往是律师大量时间和精力的积累与付出。

5. 人为因素对分析结果的影响

法律体系通常包含复杂的条文和司法解释。在进行案情分析时，律师需要具备深厚的法律知识和丰富的经验，以正确理解和应用相关法律。然而，传统案情分析过程中的主观性和人为因素也不可忽视。为了更全面地探讨这一问题，笔者尝试分别从律师和法官的视角分析人为因素给案情分析带来的影响。

（1）律师视角：主观性因素对案情分析的影响

从律师的角度来看，分析案件时，个人经验和价值观等因素不可避免地会影响判断。这种影响可能导致律师无法全面把握和理解案件，从而影响案情分析的客观性和后续走向。

此外，主观因素还可能导致案情分析结果不一致。不同律师在分析同一案件时，可能得出不同的结论。这种不一致不仅增加了法律分析的不确定性，还可能使一些事实和法律关系清晰的案件，因人为因素而产生不利于当事人的结果或超出预期的情况。

这种情况的发生主要是因为传统的案情分析依赖律师的个人能力和经验。由于律师的专业背景、执业经验及判断标准不同，同一案件交由不同律师处理可能会产生不同的结果。但由于诉讼案件的特殊性，当事人没有太多试错的空间和时间。

（2）法官视角：主观性因素对案情分析的影响

从法官的角度来看，其个人素质和专业能力直接影响着对事实的认定、证据的解读和最终判断。这种主观性在很大程度上是不可避免的。即使是同一位法官，在处理不同案件时，个人经历和专业背景也可能导致其对证据的解读和事实的认定产生不同的看法。

这些主观因素不仅与法官的专业素质和能力有关，还涉及其经验和推理方法。经验丰富的法官可能会更敏锐地识别出证据中的细微差别，而新法官可能会忽略这些重要细节。此外，法官在推理方法上的差异也会导致对相同事实的不同解读。有些法官可能更依赖严格的逻辑推理，而另一些法官则倾向于依靠经验判断。

3.1.2　AI 在案情分析中的优势

由于法律案情分析是一个复杂且高度专业化的过程，涉及对法律关系的准确识别、证据的综合评估以及诉讼策略的制定，其核心在于对法律语言的深刻理解和运用，以及基于这种语言的法律知识生成。从技术逻辑的角度来看，案情分析所需的内在逻辑和分析能力，与大模型的能力在某种程度上具有相似性和契合性。因此，下面将重点探讨 AI 在案情分析中的优势。

1. AI 辅助下的法律检索革新

（1）AI 通过精准理解自然语言检索内容，并快速定位结果

AI 能够帮助律师在处理复杂案件时，实现对法规、案例以及相关文章的快速且精准的检索。

第一，AI 具备强大的语言处理能力，能够迅速理解律师的查询需求，无论是通过自然语言提问还是关键词搜索。律师只需输入相关案件信息或法律问题，AI 就能快速识别，并提供相应的法律概念和术语。相比传统的大数据检索模式，AI 对律师输入关键词的要求较低，更容易理解复杂问题。

第二，AI 连接着庞大的数据库和知识图谱，能够跨越不同的行业领域与法律体系，检索出与案件相关的法规条文、司法解释、类案及学术文章。这种跨领域的检索能力极大地扩展了律师获取信息的范围，提高了检索的全面性。

第三，AI 的深度学习算法使其能够理解法律文档的上下文和逻辑结构。在检索过程中，AI 不仅能提供条文或案例列表，还能够分析文档内容，识别关键要素，从而提供更加精准的检索结果。

（2）AI 能根据用户反馈进行优化，提高效率，满足个性化需求

AI 具备自我学习和不断优化的能力，能够根据律师的反馈和使用偏好进行调整并改进。在每次使用过程中，AI 都会收集和分析用户的操作行为与反馈信息，例如检索结果的相关性、文档内容的精确度，以及检索过程中的具体需求。这些数据将作为 AI 进行学习和优化的基础，在后续的使用中，AI 能够更加精准地理解和预测律师的需求。

随着使用次数的增加，AI 不仅能逐渐掌握律师的专业领域、常用的法律术语和习惯表达，还能在检索过程中优先考虑符合律师工作风格的资源。例如，当律师多次选择某类文献或倾向于某种分析方法时，AI 会自动将这些偏好纳入其算法模型，提供更加定制化的检索建议。此外，AI 还能够灵活调整检索结果的呈现方式，以满足律师在不同案件或工作场景下的个性化需求，如优先展示特定类型的法规、案例或学术文章，从而大幅提升工作效率。

这种通过不断学习和优化实现的智能反馈机制，使得 AI 能够与律师的工作流程高度契合，从而逐步成为律师日常工作中不可或缺的专业辅助工具。

2. 高效文本识别与深度理解，提高案情梳理与法律分析的效率

（1）AI 助力律师高效梳理案情和证据，提高信息处理的精准度和速度

在传统法律实践中，律师需要投入大量时间来阅读和分析案件文件、证据材料以及相关法律条文，而 AI 技术的关键优势之一在于其强大的数据处理能力。

与普通自然语言处理（NLP）技术相比，以 ChatGPT 为代表的大模型在快速识别和处理文本内容方面具有明显优势，尤其在处理多模态输入（如文本和图像）时，其表现更为卓越。

律师在使用 AI 工具进行案情分析时，可以上传多种类型甚至多个文件。以GPT-4o（以下简称"4o"）为例，笔者曾尝试上传多个文档并进行相应提问，4o能够在短时间内迅速提炼并总结文档的核心内容。此外，律师还可以通过设置不同的提示词，利用 AI 对多份文档进行内容梳理与总结。这种方式不仅节省了大量阅读和整理的时间，还大幅提高了案情梳理的效率，为法律工作者处理复杂案件提供了有力支持。

（2）AI 在法律分析中的巨大潜力推动了智能推理与法律判断的发展

多数律师在进行民事案情分析时，习惯将"三段论"作为基本框架，现有的裁判文书也多遵循这一逻辑。"三段论"包括大前提、小前提和结论，是法律推理的基础。大前提指广泛适用的法律规范，小前提则是具体案件中的复杂法律事实，二者的匹配关系决定了推理结论。

关于 AI 对大前提的分析，即 AI 如何迅速定位并处理海量法律法规，本书前文已有论述，此处不再赘述。而在小前提的分析中，AI 同样表现出卓越的能力。AI 能够深度理解案件材料，快速提取关键事实和证据，并将其与大前提中的法律规范进行匹配。AI 不仅能自动识别核心法律问题，还能分析案件中的复杂事实关系，厘清各要素之间的逻辑脉络。尤其是在涉及多份文件和不同类型的证据时，AI 可以整合多源信息，精准梳理案件事实，使律师更清晰地掌握小前提的核心内容。

此外，AI 的智能推理能力使其能够对大前提和小前提进行综合分析，从而提供有力的法律结论。AI 不仅能够给出符合逻辑的推理路径，还能基于丰富的案例库和深度学习算法，对法律问题进行多维度解读。通过 AI 的介入，律师在定位法律问题、分析法律规范及案件事实方面更加高效和精准。

3. 降低法律领域的"知识黏性"，扩大律师执业领域

近年来，虽然互联网的发展使法律知识得以更广泛传播，但因其高度的领域化与专业化，依然有着较高的准入门槛，从而在一定程度上限制了律师的执业范围。目前，法律知识的传播仍主要依赖法律行业的职业化、专业化和精英化背景，呈现出以法律人为中心的高黏性传播特征。

然而，AI 技术的发展有望打破这一传统范式。AI 不仅大幅降低了知识生成的时间成本和准入门槛，还使每一位公众都能够更便捷地使用法律知识。通过

AI，复杂的法律条文和案例分析可以被简化并以更直观的方式呈现，使得普通人也能轻松理解和应用法律知识。这一变化将在知识普及、法律服务的可及性以及法律意识的提升等多个方面带来深远影响。

（1）AI 助力律师进行内容创作，提升知识传播效率

律师作为法律知识的主要传播者之一，显然是 AI 技术的直接受益者。例如，律师在完成案件研究或解决一桩案件后，通常会以文章或课程的形式对其中涉及的法律问题进行总结和梳理，这也是一种有效的宣传方式。以往，律师需要耗费数小时甚至更长时间来撰写专业文章或录制短视频，而借助 AI，这些工作所需的时间可以大幅缩短，创作过程也变得更加高效。

（2）AI 打破领域壁垒，助力律师进行跨界法律研究

对于律师，尤其是专注于某一领域的律师或律师团队，AI 技术能够显著弱化不同法律领域间的"知识壁垒"。在面对不熟悉的法律领域时，律师通常需要首先检索相关内容。借助 AI，他们可以快速理解和分析法律文本、案例及法规。这种能力使得律师能够迅速获取所需信息，无须花费大量时间去阅读和理解复杂的法律文件。AI 不仅可以快速解析法律文档，提取重要条款和相关判例，还能根据案情推荐类似案例和适用法律条文，帮助律师更好地制定法律策略。

（3）AI 赋能律师自我提升，拓展其执业范围

AI 工具为律师提供了广阔的自我提升平台。律师可以利用 AI 快速获取和理解不同领域的法律知识，从而扩大自身的执业范围。这不仅能帮助律师在新兴法律领域中快速上手，还提升了他们的综合能力和市场竞争力。通过 AI 辅助，律师可以在更短时间内掌握新法律知识，提升专业水平。此外，AI 技术还能持续提供学习资源和培训支持，使律师在日常工作中不断更新和丰富自己的法律知识体系，保证自己始终处于行业前沿。

4. AI 助力案情分析，提升效率与节省时间

AI 在法律分析中显著节省了律师的时间，提高了工作效率。借助 AI 强大的数据处理和文本分析能力，律师可以快速完成海量法律文档、案例和法规的检索及整理。AI 能够精准提取关键信息，迅速识别法律问题，并提供相关法律依据和判例推荐，减少了律师手动查找和阅读的时间。此外，AI 还能根据案件特点进行智能推理，提供法律策略建议，帮助律师更高效地制定应对方案。通过自动化和智能化，AI 使律师能够将更多时间投入到核心法律事务中，大幅提升工作效率。鉴于前文对此已有详细论述，此处不再展开。

5.从全面视角切入，助力更加公正、客观的法律分析

（1）AI辅助构建案件论点，提升律师分析能力

AI辅助下的法律分析能够提供更全面的视角。传统的法律分析往往受限于个人经验和知识范围，而AI能够整合跨领域的法律知识，为案情分析提供更加广阔的视野。

从律师的角度来看，AI在案情分析中展现出显著优势，尤其在减少因经验不足或人为因素导致的分析偏差方面发挥了关键作用。AI能够快速筛选出与案件相关的证据，避免遗漏关键材料。传统上，律师依赖个人经验和判断手动查阅与整理证据，这不仅耗时费力，还容易受到个人视角的影响。而AI通过自动化算法，能够在短时间内准确筛选并分类证据，确保信息的全面性和准确性，为构建有力的案件论点奠定坚实的基础。

此外，AI的深度分析能力减少了因人为判断差异导致的分析误差。AI能够识别证据之间的潜在关联，并通过数据驱动为律师提供构建论点的思路。在复杂案件中，证据之间的隐性联系往往难以察觉，而这些联系可能对案件结果至关重要。通过深入挖掘，AI能够揭示这些关联，为律师提供更严谨且更具逻辑性的分析视角，弥补经验不足带来的盲点。

（2）AI赋能法律推理与趋势预测，推动法律实践智能化发展

在利用AI进行案情分析时，律师可以通过训练大模型，从律师、法官等多个视角展开分析。基于对大量历史案例和判决的学习，AI能够模拟对方律师在不同情境下可能采取的策略，帮助己方提前制定应对方案。这种预测能力确保律师在应对复杂局面时，不再局限于个人经验和单一视角，而是依托数据和智能分析，制定更加精准的策略。

与此同时，AI还能模拟法官的思维方式，结合历史数据预测案件结果，如判决趋势和赔偿金额，为律师提供客观参考，减少主观判断带来的不确定性。更重要的是，AI具备识别法律趋势的能力。通过对广泛数据的深入分析，AI能够发现法律发展中的潜在趋势，为法律政策的制定和修订提供重要的数据支持。这种前瞻性的智能分析不仅为具体案件提供了精准建议，也为法律领域的长远发展奠定了坚实基础。

3.1.3 AI在案情分析中的应用场景

1.精准定位法律依据及类案参考

AI技术在定位法律依据与类案参考中的应用已逐渐从理论走向实践。2023

年以来，一批专注于法律领域的垂类 AI 产品相继涌现，这些产品通过积累大量法律数据，并利用这些数据训练大模型，使其在内容输出的准确性上更符合法律行业的高要求。相比通用类 AI 大模型（如 ChatGPT），这些法律 AI 产品在提供精准法律条文解释、进行案例分析以及生成法律文书方面具有显著优势。用户无须掌握过多的提示词撰写技巧，输入案情背景或需求即可生成分析内容。由于这些模型专注于法律领域，因此它们能够有效降低虚假输出的风险，确保提供的类案参考和法律依据具有高度的专业性和可靠性。

2. 高效归纳与分析法律问题

在法律问题的归纳与分析方面，AI 技术展现出强大的潜力。这些法律 AI 产品能够通过对大量法律文本的学习与分析，帮助律师迅速归纳案件中的关键法律问题，并进行系统化的分析。例如，国际知名律所 Dentons、Linklaters 和 Clifford Chance 等，已经开始利用基于生成式 AI 的工具进行法律研究并自动生成相关法律内容。这些工具不仅能够处理大量查询任务，还能根据不同案件的特点提供有针对性的法律分析，帮助律师更高效地应对复杂的法律问题。

3. 提高法律意见的专业性

正如前文提到的，AI 系统通过深度学习和自然语言处理技术，能够精准理解和解析复杂的法律问题。它不仅可以迅速检索与案件相关的法律条文和案例，还能够根据特定案件的背景和需求，自动生成内容翔实、结构清晰的法律意见。这些 AI 生成的法律意见书通常涵盖案件的各个关键方面，包括法律依据、风险分析、建议措施等，为律师提供了具有高度参考价值的基础文书。这种应用不仅提高了法律文书的生成效率，还确保了法律意见的专业性与准确性，满足了律师在复杂法律事务中的需求。

4. 辅助法院进行司法裁判

除了上述核心应用外，AI 技术在法院的案情分析场景中也展现出重要价值。部分国内法院，如北京互联网法院、杭州互联网法院和江苏省高级人民法院，已经将 AI 工具应用于案件筛选、证据分析等方面。例如，2024 年 7 月，深圳市中级人民法院启用了人工智能辅助审判系统，将既定裁判规则嵌入系统，通过自动呈现审查要点和争议焦点，帮助裁判法官统一审理思路和裁判标准，确保裁判的一致性和公正性。苏州市中级人民法院作为生成式 AI 辅助办案系统的试点，也将 AI 技术应用于案件的审判和管理中。这一应用不仅推动了司法工作的智能化发展，也为其他法院在未来引入 AI 技术提供了宝贵的经验，形成了示范效应。

3.2 AI 案情分析常用工具

目前市面上鲜有专门聚焦案情分析的产品，多数法律 AI 产品更侧重于文书写作、日常咨询等场景。由于部分产品在本书其他章节中已有介绍，本节将主要介绍这些产品在案情分析方面的相关功能和应用表现。

1. AlphaGPT

AlphaGPT 的应用场景广泛，其中法律意见板块符合律师在案情分析中的实际需求。AlphaGPT 通过整合自身独特的业务优势和数据优势，并结合 AI 的能力，实现了智能化案情推理。它支持一键生成案情概要、思维导图、诉讼请求、争议焦点、证据清单、法律适用和诉讼策略等内容，可以在几分钟之内生成一份专业的法律服务意见书，节省律师在基础工作上的时间。

2. 通义法睿

通义法睿的应用场景多样。通义法睿的案情分析主要体现在法律咨询板块，它能够理解用户输入的案例及希望了解的问题点，并采用逻辑三段论的推理方式，以法律规定为大前提、情形匹配为小前提，生成相应的答案。

3. 得理法搜

得理法搜为用户提供了不同场景的提示词。在法律案情分析方面，它能够帮助律师快速检索相关案例和法规、总结法院裁判思路、进行法律风险提示，以及制定诉讼方案和诉讼策略。

4. Lexis+ AI

Lexis+ AI 是美国一款应用于法律领域的 AI 工具，有多个应用场景，律师可以利用 Lexis+ AI 进行案件策略分析、法律趋势研究和竞争对手分析。这些分析结果可以帮助律师更好地准备案件，提高胜诉率。企业法律顾问可以使用 Lexis+ AI 进行法律风险评估和合规性分析。

3.3 案情分析的智能应用与实战演练

本节选取 AlphaGPT 和通义法睿作为代表性垂直法律 AI 产品，以一起机动车交通事故责任纠纷案为例，直观展示大模型在法律分析方面的能力表现。以下为输入的案例内容，让我们一同看看大模型的分析能力是如何发挥作用的。

案例背景：

2020 年 12 月 6 日晚 11 时 28 分，因加班过晚，甲女士搭乘其同事小王的车从单位返回位于市区的家，次日凌晨 12 时 35 分，小王的车辆行驶至 888 国道 76 公里处时，车辆因失控冲出路面并与路边的一棵大树发生碰撞。

同日，经交警大队出具的道路交通事故认定书认定，事故是因小王在冰雪路面超速行驶引起的，小王承担全部责任。事故发生后，甲女士因车祸严重受伤被送往医院抢救。2020 年 12 月 7 日，经医院诊断甲女士有颈椎体骨折伴截瘫、寰区关节半脱位、脑挫裂伤等多处伤势。虽然经长期治疗甲女士的病情状况有所改善，但四肢肌力仍无法恢复，瘫痪在床。

2021 年 12 月 16 日，经相关司法鉴定所出具的《法医临床学司法鉴定意见书》认定，甲女士颈部脊髓损伤致四肢瘫肌力 3 级伴大小便功能障碍之伤残为 1 级伤残，完全丧失劳动能力，护理依赖程度为完全护理依赖。

甲女士该如何维权？请对本案进行分析并出具相应的诉讼策略和法律意见。

3.3.1 法律依据与类案参考

法律依据是指在法律分析和裁判过程中所引用的法律法规和类案判例，能为法官、律师和当事人提供明确的法律框架和标准，确保裁判的公正性和一致性。在诉讼案件中，法律依据是法官做出裁判的基础，也是律师制定诉讼策略的依据。当事人必须提供充分的证据和法律依据来支持其主张，否则将承担不利后果。

AI 通过其强大的语义理解能力，对用户输入的案情内容进行自动分析和解读，从海量法律数据中匹配出最相关的法条。在类案检索与推送方面，AI 利用大数据分析推送与当前案件相似的案例，不仅有效提高了检索的效率和准确性，还能帮助律师快速掌握类案的裁判思路，更好地理解案件的法律依据和潜在风险。

具体到测试案例，由于该案涉及机动车交通事故责任纠纷，通义法睿显然也理解了案情的主要内容，展示了与人身损害赔偿相关的法律依据，并将法条全文呈现出来，供律师参考。

通义法睿的输出结果如下所示：

相关法条

[1]《中华人民共和国民法典》第一千一百七十九条：……（此处内容省略）

[2]《最高人民法院关于审理人身损害赔偿案件适用法律若干问题的解释》（2020 修正）第十二条：……（此处内容省略）

[3]《最高人民法院关于审理人身损害赔偿案件适用法律若干问题的解释》（2020 修正）第十四条：……（此处内容省略）

[4]《最高人民法院关于确定民事侵权精神损害赔偿责任若干问题的解释》（2020 修正）第五条：……（此处内容省略）

AlphaGPT 的法律依据部分更为全面，涵盖案由、诉讼预期、类案和关联法规 4 个维度。部分维度结合了可视化效果，从展示形式到内容都更符合律师的日常检索需求。

AlphaGPT 的输出结果如图 3-1 所示。

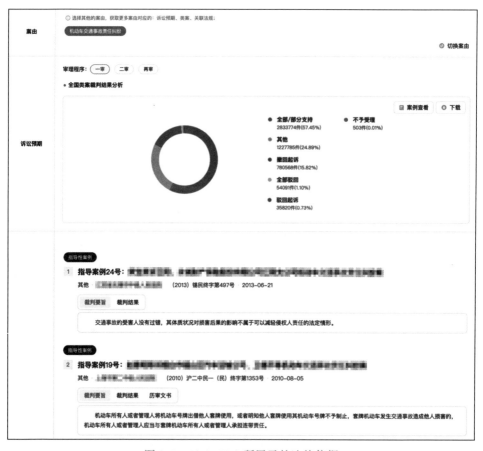

图 3-1　AlphaGPT 所展示的法律依据

图 3-1　AlphaGPT 所展示的法律依据（续）

3.3.2　法律问题的归纳与分析

实践中，民事案件的法律分析通常指的是对案件各方当事人产生的争议焦点的分析。争议焦点是指案件各方围绕案件事实、证据和法律适用等方面存在矛盾和分歧的内容，这不仅是庭审的核心，也是法官裁判的主要内容。法官在制作裁判文书时，需要对案件争议焦点进行重点说理。

争议焦点通常分为事实争议焦点和法律争议焦点两类。事实争议焦点涉及当事人在法律关系形成、变更或灭失方面的争执，例如合同是否履行、债务是否清偿等。法律争议焦点则涉及法律适用问题，例如某一行为是否构成违约、某一条款是否有效等。准确归纳和明确案件的争议焦点，有助于律师快速明确案件的审理重心，推进诉讼程序的进展，提高庭审效率，确保判决的公正性和合理性。

具体到测试案例的法律分析部分，本案的核心是认定当事人小王的侵权责任以及明确侵权赔偿责任的范围。通义法睿对本案的分析更侧重于赔偿范围的确定，并针对各项费用提出详细的建议。

通义法睿的输出结果如下所示：

> 甲女士搭乘同事小王的车辆在下班途中遭遇交通事故，小王因冰雪路面超速行驶导致事故并负全责。甲女士因此严重受伤，经长期治疗后仍被鉴定为 1 级伤残，完全丧失劳动能力且需完全护理依赖。针对甲女士的现状，其维权途径与策略如下：
>
> 1. 确认保险责任：首先，需要确认小王是否为车辆购买了交强险和商业三者险。交强险作为强制性保险，对事故中的受害人（包括车内乘客）提供基本保障；商业三者险则可提供额外的赔偿额度。甲女士有权要求小王提供保险单据，以确认保险情况并作为后续索赔的基础。
>
> 2. 医疗费用与后续治疗费：甲女士可向小王及保险公司主张已发生的医疗费用，包括住院费、手术费、药品费、康复治疗费等。对于后续可能产生的医疗费用，如定期复查、药物依赖、康复训练等，甲女士可依据医疗机构出具的医疗证明或司法鉴定意见书中的相关预测进行主张。
>
> 3. 残疾赔偿金：根据甲女士被鉴定为 1 级伤残的情况，其有权按照《中华人民共和国民法典》第一千一百七十九条的规定，要求小王及保险公司支付残疾赔偿金。残疾赔偿金的计算通常以受诉法院所在地上一年度城镇居民人均可支配收入或农村居民人均纯收入为基数，按照伤残等级对应的赔偿比例，自定残之日起按二十年计算。但六十周岁以上的，年龄每增加一岁减少一年；七十五周岁以上的，按五年计算。
>
> 4. 护理费：……（此处内容省略）
>
> 5. 误工费：……（此处内容省略）
>
> 6. 精神损害抚慰金：……（此处内容省略）
>
> 7. 其他损失：……（此处内容省略）

AlphaGPT 根据案情直接归纳双方的核心争议焦点，不仅涵盖损害赔偿的范围和金额问题，还深入分析了责任认定问题。AlphaGPT 的分析方式符合当前裁判文书的行文习惯和逻辑结构，即先认定责任，再确定赔偿范围。输出的结果不仅从客观角度论述案件的争议焦点，还结合当事人的诉讼请求，阐述可能带来的

影响，模拟律师在谈案或办案过程中与当事人的沟通场景。此外，相关法律依据
也一并呈现，方便律师对内容进行核查和确认。

AlphaGPT 的输出结果如下所示：

争议焦点 1：关于小王超速行驶的责任认定

争议焦点阐述：本案的争议焦点之一在于小王是否因超速行驶应承担事故
的全部责任。根据《中华人民共和国道路交通安全法（2021 修正）》第七十六
条（现行有效），机动车发生交通事故造成人身伤亡、财产损失的，由有过错
的一方承担赔偿责任。交警大队出具的道路交通事故认定书认定小王承担全部
责任，这意味着小王的超速行驶是事故的直接原因……（此处内容省略）

对当事人请求的影响：……（此处内容省略）

法律规定：

《中华人民共和国道路交通安全法（2021 修正）》第七十六条……（此处
内容省略）

《最高人民法院关于审理道路交通事故损害赔偿案件适用法律若干问题的
解释（2020 修正）》第二十四条……（此处内容省略）

争议焦点 2：关于甲女士损害赔偿的范围和金额

争议焦点阐述：甲女士因事故造成严重伤害，包括颈椎体骨折伴截瘫
等，根据《最高人民法院关于审理人身损害赔偿案件适用法律若干问题的解释
（2022 修正）》第八条（现行有效），护理费根据护理人员的收入状况和护理人数、
护理期限确定。甲女士完全丧失劳动能力，护理依赖程度为完全护理依赖，因
此，她有权请求相应的护理费、误工费、精神损害赔偿等……（此处内容省略）

对当事人请求的影响：……（此处内容省略）

法律规定：

《最高人民法院关于审理人身损害赔偿案件适用法律若干问题的解释
（2022 修正）》第八条……（此处内容省略）

《最高人民法院关于审理道路交通事故损害赔偿案件适用法律若干问题的
解释（2020 修正）》第十二条……（此处内容省略）

3.3.3　法律意见与行动策略的制定

在民事案例分析中，法律意见通常指律师根据案件的具体情况和相关法律
法规，为当事人提供专业的法律建议和策略。这些建议通常包括对案件事实的审
查、法律关系的界定、请求权和抗辩权的主张等。律师的法律建议不仅涉及纯粹

的法律问题，还可能考虑心理、道德、经济、社会和政治等因素，以确保全面评估客户的利益。

根据律师的工作习惯以及案件的类型或具体情况，法律建议的内容可能会有所不同，但其核心始终是从当事人的角度出发，告知其下一步的规划与建议，以更好地维护当事人的利益。对于民事诉讼案件，法律意见通常包括诉讼策略和案件风险评估等内容；而在刑事案件中，法律意见则主要涉及辩护策略和建议。

具体到测试案例的法律意见部分，通义法睿给出的法律意见除了诉讼策略，还包括协商解决、申请财产保全和先予执行等多种解决途径，为当事人提供了较全面的选择。

通义法睿的输出结果如下所示：

诉讼策略与法律意见

1. 协商解决：在正式提起诉讼前，甲女士可尝试与小王及保险公司进行协商，争取达成赔偿协议。协商过程中，甲女士应充分展示医疗记录、鉴定意见书等证据，明确各项赔偿请求的依据，以提高协商成功的可能性。

2. 提起民事诉讼：若协商无果，甲女士应尽快向事故发生地或被告住所地的人民法院提起民事诉讼，要求小王及保险公司赔偿上述各项损失。在诉讼过程中，甲女士应确保所有关键证据材料的完整性和有效性，必要时可聘请专业律师代理诉讼，以提高诉讼效率和胜诉概率。

3. 申请财产保全：鉴于甲女士的损失巨大，为防止小王转移财产导致将来的判决难以执行，甲女士可在起诉时或起诉后申请对小王的财产进行保全。

4. 申请先予执行：若甲女士面临生活困难或急需医疗费用，可依据《中华人民共和国民事诉讼法》的规定，申请法院对已明确的部分赔偿款项（如医疗费、护理费等）进行先予执行。

AlphaGPT 的法律意见不仅限于应对策略，其维度更为广泛，包括法律分析、可行性评估、应对策略、风险评估及行动方案。除了明确告诉当事人应如何应对即将到来的诉讼外，AlphaGPT 整体回答的逻辑性和专业性也更加突出。首先，它基于法律分析，结合当事人的诉求进行可行性评估；其次，给出相应的应对策略，包括预判对方可能采取的抗辩理由及相应的风险评估；最后，提出具体的行动建议。这种全面的法律意见不仅能帮助当事人更好地理解案情，还为制定有效的诉讼策略提供了基础。

AlphaGPT 的输出结果如下所示：

一、法律分析和可行性评估

（一）法律分析

根据提供的案情，甲女士在小王驾驶的车辆中因交通事故受到严重伤害，导致 1 级伤残，完全丧失劳动能力，并需要完全护理依赖。甲女士的诉求包括请求判令小王赔偿医疗费用、精神损害抚慰金、因伤残导致的后续治疗费用及生活护理费……（此处内容省略）

（二）可行性评估

首先，根据《最高人民法院关于审理道路交通事故损害赔偿案件适用法律若干问题的解释（2020 修正)》第二十四条（现行有效)，公安机关交通管理部门出具的道路交通事故认定书认定小王承担全部责任，这为甲女士的诉求提供了有力的法律依据……（此处内容省略）

二、应对策略及风险评估

（一）应对策略

首先，从甲女士的角度出发，我们需要预测对方（小王）可能会采取的应对理由。小王可能会主张自己在冰雪路面行驶时已经采取了合理的谨慎措施，或者试图证明甲女士有同等或部分责任（例如，指责甲女士未提醒其减速或未系安全带等）。此外，小王可能会对甲女士请求的赔偿金额提出异议，认为赔偿金额过高或部分费用不应由其承担。

针对上述可能的应对理由，甲女士应采取的抗辩策略包括：……（此处内容省略）

（二）风险评估

……（此处内容省略）

三、推荐的法律策略和行动方案

（一）诉讼策略

……（此处内容省略）

（二）谈判方案

……（此处内容省略）

（三）其他备选方案

……（此处内容省略）

3.3.4　其他场景及衍生问题分析

除了上述几个场景，AI 还可以在更多维度进行分析。例如，AI 在证据整理与分析方面的应用主要体现在快速整理和分析案件中的证据，生成详尽的证据清单，为案件准备提供坚实基础。此外，AI 还可以帮助律师系统化地编制证据目录，增强证据呈现的逻辑性和说服力。

除了前述提到的分析维度外，AlphaGPT 的分析内容和模块更加丰富，产品设计更接近律师的思维方式，能够输出客观的法律服务意见。AlphaGPT 除了具有法律分析、可行性评估等功能外，还支持案情梳理，并提供思维导图、时间轴展示、证据清单梳理以及衍生的司法推理等模块。

在实践中，许多律师在梳理案情时习惯使用思维导图和时间轴，通过图示更清晰、直观地展示案件的概要与发展脉络，尤其是在处理较为复杂的案件时，这种方式尤为有效。AlphaGPT 的可视化功能正好满足了律师的这一需求。此外，AlphaGPT 的司法推理板块能在争议焦点的基础上进行更深入和宏观层面的法律分析，深入研究案件所涉及的法律问题。通过对案情和争议焦点的推理，AlphaGPT 能够从客观角度分析相关法律问题，为律师提供必要的法律知识和研究材料。

从律师的工作角度来看，AlphaGPT 的案情分析能力，无论是展示内容还是分析过程，都更贴合他们的实际工作场景，具备高度的逻辑性、专业性和全面性。这不仅使律师在提供法律服务意见时能有效应对当前诉讼，还能为他们提供深入的法律研究支持。

AlphaGPT 的输出结果如图 3-2 至图 3-6 所示。

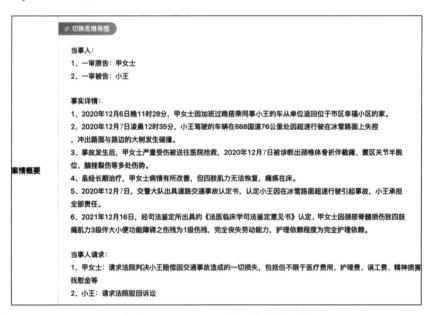

图 3-2　AlphaGPT 展示的案情概要

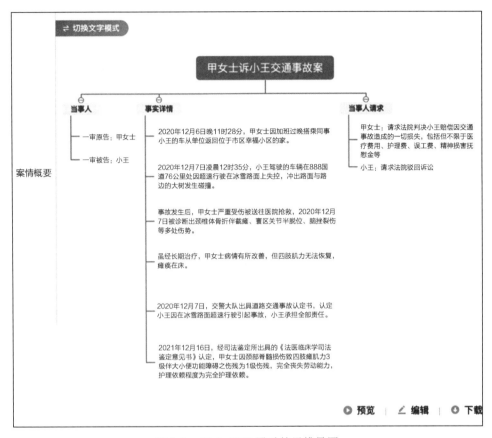

图 3-3　AlphaGPT 展示的思维导图

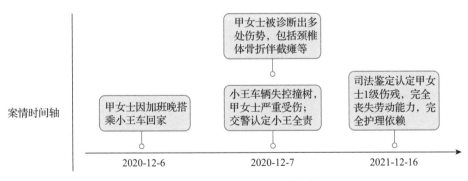

图 3-4　AlphaGPT 展示的时间轴

司法推理

在交通事故责任认定中，如何界定超速行驶的法律责任及其对受害者伤害赔偿的影响？ 收起

在分析交通事故责任认定及超速行驶对受害者伤害赔偿影响的问题时，我们首先应当理解交通事故中超速行驶的法律责任，并分析其在受害者伤害赔偿中的具体作用。根据《中华人民共和国道路交通安全法（2021修正）》第七十六条 现行有效 的规定，机动车发生交通事故造成人身伤亡、财产损失的，责任承担应根据过错非过错原则以及过错比例来确定，超速行驶作为一种违反交通法规的行为，其所导致的交通事故，侵权方（即超速驾驶人）应承担相应的法律责任。

在本案中，公安机关交通管理部门已出具道路交通事故认定书，认定小王因冰雪路面超速行驶有全部责任。根据《最高人民法院关于审理道路交通事故损害赔偿案件适用法律若干问题的解释（2020修正）》第二十四条 现行有效，该交通事故认定书具有一定的证明力，除非有相反证据推翻。

从各方当事人的角度分别进行分析。

- 从甲女士的角度来看，作为交通事故中的受害者，她因事故受到了极其严重的身体伤害，包括颈椎骨折、截瘫等，已被法医临床学司法鉴定为1级伤残，完全丧失劳动能力，且需要完全依赖他人护理。根据《最高人民法院关于审理人身损害赔偿案件适用法律若干问题的解释（2022修正）》第八条 现行有效，甲女士有权请求赔偿包括但不限于护理费、误工费、交通费、住宿费、营养费等实际损失。

- 从小王的角度来看，作为本次交通事故的责任方，小王不仅需要承担因自身过错引发的交通事故所造成的全部法律责任，包括但不限于甲女士的医疗费用、护理费、误工费等赔偿。同时，根据《中华人民共和国保险法（2015修正）》第六十五条 现行有效 的规定，如果小王投保了责任保险，保险公司可能会在责任保险范围内对甲女士的损失进行赔偿，但不足部分仍需小王承担。

结合《刘某丙、刘某甲与徐燕、卢东江等机动车交通事故责任纠纷一审民事判决书》，该案例中所述的护理依赖程度和损害赔偿的方式也为本案提供了一定的参考。在实践中，确保受害人获得充足的赔偿以覆盖其医疗和日常生活需求是赔偿责任的主要目的，同时亦体现了对受害人权益的保护。

综上所述，小王作为责任方，应承担因超速行驶引起交通事故对甲女士造成的损害赔偿责任，包括但不限于医疗费、护理费、误工费等，以确保甲女士所受伤害得到合理的补偿。

在确定交通事故受害者伤害赔偿时，哪些因素会被考虑以评估赔偿范围和金额？ 展开

如何根据受害者的伤残等级和护理依赖程度来确定其赔偿金额？ 展开

在交通事故中，如何评估和确定受害者因事故导致的长期护理费用及生活支持费用？ 展开

图 3-5 AlphaGPT 展示的司法推理

证据清单

▌证据清单

第一组证据：事故责任证明

序号	证据名称	证明目的
1	道路交通事故认定书	证明事故发生的原因及责任归属，小王承担全部责任。

第二组证据：伤害情况证明

序号	证据名称	证明目的
2	医院诊断证明	证明甲女士因事故受到的伤害程度和具体伤情。
3	法医临床学司法鉴定意见书	证明甲女士因事故造成的伤残等级和劳动能力丧失情况。

第三组证据：治疗及恢复情况证明

序号	证据名称	证明目的
4	医疗记录和治疗方案	证明甲女士接受治疗的过程和治疗措施，以及病情恢复情况。

▌待收集证据

序号	证据名称	证明目的
1	目击者证言	证明事故发生的具体情况，包括小王的驾驶速度和路面状况，以及甲女士在事故中的具体表现和受伤情况。
2	医疗费用明细和支付凭证	证明甲女士因事故受到的伤害所产生的具体费用，为请求医疗费用赔偿提供依据。
3	心理治疗证明及费用	证明甲女士因事故受到的心理伤害及其治疗情况和费用，为请求精神损害赔偿提供依据。

图 3-6 AlphaGPT 展示的证据清单

3.4　AI 在案情分析中的局限性

尽管前面的章节分析了 AI 在案情分析方面的诸多优势，并且 AI 在法律行业中的应用也取得了显著进展，但无法忽视的是，AI 在案情分析中的应用仍面临诸多挑战。究其原因，大模型本质上是一个基于人工智能技术的语言模型。尽管设计目的是模拟人类对话，但它毕竟不是真正的人类。它可以理解和回答用户提出的问题，但终究没有感情、思想或自我意识，它的回答基于其在训练数据中学到的知识和算法。因此，虽然大模型在处理基础性和重复性工作时表现出色，但在涉及复杂法律推理时仍存在一定的局限性。

3.4.1　法律解释与适用的挑战

在案情分析中，尽管 AI 技术展现了巨大的潜力，但其局限性也不容忽视。在探讨 AI 对律师在案情分析中的助力和优势时，我们会发现，虽然诸如 ChatGPT 等大模型在处理和生成语言方面表现出色，能够在律师进行案例分析时起到辅助作用，但其在法律领域的应用中依然存在一定的局限性。从生成内容的质量来看，AI 对案情的分析结果与资深律师相比仍有一定差距，更像是刚入职场的青年律师。

我们回到案情分析中，这个过程高度依赖律师对特定法律条文和案件本身的深入理解。这需要律师具备扎实的法律知识和丰富的经验。法律的理解并非机械化的过程，而是一个融入人类智慧与经验的过程。这往往需要律师在具体场景下针对具体问题做出精细判断。

目前，人工智能技术在法律适用的准确性上仍然存在局限性。法律条文往往抽象且原则性强，不同的解释可能指向不同的法律适用结果。AI 在理解和解释法律条文时，如何处理这种多义性是一大难题。在实际运用中，AI 输出的分析内容在法律适用上依然显得不足，甚至有时会出现生搬硬套的情况。相对而言，有经验的律师能够更准确地解释法律条文，将抽象的法律规范具体化，使其适用于具体案件。

3.4.2　法律分析专业性的欠缺

笔者做了一些简单的测试，目前 4o 在处理一些简单案例时表现良好，尤其是在民商事领域，其回答可以达到初级律师的水平，分析内容也更加灵活多样。而在对 AlphaGPT 等垂直法律 AI 产品的测试中，它们的回答显得更加深入和专业，无论是内容还是形式都更契合律师的使用习惯。然而，与资深律师的法律分析相比，AI 的表现略显稚嫩，特别是在处理行政法和刑法领域的案例时，AI 的法律分析显得不足。

AI 在法律分析中的局限性如下：

❑ 语义和情境理解不足：AI 在处理法律文本时，仍然面临显著的语义理解和情境理解问题。法律文本通常使用专业术语和复杂句式，这对 AI 的语言理解能力提出了极高的要求。

❑ 创意和情感表达的局限：尽管 AI 能够生成语法正确、逻辑清晰的文本，但在创意写作和情感表达方面，其表现远不如人类。这在涉及法律解释的细微差别时尤为明显。

❑ 依赖训练数据质量：AI 的法律文本分析表现与其训练数据的质量和数量密切相关。如果训练数据存在偏见或不足，AI 生成的内容可能会出现错误或偏差，这在法律领域尤为关键。

3.4.3　法律意见尚不成熟

法律服务是一种社会活动，涉及对当事人情感和人性的理解与尊重。律师获取案源的基础不仅在于与当事人之间建立的信任，还在于律师自身的专业储备和经验。法律意见是律师案情分析中的关键环节，其展示的内容很大程度上代表了律师的专业水平。当事人通常会依据律师出具的法律意见来决定是否委托。然而，从目前 AI 生成的法律意见来看，其成熟度仍然不足，存在同质化或不够切合实际的情况。

第一，法律语言本身非常复杂，具有高度的专业性和严谨性。法律条文和判例的措辞需要精确无误，每一个词汇和句子的使用都可能对法律适用产生重大影响。而大模型在处理这些复杂的法律语言时，虽然具备一定的语义理解能力，但仍可能在理解和表达上出现偏差。特别是面对复杂的法律条款和多义性的法律概念时，AI 往往难以把握其中的细微差别，导致生成的法律意见缺乏准确性和深度，无法完全满足实际案件的需求。

第二，法律不仅仅是语言或概念的简单问题，它更涉及程序和制度的具体体现，这些是 AI 难以准确表达的部分。法律意见的核心在于告诉当事人如何解决法律问题，不同案件中，许多策略都依赖于律师丰富的实践经验。诉讼策略并非一成不变，律师会根据案件的发展动态调整策略。例如，在一起合同纠纷案件中，律师不仅会根据案件的实际情况进行综合分析，还可能提供超出案件本身的法律建议。相比之下，AI 在出具法律意见时，难以像律师那样灵活应对复杂的案情变化，很难在同样的案件中提供与资深律师完全一致且切合实际的意见。

第 4 章 *Chapter 4*

AI 辅助法律咨询

目前，法律人工智能技术和市场日益成熟，依靠信息检索、法律知识存储和逻辑推理等能力，法律咨询与 AI 结合成为可能。实践中也涌现出大量 AI 法律咨询产品，它们依托海量的文本语料，及时回答客户提出的法律问题，从而提高法律行业的工作效率，为法律咨询行业带来前所未有的变革。

本章主要探讨 AI 如何辅助传统法律咨询：首先，根据其独有的技术原理所带来的优势，探讨 AI 如何解决传统法律咨询的痛点；其次，深入分析 AI 辅助传统法律咨询的基本技术原理，理解其底层工作原理；最后，将理论落实到实践应用，并探讨目前所面临的挑战，以期全面分析 AI 如何辅助法律咨询。

4.1 AI 解决传统法律咨询的痛点

4.1.1 传统法律咨询的痛点

法律咨询是法律工作或活动中最为常见的一种行为，通常表现为从事法律服务的人员就有关法律事务问题做出解释、说明，提出建议和解决方案的活动，一般通过线下或局限式线上的方式进行交互，比如微信、电话等。这种传统的交互咨询模式会存在较多的问题，比如受时间和地域限制、效率低下、质量参差不齐等。

1. 法律咨询服务处于"割据"状态

（1）法律服务市场呈现"割据"特征

长期以来，我国法律服务市场整体呈现"割据"的特征，即社会主体之间具有割裂性，空间结构分化具有一定的稳定性，难以相互融合。具体表现为，不同法律服务提供者由于法律知识和经验的差异，往往在各自的专业领域内提供服务，而这些领域之间的界限相对明确，导致一定程度的"割据"存在。

（2）法律咨询服务存在专业壁垒现象

法律工作者在自己领域内的深耕时间越久，其所积累的知识的类别也往往更加固定，难以向其他领域发展，从而出现专业壁垒现象，即具有空间结构分化的稳定性。具体而言，法律工作者基于自己的专业背景和长期积累的实践经验，通常专注于某一法律领域，如民商法、刑法或行政法等。这种专业化的分工虽然有助于提高服务的专业性和效率，但是也导致了不同领域的法律工作者难以跨越自己的专业范围去处理其他类型的法律问题。

2. 法律咨询服务受时间和地域限制

时间限制方面，获取法律咨询服务往往需要客户投入大量时间来寻找合适的法律专业人士。在传统的法律咨询模式中，客户可能需要通过人脉、口碑等渠道进行长时间的搜索和比较，才能找到满意的法律服务。即便是在线法律咨询服务，也存在一定的时间延迟，无法实现即时响应。在这种模式下，客户在寻求法律援助时，往往需要等待法律工作者的回复，这无疑增加了解决问题的时间成本。

地域限制方面，法律咨询服务的获取同样受到地理位置的制约。许多法律咨询需当事人亲自前往法律工作者的所在地，这不仅增加了交通成本，也限制了服务可及性。此外，法律服务资源在不同地区的分布不均，经济发达地区的法律服务通常更为可靠，而经济欠发达地区则可能面临法律服务资源的匮乏。这种地域性差异导致寻求高质量法律服务的当事人更倾向于选择经济发达地区，从而加剧了法律服务的地域性"割据"现象，限制了用户获取法律咨询服务的机会。

3. 法律咨询服务效率低下

在传统的法律咨询过程中，律师需要花费大量时间在海量的法律文献和案例中检索相关信息。对于简单的法律问题，律师可能会根据其知识储备即时回答；但对于疑难复杂的法律问题，律师就需要经过思考、检索、研究以及整理总结等一系列步骤才能得到所需的法律结论。这往往是耗费时间和精力的。此外，用户预约律师、等待回复也需要较长时间，对于需要快速解决方案的用户来说，这是一大痛点。时间成本的增加可能导致用户错失处理问题的最佳时机。

4. 法律咨询服务费用昂贵

传统法律咨询的费用昂贵，按小时计费是我国律师行业的常态。根据《商法》（CBLJ）发布的《中国律师事务所费率调查》，2020 年中国律所平均小时费率为3000 元。对比 2023 年我国居民人均可支配收入为 39 218 元，人均工资性收入为22 053 元，月均工资约为 1800 元，律师费用显然超出了中低收入群体的承受范围。高昂的费用不仅限制了法律服务的普及，也使得潜在的法律需求得不到满足。

法律咨询的专业程度与费用不成正比。免费公共法律服务虽然可以解决简单的问题，但复杂案件仍需依赖专业律师。然而，专业法律服务的高成本使得中低收入人群难以获得必要的法律支持，这不仅影响了他们维护自身权益，也暴露了法律服务市场的不平等。

5. 法律咨询服务的质量参差不齐

（1）"割据"状态影响了法律咨询服务的质量

时间和成本的耗费尚能接受，但客户未能获得有效且切实可行的解决方案，这才是最致命的。由于前述的"割据"状态，或是法律工作者的个人经验水平和知识掌握运用水平等原因，质量较高的法律咨询服务一般存在于经济发达地区，而经济相对落后的城市，其法律咨询服务的质量也会相对较差。

（2）法律咨询服务的质量难以评估

法律咨询服务的质量评估存在挑战。由于法律服务本身是一个过程导向的活动，客户往往更关注结果而非服务过程。即使服务过程完美，如果最终结果不符合客户期望，他们也可能不会感到满意。此外，客户在评价服务时可能会受到专业知识的限制和信息不对称的影响，难以提供客观和准确的反馈。这使得法律服务提供者难以从反馈中识别服务的不足，从而改进服务质量。

传统法律咨询面临的痛点包括时间和地域限制、效率低下、服务质量不均和成本高昂等问题。尽管这些问题尚未得到有效解决，但随着"人工智能＋法律"的发展，AI 技术有望利用其独特优势，解决这些长期存在的问题。

4.1.2　AI 法律咨询的优势

1. 打破法律咨询服务的"割据"状态

基于上述内容，我国法律服务市场呈现"割据"状态。法律工作者在各自的领域中扎根，由于存在专业壁垒，他们难以跨越专业范围处理其他领域的法律问题，即使涉足，法律咨询的效果也会大打折扣。相较之下，AI 的能力来自其背后的数据库，若数据库的内容足够齐全，AI 自然比法律工作者的知识储备更为深厚和广泛。当客户需要跨领域的法律服务时，仅通过 AI 法律咨询即可满足其基本需求，无须寻找多个不同领域的法律服务提供者。

2. 扩大法律咨询服务的受众

效率低下、成本高昂等问题限制了传统法律咨询的普及。个人用户常因时间和地域限制，难以获得及时有效的法律服务。然而，AI 法律咨询的出现打破了这些限制，其提供了全天候、低成本、快速响应的服务，使得普通民众也能负担得起法律咨询，提高了法律服务的可及性。企业用户在法务方面同样面临挑战，AI 法律咨询通过降低成本、提高效率，帮助企业更高效地处理日常法务工作，降低法律风险。

根据国家市场监督管理总局的数据，2022 年中国注册企业数量超五千万家，而国家统计局的数据显示，仅有 1.7% 的企业常年聘请法律顾问。AI 法律咨询的出现，为这些企业提供了一个高效、低成本的解决方案，有望在未来的法律服务领域中发挥重要作用。

3. 改变法律咨询服务的方式

AI 法律咨询作为一种新兴的法律服务模式，正在逐步改变传统的法律咨询方式。具体表现形式是，AI 通过平台与用户进行一对一交流，这种交流更倾向于聊天，使得法律咨询过程更加自然和便捷。AI 法律咨询应用的技术主要包括：对话式交互、自动化处理、口语化反馈、深度学习机制等。用户只需在 AI 的引导下描述问题和补充内容，AI 便会自动完成后续的法律分析和建议生成工作，然后以日常口语的方式为用户提供相应的咨询意见和解决方案，使得专业的法律知识更容易被用户理解。为了增强咨询意见的说服力、提高专业度，AI 系统还会结合具体案例和判决。

4. 扩充法律咨询服务的内容

随着深度学习机制的迭代，AI 法律咨询系统能够不断学习和优化，从而涵盖更广泛的服务领域。从简单的民事财产纠纷、婚姻家庭纠纷到复杂的商事纠纷、产权纠纷甚至是金融纠纷等，AI 都能够提供专业的法律咨询，丝毫不逊色于一般的律师意见。对于企业而言，AI 法律咨询的作用也不仅限于辅助日常的法务工作，它在一定程度上可以取代法律顾问的角色，在工商注册、知识产权代理、诉讼纠纷、劳务纠纷等领域均能发挥作用。例如，国内的无讼法务（法律互联网服务机构"无讼"打造的一款基于人工智能的全新企业法律服务产品）依托 AI 技术，在公司治理、合同管理、合规经营、劳动人事、知识产权、财务账款六大板块为企业提供法律监控和咨询服务，帮助企业解决各种法律问题，提升企业的法律意识和管理水平。

5. 提高法律咨询服务的质量

由于 AI 的出现，专业壁垒被打破，人们接受法律咨询服务的门槛变得统一，质量较好的法律咨询服务不再局限于特定区域。AI 依靠背后的海量数据，可以快速处理和分析大量的法律文章和案例，利用自然语言处理技术，最终提供更为准确的法律回答或建议。即使目前的 AI 在法律咨询结果上不尽如人意，但由于其具备自我优化、记忆和极强的学习能力，法律咨询结果也会不断改进。

6. 改善法律咨询服务的供需矛盾

我国法律服务市场每年的咨询量超亿次。随着公民法律意识的提升，对法律咨询服务的需求将持续增长。2022 年统计数据显示，全国执业律师总数达 65.16 万人，其中专职律师占 77.46%，兼职律师占 2.19%，公职律师占 14.73%，公司律师占 4.6%，军队律师占 0.23%。全国共办理法律事务 1274.4 万件，包括诉讼与非诉讼案件，并为众多机构提供法律顾问服务。然而，面对巨大的市场需求，律师资源相对不足，法律咨询服务供给有限。

AI 技术的发展为法律服务领域带来了变革，提供了除咨询传统律师外的新途径。AI 法律咨询能够以高效率的"一对多"模式服务，突破了"一对一"或"多对一"的限制，让更多用户获得专业法律支持，有效缓解了供需矛盾。

7. 降低法律咨询服务的成本

AI 法律咨询可以通过自动化和智能化的方式，直接辅助客户梳理分析法律问题并提出可供选择的方案。整个咨询过程的成本几乎为零，即使收取一定费用，也远低于律师行业的标准收费，完全在客户的可接受范围内。通过提供低成本、高效率的咨询服务，AI 法律咨询有效缓解了客户的成本顾虑和律师的工作负担，它不仅开启了新的行业定价模式，释放了市场中的潜在需求，还为律师行业的长远发展提供了新的动力。

综上所述，AI 凭借高效、便利、低成本等诸多优势，解决了传统法律咨询的诸多痛点，有望成为法律咨询服务领域的重要工具。

4.2　AI 法律咨询的技术原理

在分析了 AI 法律咨询的优势之后，我们简要剖析一下 AI 法律咨询的技术原理，这不仅有助于读者更好地理解"当 AI 回答问题时，它的'小脑瓜'里究竟在想什么"，也有助于我们明确"当我们提出问题时，我们究竟在提出什么"。同样，这也有助于理解为何 AI 在解答法律问题时，有时表现得异常出色，而有时却显得笨拙。

我们先思考另一个问题：实现法律咨询的关键或核心要素是什么？是对问题本身的深刻理解，还是对各国法律知识体系的全面掌握？是超越人类的逻辑思维能力，还是卓越的语言表达技巧？事实上，尽管这些能力都至关重要，但在现有模型能力的基础上，更为关键的步骤是"检索"。

检索增强生成（Retrieval-Augmented Generation，RAG）正是在这一背景下诞生的，它代表了一种创新的解决方案，旨在通过增强检索能力来提升 AI 的生成性能。在后续章节中，我们将深入探讨 RAG 的内涵及其技术细节。本节将以 RAG 模式为中心，从业务流程的视角出发，阐释一个法律问题在被提出后是如何经历一系列精细化的处理流程，最终转化为一份详尽且精准的法律咨询回答。

4.2.1　当 AI 回答问题时，它究竟在想什么

在 RAG 模式下，用户提出法律问题后，系统并不会简单地将问题直接交给大模型生成答案。相反，系统会首先启动一轮或多轮的搜索，以确保生成的答案既准确又全面。搜索的范围可能包括法律法规、裁判案例以及实务文章等多个维度。这一步骤在不同产品中的具体实施细节可能会有所差异。某些产品可能专注于检索实务文章，尤其是针对通用问题设计的模型；另一些产品则可能将实务文章与法律法规相结合，以提供更为全面的视角；还有一些产品可能会采用混合搜索策略，将法律法规、裁判案例和实务文章 3 种数据类型结合起来，以达到最全面的搜索效果。具体采用哪种搜索方案，往往取决于多种因素，比如产品背后的数据资源、产品定位，以及不同搜索模式对生成内容的影响。

1. 法律法规的检索

这一过程的实现逻辑在法律专业人士与 AI 模型之间存在一定差异。

在传统的法律实践中，专业人士在面对法律问题时，通常会先确定其所属的法律领域，然后进一步缩小到具体的法规范围。以离婚相关法律问题为例，具备基础法律知识的法律专业人士会自然地将目光投向《中华人民共和国民法典》中的"婚姻家庭编"，基于对法律结构的了解，他们能够迅速定位到相关的法律条文。

然而，从 AI 模型的视角来看，法律法规的数据往往以法条的形式存储，每

一条法条都是独立的，缺乏上下文联系。这种存储方式要求模型在检索时，必须依赖问题与法条之间的语义相关性。AI 模型通过先进的自然语言处理技术识别并提取问题中的关键信息，并与法条进行匹配，从而实现精准的语义检索。在检索过程中，由于检索逻辑的差异，并非所有的法律法规都适用于回答特定的法律问题。

事实上，过多的法规选择可能会引入不必要的干扰，降低检索的精确度。因此，精心筛选法律法规变得至关重要。为了确保检索结果的相关性和权威性，我们需要对各个维度的法规进行考量，例如：

- ❑ 来源权威：法规来源于官方认证的渠道，如国家立法机关、司法部门或政府公布的法律数据库。
- ❑ 现行有效：选择法规时，应确保其是现行有效的，避免引用已废止或已修订的法律条文。
- ❑ 效力优先：优先考虑效力级别较高的法律法规，这些法律法规在法律体系中具有最高的权威性和指导性。
- ❑ 格式规范：优先选择格式规范、结构清晰的法律法规，这有助于提高检索的效率和准确性。
- ❑ 内容优质：选择包含实质性法律内容的法规，这些内容对解决具体法律问题具有直接指导意义。

通过这一细致入微的筛选机制，我们不仅能确保所提供的法律咨询在准确性和权威性上达到高标准，还能有效降低因法规检索质量不足而对 AI 生成内容造成的干扰。该筛选过程至关重要，因为它直接关系到法律咨询的质量和用户对 AI 服务的信任度。

2. 裁判案例的检索

无论是对于渴望获得精准法律解答的搜索者，还是对于致力于提供最佳用户体验的科技公司，检索始终是一个棘手的难题，其中案例检索的复杂性尤为突出。案例检索不仅需要准确提取信息，还要求算法能够理解和分析案例中的逻辑关系。同时，案例与搜索者问题的相关性并非显而易见，案例中充斥着大量专业术语，理解与应用这些术语需要深厚的法律知识和实践经验。

尽管人工智能和机器学习技术正以前所未有的速度发展，但它们在解析复杂的法律逻辑及识别微妙差异方面仍存在局限。技术必须在满足用户对精确搜索结果的期望与提供切实可行的解决方案之间找到微妙的平衡。为了实现这一目标，需要不断优化搜索算法，更新和扩充数据库，并调整搜索策略，以适应不断变化的法律环境和用户需求。

　　AI 案例检索的实现过程与法规检索在本质上是一致的，只是在数据的切分、总结等向量存储的处理细节上存在差异。举例来说，法规数据是以条的形式呈现，而案例数据则是将一篇完整的案例切分成段落。具体如何切分，可能每家公司都有所不同。在 AI 案例多维检索的过程中，对检索结果的精细化筛选是提升检索精确性的关键。首先，我们需要根据用户的具体需求，对初步依据语义相关性检索到的案例进行进一步筛选。例如，当用户需要特定地域的案例时，AI 应能够识别并优先展示该地域的法律实践。同样，当用户关注某一时间段内的案例时，AI 也应能够对案例的时间属性进行筛选。然而，面对在特定地域或年份下缺乏相关案例的挑战，AI 需展现出更高的适应性。

　　此外，AI 还应具备对筛选后的案例进行智能排序的能力，依据案例的重要性、影响力或与用户问题的匹配度来排序，以提供最有价值的信息。从对用户语义的精准捕捉，到对案例的细致划分；从对案例的深入筛选，到对筛选结果的智能排序，每一步都对案例检索的准确性和有效性起着决定性作用。这要求 AI 系统不仅要有强大的数据处理能力，还要有深刻的法律理解力和灵活的问题解决能力。

　　3. 实务文章的检索

　　我们这里所谓的实务文章，是指所有除法规、案例之外的文字性内容集合。这些内容不仅包括法官和律师撰写的专业文章，还可能涵盖时事新闻、媒体评论等多种形式。实务文章的构成通常受两个关键因素影响：一是公司所掌握的数据资源；二是公司采用的搜索技术。实务文章的检索可以大致分为两种方式，这两种方式的差异在于实务文章数据的来源——是公司自有数据，还是来自全网的数据。当数据来源于公司内部时，其检索方式与传统的法规和案例检索相似，这里不再赘述。然而，当涉及全网数据的检索时，情况则有所不同。

　　对于全网数据的检索，AI 通常采用的是基于关键词转换的检索方法，可以将其简单理解为 AI 替代人工在搜索引擎上搜索相关资料的过程。这种方法依赖 AI 对用户问题的深入理解，以及对关键词的智能转换与扩展。我们可以用两个维度来衡量 AI 检索结果的质量：准确性（"准"）和全面性（"全"）。

　　（1）准确性

　　要实现检索的准确性，AI 必须对用户的提问进行精准转换，充分理解问题的核心意图。这不仅考验 AI 对法律专业知识的掌握，也考验其对法律关系的深刻理解。例如，当用户描述了一个关于某公司未经授权将其小说制作成游戏的案例，但整个描述中并未提及法律专业术语时，一个优秀的 AI 检索系统应能识别并提取出"作品改编权"等关键法律概念，以便搜索到的文章能够为用户分析案情并解决法律问题。试想，如果一个 AI 产品仅仅从用户的案情描述中提取一些字面上的关键词，如"某某游戏""某某作家"等，那么其检索到的内容在法律分析方面的深度和准确性将受到质疑。这样的检索结果可能缺乏对法律问题深入探讨的价值，无法满足用户的实际需求。

（2）全面性

为了确保检索的全面性，我们不能仅满足于一次性的检索结果。在传统的人工检索过程中，为了深入挖掘某一问题，研究者会通过变换检索词及其组合进行多轮检索，并将结果进行综合分析，以获得最全面的信息。AI 检索同样可以模拟这一过程，以提高检索的深度和广度。一次性的检索结果往往具有局限性和单一性。为了克服这一问题，AI 在生成关键词时可以采用多元化的策略，基于同一问题生成多个关键词组合。在收集所有检索结果后，AI 依据内容的相关性进行智能排序和筛选，从而提供更为丰富和多角度的信息。这种方法不仅可以解决单一检索结果的局限性问题，还能使 AI 生成的回答更加充分、更有说服力。

4.2.2　当我们提出问题时，我们究竟在提出什么

当我们了解第一个问题之后，第二个问题的答案也随之变得明晰。我们在提出问题时，实际上进行了双重贡献：一是提供了一个检索的"引子"，为 AI 的搜索算法指明方向；二是为 AI 的回答设定"主题"，确保回答内容的相关性和针对性。在这个过程中，我们的问题充当桥梁，将检索需求与 AI 响应紧密连接。基于"引子"和"主题"，我们可以将整个检索流程串联起来，形成连贯、高效的工作流程。

法律领域以其错综复杂的性质而著称，涵盖了广泛的知识体系和实践细节。然而，法律咨询产品往往呈现简约的形态，通常仅通过一个输入框与用户交互。面对用户通过这个输入框提出的各种问题，AI 必须具备高度的智能和灵活性，对这些问题进行预处理，以应对各种复杂的咨询需求。

1. 意图识别及语义优化

为应对用户向这个输入框抛出的各种需求，在用户向 AI 提出疑问之后，系统首先进行的是意图识别。这一步骤至关重要，因为它涉及对用户问题的深入分析，以确定问题的具体需求和目的。通过这一分析，AI 能够将问题归入不同的类别，从而为后续的解答提供方向。不同的问题类别要求 AI 采取不同的分析和解答策略：对于寻求法律解释的问题，可能需要提供相关法规的详细解读；对于咨

询具体案例的问题，可能需要进行案例比较和法律适用性分析；对于涉及法律程序的问题，可能需要指导用户了解相关的法律步骤和要求。通过精确的意图识别和问题归类，AI 可以为用户提供更加个性化和具有针对性的法律咨询服务。此外，如果用户的问题不够清晰甚至语言混乱，AI 可能还需要预先将这个问题进行一次完善，使得问题中的要素更加齐全、问题的意图更易理解。这种智能化的处理方式不仅提高了法律咨询的效率，也增强了用户体验，使得法律服务更加贴近用户的实际需求。

2. 分库检索及语义泛化

在完成了对用户提问的意图识别和问题归类之后，AI 便可以利用这些生成的"引子"在各个数据库中进行深入检索，以寻找相关的参考资料。这一过程是构建知识库的基础，也是 AI 提供高质量法律咨询的关键步骤。AI 将通过精确的关键词和高级搜索算法，从海量数据中筛选出对回答最有帮助的内容。这些内容经过精心挑选和整理，构成了一份全面的知识库，为大模型提供丰富的信息源。随后，大模型将对这些资料进行深入阅读和分析，围绕"主题"进行综合回答。值得注意的是，这个"主题"并不一定局限于最初的问题，它可以根据检索到的内容进行扩展，衍生出一系列相关问题，并提供相应的解答。这样，AI 不仅能够回应用户的直接需求，还能够提供更广泛、更深入的知识探索。通过这种方式，用户只需一次提问就能够触发一系列知识整合和问题解答，从而获得远超单一问题的知识量。这不仅极大地拓宽了用户的法律知识视野，也提高了法律咨询的深度和广度。

随着对 AI 法律咨询技术原理的深入分析，我们对 AI 在法律咨询领域的应用有了更加全面的认识。从 RAG 模式的创新解决方案，到法律法规、裁判案例和实务文章的精细化检索流程，再到用户提问的意图识别与问题分类，每一个环节都体现了 AI 在法律咨询中的专业性和高效性。通过这些技术的融合与应用，AI 不仅能够提供精准、全面的法律解答，还能够根据用户的具体需求，进行个性化的知识整合和问题解答。

我们应当认识到，尽管 AI 在法律咨询领域展现出巨大的潜力和优势，但它仍需不断优化和进步。技术的完善、算法的迭代、数据库的更新以及对法律实践的深入理解，都是推动 AI 法律咨询向前发展的关键因素。

4.3 AI 法律咨询常用工具

当下，ChatGPT 类技术在法律市场应用广泛，各种 AI 产品在法律场景中呈现出方兴未艾的趋势。本节主要介绍市面上通用的 AI 产品及法律 AI 产品。

4.3.1　通用 AI 产品

1. ChatGPT

2022 年 11 月 30 日，由 OpenAI 公司发布的 ChatGPT 引爆全球社交媒体。其成功不仅是新一代聊天机器人的突破，更是人工智能领域乃至整个信息产业的一场革命。ChatGPT 是一种由人工智能技术驱动的自然语言处理工具，它利用深度学习技术来理解和生成自然语言文本。特别是，它采用了一种称为"生成对抗网络"（GANs）的技术，通过海量文本数据的训练，能够理解和生成自然语言。这种训练过程使得 ChatGPT 可以捕捉到语言的复杂性和多样性，并在多种语言任务中表现出色。它不仅能理解用户输入的自然语言文本，识别出其中的关键信息和意图，还能与用户进行流畅的对话，并准确回答用户的问题。ChatGPT 不仅能够理解文本，还能生成自然流畅的文本，可用于撰写文章、生成摘要、撰写邮件等任务。作为 AI 模型，ChatGPT 具备持续学习和优化的能力，通过不断训练和数据更新，提高其准确性和可靠性，以更好地满足用户需求。

2. 文心一言

文心一言是百度推出的一款 AI 产品，是其知识增强大模型——文心大模型的一部分。它利用了百度在自然语言处理领域的先进技术，具备理解和生成自然语言文本的能力。文心大模型 4.0 的综合能力与 GPT-4 相比毫不逊色，其在理解、生成、逻辑和记忆四大能力上相比先前的版本有了显著提升。此外，该版本在输入和输出阶段都进行了知识点增强。一方面，它可以理解用户输入的问题并拆解出回答该问题所需的知识点，然后通过知识图谱准确查找知识，最后将这些找到的知识汇合并送入大模型。另一方面，它也会对大模型的输出进行修改，从生成的结果入手，再次利用知识图谱、数据库进行确认，进而修改有错误的点。

文心一言是人工智能技术在语言理解和生成领域的重要尝试，展示了人工智能在自然语言处理方面的潜力和前景。

3. Kimi

Kimi 是北京月之暗面科技有限公司于 2023 年开发的一款人工智能助手，擅长中文和英文对话，能够处理多种语言的查询，并且具有长文本处理功能，能够支持多轮对话，文本总字数可达 20 万字，适合长文本写作、翻译等任务。Kimi 具有文件处理能力，用户可以发送多种格式的文件，Kimi 能够阅读并分析文件内容。同时，Kimi 还具有搜索能力，能够结合搜索结果为用户提供更全面的回答。
总的来说，Kimi 主要应用在专业学术论文的翻译和理解、辅助分析法律问题、快
速理解 API 开发文档等场景，旨在通过先进的自然语言处理技术，为用户提供高
效、智能的服务。

4.3.2 法律 AI 产品

1. 通义法睿

通义法睿是阿里云推出的一款 AI 法律助手，具备法律领域的理解和推理能
力。该产品综合运用了模型精调、强化学习、RAG 检索增强、法律 Agent（智能体）
及司法专属小模型技术，能够基于自然语言与用户进行对话、回答法律问题、推
送裁判类案、辅助案情分析、生成法律文书、检索法律知识以及阅读法律文本。
通义法睿的主要功能包括：

- ❑ 法律智能对话：用户可以直接与 AI 法律顾问对话，AI 会正确引用法律法
规和案例进行回答。
- ❑ 法律文书生成：根据案情描述，自动生成法律诉求并撰写法律文书。
- ❑ 法律知识检索：智能化检索法律和案例，提供法律法规和类案检索功能，
并自带法律法规和裁判案例库。
- ❑ 阅读法律文本：帮助用户高效理解法律文本，提炼案情摘要，归纳争议
焦点。

通义法睿旨在帮助法律专业人士提高生产力水平，同时为非专业人士提供便
捷的法律咨询服务。通义法睿还支持以开放共享的方式构建行业大模型智能应用
新范式，面向案件诉讼、信访等多种业务场景，构建基于司法知识的情感化咨询
与服务系统。

2. 得理

深圳得理科技有限公司开发的得理 AI 法律产品，其核心是得理法搜——一
款 AI 驱动的法律数据智能引擎和法律 AI 检索工具。得理法搜具备以下特点和
功能：

- ❑ 专业法律检索：提供全域法律大数据，包括超 5 亿条法律数据，知识产
权和地产工程两大专业数据库，支持多种检索模式。
- ❑ AI 阅读裁判文书：快速生成摘要，提取裁判要点，通过数据可视化梳理
案情，生成智能报告。
- ❑ 文本智能生成：根据案情描述自动生成法律文书，如起诉状、答辩状，

以及起草合同和撰写文案。

❑ AI 法律研究：进行争议焦点分析、案情分析、法律制度分析和法律术语分析，提高法律研究效率。

❑ AI 与律师法律咨询：解答具体的法律问题，智能匹配律师，提供个性化的法律解决方案。

❑ 法律资讯推荐：提供新法速递、法律观点、全国商机和法讯订阅，为法律专业人士提供最新动态资讯。

得理法搜适合法律专业人士、企业主、个人以及法律研究者使用，可以帮助他们进行法律研究、检索和案例分析。产品官网提供了详细的使用指南和功能介绍。得理科技作为国内法律大模型算法公司，通过其创新技术，正引领法律服务行业的变革。得理法律大模型基于开源 GPT 通用语言大模型预训练模型打造，具备对话聊天、法律问答、文本生成等能力，并为第三方提供 API 服务。得理科技旨在通过 AI 技术，重塑法律行业生态，提升法律服务的效率和质量，让更多人能够获得高质量的法律服务。

3. AlphaGPT

由北京新橙科技有限公司研发的 AlphaGPT 是一款创新的法律 AI 产品。它深度融合了生成式人工智能、自然语言处理技术和深度学习机制等 AI 技术，主要具有如下功能：

❑ 合同审查 GPT：该功能可以快速完成合同的基础审查，支持自定义审查立场，覆盖多种合同类型，并允许在线修改审查意见和实时导出合同。

❑ 文书 GPT：通过输入信息或上传文件，AlphaGPT 能够自动生成优质的法律文书，并按照用户要求的格式填写内容，无须重复编辑。

❑ 咨询 GPT：作为 24 小时在线的助手，咨询 GPT 能够提供专业回答，并展示匹配的法规、参考法规及相关实务文章，同时支持在线生成 PPT 和思维导图，简化办案汇报。

❑ 阅读 GPT：支持多文档问答模式，满足大量卷宗的阅览需求，并通过推理功能提供更准确的回答，同时支持一键查询问答记录。

❑ 案情 GPT：AlphaGPT 能够进行案情分析，一键生成案件概要、诉讼请求、策略、证据清单等，并快速生成法律服务意见书。

其中，法律咨询 GPT 拥有独特的法律数据库，包括 466 万条法规、超 1.6 亿件案例、26 万余篇实务文章和 22.4 万余篇公众号文章（截至 2024 年 7 月），能确保问题解答深入全面，为用户提供精准的法条解读和策略规划，解决各类法律难题。并且，结果获取的时间成本大幅降低，只需一次检索，用户便可找到与问题相关的、专业性强的海量文章内容。

4.3.3 AI 法律咨询常用工具对比

介绍完目前市面上通用的几款 AI 产品后，我们以"医疗美容机构在没有医疗机构执业许可和医师资格证的情况下对客户进行了医疗美容服务应该如何处罚？"这一问题为例，从法律逻辑的专业性、法规引用的准确性等维度，对其中几款产品进行比较（见表 4-1）。

表 4-1　AI 法律咨询常用工具比较

维度	AlphaGPT	通用产品		法律产品	
		Kimi	文心一言	通义法睿	得理
法律逻辑专业性	评价标准：法律逻辑是否清晰：√法律逻辑是否合理：√	评价标准：法律逻辑是否清晰：×法律逻辑是否合理：×	评价标准：法律逻辑是否清晰：√法律逻辑是否合理：×	评价标准：法律逻辑是否清晰：×法律逻辑是否合理：×	评价标准：法律逻辑是否清晰：√法律逻辑是否合理：×
法规引用准确性	评价标准：法规引用是否全面：√法规引用是否准确：√法规应用是否真实：√	评价标准：法规引用是否全面：×法规引用是否准确：×法规应用是否真实：×	评价标准：法规引用是否全面：×法规引用是否准确：√法规应用是否真实：√	评价标准：法规引用是否全面：×法规引用是否准确：√法规应用是否真实：√	评价标准：法规引用是否全面：×法规引用是否准确：×法规应用是否真实：√
裁判观点清晰化	评价标准：是否检索案例：√是否分析案例：√案例是否准确：√	评价标准：是否检索案例：×是否分析案例：×案例是否准确：×	评价标准：是否检索案例：×是否分析案例：×案例是否准确：×	评价标准：是否检索案例：×是否分析案例：×案例是否准确：×	评价标准：是否检索案例：√是否分析案例：×案例是否准确：√
实务文章丰富性	评价标准：文章检索是否丰富：√文章质量是否优越：×	评价标准：文章检索是否丰富：√文章质量是否优越：×	评价标准：文章检索是否丰富：×文章质量是否优越：×	评价标准：文章检索是否丰富：×文章质量是否优越：×	评价标准：文章检索是否丰富：×文章质量是否优越：×
问题思路可延展	评价标准：是否有问题延展：√延展是否丰富：√	评价标准：是否有问题延展：×延展是否丰富：×	评价标准：是否有问题延展：×延展是否丰富：×	评价标准：是否有问题延展：√延展是否丰富：×	评价标准：是否有问题延展：×延展是否丰富：×

（续）

维度	AlphaGPT	通用产品		法律产品	
		Kimi	文心一言	通义法睿	得理
分析依据可溯源	评价标准：是否可以看到引用来源：√　引用来源是否标注全面：√	评价标准：是否可以看到引用来源：√　引用来源是否标注全面：×	评价标准：是否可以看到引用来源：×　引用来源是否标注全面：×	评价标准：是否可以看到引用来源：√　引用来源是否标注全面：×	评价标准：是否可以看到引用来源：√　引用来源是否标注全面：×

4.4　AI 在法律咨询中的应用场景与实用技巧

在深入剖析了 AI 法律咨询的诸多优势与核心原理后，我们应如何高效运用人工智能工具，解决现实世界中的法律纠纷，并为法律从业者的日常工作提供强大助力？笔者将精选一系列 AI 咨询的应用场景及使用技巧，详细阐释通用型和专业型人工智能产品如何协同工作以解决具体的法律问题。这些示范案例不仅能为读者提供实用的参考，也能为法律专业人士提供日常工作中的创新解决方案。

4.4.1　AI 在法律咨询中的应用场景

人工智能与法律的融合，已经显著地将 AI 塑造为法律从业者提升工作效率和优化服务品质的关键工具。AI 的集成不仅极大地提高了法律服务的效率，而且通过其精准的分析能力，显著提升了法律服务的专业性和客户满意度，其中效果最为显著的主要在以下几个方面。

1. 零时差疑问解答

在法律咨询领域，高效沟通至关重要。AI 的 24 小时在线服务能力突破了地理和时区的限制，为全球用户提供即时的法律咨询。无论用户身处何地，都能获得及时的法律支持。这种无缝的交流体验不仅涵盖了法律问题的解答和法律建议的获取，还包括案件进展的讨论。AI 的即时响应能力确保当事人能够随时获得法律咨询，不受时间限制，提高了法律服务的可达性。通过多轮对话理解复杂的法律问题，AI 能够提供连贯和深入的法律建议。此外，AI 通过分析用户的情绪和语气，为用户提供更加人性化的交流体验，增强了用户的信任感。AI 的迅速响应能力显著提升了咨询效率，并极大提高了客户的满意度，使得法律服务更加精准和专业。

2.高质量客户服务

AI生成的内容因其准确性和专业性，可以直接整合到我们的咨询报告中，进一步提高报告的深度和广度。这种创新的实践不仅优化了法律服务流程，还为法律行业带来了新的工作模式。AI能够根据客户的具体情况和需求，生成高度定制化的法律咨询报告。这种定制化服务确保了报告内容的高度针对性和实用性，帮助客户更清晰地理解其法律问题和解决方案。同时，AI能够实时监控法律领域的最新动态，并及时更新法律咨询报告，确保客户始终获得最新的法律信息和建议。这种实时性对于法律服务极为重要，因为它允许客户在法律环境变化时迅速做出反应。通过AI辅助，律师可以更专注于与客户的沟通和战略规划，而将烦琐的文档处理工作交给AI。这样不仅提高了工作效率，也使得律师能够提供更加个性化和高质量的客户服务，进而增强客户的服务体验。

3.深入文献分析

AI工具在处理大型文档和庞大的数据集时，展现出了令人瞩目的强大能力。它们能够迅速识别关键信息，对数据进行精准的分类和归纳总结，并能快速定位总结信息的原文出处，极大地提升了法律研究的精度与速度。这一自动化的文档处理技术，为法律专业人员带来了前所未有的文献分析效率，不仅减轻了他们在烦琐的文档审查和信息整理上的工作量，还将他们从日常的事务性工作中解放出来。现在，他们可以将更多时间和精力投入更高层次的法律分析和策略制定中。

4.辅助法律研究

在上文的讨论中，我们强调，许多人工智能问答产品都借助了RAG这项技术。这项前沿技术通过整合检索和生成两大功能，极大地提升了法律信息处理的速度和准确性。利用RAG技术，AI能够快速定位到与问题相关的法律条文、案例和文献，并对这些资料进行深入分析，提取出最核心、最有价值的信息。这一过程不仅极大地节省了法律人在查找资料上的时间，也提高了他们获取和理解法律知识的能力。进一步地，AI根据检索到的信息生成精炼、准确的摘要。这些摘要不仅涵盖了问题的各个方面，还以简洁明了的方式呈现，使得法律专业人员能够快速把握问题的关键点。这种高效的信息整合和呈现方式无疑为法律研究和实践带来了极大的便利。

4.4.2　利用AI实现法律咨询的实用技巧

我们常说，人工智能的回答水平取决于提问者的水平，这句话并无不妥。通过精心设计指令、运用高效的 AI 互动策略、构建精准且完善的个人知识库体系，以及选择功能强大的法律垂直 AI 软件，我们能够将 AI 法律咨询的专业性与准确性提升至一个新的高度。

1. 充分利用指令工程

指令工程（Prompt Engineering），也称为提示词工程，是通过设计和优化与 AI 模型交互的指令来引导预训练语言模型生成所需响应或完成特定任务的技术。指令工程通过精确设计和优化提示词，使得 AI 模型能够更好地理解和执行任务，从而提升模型的性能和准确性，引导 AI 模型生成更符合预期的文本或更准确地回答问题。这种优化过程对于处理法律问题分析这种复杂任务尤为重要，因为它能够显著提高 AI 模型在处理复杂任务时的表现。我们可以将指令工程想象成用自然语言编程的艺术。

设计有效的指令对于确保 AI 准确理解并执行法律咨询任务至关重要。编写指令时，可以参考以下注意事项及技巧：

❑ 明确简洁：指令应清晰明确，尽量简洁，避免使用复杂的句子结构和多义词汇，确保 AI 能理解我们的具体需求。

❑ 逻辑性与操作性：指令应逻辑清晰，并按照合理的顺序排列信息，使 AI 能够顺畅理解和处理指令内容。

❑ 建立限制条件与反馈机制：若 AI 的操作受到某些限制，应在指令中明确指出，并且考虑如何让 AI 提供反馈，以便了解 AI 是否正确理解了我们的意图。

❑ 使用专业术语或示例：在法律咨询中，专业术语的使用可以帮助 AI 更准确地理解我们的意图。如果可能，提供相关示例或案例可以帮助 AI 更好地理解我们的需求。

此外，我们还可以尝试提供更多的上下文信息给 AI，为它设定一个执行任务的角色，或者使用 AI 更易理解的编程语言，以及其他实验性的指令设计，这些都会有助于 AI 更好地理解指令内容。

指令工程通常适用于利用通用型 AI 解决法律咨询问题的场景，因为通用型 AI 为了适应通用场景，其背后的逻辑不会过于复杂。在这种情况下，我们自己撰写的指令可以发挥更大的作用。我们可以用任意一个通用型 AI 产品提出以下问题："在没有医疗机构执业许可和医师资格证的情况下，医疗美容机构对客户进行了医疗美容服务应当如何处罚？"并进行简单的尝试。在得到第一个结论后，输入以下提示词，查看 AI 的回答是否有明显变化。

Markdown

角色：

您是一位从业多年的资深律师，我是前来向您咨询的客户。

角色描述：

您是一名从业 10 年以上的执业律师。您除了拥有丰厚的法学理论知识外还有充足的法律实务经验，对中国的整个法律体系都有全面的了解。

目标：

充分理解我咨询问题的核心意图，结合您检索的参考资料，形成一份完整的、专业的法律咨询回答。

要求：

- 您的回答应尽可能多地向我提供法律法规及裁判案例
- 回答具有逻辑性及说服力
- 避免自相矛盾的回答
- 论述完整，用语专业

咨询问题：

在没有医疗机构执业许可和医师资格证的情况下，医疗美容机构对客户进行了医疗美容服务应当如何处罚？

2. 学习如何与 AI 进行互动

尝试了初步的指令工程之后，在进行复杂任务时，我们还可以尝试与 AI 进行多轮互动，从而一步一步地完成任务。我们可以将一个大问题拆解成几个小问题，通过设置思考框架，引导模型进行更好的推理，生成详细且连贯的回答，提高 AI 在复杂任务上的表现。这样可以避免 AI 产生不相关的信息，并促使其提供更加详尽的分析。同时，我们可以进行发散式提问，提出开放性问题和假设情境，激发 AI 的创意和多样性思考，让 AI 提供多样化的视角和见解，增强分析的全面性。随后，通过收集并比较 AI 提供的多个回答，然后进行综合分析，可以筛选出最有价值的见解。这种方法有助于识别回答中的精华，并提升整体分析质量。

假设我们直接提问"未经允许以直播形式使用他人有版权的作品，是否侵犯信息网络传播权？"AI 大概率会回答"很可能侵犯信息网络传播权"。这个回答显然不够严谨，我们可以试试与 AI 进行互动。

Q：请帮我详细解释一下什么是信息网络传播权，侵犯信息网络传播权的要件有哪些？特征有哪些？

　　A：信息网络传播权是指……（此处内容省略）特别是当这种行为使得公众能够在个人选定的时间和地点获得作品时。

　　侵犯信息网络传播权的特征有：

□　交互性：公众可以在其个人选定的时间和地点获得作品，这是信息网络传播权区别于传统传播方式的重要特征。

□　未经许可：行为人未经权利人的授权或许可，擅自将作品置于信息网络中供公众获取。

□　提供行为：行为人实施了将作品上传至服务器、设置共享文件或利用文件分享软件等行为，使作品处于可被公众获取的状态。

　　Q：请逐一分析"未经允许以直播形式使用他人有版权的作品"这一行为，是否符合以上三种特征？

　　A：以直播的形式侵权，并不必然符合信息网络传播权的"交互性"特征……（此处内容省略）在直播的情况下，观众可以在直播进行时实时观看内容，但通常无法选择直播之外的时间来观看，除非直播内容被录制并存储，允许观众在个人选定的时间回放。直播侵权可能涉及以下几个方面：

　　……（此处内容省略）

　　因此，是否构成信息网络传播权侵权，需要根据具体情况分析。如果直播内容允许观众在个人选定的时间回放，那么可能符合交互性特征；如果直播是实时的且没有回放功能，那么可能不满足交互性要求，但仍然可能侵犯其他著作权利。

　　Q：补充信息：这个直播没有回放。请再帮我分析一下"未经允许以直播形式使用他人有版权的作品，是否侵犯信息网络传播权？"

　　A：如果直播没有回放功能，观众只能在直播进行时实时观看，这种情况下的直播通常不符合信息网络传播权的"交互性"特征……（此处内容省略）然而，即使直播没有回放功能，如果直播的内容是未经授权的受版权保护的作品，仍然可能侵犯其他类型的著作权，例如：……（此处内容省略）

　　因此，即使直播没有回放，未经授权的直播仍然可能构成著作权侵权，只是侵权的类型可能不是信息网络传播权。权利人可以依据其他相关著作权利进行维权。

　　通过上述方法，拆解概念并汇总结论，可以逐步引导 AI 进行思考，从而给出准确的结论和详细的分析过程。

3. 构建自己的知识库

数据是知识库的基石。数据的质量和完整性直接决定了知识库的可靠性和有效性。高质量的数据能够为 AI 提供准确的基础信息，提升 AI 在法律咨询中的表现。知识库能够实现对海量数据的高效组织、智能索引和深度学习，使之成为可被模型理解和运用的结构化知识资源。借助知识库，AI 不仅能够实现对法律知识的快速检索和精准匹配，还能够自动总结文档、生成报告、解答复杂问题，甚至在特定领域内进行创新性思考和策略建议。法律知识库的建设显著提高了 AI 法律咨询的准确性和可靠性，可以帮助法律专业人士更高效地处理法律事务。

收集、整理和更新法律知识库是一个系统、持续的过程，旨在确保信息的准确性和时效性。

（1）分类与标签

❑ 分类体系：建立一套科学的分类体系，将法律知识按法律领域、法规类型、案例类型等进行分类。

❑ 标签管理：为每个法律知识点添加标签，便于快速检索和关联相关信息。

（2）知识结构化

❑ 层次结构：形成层次分明的知识库结构。比如，将法律知识分为事实知识、规则知识和策略知识等。

❑ 知识图谱：利用知识图谱技术，将法律知识以网络形式组织起来，展示知识之间的关联和逻辑关系。

建立个人知识库，相当于依靠人工经验对数据进行初步筛选和优化。建立个人的知识库体系，对于那些办案经验丰富、知识积累充足的律师来说，可以显著提升 AI 法律咨询的回答水平。尽管目前 AI 的检索能力日益强大，但对检索到的信息是否优质的判断仍然相对粗糙。

4. 选择合适的垂直 AI

垂直 AI 应用是指在特定领域或行业中专门设计和优化的人工智能技术和解决方案。与通用 AI 应用不同，垂直 AI 应用针对特定行业的需求和特点，提供高度专业化的功能和服务，从而实现更高的效率和精度。其主要特点包括专业性强、落地速度快、高效的知识管理与应用。在法律行业，垂直 AI 应用不仅提高了法律人的工作效率，还显著提升了法律服务的质量和专业性。那么，如何挑选一款好的法律垂直 AI 应用？可以关注以下几点：

❑ 全面的数据储备：正如上文所述，目前绝大多数法律咨询产品采用了 RAG 技术。在此基础上，评估一个产品是否为优秀的法律垂直 AI 产品，最主要且最直观的评判标准是考察其背后是否拥有强大的数据资源作为支撑：一方面，要确保产品背后的某类数据是全面且更新及时的；另一方面，要考量其数据的多样性。例如，在法律领域，具体表现为法规数据是否全面，更新是否及时，是否有裁判文书和实务文章的数据等。

❑ 强大的检索能力：依托全面的数据库，优秀的法律垂直 AI 应用应具备高效的检索系统，能够快速定位用户所需信息。这不仅要求系统理解复杂的查询请求，还需要进行多维度搜索，如关键词、案件类型、法律条款等。此外，检索结果的排序和过滤功能也应足够智能，以便用户迅速找到最相关和最权威的信息。

❑ 细致的来源追溯：在法律领域，准确性至关重要。由于目前没有任何一款产品可以给出 100% 正确的答案，因此，AI 在回答时所参考资料的来源追溯就显得格外重要。AI 应用在提供答案或建议时，应该明确指出其依据的法律条文、案例或其他权威资料。用户应能轻松查看 AI 所引用的具体法律文件或案例，以验证信息的准确性。这种追溯机制不仅增强了用户对 AI 应用的信任，也为法律专业人士提供了进一步研究和分析的基础。

❑ 简单的操作步骤：我们选择法律垂直 AI 应用，除了因为其背后拥有更加专业的数据资源之外，还有一个至关重要的原因：它提供了更加符合法律专业人士需求的应用场景。这避免了我们在通用 AI 产品上进行大量摸索和尝试。一款优秀的 AI 产品会在法律咨询的简单输入框背后封装一套完整的指令及逻辑。用户只需输入自己的法律问题，即能直接获得一份经过精心调试的答案。这种方式为法律专业人士节省了大量学习如何使用 AI 的时间成本，使他们能够将更多精力投入对法律问题本身的深入分析中。

依然以 "未经允许以直播形式使用他人有版权的作品，是否侵犯信息网络传播权？" 这个问题为例，以下是 AlphaGPT 这一专门为律师研发的法律垂直 AI 应用生成的答案。

> 结论：
> 　　未经许可以直播形式使用他人拥有版权的作品，可能构成对信息网络传播权的侵犯，但需根据具体情形具体分析。与传统的交互式信息网络传播不同，直播传播是否属于信息网络传播权的规制范围涉及对著作权法和相关司

法实践的详细探讨。

分析：

根据《中华人民共和国著作权法（2020 修正）》第十条，信息网络传播权是指以有线或者无线方式向公众提供作品，使公众可以在其选定的时间和地点获得作品的权利。进一步……（此处内容省略）

然而，直播作为一种特殊形式的网络传播，可能涉及的信息网络传播权仍具争议。例如在【（2017）京 0105 民初 38610 号】的案例中，法院认为未经授权通过网络直播他人作品的行为侵犯了权利人的其他著作权，这也就表明了网络直播的特殊地位和法律复杂性。北京市高级人民法院在《侵害著作权案件审理指南》中提到，网络主播在直播中演唱歌曲，由于无法使公众在个人选定的时间欣赏到对作品的表演，不属于交互式传播，因此不构成信息网络传播权的侵权[一]。

综上所述，未经许可以直播形式使用他人有版权的作品是否侵犯信息网络传播权，需考虑如下几点：

- ❏ 直播行为本身是否使公众可以在选定的时间和地点获得该作品。如果直播仅是实时传输，那么按某些法院的观点，不一定属于信息网络传播权的规制范围[二]。
- ❏ 如果直播内容被存储在平台上，且公众可以通过网络进行选择性回放，则该行为很可能构成信息网络传播权的侵权[三]。
- ❏ ……（此处内容省略）

因此，需要综合考量直播的具体形式、平台的技术功能及法律法规的条款，得出结论。在多数情况下，未经版权人许可，通过信息网络提供作品的行为均有可能侵害信息网络传播权。

[一] 参阅《以案释法（八）| 试论网络直播相关知识产权责任判定》，作者为 IPRdaily，访问链接为 https://zhuanlan.zhihu.com/p/535415044。

[二] 参阅《以案释法（八）| 试论网络直播相关知识产权责任判定》，作者为 IPRdaily，访问链接为 https://zhuanlan.zhihu.com/p/535415044。

[三] 参阅微信公众号"法学学术前沿"于 2024 年 6 月 9 日发布的文章《实务 | 杨吉：图书直播销售著作权侵权的类型识别与防able建议》，作者为杨吉，访问链接为 https://mp.weixin.qq.com/s?__biz=MzUxNjUxODY1NA==&mid=2247582141&idx=3&sn=9ca02c5d612a9a6478b12c1e442a249&chksm=f9a5e62cced26f3a0d2214a36f081e760dc129024524655b5e521d79f8fc6c4ea46c707d56a2&scene=58&subscene=0#rd。

4.5　AI 法律咨询面临的挑战

尽管 AI 法律咨询具有较大的潜力，相较传统法律咨询具有巨大的优势，但值得注意的是，目前 AI 法律咨询仍处于起步阶段，在技术的研发及市场推广应用上，仍面临诸多问题和挑战。

4.5.1　自然语言理解和处理能力仍然薄弱

尽管商业化的推广如火如荼，但 AI 技术在法律咨询领域的基础研究仍然相对薄弱。AI 法律咨询产品尚处于起步阶段，其技术成熟度亟待提升。本节将重点探讨 AI 法律咨询在自然语言处理能力上的不足，并分析其对算法精确度、逻辑推理能力及复杂法律问题分析能力的影响。

1. 算法精度与推理能力不足

AI 系统在处理法律问题时，必须具备极高的精准度。法律语言的复杂性和模糊性要求 AI 算法能够准确理解并解释这些语言，以避免误导用户。此外，法律咨询不仅需要 AI 对事实的准确性进行识别，还要求其具备复杂的逻辑推理能力。AI 系统必须能够模拟法律专业人士的思考过程，进行合理的推理和论证。

2. 高质量语言数据的稀缺性

海量且高质量的样本和数据对 AI 的训练至关重要。目前，可供 AI 学习的数据样本并不充分。中国裁判文书网作为人工智能开发基础的法律数据来源，自 2013 年上线以来已公开超过 1.47 亿份生效裁判文书，然而其实际应用仍面临诸多挑战。首先，裁判文书的信息并不完全透明或易于获取，一些文书因涉及隐私或其他敏感信息而未能公开。其次，现有的法律数据质量参差不齐，缺乏明确和层次化的标准，这限制了数据在 AI 训练中的有效性。

此外，高质量的文本数据能够让算法模型得到更好的训练。然而，在一些 AI 产品中，生成法律咨询结果所参考的文章质量参差不齐。如何确保数据的质量成为一个关键问题。若训练数据存在错误或偏差，模型可能学习到不准确或不可靠的信息，从而影响其泛化能力。

4.5.2　用户与 AI 之间存在信赖障碍

AI 法律咨询技术仍需发展，这导致了人与机器之间的信任问题。目前，AI 法律咨询服务尚未达到完美的水平，人们对这一新兴技术持有保留态度。在实际应用中，AI 可能因为法律文本识别技术的局限性而无法准确理解用户的意图，导致误解，或者由于数据库中缺乏相应案例而无法提供令用户满意的咨询意见和诉讼结果预测，削弱了人们对 AI 法律咨询服务的信任，使得人工复核成为必要。

此外，法律咨询不仅仅是冷冰冰的逻辑分析，还涉及律师与客户之间的情感交流和人文关怀。客户通常期望律师能够根据他们的需求、信任感和情感反馈，提供全面的咨询服务。然而，人工智能系统目前还无法完全模拟人类的情感和人际交流能力，这在某些情况下可能会导致用户体验不够理想。

资历和经验也是 AI 在法律咨询领域面临的挑战之一。法律问题往往错综复杂，解答这些问题需要综合考虑事实、法律以及社会价值观等多种因素。人们更倾向于选择经验丰富、资历深厚的律师，因为这些律师能够全面考虑各种因素，提供专业而全面的建议。

4.5.3　执业条件和监管仍处于空白状态

根据我国的法律规定，从事法律职业的人员必须具备扎实的法律专业知识和相应的职业能力，同时持有法律从业资格。当人工智能技术被引入法律咨询领域提供服务时，它是否需要具备相应的执业资格，以及是否需要经过特定的考核，都是尚待讨论的问题。

关于 AI 是否需要具备执业资格，目前并没有明确的法律规定。尽管 AI 在某些方面表现出色，但客户通常期望律师能够根据他们的需求、信任和情感反馈，提供更全面的咨询服务。因此，即使 AI 具备一定的专业能力，它也需要接受额外的培训和考核，以确保能够满足法律职业的要求。目前，对于 AI 是否需要经过考核，尚无统一标准。但可以借鉴的是，在一些国家和地区，法律职业资格考试是成为合格律师的必要条件。如果 AI 要从事法律职业，它也需要通过类似的考试来证明其专业能力和实践技能。同时，我们还需要考虑 AI 的决策过程是否透明，能否解释其行为和判断的依据。从伦理和专业责任的角度出发，AI 作为辅助工具，其使用应当受到严格监管。例如，美国律师协会（ABA）在其模型规则中强调，律师有责任了解相关技术，并评估其利弊。这表明，如果 AI 被应用于法律实践，它必须满足一定的标准和要求，以确保其提供的法律建议是准确和可靠的。

以 AI 为主导的法律科技正在深刻影响整个法律服务行业，以及包括法律咨询服务在内的各个领域。这种影响不仅体现在工作效率的提升上，如通过 AI 法律咨询弥补传统法律咨询的局限性，帮助律师从事相对简单的法律检索工作，从而解放律师的劳动力，使其能够集中精力从事更加复杂的法律推理活动；还体现在服务受众以及成本的改变上，AI 法律咨询的到来，使得法律咨询不再局限于服务部分个人与企业，而是服务更多用户，它可以不受时间、地域和成本的限制，为用户提供全天候、低成本、即时响应的法律服务。

　　AI 技术的应用初衷是代替重复性的机械劳动，而非代替人本身。因此，AI 技术的应用并不是万能的，目前仍存在各方面的问题需要我们处理。例如，底层技术的自然语言处理能力依旧薄弱，AI 法律咨询的结果并不完全符合客户的意愿。

　　因此，我们既要充分把握 AI 为法律咨询行业带来的新契机，又要关注其带来的各种风险。我们需要在保障法律职业质量和职业道德的前提下，逐步完善相关法律法规和技术标准，以促进法律行业的健康发展。

AI 辅助法律文书写作

法律文书写作是一项既严谨又耗时的工作。随着 AI 的引入，这一过程将变得极其高效。本章将深入探讨 AI 如何辅助法律文书写作，对传统写作中面临的难题、AI 辅助法律文书写作的技术原理、实际应用和面临的挑战，逐一进行剖析。本章旨在引导读者了解 AI 在法律文书写作中的潜力，并帮助读者掌握如何利用常用 AI 工具来提升工作效率。

5.1　AI 解决传统法律文书写作的痛点

5.1.1　传统文书写作的痛点

1. 资料搜集的烦琐性

（1）从海量文献中筛选出精准的法律依据耗时费力

在传统的法律文书写作中，第一步是从庞大的法律文献中筛选出合适的法律依据。尽管各种法规汇编、判例库以及法律出版物等资源十分丰富，但它们同时也非常庞杂。面对每一个具体的法律问题，律师都需要在大量的文献中进行细致的检索，以确保找到与法律事务在逻辑上联系最为紧密且有力的依据。这一过程不仅耗时费力，而且由于涉及的信息量过于庞大，也存在遗漏相关信息的风险。

（2）信息快速更新带来更大的挑战

法律条文与判例等法律知识时常更新，新的判决与法规解释层出不穷。因此，在搜集资料的过程中，律师必须持续跟踪最新的法律动态，确保所引用的资料是现行有效的。若资料搜集不够及时或全面，则可能会引用已过时或者不适用的法规或判例，这将直接影响法律文书的准确性和专业性。对信息时效性的高要求使得律师在资料搜集过程中面临更大的压力和挑战。

（3）资料多样性增加信息筛选难度

在信息来源日益多样化的当下，除了传统的法律文献外，律师还需要参考学术文章、行业报告、新闻资料等多种渠道的内容。信息来源的多样性虽然增强了资料的全面性，但也提升了信息筛选的难度。律师需要花费大量时间来辨别信息的适用性，确保所引用的内容在法律文书中具备足够的说服力。这种烦琐的筛选工作不仅增加了文书写作的复杂性，还容易让人感到疲惫不堪，降低工作效率。

2. 语言表达的复杂性

（1）高度精确的语言要求

作为法律工作的核心组成部分，法律文书对语言精确度的要求极高。律师在撰写合同、诉讼文书、法律意见书等法律文件时，必须选择严谨的词汇和语句，以确保表达的准确性和有效性。高度精确的语言要求往往会增加文书撰写的难度，使得过程复杂且耗时。

（2）表述风格的严谨性

法律文书的表述风格要求简明、严谨且逻辑清晰。这种写作风格不同于普通文书，除了在某些案件或事务中出于策略上的特殊考量外，通常法律文书中不允许出现模糊不清的表述或过度情感化的语句。这种严格的要求使文书撰写者在组织语言和文书结构时需要投入大量时间和精力。

（3）修改与校对的严密性

由于法律文书对语言表述的精确性和严谨性有严格要求，文书撰写完成后的修改和校对工作尤为重要。律师不仅需要逐字逐句检查文书内容，还要反复斟酌词句。这个过程通常非常耗时，即便小小的疏忽也可能对法律事务的结果产生不利影响。

3. 重复性劳动的单调性

（1）烦琐的文件格式和排版要求

法律文书写作常常要求具备精确的格式和排版，从字体、行间距到页边距、标题编号等，每一处细节都有严格的标准。这种重复性的工作不仅耗费时间，还极容易让人感到枯燥乏味。对于律师来说，他们本应将更多精力集中在案件分析和法律推理上，而不是在格式和排版上花费过多时间。然而，忽视这些细枝末节又可能会导致文书的可读性欠佳，进而影响当事人和法官对文书撰写者的专业印象。

（2）信息整理的机械性操作

在法律文书的撰写过程中，律师经常需要整理大量资料，并将这些信息准确地输入到文书中。这一过程不仅要求撰写者细致且有耐心，还包含大量机械性操作。长时间的重复输入容易让人感到疲劳和厌倦。这种单调乏味的工作可能会导致律师对文书写作的兴趣下降，进而影响整体工作效率。

（3）工作成就感的缺失

由于传统文书写作中的重复劳动过多，很多律师在完成这些工作时往往感受不到成就感。相比复杂的法律分析和推理，排版、引用、校对等重复任务并不能激发他们的专业激情。在实际工作中，许多资深律师会将这部分枯燥的工作交由资历较浅的律师或助理来完成。

4. 巨大的时间压力

（1）高度复杂的法律文书要求耗费大量时间和精力

法律文书写作需要遵循严格的法律规范和逻辑推理，每一个字句都要经过严格斟酌。这种复杂性意味着律师在撰写文书时，必须投入大量的时间和精力，以确保文书的专业性。无论是合同、诉讼文件还是法律意见书，每一份文书都要求律师对相关法律法规、案例和事实进行深入研究和全面分析，以避免出现任何瑕疵。

（2）多任务并行导致时间分配困难

律师的工作不仅仅局限于文书写作，还包括客户沟通、案件分析、调查取证等。要在有限的时间内高效完成所有工作，对于每个法律从业者来说都是一项巨大的挑战。在多任务并行的情况下，文书写作的时间往往被压缩，导致律师不得不在短时间内完成本应花费更长时间处理的文书工作，这不仅增加了工作压力，也会影响文书的质量。

（3）紧迫的截止日期加剧压力

诉讼案件和商业交易通常都有严格的截止日期，律师需要在此之前提交各类法律或交易文书。这些截止日期往往非常紧迫，给律师带来了巨大的时间压力。一旦时间不够充裕，律师在文书写作中的专注度和细致度就很可能会受到影响，容易导致文书中出现遗漏，而这可能对案件或交易的结果产生负面影响。

5. 客户需求的多样性

（1）需求多样性带来的挑战

在传统法律文书写作中，客户需求的多样性是律师面对的一大挑战。每个客户都有自己独特的情况和需求，律师必须根据具体案件的细节制定相应的法律文书。这种差异性要求律师在撰写文书时，不仅要准确，还要具备高度的灵活性。这使得律师在处理多个案件时，不得不花费更多时间和精力，以确保每个文书都能满足不同客户的个性化需求。

（2）频繁的沟通增加了工作负担

为了准确理解客户的需求，律师通常需要与客户进行多次沟通，这也增加了法律文书写作的复杂性。由于客户的需求可能会随着案件的进展而不断变化，律师需要及时调整文书内容，以确保法律文件始终能够符合客户的最新意图。这种频繁的沟通和修改过程不仅烦琐，还会耗费大量时间。

（3）定制化法律文书的高要求

客户对法律文书的要求通常非常具体且严格，有时甚至近乎苛刻。比如，一个客户可能需要一份特别定制的合同，以便与其业务模式完全匹配；另一个客户则可能要求文书在措辞上显得更加正式或具有特定风格。律师在撰写这些文书时，必须严格遵循客户的指示，在调整语言风格的同时还要保证文书的法律有效性和逻辑严密性。这种高要求的定制化文书写作，无疑加大了律师的工作难度。

5.1.2　AI 辅助文书写作的优势

1. 资料收集的自动化

（1）AI 的搜索算法能够迅速在庞大的数据集中定位关键信息

通过快速识别法律术语和概念，AI 能够迅速筛选出与案件相关的法律条文和判例，从而大幅提高资料搜集的效率，使律师能够在短时间内获取所需的信息。

（2）AI 的学习能力使其能够随着时间的推移不断优化搜索结果

通过分析律师的搜索习惯和偏好，AI 可以调整算法，提供更加精准和个性化的资料推荐。这个自我优化的过程确保了资料搜集的质量和相关性，从而更好地支持律师的工作。

（3）AI 能够从多个数据源中整合并进行搜索

此任务对于人工操作来说难以实现。无论是法院的审判文书、法律评论，还是学术研究，AI 都能无缝整合这些资源，为律师提供全面而详尽的信息图谱，极大地丰富了律师的参考资料。

（4）AI 在资料收集过程中的自动化减少了人为错误的可能性

人工搜集资料时，由于信息量庞大，律师可能会遗漏关键信息或引用过时的法律条文。而 AI 通过精确的搜索和验证机制，可以有效避免这些错误，确保文书的法律依据是现行有效且准确的。

2. 语言表述的智能优化

（1）AI 在语言表述精确性方面的显著优势

法律文书对准确性的要求极高。AI 通过其先进的自然语言处理技术，确保文书中的法律术语和表达方式既精准又得当，从而提高了文书的质量和可靠性。

（2）AI 系统内置了大量经过专业律师审核的法律术语库和句式模板，确保术语使用准确

当律师输入案件的关键信息后，AI 能够根据要求自动选择最合适的法律术语和表达方式，生成符合要求的法律文书。这种智能选择不仅提高了文书的准确性，还节省了律师在术语查找和文书撰写上花费的时间。这一点在 AI 合同起草中体现得最为明显。

（3）AI 能学习并适应律师的个人风格

通过分析律师过往的行文风格，AI 可以掌握其语言习惯和偏好，从而使生成的文书更加符合律师的个人风格。这种个性化的调整不仅增强了文书的一致性，还确保了律师在不同案件中保持自己的风格。

（4）AI 能够快速识别并纠正文书中的语法错误与用词不当

这不仅提升了文书的整体质量，也减少了律师在校对过程中的工作量。在法律文书中，即便是最细微的语法错误也可能导致误读，AI 可以有效避免此类问题的发生，从而确保文书的准确性和专业性。

3. 减少重复性劳动

（1）自动化减少烦琐的重复劳动

实践中，律师通常需要花费大量时间在文书的起草和修改上。AI 通过自动化这些流程，帮助律师跳过烦琐的重复步骤，直接进入更具价值的定制阶段。

（2）提高文书的一致性和准确性

AI 能够确保每份文书都遵循统一的格式和语言风格，减少人为错误的发生。这对于某些需要批量生成文书的场景，如起草合同和诉讼文件，尤为重要。

（3）生成个性化文书

尽管文书模板可以减少重复性劳动，但往往缺乏灵活性。AI 能够根据律师提供的具体案件信息，快速调整文书内容，满足不同案件的独特需求，同时保持文书的个性化和专业性。例如，在涉及多个原告的集体诉讼案件中，律师只需输入共同信息和各原告的特定细节，AI 即可自动生成一系列准确且个性化的

起诉材料。

4. 释放时间压力

（1）AI 能够全天候工作，这一点是人工操作难以匹敌的

面对紧迫的截止日期和繁重的工作量，人工处理常常受限于时间和体力，而 AI 则能够持续工作，无论是深夜还是周末，无论是在地铁上还是在咖啡厅，它都可以不受时间和空间的限制，高效地处理和分析大量数据。AI 的不间断工作能力意味着律师可以依赖它在非工作时间完成文书的初稿，从而在工作时间集中精力进行更深层次的分析和策略规划。这样的全天候支持极大地缓解了律师的时间压力，使他们能够更灵活地安排工作，提高整体效率。

（2）AI 能够根据反馈立即进行调整，显著提升工作效率

在文书写作中，律师常常需要进行多次修改。手动操作费时费力，而 AI 可以在瞬间根据反馈自动调整文书内容。这种即时调整能力加快了撰写过程，确保律师能在紧张的时间内完成多轮修订，使文书表述更精准，更符合用户需求。

（3）AI 能够迅速响应，立即生成所需的文书

在处理紧急案件时，时间尤为关键。AI 可以在接收到指令后，迅速生成所需的文书框架和关键内容。这种快速响应能力使律师能够立即开始案件准备，而无须等待冗长的文书起草过程，从而为案件的及时处理赢得宝贵时间。

5. 满足客户需求的多样化

（1）AI 的个性化服务

AI 能够学习律师的写作风格，理解客户的具体需求。通过分析历史数据和即时反馈，AI 能够逐步优化文书生成的过程，确保每一份文书都能精准反映客户的需求和案件特点。

（2）AI 能够处理复杂的客户需求

在某些情况下，客户的需求可能涉及多个法律领域或特殊情况。AI 可以通过跨领域的分析和综合，提供更全面和深入的解决方案。这使得律师在面对复杂案件时，能够快速生成符合客户需求的高质量文书。

（3）AI 能够快速应对不同行业的特定需求

律师可能需要为不同行业的客户起草合同，每个行业都有特定的需求和条款。通过使用 AI 工具，律师可以输入行业特点和客户需求，AI 能够根据这些信息快速生成符合特定行业标准的合同草案，确保每份合同都能满足客户的个性化要求。

5.1.3 AI 在文书写作中的应用场景

1. 自动化合同起草

通过输入基本信息，AI 可以自动选择合适的条款和表述，生成结构完整的合同文本。这不仅节省了大量时间，还能确保合同内容的准确性和合规性。对于日常需要处理大量合同的律师来说，自动化合同起草是一个能极大提升效率的工具。

2. 快速撰写诉讼文书

只需输入案件基本信息和需求，AI 即可生成符合诉讼要求的文书草案。这种快速撰写功能特别适用于紧急案件，使律师能在短时间内出具高质量的诉讼文书，大幅提升工作效率。

3. 个性化定制法律意见书

AI 能够根据律师的要求和案件特点，自动生成个性化的法律意见书。AI 通过学习律师的风格和语言习惯，确保意见书的内容不仅准确无误，还符合律师的个人风格，从而提高文书的专业性和客户满意度。

4. 案例研究与分析

AI 可以在庞大的法律数据库中查找并提取与当前案件相关的判例和法律条文。通过自动化的案例分析，AI 能帮助律师更快地找到支持论点的材料，从而节省大量手动查找和分析的时间。

5. 批量文书处理

在需要处理大量相似文书的情况下，AI 的这一能力显得尤其重要。无论是合同还是诉讼文书，AI 都能够一次性生成多份，并确保格式统一、内容准确。这种批量处理功能大大减少了律师的重复性劳动，使得律师能够将时间用于更专业和精深的领域。

5.2 AI 辅助法律文书写作的技术原理

在法律文书的殿堂里，AI 以其精妙的算法和逻辑编织出一篇篇精准、优质的文书。它不仅仅是一个工具，还是法律人的得力伙伴，它以前沿科技的力量，让法律文书写作变得更加高效。

5.2.1 语言的魔法师：自然语言处理

在法律文书写作中，语言的精确性和严谨性是成功的关键。帮助 AI 实现这一点的是自然语言处理（NLP）技术，它赋予了 AI 理解和生成法律语言的能力。

1. NLP 就像语言的魔法师

NLP 赋予了计算机理解和处理人类语言的能力。不论是语音识别、语言翻译，还是情感分析，NLP 就像一套高级的 "语言解码器"，能够解析语言的结构（语法）和含义（语义）。在法律文书写作中，NLP 使 AI 能像法律专业人士一样解读复杂的法律条文。

2. AI 的 NLP 算法通过深度学习不断提升

NLP 就像勤奋的学徒，通过分析成千上万的法律文档，学习其中的语言表达和逻辑结构。这种学习使 AI 能够掌握不同的法律概念，并在文书写作中精准运用，生成结构严谨、逻辑清晰的文本。当律师需要起草一份合同时，AI 可以提供多种表述方式，确保合同条款既能清晰表达意图，又能完美契合律师的需求。

3. NLP 就像一位多语言翻译员

NLP 不仅能处理单一语言，还能跨越语言的边界。在处理涉及多国法律体系的案件时，AI 能够准确翻译法律术语，帮助律师理解和应用不同法域的法律规定。更重要的是，AI 的 NLP 技术具备自我学习和适应的能力。随着时间的推移，AI 会根据律师的使用习惯和反馈，逐步优化其语言生成模型，使文书写作更加贴合律师的风格和需求。

5.2.2　逻辑建筑师：结构化生成算法

在法律文书的构建中，严密的逻辑就像建筑的框架，是支撑整个文档的基础。而 AI 技术，特别是像 GPT 这样的大型语言模型，以其强大的结构化生成算法，为法律文书的逻辑构建提供了可靠的支持。

1. AI 深谙法律文本的结构

就像一位资深建筑师一样，通过深度学习，AI 掌握了法律文书的标准格式和组织方式。它知道出色的法律文书应如何开头、展开和结尾，从而确保文书的逻辑流畅、结构严谨。

简单来说，深度学习就像在教计算机通过观察大量的例子来学习识别图片中的猫、听懂歌曲中的歌词，或者理解用户说的话。它让计算机自己找出规律，而不需要人类告诉它每一步该怎么做。虽然深度学习看起来很神奇，但它只是一种计算机按照一定规则处理数据的方法。

2. AI 擅长处理复杂的法律概念

就像一位经验丰富的律师助理一样，AI 能够识别并分析大量法律案例中的逻辑关系。在生成文书时，AI 能够精确地使用这些概念，并按照合理的逻辑顺序排列，使得文书的论点更加清晰、有力。

3. AI 对文书细节有极高的把控能力

无论是条款之间的逻辑衔接，还是用词的逻辑对应，AI 都能做到一丝不苟。它就像一位细致入微的校对员一样，能够识别文书中的逻辑漏洞并及时修正，确保文书逻辑严密、无懈可击。

5.2.3 个性化画师：机器学习与风格适应

在法律文书创作中，个性化是关键。每位律师的写作风格都有独特的色彩，这种风格往往与他们的专业经验、从业经历、文化背景甚至个人性格息息相关。AI 技术通过机器学习算法，能够捕捉并适应这些个性化的风格，成为法律文书写作中的"个性化画师"。

1. 机器学习的过程就像一位勤奋的学徒学习技能

AI 通过深度学习，分析大量法律文书数据，捕捉每位律师的用词选择、句式结构和逻辑展开的独特性，不断打磨自身技艺。然后，AI 将这些特征内化，就像学徒掌握师父的手艺一样，能够根据律师的风格偏好生成符合要求的文书。

2. 风格的适应并不是一蹴而就的，而是一个动态的迭代过程

就像画师不断调整自己的笔触一样，随着与律师的互动增多，AI 也在不断收集和分析新的数据，并逐渐优化其生成的文书。这意味着，随着时间的推移，AI 生成的文书将越来越符合律师的个性化需求。

3. AI 能够灵活应对不同类型的法律文书

无论是正式的合同、具有说服力的法庭论述，还是需要细致分析的法律意见书，AI 都能根据文书的类型和目的，自动调整语言风格和表达方式。

5.2.4 交互的舞伴：反馈循环与迭代优化

在法律文书写作的过程中，AI 不仅扮演着工具的角色，还如同与律师紧密配合的舞伴。通过不断的互动与优化，AI 使得文书写作的每一步都更加精准和高效。下面我们来详细探讨 AI 如何通过反馈循环与迭代优化实现这一目标。

1. AI 就像一个热情的舞伴，在舞蹈中不断适应对方的步伐

通过反馈循环与迭代优化，AI 与律师共同合作，使得文书写作的过程更加流畅、精准。这就像两个人跳舞，AI 能够随时接收到律师的反馈，迅速调整步伐，确保每一步都与对方完美契合。

2. AI 的交互功能强大

反馈循环是 AI 学习的核心。它能够接受律师的输入和反馈，并将其转化为学习和改进的动力，这得益于 AI 背后的强大算法，尤其是像 GPT 这样的大型预训练模型。这些模型能够理解语言的复杂性，并模仿人类的写作风格。每次律师提出修改意见，AI 都会记录并在下次写作时利用这些知识。这种互动使得 AI 和律师的配合越来越默契，文书的质量也随之提高。

3. 迭代优化是 AI 不断进步的秘诀

通过不断的练习和调整，AI 逐步减少错误，提高文书质量。每一次迭代更新，都让 AI 的写作能力更接近人类专家的水平，仿佛每次跳舞都比上次更加优雅、精准。

5.2.5　知识的宝库：持续学习与知识更新

在浩瀚的法律文书海洋中，知识就像引导航船的罗盘，而 AI 则是不断更新罗盘的智慧导航者。AI 技术通过其持续学习的能力，成为法律知识库的守护者和更新者。

1. AI 的学习能力源于深度神经网络结构

深度神经网络结构模拟了人类大脑处理信息的方式，使得 AI 能够从大量的法律文书中学习法律概念、原则和案例。AI 像一位勤奋的学者，不断吸收新的法律知识，更新自己的知识库，确保提供的信息和建议始终有效。

2. AI 的持续学习过程依赖"在线学习"或"增量学习"技术

与传统机器学习方法不同，AI 不需要每次都从头开始训练，而是可以在已有知识的基础上，通过分析新数据来逐步提高能力。这就像律师在职业生涯中不断积累经验一样，AI 也在不断地丰富和更新自己的"经验"，从而在每次文书写作中都能更加精准和高效。

3. 通过"迁移学习"，AI 能快速适应另一个领域

例如，一个在合同领域训练有素的 AI，可以通过迁移学习，快速适应刑法或公司法等领域的文书写作。这种跨领域的知识迁移，让 AI 更像一位通才律师，能够迅速掌握新领域的法律要求，并将其运用于实际工作中。

5.3 AI法律文书写作常用工具

在法律文书的海洋中，AI工具如同一座灯塔，为法律工作者指引着高效、精准的航道。这些智能工具以其强大的算法和处理能力，正在逐步改变法律文书写作的面貌。它们不仅提升了文书撰写的速度，还带来了质的飞跃。

放眼全球，国外的AI法律工具已经发展成熟，成为法律专业人士的得力助手。在国内，随着技术的不断进步和创新，AI法律文书工具也以惊人的速度迎头赶上。它们不仅在功能上与国际接轨，还在理解本土法律文化和语言习惯上展现出独特的优势。

5.3.1 国外法律文书写作常用AI工具

1. Rocket Lawyer

Rocket Lawyer是一个提供在线法律服务的平台，帮助个人和企业用户快速生成法律文书和合同。其界面友好，用户通过简单的问答流程即可生成多种类型的法律文件，如租赁协议、商业合同、遗嘱等。Rocket Lawyer还提供法律咨询服务，用户可以通过该平台获得律师的专业建议，确保文书的合法性和合规性。

2. Law.co

Law.co是一个专为法律文书和合同起草设计的AI工具平台。它通过智能化的文书处理功能，帮助用户快速生成标准化的法律文书，减少人为错误，提高工作效率。Law.co适用于中小型法律事务所和企业法务团队，简化了文书起草和生成流程。

这些工具的集合就像一支交响乐队，每个成员都有其独特的音色和作用，合在一起则能演奏出和谐而优秀的法律文书写作乐章。它们通过各自的专长，共同提升了法律工作的质量和效率，让律师能够将更多精力投入到更具战略性的任务中。随着AI技术的不断进步，这些工具将更加智能化，为法律专业人士提供更加强大的支持。

5.3.2 国内法律文书写作常用AI工具

在中国法律界，AI工具的崛起为法律文书写作注入了新的活力。

1. AlphaGPT

AlphaGPT犹如一颗冉冉升起的新星，以其卓越的自然语言处理技术和深度学习能力，为法律专业人士提供了前所未有的便捷性。AlphaGPT 不仅能够快速生成各类法律文书，还能提供精准的法律咨询和案件分析，其个性化服务和高效性能赢得了广泛赞誉。

AlphaGPT 的成长是一段不断突破技术壁垒、实现自我超越的历程。从最初的法律文书辅助写作工具，到如今能够提供包括合同审核、案件分析、法律咨询、文书起草等在内的全方位服务，AlphaGPT 的发展见证了 AI 技术在法律服务领域的深度融合和广泛应用。AlphaGPT 的优势还体现在其持续的技术创新和研发投入上。研发团队由一批经验丰富的法律专家和 AI 工程师组成，他们不断探索，力求在法律 AI 领域达到新的高度。AlphaGPT 的每一次升级和迭代，都更加贴近法律专业人士的实际需求，更加精准地解决他们的痛点问题。

2. 法宝新 AI

法宝新 AI 背靠中国法律界知名的北大法宝，其特色在于拥有一个全面的法律知识库。法宝新 AI 能够提供精准的法律条文搜索、案例匹配和学术观点分析，极大地提升了法律文书的撰写效率。它的优势不仅体现在信息的广度和深度上，还体现在其智能化的文档分析能力上，它能够帮助律师快速捕捉文书要点，确保文书的专业性和准确性。

3. 通义法睿

通义法睿是阿里云推出的 AI 法律顾问助手，它利用先进的大模型推理技术，提供智能法律咨询、文书自动生成、法律资料检索、文本分析与摘要、案情案件推理等服务。这款工具旨在帮助法律专业人士、法律服务需求者和企业法务部门提高工作效率。通义法睿能够基于自然语言处理技术理解和回答法律问题，自动撰写法律文书，并快速检索法律知识。

这些国内 AI 工具以对本土法律文化的深刻理解，结合先进技术，为法律文书写作提供了全面而高效的解决方案。它们不仅提高了文书撰写的效率，还确保了文书的专业性，为法律专业人士的工作带来了革命性的改变。随着技术的不断进步，这些工具将更加智能化，为法律行业带来更多的创新与便利。

5.4　AI 法律文书写作的智能应用与实战演练

本节以 AlphaGPT、通义法睿为例对市面上各类垂直法律 AI 产品进行实际的运用和分析，以便直观展示大模型在法律分析方面的能力表现。让我们一起来看看大模型的分析能力如何。

5.4.1 AI 在合同起草中的应用：自动化生成合同草案

以买卖二手车为例，按以下步骤进行实操演练：

输入内容：

- ❑ 合同类型：车辆买卖合同
- ❑ 合同立场：乙方（买方）
- ❑ 合同背景：我现在有购车需求，正好我的朋友有一辆闲置二手车，现在我想买下这辆二手车，因此想起草合同。
- ❑ 合同目的：我希望您能站在我的角度起草本合同，全面关注合同风险。由于二手车和全新车辆有很大区别，比如存在潜在安全隐患，因此我需要您在起草合同的时候要求全方位披露该辆二手车的基本情况，包括已行驶里程数，同时要求对方承诺车辆权属无瑕疵，且对方配偶知悉该辆二手车的处置事宜。

AlphaGPT 输出的合同目录如图 5-1 所示。

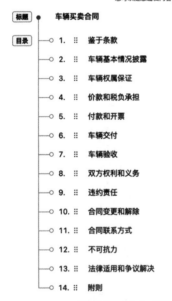

图 5-1　AlphaGPT 展示的合同目录

AlphaGPT 的输出结果如下所示：

车辆买卖合同

甲方（卖方）：……　住所：……　法定代表人：……　统一社会信用代码／身份证号码：……　联系方式：……

乙方（买方）：……　住所：……　身份证号码：……　联系方式：……

一、车辆基本情况披露

包含车辆基本信息、车辆权属情况、车辆使用及维护记录、车辆现状、车辆附属设备及文件、车辆安全隐患等条款……（此处内容省略）

二、车辆权属保证

包含车辆权属声明、权属文件提供、配偶知情承诺、权属瑕疵责任、权属保证期限等条款……（此处内容省略）

三、价款和税负承担

包含合同价款、价款构成、合同价款调整、税负承担等条款……（此处内容省略）

四、付款和开票

包含付款时间和金额、付款方式、开票要求等条款……（此处内容省略）

五、车辆交付

包含交付方式、交付时间和地点、风险转移、延迟交付等条款……（此处内容省略）

六、车辆验收

验收标准：车辆应符合合同约定，包括车辆基本信息、无重大事故、功能正常等。

验收流程：双方在交付时共同验收。

质量保证期限：自验收合格之日起 ×× 天内，如有问题卖方负责修理或承担费用

……（此处内容省略）

十二、争议解决

争议解决：协商未果，提交乙方所在地法院诉讼。

……（此处内容省略）

从输出结果来看，AlphaGPT 可以满足律师起草合同的基本需求。AI 通过学

习大量合同样本，能够快速识别合同的基本结构和常用条款，从而自动生成合同草案，这一过程不仅显著提高了合同起草效率，还减少了人为错误的发生。在个性化条款定制方面，AI 也可以根据客户的具体需求和交易特点，定制合同中的特定条款，自动调整合同中的权利义务条款，为法律人提供更为便捷的工具，从而大大节省时间。

5.4.2　AI 在诉讼文书撰写中的角色：起诉状的快速生成

诉讼文书的撰写是律师工作中的一项重要任务，它直接关系到案件的审理结果。传统上，律师在撰写这些文书时，需要复杂的思考和严谨的操作。以起诉状为例，撰写过程包括以下几个关键步骤：

- ❏ 案件事实的收集与梳理：律师需要详细了解当事人的诉求及案件的事实背景。通过与当事人的沟通，收集相关证据，确定案件的基本事实。
- ❏ 法律依据的研究与适用：在掌握案件事实后，律师需要研究适用的法律条文、司法解释和相关判例，明确支持当事人诉求的法律依据。
- ❏ 诉讼请求的明确：律师会根据案件的具体情况，明确在起诉状中提出的诉讼请求，包括要求对方承担的法律责任、赔偿金额等。这一步骤需要律师根据法律适用和案件实际情况，进行严密的法律推演。
- ❏ 起诉状的撰写与格式规范：律师在撰写起诉状时，会严格遵循法律文书的格式要求，确保文书的逻辑清晰、内容准确，并符合法院的要求。
- ❏ 起诉状的审核与确认：撰写完成后，律师会对起诉状进行审核，确保无误后提交法院，同时与当事人确认文书内容是否符合其意愿。

具体到测试案例，我们使用通义法睿进行实操演练：

输入内容：

案情：张某于 2021 年 11 月 20 日、2022 年 1 月 5 日先后借给王某 10 万元、5 万元，并出具借条，借条上载明王某应当于 2022 年 9 月 20 日之前还款 10 万元、2022 年 12 月 1 日之前还款 5 万元，如未及时还款，应当按 4 倍 LPR 计算利息。款项到期后，张某多次催促王某还款，但是王某未偿还任何款项，张某决定起诉至法院。

通义法睿的输出结果如下所示：

民事起诉状

原告：张某，男，××××年××月××日出生，汉族，住所地：×××

市 ××× 区 ××× 路 ××× 号，联系方式：×××。

被告：王某，男，×××× 年 ×× 月 ×× 日出生，汉族，住所地：××× 市 ××× 区 ××× 路 ××× 号，联系方式：×××。

诉讼请求：

一、要求被告王某偿还借款本金 15 万元；

二、要求被告王某支付逾期还款的利息（按照 4 倍 LPR 计算）；

三、由被告承担本案全部诉讼费用。

事实与理由：

2021 年 11 月 20 日和 2022 年 1 月 5 日，我先后借给被告王某 10 万元和 5 万元，并出具了借条，约定王某应当分别于 2022 年 9 月 20 日和 2022 年 12 月 1 日前还款。然而，王某未能按时还款，且在我多次催促下仍未偿还任何款项。根据《中华人民共和国合同法》第 196 条规定，借款人应当按照约定的期限返还借款。现被告王某的行为已构成违约，严重损害了我的合法权益。

证据清单：

1. 借条原件 2 份；

2. 银行转账记录 2 份；

3. 短信 / 微信聊天记录若干份。

此致

××× 人民法院

起诉人：张某

×××× 年 ×× 月 ×× 日

附：1. 本诉状副本 ××× 份

2. 证据目录

从格式上来看，输出结果不符合诉讼文书的写作格式规范：诉讼请求没有"请求判令"等专业化术语；事实与理由用"我"称呼而非"原告"；"此致"未增加缩进两格等。文书内容也较为空洞，仅仅是对案情的简单扩写，对《中华人民共和国合同法》的援引也出现了法规失效的问题。

接下来，我们使用 AlphaGPT 进行实操演练：

输入内容：

案情：张某于 2021 年 11 月 20 日、2022 年 1 月 5 日先后借给王某 10 万元、5 万元，并出具借条，借条上载明王某应当于 2022 年 9 月 20 日之前还款 10 万元、2022 年 12 月 1 日之前还款 5 万元，如未及时还款，应当按 4 倍 LPR 计算利息。款项到期后，张某多次催促王某还款，但是王某未偿还任何款项，张某决定起诉至法院。

原告：张某

案由：民间借贷纠纷

AlphaGPT 的输出结果如下所示：

民事起诉状

原告：张某，×× 年 ×× 月 ×× 日出生，住所：……身份证号码：……联系方式：……

……（此处内容省略）

被告：王某，×× 年 ×× 月 ×× 日出生，住所：……身份证号码：……联系方式：……

……（此处内容省略）

案由：民间借贷纠纷

诉讼请求：

1. 请求判令被告王某立即偿还借款本金共计 150 000 元；

2. 请求判令被告王某支付逾期还款利息共计 ×× 元（以 100 000 元为基数，自 2022 年 9 月 21 日起至实际清偿之日止，按 4 倍中国人民银行一年期贷款市场报价利率标准计算；以 50 000 元为基数，自 2022 年 12 月 2 日起至实际清偿之日止，按 4 倍中国人民银行一年期贷款市场报价利率标准计算）；

3. 本案诉讼费用由被告承担。

事实和理由：

原告张某于 2021 年 11 月 20 日和 2022 年 1 月 5 日分别借给被告 10 万元和 5 万元，出具借条，明确约定还款期限及利息。被告未按期履行还款义务，构成违约。原告多次催促还款无果，故依法提起诉讼，要求被告承担还款责任及逾期利息……（此处内容省略）。

此致

×××× 人民法院

附：起诉状副本 × 份

具诉人：（签名或盖章）

×××× 年 ×× 月 ×× 日

AlphaGPT 的起诉状能够快速提取案情中的关键信息，如当事人身份、事实背景、诉讼请求等，自动生成初步的起诉状草稿。这种自动化处理能够显著缩短起诉状的撰写时间，且诉讼请求的书写更符合律师的使用场景。它还根据案件的具体情况，智能匹配适用的法律条文，从而确保起诉状的法律依据准确无误。这不仅提高了文书的准确性，还减少了人工操作中的错误风险。事实和理由的内容也采用"法言法语"，更具专业性。律师最后进行审查时，几乎可以直接拿来就用。

5.4.3　AI 在诉讼文书撰写中的角色：答辩状的快速生成

答辩状是被告反驳原告起诉的重要法律文书。传统上，答辩状的撰写通常包括以下步骤：

❑ 起诉状的分析：律师首先对原告的起诉状进行深入分析，理解其诉求和法律依据。这一步骤有助于确定答辩的策略和重点。

❑ 事实的反驳与补充：律师需要针对原告的主张进行反驳，并提供新的事实和证据支持被告的立场。这一步骤要求律师对案件有深刻的理解和分析。

❑ 法律依据的反驳与提出：律师在答辩状中，会针对原告引用的法律条文进行反驳，或提出新的法律依据，以支持被告的立场。

❑ 答辩状的撰写与审核：在撰写答辩状时，律师必须确保每一个反驳的逻辑性和法律依据的准确性。完成后，律师还需多次审核，以确保文书的严谨性和格式的规范性。

具体到测试案例，我们使用通义法睿进行实操演练：

输入内容：

案情：原告刘某自 2019 年 4 月 3 日起在被告某公司担任行政职位，双方口头约定除固定月薪外，被告每月支付原告 400 元餐费补助，但未在工资条中体现。尽管原告签收了工资条，但被告未履行支付餐费补助的承诺，导致累计 22 000 元的工资差额。原告于 2023 年 12 月 11 日向劳动仲裁委员会申请仲裁，要求支付共计 39 356 元的工资差额，但仲裁未支持。原告对仲裁结果不服，遂向法院提起诉讼，要求被告支付自 2019 年 4 月 3 日至 2023 年 10 月 31 日期间的工资差额 22 000 元。

输出结果如下所示：

民事答辩状

答辩人（被告）：某有限公司，住所：……法定代表人：……联系方式：……

被答辩人（原告）：刘某，住所：……身份证号码：……联系方式：……

对某人民法院 2024 民初 123 号关于刘某诉某有限公司劳动合同纠纷一案的起诉，答辩如下：

1. 就进行答辩：我方确认原告刘某自 2019 年 4 月 3 日起在我司担任行政职位，双方确实存在口头约定，即我司每月支付原告 400 元餐费补助。然而，由于我司内部管理问题和财务流程不规范，未能将该餐费补助明确体现在工资条中，并且由于疏忽，未及时支付给原告。

2. 就适用法律方面进行答辩：我方认为，虽然我司未能按照约定支付原告餐费补助，但这并不构成拖欠工资或恶意克扣工资的行为。根据《中华人民共和国劳动合同法》第 38 条规定，用人单位应当按时足额支付劳动者工资，不得无故拖欠或者克扣工资。然而，本案中的情况并非故意拖欠，而是由于我司内部管理不善所致。

3. 提出答辩主张：我方愿意承担因未及时支付餐费补助而产生的责任，愿意支付原告自 2019 年 4 月 3 日至 2023 年 10 月 31 日期间应得的餐费补助，共计 22 000 元。同时，对于原告提出的其他经济损失，我方请求法院依法判决。

证据和证据来源，证人姓名和住所：……（此处内容省略）

此致

某人民法院

××××年××月××日

附：本答辩状副本×××份

从内容上来看，输出结果不符合诉讼文书的写作要求，答辩理由写得条理不清，太过简单泛化，甚至还出现了编造案号的问题，且答辩思路上没有层层递进，没有优先考虑答辩人的视角来拒绝原告的诉讼请求，而是一味支持原告的诉讼请求，犯了律师代理案件的大忌。

接下来，我们使用 AlphaGPT 进行实操演练：

输入内容：

（起诉状文档）文档内容如下：

民事起诉状

原告：刘某，女，1990 年 1 月 1 日出生，汉族，身份证号：12345678，住址：……联系电话：23456789。

被告：某公司，统一社会信用代码：91123456789123456X，法定代表人：张某某，总经理，住所地：……电话：12345678。

案由：劳动合同纠纷

诉讼请求：

1. 请求判令被告支付原告自 2019 年 4 月 3 日至 2023 年 10 月 31 日期间的工资差额 22 000 元（400 元 / 月 ×55 个月）；

2. 本案诉讼费用由被告承担。

事实和理由：

原告自 2019 年 4 月 3 日起加入被告公司，与被告达成口头协议，约定每月额外支付 400 元餐费补助，但未在工资条中反映。被告未履行该协议，导致工资差额 22 000 元。原告多次沟通未果，于 2023 年 12 月 11 日向某区劳动人事争议仲裁委员会申请仲裁，要求支付 39 356 元工资差额，但仲裁委员会于 2024 年 1 月 16 日未支持原告请求。原告不满仲裁结果，向法院提起诉讼……（此处内容省略）

AlphaGPT 输出的上传文件和确认界面如图 5-2 所示。

图 5-2　AlphaGPT 展示的上传文件和确认界面

图 5-2　AlphaGPT 展示的上传文件和确认界面（续）

AlphaGPT 的输出结果如下所示：

民事答辩状

答辩人：某公司，统一社会信用代码：9112345678912 3456X，住所地：……法定代表人：张某某，职务：总经理，联系电话：12345678。

被答辩人：刘某，女，1990-01-01 出生，汉族，身份证号：12345678，住址：……联系电话：23456789。

答辩人某公司与被答辩人刘某因劳动合同纠纷一案，现就刘某提出的诉讼请求，答辩人做如下答辩：

一、被答辩人所称的餐费补助已包含在工资条内，答辩人已足额支付工资

答辩人某公司在刘某 2019 年 4 月 13 日入职时，即与其签订了书面劳动合同，明确工资构成，包括基本工资、食宿补助、绩效考核等各项福利。自入职至 2023 年 10 月，答辩人每月通过银行转账足额支付工资。每月工资条中清楚列明了各项工资构成部分，被答辩人从未对工资条内容提出异议，表明其对工资支付的认可。根据《中华人民共和国劳动合同法》第三十条第一款，答辩人已合法履行工资支付义务。

二、被答辩人作为某公司行政人员，具有充分的工资构成认知，并已认可工资条内容

首先，刘某在公司负责薪酬福利管理，直接参与工资条的制作与发放，充分了解工资的各项构成，且在每月收到工资条后未提出任何异议。其次，《中华人民共和国劳动合同法》第八条规定，用人单位应如实告知劳动者有关劳动报酬的情况，答辩人在刘某入职时已通过员工手册和入职培训明确说明了工资构成和福利政策，刘某对此有充分了解和认可……（此处内容省略）

再次，被答辩人无法提供证据证明其主张的额外餐费补助。刘某未能提供书面证据或证人证言证明答辩人公司曾承诺在工资外支付额外餐费补助，且其继续履行劳动合同，未在合理期限内提出异议，表明其对答辩人支付行为的认可。在法律实践中，口头协议难以作为独立证据支撑其主张……（此处内容省略）

综上，答辩人认为，被答辩人刘某要求支付工资差额 22 000 元的诉讼请求，缺乏事实和法律依据。答辩人已严格按照劳动合同和相关法律规定履行了工资支付义务，请求法院依法驳回被答辩人的全部诉讼请求。

此致

×××人民法院

附：本答辩状副本 × 份

答辩人：（签名或者盖章）

××××年××月××日

从上述输出结果可以看出，AlphaGPT 可以一键上传用户的起诉状，快速分析并提取关键信息，并基于预设的法律逻辑或者用户自设的补充答辩思路生成答辩状。对于复杂案件中的多项反驳内容，它可以确保答辩状的逻辑严密性和法律依据的准确性，在短时间内完成大量的推理和分析工作，从而加快文书撰写速度。答辩的内容也采用"法言法语"，层层递进，论证逻辑自洽。律师最后进行审查时，几乎可以直接拿来就用。

5.5　AI 辅助法律文书写作的策略

5.5.1　利用 AI 进行文书内容生成与结构设计

1. 起诉状的内容生成和结构设计

传统的大模型如 GPT 系列虽然在自然语言处理方面表现出色，但在具体的法律文书写作中，其输出的内容较为简短，难以满足法律专业需求。法律文书，尤其是起诉状，要求结构清晰、逻辑严密，且每一个细节都至关重要。一般的大模型在处理复杂法律问题时，容易出现逻辑不清或遗漏关键信息的情况。

在这种背景下，垂直领域的法律 AI 工具如 AlphaGPT 应运而生。AlphaGPT 能够深入理解法律语言，准确把握法律文书的结构和内容需求。它不仅能根据输入的案情生成详尽的起诉状，还能智能匹配相关法律依据，确保文书的严谨性和法律有效性。

从前文的案例分析可以得出以下结论：对于一般大模型生成的起诉状，由于模型对案情理解的深度有限，生成的起诉状往往只是对事实的简单陈述，缺乏法律逻辑的严密性和诉讼请求的具体性。例如，模型可能会生成"请求判令被告偿还借款"的简单诉求，但忽略了细节性的法律依据，如逾期利息的计算方法和适用的法律条文。AlphaGPT 基于对大量法律文本的学习，能够生成更为详尽和精确的起诉状。在同样的案件中，AlphaGPT 不仅会准确陈述案情，还会根据《中华人民共和国民法典》的相关规定，明确要求被告偿还借款本金及逾期利息，具体说明利息计算标准（例如按照 4 倍 LPR 计算）并列明各项诉讼请求。

撰写起诉状时，要求对案情进行全面的分析和准确的表达。AI 在这方面可以发挥重要作用，但其效果取决于用户提供的案情信息是否全面和准确。因此，在设计 AI 工具时，我们可以通过以下步骤来增强其功能。

（1）案情输入与补充机制

当用户输入案情时，AI 可以自动对输入内容进行初步分析，识别出核心要素。如果发现信息不全或有遗漏，系统将提醒用户进行补充。例如，如果用户未提及某些关键事实或证据，AI 会提示用户补充这些信息，确保案情描述的完整性。这种反馈机制确保用户在输入阶段就能提供尽可能全面的案情信息，从而为后续的内容生成奠定基础。

（2）法律条文生成与用户校验

基于对案情的理解，AI 会自动选择合适的法律条文作为依据。生成的法律条文内容会呈现给用户进行校验，用户可以根据需要进行修改或补充。这样，AI 生成的起诉状能在很大程度上确保法律适用的准确性和文书表达的专业性。

（3）支持证据的上传与整合

为了进一步提高文书的精确性，AI 支持用户上传与案件相关的证据文件，AI 会对这些文件进行分析，并将其内容整合到起诉状中。例如，AI 可以根据上传的借条或银行转账记录，自动生成与之匹配的事实陈述和法律依据。这种功能确保生成的起诉状不仅具备法律逻辑，还能精准反映案件的具体事实。

2. 答辩状的内容生成和结构设计

撰写答辩状时，需要对原告的诉求进行逐一反驳，并提供有力的法律依据和证据支持。传统的大模型可能在案情理解和法律条文适用上有所欠缺，而 AlphaGPT 通过对大量法律案例的学习，具备了针对不同案情设计严谨答辩结构的能力。

答辩状是被告对原告起诉状的回应，其结构设计同样至关重要。在实际应用中，律师可以将原告的起诉状上传至 AlphaGPT，AI 会自动分析并提取关键信息，快速生成初步的答辩状草稿，包括被告信息、答辩意见等部分，再根据律师输入的答辩意见，不断调整和优化输出结果，包括对原告诉讼请求的反驳、被告的抗辩理由、相关证据的列举等。这使得文书的逻辑更加自洽，内容更加完整。

在传统撰写模式中，律师首先需要分析原告的诉讼请求，结合法律法规逐条反驳。这一过程耗时且对准确性的要求极高，任何一个细节的忽略都可能导致不利的判决结果。而在同样的案件中，AlphaGPT 能够自动生成具有法律依据的答辩状。例如，在答辩状中，AlphaGPT 会详细说明被告公司在员工入职时已明确工资构成，包括餐费补助，并援引《中华人民共和国劳动合同法》的相关规定，论证工资支付的合法性。此外，AlphaGPT 能够识别并解析原告的法律依据，提供有针对性的反驳建议，帮助律师更好地制定辩护策略。

答辩状的撰写关键在于如何有力地反驳原告的诉讼请求。为了使 AI 能够生成有说服力的答辩状，我们可以通过以下措施优化工具的设计。

（1）反驳证据待补充提示

在输入原告起诉状的内容后，AI 将自动分析并识别出需反驳的重点内容。此时，系统会提示用户补充特定的证据或反驳材料，以增强答辩的有效性。

（2）输入需论证的答辩观点

系统将提醒用户详细输入证据和反驳材料中要论证的答辩观点，从而使得论述和说理更充分。这种证据与反驳材料的深度整合，能够使答辩状在逻辑上更为严谨，在内容上更具法律效力。

（3）法律条文生成与用户校验

系统会根据用户输入的要论证的答辩观点和证据反驳材料，在论据检索中筛选出最能支持用户答辩观点的法律条文，生成的法律条文内容会呈现给用户进行校验，用户可以根据需要进行修改或补充，这样答辩状才能更加符合用户的预期，更具说服力。

3. 合同文本的内容生成和结构设计

起草合同时，往往需要根据具体交易场景进行个性化定制。传统大模型生成的文本虽然能够提供基础的合同结构，但在应对复杂的条款定制时显得力不从心。前文已经对AlphaGPT的实例进行了分析，AlphaGPT通过对合同类型、交易背景、双方需求的深度理解，能够生成结构完善且符合实际需求的合同文本。

比如，在车辆买卖合同中，AlphaGPT不仅能生成标准化的合同条款，还能根据买方的具体需求增加如车辆状况披露、权属保证等个性化条款，从而确保合同的全面性和严谨性。

合同文本的生成需要根据用户的不同需求进行个性化定制，可以通过以下方式实现。

（1）具体需求具体分析

AI在生成合同文本前，首先需要明确用户的具体需求。例如，用户是希望生成一份详细的合同文本还是简短的标准合同？合同的用途是企业间的交易合同还是个人客户的协议？这些信息将直接影响合同的结构和条款设计。

（2）有名合同与无名合同的选择

根据用户的需求，AI可以自动选择合同类型并生成相应的结构和内容。例如，对于常见的有名合同，AI可以直接调用标准化条款进行生成；而对于无名合同或定制化合同，系统则会根据用户输入的具体要素进行定制化输出。

（3）支持自定义模板上传

如果用户希望生成特定格式或内容的合同文本，则可以上传已有的合同模板。AI将分析并整合这些模板内容，生成符合用户需求的最终合同文本。

5.5.2 人工与AI协作的写作流程

1. 人工与AI协作：从初稿到终稿的流程

在法律文书的撰写过程中，AI不仅能够提升效率，还可以通过与律师的紧密协作，提高文书的专业性和精确性。AI负责初稿的生成，律师则在此基础上进行审核和修改，确保文书的最终质量。

以一份民事起诉状为例，律师输入案情后，AI生成初步的起诉状草稿。该草稿包括案由、事实陈述、法律依据及诉讼请求。律师在审阅过程中发现AI生成的内容中，虽然案情描述详尽，但在法律依据的选择上存在一定误差，部分条款引用不够精准。在这样的场景下，律师可以通过以下步骤优化文书的生成：

❏ 识别问题：律师需要首先识别AI生成内容中的问题，例如法律条文引用不当或事实陈述不够详尽；

❑ 调整指令：律师可以通过调整输入的提示词，明确要求 AI 关注特定法律条文或案例，例如指定《中华人民共和国民法典》中某一特定条款作为法律依据；

❑ 二次生成：在律师修正输入后，AI 将根据新的指令重新生成内容，并自动修正前一次的错误；

❑ 终稿审阅：律师对修正后的文书进行最终审阅，确保内容的准确性和专业性，然后完成提交。

2. 协作流程的优化策略：提高效率与保证质量

要提高 AI 与律师协作的效率，优化提示词撰写至关重要。通过明确指令，律师可以有效控制 AI 的输出质量，并在此基础上进行二次加工。

（1）明确输入细节

以起草一份企业并购合同为例，律师可以通过详细输入合同类型、交易背景、关键条款等信息，引导 AI 生成更加贴合实际需求的初稿。例如，律师可以输入："请生成一份包含目标公司估值、收购方式、支付条款和股东权益保护条款的并购合同。"AI 将基于这些详细指令，提供更为精确的合同草稿。

（2）实时调整与反馈

在文书生成过程中，律师可以通过实时反馈机制，不断调整 AI 的生成策略。例如，在生成合同条款时，律师如果发现某些条款内容不够完善，可以立即向 AI 反馈，并要求其补充或修正相关内容。这种动态的调整机制不仅提高了文书生成的准确性，还大幅缩短了撰写时间。

3. 用户反馈循环：AI 学习与适应用户需求

在实际工作中，律师的反馈对于 AI 系统的改进至关重要。通过不断积累用户反馈数据，AI 能够逐步提升自身的文书生成能力，并更好地适应不同律师的写作风格。

以 AlphaGPT 为例，该系统通过收集用户的反馈意见，持续改进算法，使其生成的法律文书更加精准。例如，某律师在使用 AlphaGPT 生成合同条款时，发现 AI 生成的某些条款未能充分考虑客户的实际需求。律师将此问题反馈给 AlphaGPT 系统后，系统会对算法进行调整，并在下次生成合同时自动补充相关内容。

这种反馈循环不仅提高了 AI 的生成质量，还使得 AI 能够逐渐满足律师的个性化需求，提供更加个性化的文书生成服务。

5.5.3 精准法律引用与类案参考

1. AI 在法律研究中的作用：快速检索相关法律条文与案例

在撰写法律文书时，法律条文的精准引用与类案参考对文书的有效性至关重要。AI 不仅能够帮助快速检索相关的法律法规和判例，还能根据用户输入的案情自动匹配最合适的法律依据和类案。这种功能极大提升了文书写作的精准度与专业性。

例如，针对一份涉及劳动争议的起诉状，AI 工具能够根据律师输入的案情，首先锁定《中华人民共和国劳动合同法》，再从庞大的法律数据库中筛选出最相关的法律依据，以及适用的司法解释和类似判例。与此同时，AI 不仅会将检索到的法规和判例自动标注在文书中，还会提供每条法律依据的详细出处和适用范围，供律师进一步审查。这种自动化的溯源机制，既确保了法律引用的准确性，也便于律师在后续撰写中随时查阅。这不仅节省了律师的检索时间，还能确保文书的内容精准、法律依据清晰。

2. 法律依据与论据的匹配：结合法理与情理的 AI 分析

在撰写法律文书时，仅仅引用适用的法律条文是不够的，还需要将法律依据与案件的实际情况紧密结合，以形成具有说服力的法律论证。AI 不仅能够快速找到适用的法律条文，还能通过智能分析，帮助律师在法理与情理之间找到最佳平衡点，从而使法律论证更加完整和合理。

例如，针对一起涉及家庭财产分割的离婚诉讼答辩状，律师不仅需要依据《中华人民共和国民法典》中的相关规定，还要充分考虑当事人的情感诉求和实际贡献。AI 工具在接收到案情后，首先会锁定民法典中关于夫妻财产分割的条款，然后结合夫妻双方在婚姻存续期间的经济贡献和生活状况，智能地生成一个公平合理的财产分割方案。AI 不仅会提供相关法律条文的精确引用，还会根据案情推荐合适的论据和补充说明，使得法律文书在法理和情理上都具备高度的说服力。

这种法理与情理相结合的分析，不仅确保了文书内容的法律严谨性，还充分体现出对当事人权益的综合考虑，从而使法律文书在审判中具有更强的说服力。

5.5.4 AI 在文书个性化与风格一致性中的作用

1. 个性化文书的重要性：满足客户独特需求

法律文书的个性化不仅体现在内容的定制上，还体现在对客户独特需求的精确回应上。每个客户的背景、诉求和案件情况都不尽相同，因此，文书的撰写必须充分反映这些差异化需求，才能赢得客户的信任。

在某起跨国技术转让合同的起草中，客户希望合同不仅涵盖标准的知识产权条款，还对技术使用范围进行严格限制，以防止受让方在未授权的领域使用这些技术。传统的合同模板往往无法满足这一特定需求，而依赖人工撰写又可能造成耗时和漏项。

AI 在接收到明确的指令后，能够快速生成包含这些个性化条款的合同草稿。例如，它可以自动添加一条"技术使用范围限制条款"，规定受让方不得在特定领域使用所转让的技术，违者需承担巨额赔偿责任。通过这一精准定制，律师不仅满足了客户的特殊需求，还有效规避了潜在的法律风险，提高了合同的保护力度。

2. 风格一致性在法律文书中的作用：维护专业形象

法律文书的风格一致性不仅是律师个人专业形象的体现，更是律所品牌建设的重要组成部分。无论是合同文本还是诉讼文书，都需要保持统一的风格，以增强文书的可信度和法律效力。

某大型律所在处理大量复杂商业诉讼时，要求所有出具的诉讼文书都保持高度一致的风格，包括用词严谨、结构清晰、逻辑严密等。过去，这种风格的一致性主要依赖律所内部严格的文书审核流程，耗费了大量的时间和人力。

通过 AI，律所能够在文书生成阶段就保持这种风格一致性。AI 工具通过分析过往文书，提炼出律所特有的写作风格，在生成新文书时自动应用这些风格特征。AI 工具会在撰写诉讼文书时，自动采用律所偏好的长句和复杂的法律术语，并在逻辑结构上保持清晰的层次感，使得文书不仅在内容上精确，还在形式上统一。

为了在实际操作中更好地保持文书风格的一致性，律师可以采取以下措施：

- ❑ 建立风格模板：根据律所或个人的偏好，建立一套标准化的文书风格模板，包括常用词汇、句式结构和格式要求。
- ❑ AI 学习风格特征：将这些模板输入给 AI 工具，让 AI 在生成文书时自动应用这些风格特征。
- ❑ 持续优化和调整：在每次使用 AI 生成文书后，对文书风格进行微调，并将这些调整反馈给 AI 系统，确保其在未来的文书生成中持续应用一致的风格。

3. AI 如何学习与模仿特定写作风格：机器学习技术的应用

AI 的强大之处在于其学习能力，尤其是在特定领域内的定制化应用上。通过机器学习技术，AI 能够识别并模仿律师的特定写作风格，使生成的文书更加符合律师或律所的个性化需求。

某律师事务所专注于国际仲裁案件，其律师在撰写法律意见书时，通常使用高度专业化的法律术语和复杂的句式结构。通过机器学习技术，AI 对该律师过往的文书进行分析，识别出其特有的风格特征，如倾向使用的法律术语、常用的句式结构以及偏爱的逻辑组织方式等。

在 AI 生成的文书中，这些特征得到了充分体现。例如，AI 会自动在文书中使用长句和嵌套从句，以展示律师的法律专业性，同时在论证部分保持严密的逻辑性。随着使用频率增加，AI 的模仿能力逐步增强，生成的文书越来越符合律师的预期，最终达到精确匹配律师个人风格的效果。

5.6 AI 技术在法律文书写作中的挑战与未来展望

5.6.1 法规引用的精准性与局限性

AI 在法律文书写作中的一个显著优点是能够迅速检索并引用相关的法律条文和案例，然而，这种速度的提升往往伴随着精准性的不足。虽然 AI 可以在短时间内提供广泛的法律参考，但在实际应用中，这些引用的准确性和适用性却不总是令人满意。

在某些复杂案件中，法律条文的适用性极其关键。例如，在一起涉及多重法律领域的企业并购案中，AI 生成的法律意见书引用了《中华人民共和国公司法》中的一般性规定，试图将其作为主要的法律依据。然而，这些条文虽然具备广泛适用性，但在该特定案件中，AI 忽略了应适用的更为具体的法规或行业标准，导致引用的法律依据在实际操作中存在较大局限。

这种局限性源于 AI 在处理法规时，难以深入理解案件的复杂背景和法律条文之间的微妙差异。AI 倾向于选择文本中最匹配的条款，而忽视了法律条文的实际适用条件和背景。此外，AI 在面对跨领域或跨国法律的案件时，容易将国内法规不加区分地应用于国际情境，导致法律引用失当。

因此，虽然 AI 能够提高法律文书写作的速度，但在精准性上，尤其是对于复杂法律问题的处理，AI 仍然存在明显不足。这种不足可能会引发法律风险，因此 AI 在法律实践中的应用需要更加谨慎。律师在依赖 AI 生成的文书时，必须进行仔细审阅和校正，以确保引用的法律依据完全适用案件的实际情况。

5.6.2　合同起草中的视角不稳定性

AI 在合同起草中，尽管能够快速生成合同条款，但在应对复杂的商业环境和多方利益博弈时，其视角往往不够稳定。例如，AI 可能无法充分理解客户的商业意图，从而在合同中做出不恰当的条款安排。这种视角的不稳定性可能导致合同条款在实际执行中出现争议。

在一个房地产开发项目中，AI 起草的合同未能充分考虑开发商与承包商之间的权利义务分配问题。AI 生成的合同条款过于标准化，未能体现开发商的核心利益和项目的独特风险。律师在后期审阅时发现，合同中对工期延误和成本超支的规定过于模糊，可能导致项目方在争议解决时处于不利地位。

AI 虽然能够处理大量数据并进行初步的法律推理，但在处理复杂法律问题时，仍然难以达到人类律师的思考深度。特别是在涉及高度复杂的法律逻辑推理和多重利益平衡时，AI 可能无法提供足够细致的分析，从而影响文书的质量。

5.6.3　未来展望

随着技术的不断发展，AI 在法律文书写作中的作用将愈发重要。然而，要使 AI 真正成为法律从业者的得力助手，还需要针对上述挑战，在技术、法律实践和伦理规范等多个层面进行持续改进。通过不断优化算法，并结合律师的实际反馈，AI 可以逐步优化在法律文书写作中的表现。

1. 加强法规与案例数据库的精细化处理

为了提高 AI 在引用法规和参考类案时的准确性，应加强对法规和案例数据库的精细化处理，包括更深入的语义分析和上下文理解，以确保 AI 能够识别法律条文的适用范围和条件。

2. 提升合同起草中的场景化分析能力

在合同起草中，AI 应结合客户的实际需求和商业场景，提供更为灵活和场景化的条款建议。通过与客户和律师的互动，AI 可以逐步学习并优化合同条款的生成逻辑，确保合同能够在复杂的商业环境中有效执行。

3. 增强 AI 在复杂法律推理中的学习能力

AI 在法律推理中的表现有待进一步提升。通过引入更多的法律推理案例和深度学习技术，AI 可以逐步提高在复杂法律问题中的分析能力，为律师提供更为可靠的法律意见和建议。

未来，AI 将不仅仅是一个工具，而是法律工作者的重要伙伴。通过智能化和人性化的协作，AI 将帮助法律人在复杂的法律环境中更加从容地应对各种挑战。

AI 辅助合同审查

在法律领域，合同审查是一项既复杂又耗时的工作。传统上，这项工作依赖于律师的专业知识和经验，但这种方式不仅效率低下，还容易出错。AI 辅助合同审查技术的出现，为这一领域带来了革命性的改变。AI 技术能够解决传统合同审查中的一些痛点，可以快速识别合同中的关键条款和潜在风险，减少人工审查的时间、降低错误率。此外，AI 还能够通过机器学习不断优化其审查模型，提高审查的准确性和效率。当前，国内 AI 合同审查市场已经出现了一些杰出的 AI 合同审查工具，包括北京新橙科技有限公司的 AlphaGPT、熊猫 AI、幂律、文心一言等。这些工具可以帮助 AI 系统理解和分析合同文本，识别合同中的条款和条件，并自动生成审查报告。

在应用场景与实践方面，AI 合同审查被广泛应用于金融、房地产、医疗等多个行业。例如，在金融领域，AI 可以帮助银行和保险公司的顾问律师或法务人员快速审查贷款和保险合同，确保合同的合规性。在房地产领域，AI 可以帮助开发商和投资者的律师或法务人员审查房地产交易合同，降低交易风险。AI 合同审查正逐渐成为法律科技领域的前沿应用，它通过深度学习和自然语言处理技术，为合同审查带来革命性的变化。

然而，不可忽视的是，尽管 AI 合同审查技术具有诸多优势，但其当前仍面临一些挑战，例如技术限制、法律适应性、数据隐私、用户接受度等。下面，笔者将详细分析 AI 辅助合同审查领域当前的应用。

6.1　AI 解决传统合同审查的痛点

在商业活动中，合同是企业之间合作的基石，而合同审查则是确保企业利益不受损害的重要环节。然而，传统合同审查存在许多痛点，如时间消耗、成本问题、错误风险等，这些一直是法律实务中的难题。

6.1.1　传统合同审查的痛点

在法律领域，合同审查是确保企业合规性和风险控制的关键环节。然而，传统的合同审查流程存在诸多不足，这些不足不仅影响了审查工作的效率，还对企业的运营成本和法律风险管理带来了挑战。以下是对这些痛点的深入分析。

1. 耗费时间长

合同审查是一项需要高度专注和大量专业知识的工作。法律专业人士在审查合同时，必须投入大量时间来逐条分析合同条款，深入理解其深层含义，并与相关法律法规对照。特别是面对条款繁多、内容复杂的合同时，审查过程可能耗费数小时甚至数天，这不仅拖延合同签订的进度，也严重影响工作效率和响应速度。

2. 成本耗费高

在当前的市场环境下，聘请专业法律顾问进行合同审查通常需要支付高额费用。对于资源有限的中小型企业来说，这种成本尤为沉重。随着企业规模扩大和业务量增加，频繁的合同审查将导致企业运营成本显著上升，这对企业的财务健康造成了压力。

3. 错误风险高

合同审查过程中的人为因素是一个不容忽视的风险点。审查人员可能因工作疲劳、疏忽大意或专业水平的限制，遗漏关键条款或错误解释合同内容。这种疏漏不仅可能导致企业面临法律风险，还可能损害企业的商业信誉和经济利益，造成不可估量的损失。

4. 一致性问题严重

合同审查的主观性也是一个突出问题。不同的审查者对同一合同的理解和解释可能存在差异，这种差异性影响了审查结果的一致性和可靠性。这种不一致性不仅增加了企业在合同管理上的复杂性，也增加了内部协调和沟通的成本，影响了决策效率。

5. 知识更新滞后

法律环境的快速变化要求法律专业人士不断学习新的法律法规和司法解释。然而，这一过程耗时且难以全面覆盖，导致合同审查可能无法及时反映最新的法律要求。这种滞后性可能使企业在不知情的情况下违反最新的法律规定，增加合规风险。

6. 文档管理困难

在传统合同审查过程中产生的大量纸质文档管理起来十分困难。这些文档不仅占用了大量的物理空间，而且在查找、存档和共享方面存在诸多不便。这种不便不仅影响了企业的运营效率，也增加了信息安全的风险，因为纸质文档更容易丢失或被未经授权的人员查阅。

综上所述，传统合同审查的痛点在于其低效率、高成本、高风险以及管理不便。为了应对这些挑战，企业需要探索更加高效、经济、可靠的合同审查方法，以提高审查工作的质量和效率，同时降低运营成本和法律风险。

6.1.2 AI 合同审查的优势

随着人工智能技术的快速发展，AI 合同审查工具为法律服务领域带来了革命性变化。它们通过卓越的性能和独特优势，解决了传统合同审查中的诸多痛点。以下是 AI 合同审查工具的主要优势：

❑ 速度优化：AI 合同审查工具运用自然语言处理技术，快速解析和理解合同文本，识别关键条款和潜在风险。与传统人工审查相比，AI 工具可以在极短时间内完成大量合同的审查，大大提高工作效率，帮助企业迅速响应市场变化。

❑ 成本效益：AI 工具是一次性投资，成本较低，且运营成本低于人工审查。中小型企业可以较低的成本获得高质量的合同审查服务，从而减少法律顾问费用并提高合同管理效率。

❑ 准确性提升：AI 工具通过深度分析合同文本，以高精度识别关键信息和风险点。其自我学习能力使工具能随着使用不断优化，确保合同审查的准确性和可靠性。

❑ 审查一致性：AI 合同审查工具通过标准化流程，确保每份合同经过一致的审查，消除人工审查中的主观性，提升审查结果的可预测性和一致性。

❑ 知识更新自动化：AI 工具可以实时更新法律知识库，确保审查结果符合最新法律法规，从而降低企业的合同风险，提升审查效率和一致性。

- ❑ 文档管理高效：AI 工具通过电子化存储和管理合同文档，有利于文档的检索、共享，提高了安全性，同时支持版本控制和变更追踪，简化企业合同管理流程。
- ❑ 风险评估智能化：AI 工具利用智能算法识别合同中的潜在风险，并根据严重程度进行分类，使企业能够更精准地进行风险管理和决策。
- ❑ 定制化服务：AI 合同审查工具可以根据企业的需求定制审查模板，增强审查的针对性和有效性。
- ❑ 协作功能强化：在 AI 工具的支持下，多用户协作得到增强，有利于提高团队工作效率，确保审查过程透明且可追溯。
- ❑ 多语言支持：AI 工具支持多种语言的合同文本审查，帮助企业跨越语言障碍进行国际合同管理。
- ❑ 持续创新与进步：AI 工具不仅提升了合同审查的效率和质量，还为法律实务带来了新的发展机会，未来将发挥更大的作用。
- ❑ 法律专业人士的新角色：AI 合同审查工具要求法律专业人士不断地学习和适应新技术，并与 AI 工具协作，确保审查质量，提升企业价值。

总之，AI 合同审查工具不仅改进了传统的合同审查方式，还推动了法律服务领域的创新和发展，未来将在企业合同管理中发挥越来越重要的作用。

6.2　AI 合同审查常用工具

在当今快速发展的商业环境中，合同审查是法律和商业专业人士的一项关键任务。随着人工智能（AI）技术的不断进步，AI 合同审查工具已经成为提高合同审查效率、准确性和安全性的重要手段。以下是对国内外 AI 合同审查工具的详细介绍，包括它们的主要功能和优势。

6.2.1　国外合同审查常用 AI 产品

1. Legal Robot

Legal Robot 是一款利用人工智能技术自动化分析法律文件的平台。它通过先进的机器学习技术，为用户提供合同分析与写作方面的智能支持。Legal Robot 的核心理念是 "Know what you sign"（了解你所签署的内容），旨在使复杂的法律文件变得更加简明易懂。Legal Robot 的主要功能包括但不限于即时合同分析、智能合同解读、AI 辅助合同写作、合同比较与审核、个性化法律建议等。

此外，Legal Robot 还提供合规工具来管理 GDPR 和 DMCA 请求，并监控网站法律条款，使用户能够探索市场上的合同情况。它通过自动化简化了法律分析，提高了效率，并且通过将复杂法律语言转化为简单语言，增强了合同的可理解性。

2. Ivo

Ivo 是一款专为现代法律团队设计的 AI 合同审查软件，它通过智能化流程和自动化工具，大幅减少法律团队在协议谈判中所需的时间、精力和成本。Ivo 的核心功能 Checklist（清单）可以自动验证文档是否符合特定要求，确保遵守内部规范。它提供清晰的未满足要求的解释，以及与公司政策一致的红线修订建议。此外，它还能自动生成 Microsoft Word（微软文档）注释泡泡，为对方合理化红线变更。

Ivo 的使用场景包括：法律团队快速审查和修订复杂合同文件、企业法务部门统一和优化合同审查流程、初创公司提高合同谈判效率、跨国公司管理多语言和多司法管辖区的合同，以及法律顾问为客户提供更高效的合同审查服务。Ivo 的这些特点，使其成为企业法务团队、法律顾问、合规专家、合同管理人员以及初创公司创始人的推荐工具。它通过提高工作效率和准确性，帮助法律团队将更多时间集中在战略性任务上，为企业创造更大的价值。

3. ContractCrab

ContractCrab 是一款利用人工智能和自然语言处理技术的合同管理工具，旨在简化和加速合同审查过程。ContractCrab 能够快速生成合同的摘要，突出关键条款和条件，减少阅读长篇法律文件的需要。其 AI 合同审查功能可以评估合同的合规性和潜在风险，帮助识别可能的法律问题，确保合同符合法律标准。此外，ContractCrab 提供了一个安全、用户友好的平台。用户可以轻松上传 .docx、.txt 或 .pdf 文档，或粘贴文本以立即进行摘要。它还提供了灵活的订阅模式，从即用即付到全面的企业套餐，以满足不同用户的需求。总的来说，ContractCrab 是一个强大的 AI 驱动的合同管理工具，它通过简化合同审查和管理过程，帮助用户节省时间并做出更明智的决策。

6.2.2 国内合同审查常用 AI 产品

1. AlphaGPT

AlphaGPT 的合同审查功能是法律科技领域的一个新突破。它通过人工智能技术，帮助律师提高合同审查的效率和准确性。此功能模块支持多种常用合同的审查，包括通用合同、租赁合同、劳动合同、买卖合同及股权转让合同等，支持的类型仍在持续更新中。

使用 AlphaGPT 的合同审查功能时，律师可以上传文件并选择合同类型及审查角度，系统会启动智能审查功能。该系统能够根据律师选择的审查立场（如劳动者或用人单位）来衡量合同风险，并提出精细化的建议。此外，律师还可以指定重点关注的方面，如支付条款的明确性，AlphaGPT 会据此进行重点审查。

AlphaGPT 的合同审查 GPT 具备精准理解法律逻辑的能力，能够全方位识别合同风险，例如条款细节的缺失或不明确、权利义务不对等、违约责任不明确等问题。审查过程迅速，通常只需要 2～5 分钟。审查完成后，系统会在页面右侧给出合同风险点的批注说明，帮助律师提升审查效率。

AlphaGPT 的操作设计合理，功能贴心，支持律师对 GPT 给出的批注及修订内容进行人工完善和在线修订，边审边改，并通过预览对审查结果进行确认。此外，它还支持一键导出批注修订版与纯净版两种格式的合同审查报告，满足律所的多元化应用需求。

Alpha 系统的合同审查 GPT 自上线以来，受到了诸多律所的关注，并有望成为推动律所工作模式变革的"驱动力"。更多信息可以访问 Alpha 系统的官方网站，体验大数据服务。

2. 通义法睿

通义法睿是阿里云推出的一款 AI 法律顾问工具，具备法律领域的理解和推理能力。该工具能够使用自然语言与用户进行对话，回答法律问题，推送相关案例，辅助案情分析，生成法律文书，并检索法律知识。通义法睿的合同审查功能旨在帮助用户识别合同中的潜在风险，并提供专业评估和修改建议，以规避法律风险。通过先进的人工智能技术和丰富的法律知识库，通义法睿提升了法律工作的效率和准确性。无论是法律专业人士还是普通用户，都可以借助通义法睿实现法律文书自动生成、合同审查、法律知识检索等，节省时间和精力，并获得更高质量的法律服务。

3. 幂律

幂律智能的合同审查功能主要通过其产品 MeCheck 实现。MeCheck 是一个 AI 驱动的智能合同审查工具，旨在提高法律专业人士在合同审查过程中的效率和准确性。它利用自然语言处理技术，结合法律专业知识和实战经验，提供一站式合同审查支持，包括合同风险识别、审查意见在线留痕、版本差异定位等。

4. 熊猫 AI

熊猫 AI 是一家专注于法律领域的人工智能公司，其合同审查功能主要通过熊猫智法平台提供。该平台集成了多种智能法律服务功能，包括智能问答、合同智能写审改、法律文书智能起草审核以及知识库管理等。熊猫 AI 的合同审查功能利用先进的人工智能技术，如自然语言处理来理解和分析合同文本。熊猫 AI 的智能机器人使用熊猫 BERT+GPT+MOE 三模型技术，通过个性化训练，为用户提供特定领域的智能助手服务。这些智能助手可以帮助用户进行合同的智能审查，提高审查的效率和准确性。

6.2.3　代表性 AI 产品合同审查功能比较

介绍完目前国内外市面上通用的几款 AI 产品，笔者接着使用国内的几款 AI 法律产品展开合同审查实例，并从主体审查能力、合规性审查、审查全面性及专业性、修改明确性、风险控制、产品功能完备性等多个维度对其中几款产品进行对比，见表 6-1。

表 6-1　国内 AI 法律产品性能对比表

维度	AlphaGPT	熊 * AI	* 律
主体审查能力	能审查 8 大风险数据维度	不具备大数据主体审查功能	具备一定功能，但输出不稳定
合规性审查	能审查法规时效性，附带法律依据	不能审查法规时效性，不附带法律依据	不能审查法规时效性，有失效法律未审查出
审查全面性及专业性	风险点全面，使用专业法律术语	风险点遗漏较多，非常宽泛	存在关键风险点遗漏
修改明确性	修改精准明确，直接适用	存在风险提示不准确、用语含糊	基本覆盖风险，但常缺失修订内容
风险控制	对违约责任把控较好	对违约责任把控粗略	多条审查点不输出修改内容
产品功能完备性	支持自定义审查要点，审查意见可编辑，支持多种审查交付方式	不支持自定义审查要点，审查意见自动全部附属在条款目录	不支持自定义审查要点，不支持对 AI 审查意见修订

注：1. 免责声明：表格中的信息源于 2024 年 7 月的抽样合同审查对比，随着产品的更新，实际产品功能可能会有所变化和完善。

2. 为保护部分企业的名誉权和商誉，对产品名称加以简略。

6.3　AI 合同审查的应用场景与实践

AI 合同审查的应用是法律科技领域的一大进步，它通过智能化技术提升了合同管理的效率和准确性。当前 AI 合同审查的应用场景与实践可分为三大类。

第一，合同类型预审归类是 AI 合同审查的基础应用之一。AI 系统能够快速阅读大量合同文本并自动识别合同类型，如租赁、销售、服务等，并进行初步归类。

第二，类型合同审查是 AI 合同审查的核心功能。针对不同类型的合同，AI 可以配置相应的审查模板和规则，以识别关键条款和潜在风险点。例如，在租赁合同中，AI 可以重点审查租金、租期、维修责任等条款；在销售合同中，AI 则关注价格、交货期限、质量保证等关键点。这种针对性的审查大幅提升了审查的有效性和效率。

第三，自定义审查是 AI 合同审查的高级应用。企业或个人可以根据自身需求，设置特定的审查规则和关注点。例如，某些企业可能对合同中的保密条款有特殊要求，AI 系统可以根据这些需求进行定制化审查，以确保合同符合企业的安全和合规要求。

由上述可见，AI 合同审查的应用场景正在不断扩展。它通过智能化技术，为合同管理提供了更加高效、精准的解决方案。随着技术的不断进步，未来 AI 合同审查将在更多领域发挥重要作用。下面将详细介绍 AI 合同审查的应用场景与实践。

6.3.1　各种合同内容的审查

1. AI 审查合同内容所遵循的原则

通过对市场上 AI 产品的分析，AI 在审查合同内容时普遍遵循以下审查原则：

- ❑ 合法性：确保合同内容和条款遵循相关法律法规，不违反任何强制性规定。
- ❑ 合理性：检查合同是否公平，避免存在对一方不公平或不合理的条款。
- ❑ 明确性：确保合同中权利、义务、责任等表述清晰明了，避免歧义。
- ❑ 完整性：审查合同是否包含所有必要条款，如合同标的、价格、履行期限等。
- ❑ 一致性：确保合同的各部分逻辑一致，避免相互矛盾。
- ❑ 可行性：评估合同条款在实际操作中的可行性，确保其顺利执行。
- ❑ 风险控制：识别合同中的潜在风险点，并提出相应的风险防范措施。

❏ 权益保护：确保合同可以有效保护各方的合法权益，特别是在违约和争议解决等方面。

除了上述原则外，AI 合同审查还包括适用于所有合同类型的通用维度审查和针对特定合同类型的专有维度审查。结合原则、通用维度审查和专有维度审查等多重标准，AI 产品能够最大限度地确保合同的合法性、合理性和可执行性，从而降低法律风险，保障交易顺利进行。

2. 通用维度审查

AI 对通用维度的审查会关注以下几个要点。

1）合同有效性：

❏ 是否行为能力适格。

❏ 意思表示是否真实且无瑕疵。

❏ 是否违反法律规定。

❏ 是否违反公序良俗。

2）合同主体：

❏ 审查合同双方的资格与资质，确保双方具备签订合同的法律能力。

❏ 确认合同双方的名称、地址、联系方式等信息，并确保其准确无误。

3）合同标的：

❏ 明确合同涉及的具体商品或服务。

❏ 确保合同标的描述清晰、具体，避免模糊不清。

4）合同条款：

❏ 检查合同条款是否完整且明确，包括但不限于以下内容：价格、数量、质量、交付方式、付款方式等。

❏ 确保合同条款遵守法律法规，不含不公平或不合理的条款。

5）合同期限：

❏ 确定合同的生效日期和终止日期。

❏ 检查合同期限是否合理，是否包含自动续约或终止条款。

6）违约责任：

❏ 明确违约责任的条款，包括违约方应承担的责任和赔偿方式。

❏ 确保违约责任条款的公平合理，不偏向某一方。

7）争议解决：

❏ 确定合同争议的解决方式，如协商、调解、仲裁或诉讼。

❏ 明确争议的解决地点和适用法律。

8）合同的法律适用：明确合同适用的法律，特别是在跨国合同中，适用的法律可能会影响合同的解释和执行。

9）保密条款：涉及商业秘密或敏感信息的合同，应包含保密条款，明确保密义务和违约责任。

10）知识产权：对于涉及知识产权的合同，应明确知识产权的归属、使用方式和保护方式。

11）合同的修改和终止：明确合同的修改和终止条件，确保双方在特定情况下具有修改或终止合同的权利。

12）附加条款：检查是否有附加条款，如担保、保险、第三方权利等，确保这些条款的合理性和合法性。

13）合同的生效条件：明确合同生效的条件，例如签字盖章、预付款支付等。

14）合同的书面形式：确保合同符合法律规定的书面形式要求，如需公证、登记等。

15）合同的语言及文本：确认合同的语言及文本是否一致，避免因语言差异导致的理解误差。

3. 专有维度审查

除了通用维度外，合同从法律层面上分为有名合同和无名合同。有名合同和无名合同种类繁多，涉及的内容、法律关系、适用的法律法规、风险控制均不相同，因此，不同类型的合同各有专有审查维度。以下以 AlphaGPT 审查合作经营合同的专有维度举例说明。

（1）专有维度一：利润分配及亏损分担条款审查

审查合作经营的利润分配及亏损分担条款时需注意以下要点：

❏ 审查约定的利润分配比例与亏损分担比例。

❏ 审查利润、亏损的金额问题，合同中是否明确了利润的构成或范围。

❏ 审查利润支付条款，是否约定了支付方式、支付时间、收款账号等。

（2）专有维度二：审查关联交易及利益冲突条款

审查关联交易和利益冲突条款时需注意以下要点：

❏ 关联方定义：合同应当明确定义"关联方"的具体含义，以及哪些情形构成"关联交易"。

❏ 关联交易披露：要求关联方在进行交易前向公司披露其关联身份和交易的基本情况，确保交易的透明度。

❏ 审查关联交易的公允性：确保关联交易的条款和条件公允、符合市场标准，不损害公司及非关联股东的利益。

❑ 获得准许：关联交易应获得其他合作经营者的同意。

❑ 第三方的意见：对于重大关联交易，可能需要第三方专业机构的意见或评估，以证明交易的合理性。

❑ 信息披露义务：合同中应规定，在关联交易发生时，关联交易方有义务向相关监管机构和公众披露必要的信息。

❑ 利益冲突管理：合同应包含处理利益冲突的条款，包括披露义务、回避原则和可能的惩罚措施。

❑ 避免内部交易：合同应避免可能导致利益输送的内部交易，如自我交易、为关联方提供担保等。

❑ 赔偿责任：合同应明确，若关联方违反合同条款导致公司损失，关联方应承担相应的赔偿责任。

❑ 税务合规：关联交易应遵守税法规定，避免通过关联交易进行税务规避。

❑ 合同条款的一致性：确保合同正本与附件之间没有冲突，任何先前的意向书、纪要、协议如与本合同不一致，应以本合同为准。

❑ 退出机制：应在关联交易合同中包含明确的退出机制，以便在必要时非关联方能够退出交易。

通过对上述专有维度指令的分析，可以得出 AI 在审查合同中各类独有的专属条款时，确保审查全面正确的关键要点如下。

❑ 明确合同的性质和背景：AI 法律工具首先要理解合同的类型和背景，明确合同双方的目的，了解合同涉及的法律领域和行业标准，不同类型的合同在专属条款上的关注点不同。

❑ 识别关键条款：AI 法律工具会考虑不同类型合同中的关键条款可能有所不同。例如，在审查上述合作经营合同的专有维度时，AI 会特别留意利润分配及亏损分担条款；在租赁合同中，AI 会关注租金条款；在工期合同中，AI 会关注时间表条款；在服务合同中，AI 会关注责任范围条款。AI 会特别关注这些条款的合理性、合法性和完整性。

❑ 检查专属条款的合法性：AI 法律工具会确保所有条款符合相关法律法规的要求。某些专属条款可能涉及行业监管、合规要求或特定的法律规定（如劳动合同中的劳工保护条款、知识产权合同中的专利归属条款等）。

❑ 行业标准和惯例：AI 法律工具会在审查合同时考虑行业内的标准和惯例，避免条款过于偏离通常的实践。这在特定行业的合同中尤为重要，如建筑、IT、金融等行业的合同。

　　通过把控这些要点，AI 法律工具可以帮助律师在审查合同时识别和正确处理各类专属条款，确保合同的合法性和公正性。

4. AI 审查合同的优秀案例

1）AlphaGPT 审查动产买卖合同的示例，如图 6-1 所示。

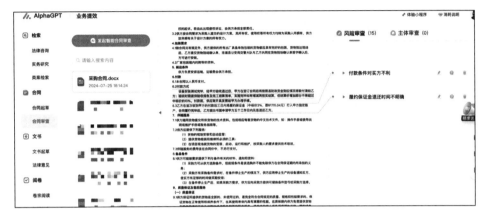

图 6-1　AlphaGPT 审查动产买卖合同

　　2）AlphaGPT 审查合作经营合同的示例，如图 6-2 所示。

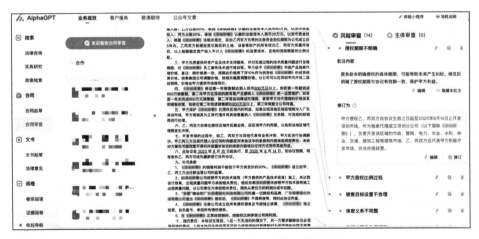

图 6-2　AlphaGPT 审查合作经营合同

　　3）AlphaGPT 审查建设工程监理合同的示例，如图 6-3 所示。

　　4）效果评估：使用 AlphaGPT 的 AI 合同审查工具后，用户的合同审查效率得到了提高，审查时间也显著缩短。这释放了律师及法务人员的时间，使他们能够专注于更复杂的法律问题。AI 系统提高了合同审查的一致性和准确性，减少了人为错误和遗漏。通过 AI 系统生成的审查报告，公司能够及时发现并解决合同中存在的问题，提高合同质量，降低法律风险。

图 6-3　AlphaGPT 审查建设工程监理合同

6.3.2　类型预审归类、自定义审查及专业功能

国内市场的一些优秀 AI 产品，已经可以实现类型预审归类、自定义审查及专业功能。其中，表现突出的是北京新橙科技有限公司推出的 AlphaGPT 产品，这是一款具有类型预审归类和高度自定义审查功能的 AI 工具。以下是对 AI 类型预审归类、自定义审查及专业功能的详细阐述，并通过案例分析展示其在实际应用中的效果。

1. 合同类型预审归类

合同类型预审归类是合同管理的前端环节，对于提高合同审查效率、确保合同合规性以及风险控制具有重要意义。随着人工智能技术的快速发展，AI 合同预审归类已经成为法律实务中的一个创新应用。

（1）AI 合同类型预审归类简介

AI 合同类型归类产品在行业内的应用日益广泛，它们利用深度学习和自然语言处理技术对合同文本进行智能分析和分类。这些产品的核心原理是，通过训练模型识别合同中的关键条款、术语和结构，从而实现对合同类型的自动识别和归类。这一过程通常涉及复杂的算法，模型能够从合同文本中提取出关键信息，如合同主体、权利义务、违约责任等，并根据这些信息对合同进行分类。这种智能化分类不仅提高了合同管理的效率，而且有助于企业快速识别合同的性质和潜在风险。

　　AI 合同归类系统通常基于大量合同样本进行学习，通过深度学习模型，如卷积神经网络（CNN）或循环神经网络（RNN）识别合同文本中的特征模式。这些模型通过学习合同文本的语法结构、条款内容和法律术语，逐渐建立对合同类型的深入理解。例如，卷积神经网络能捕捉合同文本中的局部特征，而循环神经网络能处理合同文本中的序列信息，两者结合使得 AI 系统能更准确地识别和分类合同。

　　此外，一些 AI 合同归类系统还结合了 OCR 技术，使系统能够处理非纯文本格式的合同文档。OCR 技术可以将扫描的合同文档转换为可分析的文本数据，从而扩展 AI 系统的处理范围。这项技术的应用极大地提高了合同归类工作的自动化程度，减少了人工输入的工作量。

　　AI 合同归类产品正被越来越多的企业采用，特别是对于大型企业的顾问律师或法务而言，他们每年需要处理大量合同。这些产品的应用不仅提高了合同管理的效率，还通过智能化的风险评估帮助企业优化风险控制。例如，AI 系统可以快速识别合同中的不公平条款或潜在的违约风险，帮助企业在签订合同前做出更明智的决策。

　　（2）经典产品：AlphaGPT 的类型归类预审

　　AlphaGPT 中的合同审查 GPT 可以实现对合同类型的一键识别，快速准确地识别出合同的类型，方便后续的合同审查，如图 6-4 所示。

图 6-4　AlphaGPT 的类型归类预审

2. 自定义审查与专业功能

（1）AlphaGPT 的自定义审查功能

AlphaGPT 的自定义审查功能是其核心优势之一，该功能允许用户根据需求定制审查流程和关注点。

- ❑ 用户需求分析：AlphaGPT 先通过与用户的交互，了解用户的具体需求，包括审查的重点领域和关注的风险点等。
- ❑ 审查流程定制：基于用户需求，AlphaGPT 能够定制审查流程，包括审查的顺序、步骤和方法。
- ❑ 关注点设置：用户可以设置 AlphaGPT 关注合同中的特定条款或概念，如价格条款、支付条件、保证与担保等。
- ❑ 风险偏好调整：用户可以依据自己的商业策略和风险偏好，调整 AlphaGPT 的风险评估标准与敏感度。
- ❑ 审查深度控制：AlphaGPT 允许用户对审查的深度进行控制，从浅层的格式检查到深入的法律分析。

（2）经典产品：AlphaGPT 的自定义合同审查功能

AlphaGPT 的合同审查 GPT 具备自定义审查选项，用户可以根据需求增加具体的审查要求，如图 6-5 所示。

图 6-5 AlphaGPT 的自定义审查功能

AlphaGPT 作为一款具备自定义审查功能的 AI 工具,在法律应用中展现了强大的灵活性和专业性。通过用户需求驱动的审查流程定制,AlphaGPT 能够为不同领域的合同审查提供个性化解决方案。同时,其专业功能确保了审查的准确性和深度,帮助用户有效识别和管理合同风险。随着 AI 技术的不断进步,AlphaGPT 将在法律服务领域发挥更大的作用,提高合同审查的效率和质量。

6.4　AI 合同审查面临的挑战及解决方案

6.4.1　技术限制

尽管人工智能在合同审查领域取得了显著进展,但与经验丰富的人类法律专家相比,其理解和分析能力仍存在一定的局限性。以下是一些主要的技术限制:

❑ 语义理解:合同文本通常包含复杂的法律术语和行业特定表述,AI 可能难以完全理解这些内容。AI 可能无法准确捕捉文本中的隐含意义、行业术语或特定情境下的表述。例如,某些法律术语在不同情境下可能有不同解释,AI 无法像人类专家那样灵活理解这些细微差别。

❑ 复杂逻辑处理:合同中可能包含复杂的逻辑关系和条件语句,这些逻辑关系可能涉及多个条款之间的相互影响。AI 在处理这些复杂逻辑时,可能不如人类专家准确。例如,合同中可能存在多个条件触发的条款,AI 可能难以准确识别和处理这些条件之间的逻辑关系。

❑ 创新性条款:随着商业实践的不断发展,合同中可能会出现新颖或非标准化的条款。这些条款可能没有足够的历史数据供 AI 学习和分析,导致 AI 在理解和处理这些创新性条款时表现不佳。例如,某些新兴技术领域的合同可能包含独特的风险分配机制,AI 可能缺乏相关的背景知识来理解和评估这些机制。

6.4.2　法律适应性

在全球化的商业环境中,不同国家和地区的法律体系存在显著差异,这对人工智能在合同审查中的应用提出了重大挑战。以下是一些关键的法律适应性问题:

❑ 法律多样性:AI 系统需要适应不同法域的法律规范和司法解释。例如,美国、欧盟和中国在合同法、公司法和知识产权法等方面的规定与解释各不相同。AI 系统必须具有高度的灵活性和可配置性,才能在不同的法律环境中准确理解和应用相关法律条款。这要求 AI 系统不仅能够识别和处理不同法域的法律术语，还能理解和适应不同法域的法律逻辑和原则。

❑ 法律更新：法律的更新和修订是频繁的，新的法律和法规可能会影响合同的解释和执行。AI 系统需要及时更新其知识库，以保持审查的准确性。这要求 AI 系统能够自动监测法律变化，并及时更新其法律知识库。然而，法律更新的频率和复杂性可能会对 AI 系统的更新机制提出挑战，特别是在处理新兴法律问题时。

❑ 地域性法律差异：不同地区的法律差异可能导致 AI 在某些特定情境下的适用性受限。例如，某些地区可能有特殊的商业习惯和交易规则，这些规则可能没有明确的法律条文支持，但在当地商业实践中具有重要影响。AI 系统需能够理解并适应这些地域性法律差异，才能在该地区提供有效的合同审查服务。这不仅需要 AI 系统具备广泛的法律知识，还需要其能够理解和处理非标准化的法律实践。

❑ 文化和语言差异：在不同国家和地区，法律文本的语言和表达方式存在差异。AI 系统需要具备处理不同语言和文化背景下法律文本的能力，才能准确理解和分析合同内容。例如，某些法律术语在不同语言中可能具有不同的表达方式和含义，AI 系统需要能够准确识别和处理这些差异。

❑ 法律实践的多样性：除了书面法律条文外，AI 系统还需要考虑法律实践的多样性。不同地区的法律实践可能涉及不同的程序和规则，这些规则可能没有明确的法律条文支持，但在当地的司法实践中具有重要影响。AI 系统需要理解和适应这些法律实践的多样性，才能在不同地区提供有效的合同审查服务。

总之，法律适应性是 AI 在合同审查中面临的一个重大挑战。为了提高 AI 系统的法律适应性，需要不断优化其法律知识库，增强其灵活性和可配置性，并结合人类专家的知识和经验，以确保其在不同法律环境中的准确性和可靠性。

6.4.3 数据隐私

在 AI 合同审查过程中，数据隐私保护是一个至关重要的挑战。合同文本中常常包含大量敏感信息，如个人身份信息、商业秘密、财务数据等。确保这些数据的安全和隐私是 AI 系统必须面对的重要问题。

❑ 数据安全：在合同审查过程中，AI 系统需要处理和存储大量敏感数据。这些数据必须得到充分保护，以防止未经授权的访问或数据泄露。数据安全措施包括但不限于加密存储、访问控制和安全传输协议等。AI 系统需要采用先进的安全技术，确保数据在整个处理过程中的安全。

❑ 合规性：随着数据保护法规的日益严格，AI 合同审查系统必须遵守相关的数据保护法规。例如，欧盟的《通用数据保护条例》(GDPR) 对个人数据的处理和传输提出了严格的要求。AI 系统需要确保其数据处理流程符合这些法规，避免因违规操作而受到法律制裁。此外，不同国家和地区可能有不同的数据保护法规，AI 系统需要能够适应这些法规的差异。

❑ 数据匿名化：为了保护个人隐私，AI 系统在处理合同数据时需要对敏感信息进行匿名化处理。数据匿名化技术可以有效去除或替换个人身份信息，减少数据泄露的风险。然而，数据匿名化可能会影响合同审查的准确性和质量。因此，AI 系统需要在保护隐私和保证审查质量之间找到平衡点，应用高效的数据匿名化技术，同时确保合同审查的有效性。

❑ 数据最小化原则：在处理合同数据时，AI 系统应遵循数据最小化原则，即只收集和处理完成合同审查任务所必需的数据。这不仅能减少数据泄露的风险，还能提高数据处理的效率。AI 系统需要明确其数据需求，并在设计和实施过程中严格遵守数据最小化原则。

❑ 用户控制权：用户应有权控制其数据的使用和处理。AI 合同审查系统应提供用户界面，允许用户查看、修改和删除其数据。这不仅可以增强用户对数据隐私的控制感，还可以提高系统的透明度和可信任度。

❑ 透明度和可解释性：AI 合同审查系统应具备透明度和可解释性，让用户能够了解其数据处理的流程和目的。这不仅可以增强用户的信任，还可以帮助用户理解其数据是如何被使用和保护的。

总之，数据隐私保护是 AI 合同审查系统必须面对的重要挑战。通过采用先进的数据安全技术、遵守数据保护法规、实施数据匿名化、遵循最小化原则，并保证透明度和用户控制权，AI 系统在保护数据隐私的同时，可以提供高质量的合同审查服务。

6.4.4　用户接受度

法律专业人士对人工智能技术的接受度和信任度仍待提高。尽管 AI 在合同审查等领域展现出巨大潜力，但要使其成为法律服务的主流工具，还需克服一些关键障碍。

❑ 技术信任：许多法律专业人士可能对 AI 的准确性和可靠性持怀疑态度。他们担心 AI 无法完全替代人类专家的判断，尤其是在处理复杂和模糊的法律问题时。这种怀疑可能源于对 AI 技术的理解不足，或是对 AI 处理复杂逻辑和语义方面的能力的质疑。因此，提高 AI 的透明度和可解释性，展示其在实际应用中的成功案例，是增强用户信任的关键。

❑ 技术培训：为了充分利用 AI 工具，用户需要接受适当的培训。这包括了解 AI 系统的工作原理、如何操作和配置 AI 工具，以及如何解读 AI 生成的审查结果。通过提供详细的用户手册、在线教程和现场培训，可以帮助用户更好地理解和使用 AI 合同审查工具。

❑ 技术整合：将 AI 技术与现有的法律服务流程和工具相结合，可以提高用户的接受度。除了技术层面的结合，还需要在工作流程和文化上进行调整。例如，律师事务所可以逐步将 AI 工具纳入日常工作，使其成为法律服务的一部分，从而减少对传统工作方式的依赖。

6.4.5 解决方案与前景

尽管存在挑战，但 AI 合同审查的发展前景仍然广阔。以下是一些可能的解决方案和前景展望：

❑ 持续的技术进步：通过不断地研究和开发，可以提升 AI 的理解能力和逻辑处理能力。这包括改进自然语言处理技术、增强 AI 的学习能力和适应性，以及开发更复杂的算法来处理复杂的法律逻辑。

❑ 法律知识库的构建：构建全面的法律知识库，以提高 AI 对不同法域的适应性。这需要汇集大量的法律文本、案例和法规，形成一个丰富的知识资源库。通过不断更新和维护这个知识库，AI 系统可以更好地理解和应用不同法域的法律规范。

❑ 数据隐私技术的应用：采用先进的数据加密和匿名化技术，确保数据安全。这不仅能保护用户隐私，还能增强用户对 AI 系统的信任。通过透明的数据处理流程和严格的安全措施，可以减少数据泄露的风险。

❑ 用户教育和培训：通过教育和培训，可以提高法律专业人士对 AI 技术的信任度和接受度。这包括提供关于 AI 技术的优势、应用和局限性的教育，以及培训用户如何有效使用 AI 工具。通过教育和培训，可以增强用户对 AI 技术的信心，并促进其在法律服务中的应用。

❑ 人机协作模式：发展人机协作模式，使 AI 成为辅助人类专家的工具，而非替代者。AI 可以处理大量基础性工作，如初步审查和风险识别，而人类专家则可以专注于更复杂且需要深入分析的问题。通过人机协作，可以提高工作效率，减少人为错误，从而提供更高质量的法律服务。

AI 合同审查通过应用深度学习和自然语言处理技术，显著提高了合同审查的速度和准确性，减轻了法律专业人士的工作负担，使其能够专注于更复杂的法律服务。该技术不仅优化了合同审查流程，还帮助企业预防法律风险，减少相关成本。尽管如此，AI 合同审查技术仍需应对诸如技术挑战、法律适应性、数据隐私保护和用户接受度等问题。通过持续的技术优化和法律知识库的更新，AI 系统能够更好地理解和适应不同的法律体系与行业规范。同时，加强数据保护措施和提升用户教育，也有助于提高用户对 AI 合同审查技术的信任和接受度。

　　总之，AI 合同审查技术具有巨大的发展潜力和应用前景。随着技术的不断进步和市场的逐步成熟，AI 合同审查将成为法律服务领域的重要工具，为法律专业人士和企业带来更高的工作效率和优质的法律服务。

AI 助力法律机构提升运营效率

　　法律机构的运营模式不仅关系到其服务质量和客户满意度，还直接影响其市场竞争力和长远发展。其核心业务是提供全方位、高质量的法律服务。随着法律服务市场的不断发展，除了传统业务，法律机构还需要提供个性化、多元化的法律服务，通过高质量的服务和成功案例来建立品牌形象；利用数字营销、内容营销等手段，提高机构在潜在客户中的知名度；还应建立有效的客户关系管理系统，跟踪客户的服务历程，收集反馈，并及时响应客户的需求和问题；还需要确保团队成员具备深厚的法律知识和实践经验，能够处理各种复杂的法律问题。只有这样，法律机构才能在竞争激烈的市场中稳固自己的地位，并实现可持续发展。

　　因此，如何通过优化管理流程、引入先进的 AI 技术来提高管理水平和效率，成为法律机构运营中的重要一环。近年来，法律 AI 产品如雨后春笋般相继涌现，无论是对律所、法学教育机构还是司法裁判机关，都产生了深远的影响。为此，本篇将从多角度阐述 AI 在辅助法律机构运营中的应用。

Chapter 7 第 7 章

AI 辅助律所管理

AI 技术在法律服务领域中的应用具有多样化的特点，可以简化日常任务，也可以增强决策支持。除了替律师解决部分重复的机械工作，成为律师工作的重要助手之外，AI 在律所管理层面的优势也逐渐凸显。AI 能够帮助律所分析市场趋势，预测法律需求，优化资源分配，从而使其在竞争激烈的法律服务市场中保持领先。本章将从多个角度具体介绍不同 AI 产品在辅助律所管理场景中的应用，帮助法律人更好地把握 AI 技术在律所管理中的应用潜力。

7.1 从律师和律所的视角看 AI 有何不同

7.1.1 AI 应用对律所的影响

1. 律所管理的主要内容

律所管理是一个涉及多个方面和多层次的复杂过程，具体包括但不限于以下几个方面：

- ❑ 组织结构管理：包括律所管委会、薪酬管委会等决策机构的设置和运作，以及管理机构或专职管理人员的配置。
- ❑ 业务活动管理：确保律师依法开展业务活动，并承担相应的法律责任。
- ❑ 内部制度建设：建立和完善执业管理及其他各项内部管理制度，规范律师的执业行为。

❏ 知识管理：解决知识采集、检索、共享、管理以及持续管理的难题，形成有效的知识管理体系。

❏ 人力资源管理：包括人才招聘、培养体系的建立，以及合理的薪酬分配和激励机制。

❏ 财务管理：涉及职业风险、事业发展及社会保障等基金的建立和管理。

❏ 风险控制：包括利益冲突审查、案件质量控制等，确保律师事务所的业务活动安全可控。

❏ 品牌与市场营销：建立律所品牌，进行市场营销和资源对接，提高律所的市场竞争力。

❏ 技术支持：利用技术手段，提高管理效率，整合资源，监控服务质量。

❏ 文化建设：发挥党组织的政治核心作用，建立律所文化和价值体系。

2. 律所管理的主要难点

目前律所管理面临的难点主要包括以下几个方面：

❏ 一体化程度不足：许多律所尚未实现业务、财务、知识等方面的完全一体化，导致资源分散，律所的品牌影响力不高。

❏ 风险管理挑战：合伙人个人能力强但缺少合作，这增加了风险控制的难度，特别是在客户信息管理和业务文档共享方面。

❏ 知识管理难题：知识的采集、检索、共享以及持续管理面临诸多挑战，尤其是将律师的隐性知识转化为可共享的显性知识。

❏ 人才培养与流动：建立有效的人才培养体系并留住人才，避免律师流失导致律所竞争力下降。

❏ 市场变化适应：法律服务市场竞争加剧，市场透明化导致客源获取难度加大和服务价格降低，律所需不断创新服务模式。

❏ 技术应用：有效利用科技手段提升律师事务所的工作效率和服务质量，同时保证数据安全和隐私保护。

❏ 文化与价值观建设：加强律所文化建设，形成统一的价值观，提升团队凝聚力。

❏ 公共资源积累：进行长期的公共资源积累，用于律所的日常运营和发展投入。

❏ 内部协作机制：建立有效的内部协作机制，促进合伙人和律师团队之间的合作与交流。

❏ 合规与监管压力：随着法律法规的不断完善，律所需要应对日益严格的合规要求和监管压力。

3. AI 能够帮助律所解决的问题

AI 产品的应用能够帮助律所解决以下问题:

❑ 工作效率与质量提升:律所能够利用 AI 优化知识管理,自动从不同数据源中获取信息,并进行整理和分类,提高检索的准确性和效率。

❑ 知识管理与检索:通过建立智能化的知识存储系统,使知识的检索和共享更加高效。这有助于律所构建和维护知识库,提高知识检索的准确性。

❑ 案件分析与预测:律所可以使用 AI 分析和挖掘大量的知识数据,发现背后的规律和模式,辅助案件决策。在数据驱动的决策制定中,律所可以通过 AI 进行复杂的数据分析,为案件策略提供数据支持和预测分析,帮助律师做出更加明智的选择,提升决策的科学性和准确性。

❑ 行业竞争与就业结构调整:律所需要关注市场动态,调整自身的发展策略,减少低端法律服务市场的投入,以适应新的竞争环境,而 AI 能够辅助律师完成简单事务,减少所需的工作时间。

❑ 法律服务模式的创新与开发:律所引入 AI,有助于创新法律服务模式,开发出新的服务形式,如在线法律咨询、虚拟法律助理、自动化合同草拟等,使法律帮助更加易于获得,特别是对于中小型企业和普通民众。律所还可以利用 AI 提供更便捷、高效的法律服务,特别是在偏远地区和小型企业中,以提升法律服务的普及率和可及性。

首先,律所需要在发展 AI 技术的同时,注重技术伦理和职业责任问题,确保在技术应用中维护法律专业的标准和道德。其次,律所和法学院应增加 AI 和相关技术的教育与培训,帮助律师和法学生理解、适应这些新技术,确保未来的法律专业人员能够在复杂的法律环境中熟练使用 AI 工具。

7.1.2 AI 应用对律师的影响

1. AI 技术提升了律师的工作效率

(1)法律研究

❑ AI 系统通过自然语言处理和机器学习技术,能够快速检索相关法律条文、案例和学术文章。

❑ 利用高级搜索算法,AI 能够理解复杂查询并提供精确搜索结果。

(2)案件分析

❑ AI 技术可以帮助律师分析历史数据,识别案件成功的关键因素。

❑ 使用数据挖掘技术,AI 可以识别案件中的模式和趋势,辅助律师制定策略。

（3）合同审查与起草

❑ AI 系统可以自动检测合同中的潜在风险和不一致之处，减少人为疏漏。

❑ 智能合同模板及自动填充功能可以加快合同起草过程。

2. AI 技术优化法律服务的流程

（1）自动化文书处理

❑ 简单的法律文书如诉状、合同草案等，可以通过 AI 系统快速生成。

❑ AI 系统支持自定义文书模板，提高文书的专业性和个性化。

（2）客户服务与咨询

❑ AI 聊天机器人提供全天候的初步法律咨询服务，为用户解答常见法律问题。

❑ 虚拟助手可以帮助律师管理日程并提醒重要事项，从而提升客户体验。

（3）案件胜诉预测

❑ AI 根据大量历史案例进行分析，预测案件胜诉的可能性。

❑ 律师依据 AI 分析结果，为客户提供更明确的法律建议。

3. AI 技术对律师职业的影响

（1）就业结构变化

❑ 基础法律工作可能被 AI 取代，导致部分岗位减少。

❑ 律师行业需要适应技术变革，重视高端法律服务的发展。

（2）技能与素质的提升

❑ 律师需要掌握与 AI 技术相关的知识和技能，以提升竞争力。

❑ 在强化法律专业知识的同时，律师需要学习数据分析和技术工具的使用。

（3）法律教育与培训

❑ 法学院和职业培训机构应增加有关 AI 和法律科技的课程。

❑ 鼓励律师参与继续教育，更新知识结构，以适应行业变化。

AI 技术为法律行业带来了前所未有的机遇，同时也提出了新的挑战。AI 技术的应用可能导致部分基础性工作岗位减少，影响律师行业的就业结构。律师和法律机构需要积极拥抱技术变革，不断提升自身的专业能力和技术水平，以更好地服务客户，推动法律服务行业发展。

7.2　AI 辅助律所案件管理

2015 年法律科技行业经历了爆发式增长，如今其发展逐渐趋于平稳，法律科技产品与法律实务的融合度及商业模式日益成熟。2019 年，人工智能和区块链等技术在法律检索、合同管理、电子取证等领域的应用，进一步加深了科技与法律实务的结合，并推动了法律科技产品在实务中的广泛应用。全球顶尖律所凭借其深厚的法律服务经验，对市场需求和痛点有更精确的理解，它们积极参与法律科技创新，尤其是英美两国的律所，其创新度和积极性领先全球。随着人工智能的兴起，法律科技公司也在加强 AI 技术的研发和应用，探索行业发展的新动力。

传统律所管理软件通常包括案件管理、时间和费用跟踪、文件管理、客户关系管理（CRM）以及报告和分析等基础功能，在用户体验上更依赖手动输入和过程管理，需要用户熟悉操作流程，定制化功能较少。

AI 辅助律所管理软件集成了更多智能功能，例如法律大数据检索、知识管理、案件协作、业务增长工具以及自然语言处理技术来辅助文档审查和案件分析。通过智能功能，如智能检索、自动任务分配和进度同步，AI 提升了用户体验，简化了操作流程，并提供更高的定制化程度，允许律所根据需求调整功能和工作流程。

目前，AI 技术可以通过多种方式协助律所进行案件管理，提高律师的工作效率和管理准确性，部分功能见表 7-1。

表 7-1　AI 辅助律所进行案件管理的功能及描述

序号	辅助功能	功能描述
1	文档自动化	自动生成标准文件和协议，减少律师手动起草的时间
2	案件预测分析	学习并分析历史数据，预测案件结果和判决趋势，辅助策略制定
3	合同审查	快速审查合同，识别关键条款和潜在风险，提高审查效率
4	案件归档和检索	自动化案件文件归档，确保快速检索信息和管理案件
5	时间跟踪	自动跟踪律师工作时间，帮助律所准确计费和评估效率
6	客户关系管理	集成 CRM 系统，跟踪客户互动，预测需求，提升服务体验
7	风险管理	分析案件数据，识别潜在风险和合规问题，采取预防措施
8	工作流自动化	优化工作流程，自动化日常任务，确保案件按计划推进
9	法律研究	快速搜索法律数据库，提供相关法律条文、案例和文献
10	自然语言处理	解析法律文本，提取关键信息，帮助理解复杂文件
11	案件优先级排序	根据紧急程度和重要性确定工作优先顺序
12	电子发现	协助审查和分析电子数据，减少人工负担
13	智能助手	聊天机器人回答常见问题，提供 7×24 小时的法律支持
14	费用分析	分析法律服务费用结构，优化定价策略

7.2.1　AI 辅助律所案件分类

1. 律所进行案件分类的方法和意义

律所对案件进行分类，通常基于案件的性质、法律领域、案件阶段等因素。案件分类的意义在于提高工作效率，确保案件管理的系统性和专业性，便于案件的检索和回顾，同时也利于律所对律师的工作进行监督和评估。

案件分类的依据主要有以下几种：

❑　根据法律部门进行分类，如民事诉讼、刑事诉讼、行政诉讼等。

❑　根据案件的复杂程度和涉及的法律领域进行分类，例如简单案件、复杂案件、特定行业案件等。

❑　依据案件的阶段进行分类，如立案、审理、判决、执行等。

❑　根据案件的事实、争议焦点和法律适用问题等方面进行类案的识别和检索。

案件分类的意义有以下几点。

❑　提升工作效率：通过分类，律师能够快速找到相关案件的资料和先例，提高工作效率。

❑　规范执业行为：案件分类有助于律师按照标准流程工作，减少失误。

❑　便于案件管理和监督：律所可以通过分类对案件进行有效管理，监督律师的工作进度与质量。

❑　总结经验和积累知识：通过对案件进行分类整理，律师可以总结经验，为类似案件提供参考。

在传统操作中，律所可能会使用专业的案件管理软件或 Excel 表格来记录和管理案件信息，包括案件的全生命周期、证据材料、日程安排等，以实现案件的有效管理和团队协作。例如，一些律所可能会使用案件管理软件，如 Alpha 系统中的律管功能或"和讼"，来记录每个案件的跟进情况，包括上传文件、生成证据清单，以及进行跨地域协作。但无论是专业的管理软件还是表格整理，案件分类都需要耗费大量时间。AI 在辅助律所进行案件分类时展现出了显著的优势，包括提高效率、确保一致性、增强准确性和促进决策支持。通过自动化的文档预处理、关键词识别、案件类型预测和特征提取，AI 系统能够快速从大量文本中识别关键信息，加速案件的初步分类过程。其算法的一致性应用减少了人为错误，确保了案件分类的标准化。此外，AI 的深度学习能力使其能够不断优化分类模型，持续提高分类的准确性。

2. 国内外辅助律所案件分类的 AI 法律产品及其功能特性概览

能够辅助律所进行案件分类的 AI 工具有很多（见表 7-2）。这些工具能够根据案件的紧急程度和复杂性进行优先级排序，为律师提供决策支持，帮助他们合理分配时间和资源。最终，AI 辅助案件分类不仅提升了案件处理的速度和质量，还为律所提供了宝贵的数据洞察，优化了整体的运营效率和案件管理策略。

表 7-2　辅助律所进行案件分类的 AI 工具及功能描述

地区	工具名称	功能描述
国外	Everlaw	一个法律技术平台，具备案件分析和文档管理功能，支持案件分类和电子发现，可以根据时间范围来检索不同时期的数据，并提供可视化界面，使得律师筛选信息的时长大大缩短，后续还推出了电子取证等一系列服务
	Neota Logic	一个自动化平台，可以创建定制的法律应用程序，包括案件分类工具
国内	华宇元典	提供法律知识管理和智能分析服务，辅助案件分类和法律研究
	Alpha法律智能操作系统	集法律大数据、专业模板库、律所管理、案件管理、文档管理、AlphaGPT 等工具于一体的法律智能操作系统

3. AI 工具在辅助律所案件分类中的应用方式

AI 在辅助律所案件分类方面的应用可以通过多种方式实现，以下通过一些具体步骤和案例详细介绍这一过程。

（1）文档预处理

首先，AI 系统需要对案件相关的文档进行预处理，包括扫描文档、使用光学字符识别（OCR）技术将图像转换为文本，并运用自然语言处理技术来理解文档内容。

例子：律师上传了大量包含不同案件的文档，AI 系统首先使用 OCR 技术将这些文档的文本转换为机器可读格式。

（2）关键词与短语识别

AI 系统通过 NLP 技术识别文档中的关键词和短语，这些关键词可能与案件类型、法律问题或特定法律概念相关。

例子：AI 识别出文档中频繁出现"合同""违约""赔偿"等词汇，初步判断这可能是一个合同纠纷案件。

（3）案件特征提取

AI 系统不仅能够识别案件类型，还能提取案件的特征，如案件的紧急程度、复杂性、可能出现的法律问题和需要的法律依据。

例子：AI 分析一个合同纠纷案件，提取出以下案件特征：合同金额大于 100 万元；涉及多方当事人；需要参考《中华人民共和国民法典》相关条款。

（4）自动化案件标注

根据案件的类型和特征，AI 系统可以自动为案件打上标签，以便律所内部进行管理和检索。

例子：AI 为新上传的案件文档自动打上"合同纠纷—高价值""紧急""需多方协调"等标签。

（5）案件优先级排序

AI 系统可以根据案件的特征和律所的资源分配策略，对案件进行优先级排序。

例子：一个涉及高额赔偿和截止日期紧迫的案件被 AI 系统标记为高优先级，并自动推送给具有相关经验的律师团队。

7.2.2 AI 辅助律所案件跟踪

通过案件追踪，律所可以加强对案件的管理，包括事前机制、事中监督和事后问责，确保案件处理的及时性和合法性。这也有助于律所开辟新的案源渠道，尤其是在传统渠道面临不确定性时，互联网渠道成为律所不可忽视的案源拓展途径。通过案件追踪，律所可以更好地服务客户，及时响应客户需求，提高客户满意度。那么，AI 法律产品在辅助律所进行案件追踪过程中，展现出了什么优势？

1. AI 赋能自动化案件跟踪与决策支持系统

通过自动化的案件跟踪系统，AI 能够实时监控案件进展，快速识别关键里程碑和截止日期，减少人为遗漏。部分 AI 工具可以从大量文本中提取案件相关信息，生成直观的进度报告和分析（见表 7-3）。员工可以像向人询问一样，通过对内部数据库进行查询来持续访问，而 AI 也可以持续参与对话。这为团队提供了快速获取相关信息的途径，使他们能够做出更明智的决策，高效地制定有效的战略。

2. AI 在提升法律服务效率与安全性中的作用

AI 还能够预测案件趋势，评估风险，为律师提供数据支持的决策依据。通过智能提醒和通知功能，AI 可以确保律师及时响应案件变化，提升案件处理的响应速度和质量。同时，AI 辅助的案件跟踪系统可以根据案件类型和复杂度，智能分配律师和团队资源，提高工作效率。最后，AI 系统通过加密和访问控制等措施，保障案件数据的安全性和隐私性。这样不仅能够减少人工投入，还能减轻律师的工作压力，降低人工失误可能带来的风险，对律所来说也能起到降本增效的作用。

表 7-3　辅助律所进行案件跟踪的 AI 工具及功能描述

地区	工具名称	功能描述
国外	Clio	提供综合法律实践管理软件，包括案件跟踪和管理功能
	MyCase	一个法律实践管理平台，包括案件跟踪、时间跟踪和计费等功能
	PracticePanther	提供案件管理、时间跟踪、发票和付款等功能
	Rocket Matter	提供案件跟踪、时间跟踪、计费和信任会计等功能
	LexisNexis CaseMap	提供案件组织、策略和分析工具，帮助律师跟踪案件进展
	Aderant	一个法律实践管理软件，包括案件跟踪、财务和计费功能
	Onit	提供企业法务工作流程平台，包括案件跟踪和管理
	Relativity	一个强大的案件管理平台，用于管理律所工作流程
	Zylpha	与案件管理系统集成，提供文档管理和案件跟踪功能
	Iov	支持案例管理
国内	得理	专为律师定制的智能秘书，帮助律师更好地管理工作内容。提供客户管理、项目管理、审批管理和时间管理等功能，实现律师工作的智能化和高效化
	Alpha法律智能操作系统	集法律大数据、专业模板库、律所管理、案件管理、文档管理、AlphaGPT等工具于一体的法律智能操作系统

3. AI 工具对律所案件进行全流程跟踪的拆解

AI 工具对律所案件进行全流程跟踪的拆解如图 7-1 所示。

（1）自动案件录入

当新案件进入律所时，AI 可以通过 OCR 技术扫描案件文档，自动提取关键信息并录入案件管理系统。AI 扫描仪是一种集成了人工智能技术的扫描设备，它在功能上与传统扫描仪有显著区别。

- ❑ AI 扫描仪通常具备图像识别和处理能力，能够自动识别文档中的文本、图像和其他元素，并进行智能分类和整理。
- ❑ 传统扫描仪仅将文档扫描成图像文件，而 AI 扫描仪能够使用 OCR 技术将图像中的文本转换成可编辑的文本格式。
- ❑ AI 扫描仪能够识别和处理多种语言的文本，而传统扫描仪无法做到这一点。

❑ AI 扫描仪能够自动检测并校正文档的倾斜、模糊等问题，提高扫描质量。

❑ AI 扫描仪能够从复杂的文档中提取关键信息，如日期、姓名、金额等，并进行分类存储。

例子：律师收到一份新的案件文件，使用 AI 扫描仪快速将纸质文档转换为电子格式，并自动提取案件名称、当事人、案件编号等信息。

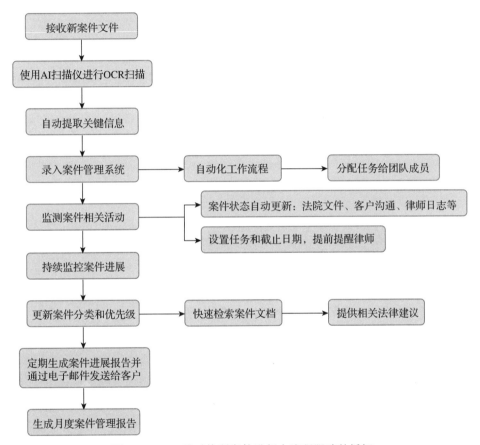

图 7-1　AI 工具对律所案件进行全流程跟踪的拆解

（2）案件状态更新

AI 系统可以自动跟踪案件相关的所有活动和更新，包括法院文件、客户沟通记录、律师工作日志等。

例子：AI 系统监测到案件相关的法院裁决已发布，将自动更新案件状态为"等待律师审查"，并通知负责律师。

（3）任务与截止日期管理

AI 可以帮助设置任务和截止日期，并在需要时提醒律师及团队成员。

例子：AI 系统根据案件的时间安排设置关键监控点，例如证据提交截止日期、证人听证会、法律文书草拟完成日期等，并提前 1 周向律师发送提醒。

（4）案件进展跟踪

AI 可以分析案件进展，识别延误或瓶颈，并提出改进建议。如果发现案件进展缓慢，AI 可以自动提醒律师关注。

例子：AI 系统实时跟踪每个任务的完成情况，并与预设的时间表进行比较，监测任务是否按时完成。当检测到某个任务或里程碑比预定计划落后时，AI 系统会自动将其标记为延迟，并进行进一步分析。如果发现特定任务或流程经常出现延迟，AI 系统将识别这些瓶颈并提供详细的分析报告。

（5）客户沟通与更新

AI 可以通过自动生成报告或摘要，定期向客户更新案件进展。

例子：AI 系统每月自动生成案件进展报告，包括已完成的任务、下一步计划和预期里程碑，并通过电子邮件发送给客户。

（6）文档的管理与检索

AI 可以帮助律师快速检索案件文档，并提供相关的法律咨询。

例子：律师需要查找与案件相关的全部通信记录，AI 系统利用关键词搜索，迅速定位并展示相关文档。

（7）工作流程自动化

AI 可以自动化处理案件的各个环节，减少重复性工作。

例子：AI 系统根据案件类型，自动生成工作流程，包括案件审查、证据收集和法庭准备等步骤，并将任务自动分配给团队成员。

（8）数据分析与报告

AI 可以分析案件数据，生成详细报告，帮助律所管理层了解案件负载和实际表现。

例子：AI 系统生成月度案件管理报告，展示案件数量、类型分布、处理时间和客户满意度等关键指标。

这些应用能够显著提升律所案件跟踪的能力，使律师专注于法律服务的核心工作，同时确保客户获得及时、透明的案件进展信息。

7.2.3 AI 辅助律所案件预测

AI 能够为律所提供数据驱动的案件预测，帮助律师做出更明智的决策，提高案件处理的成功率。同时，AI 的预测分析也使律师能够更好地管理案件，优化资源分配，提升法律服务的整体质量和效率。

1. AI 辅助律所进行案件预测的优势和弊端

（1）优势

❑ AI 在案件预测中进行数据分析与学习优化：AI 可以处理和分析大量历史案件数据，识别模式和趋势，为案件结果提供数据支持的预测。通过机器学习算法，AI 能够学习法官的判决习惯和案件的胜负因素，提高案件预测的准确性。AI 系统随着时间的推移不断学习和改进，提升预测模型的性能。准确的案件预测有助于律所与客户进行更有效的沟通，建立信任和期望管理。

❑ AI 能够评估案件的潜在风险，增强客户沟通和信任，帮助律师和客户更好地理解可能面临的挑战。

❑ AI 辅助的资源分配与诉讼策略制定：基于 AI 的预测结果，律所可以更合理地分配资源，将精力集中在胜诉概率更高的案件上。AI 提供的案件预测结果可以帮助律师制定更具针对性的诉讼策略和谈判方案。

❑ 自动化分析提高律师的工作效率：自动化的案件分析减少了律师在案件研究和预测上的时间投入，使他们能够专注于更有价值的工作。

（2）弊端

❑ AI 预测的准确性不稳定：AI 的预测质量高度依赖输入数据的质量和完整性。若数据存在偏差或不全面，预测结果可能不准确。

❑ AI 系统的维护更新成本高，数据安全的要求高：AI 系统可能需要专业的技术支持和维护，这对一些小型律所来说可能是一个挑战。引入和维护 AI 系统可能需要较多的前期投资，包括软件购买、硬件升级和员工培训。由于法律环境和法规经常变化，AI 系统需要定期更新和维护以保持预测的准确性。处理敏感案件数据时，律所需要确保客户隐私和数据的安全，这可能需要额外的安全措施和技术。

❑ AI 在法律预测中的伦理、责任与透明度问题：使用 AI 进行案件预测可能引发法律伦理和责任问题，例如，如果 AI 预测错误导致客户损失，责任归属可能不明确。律师可能过度依赖 AI 的预测结果，忽视人类直觉和专业判断的重要性。某些 AI 模型可能难以解释其决策过程，这在法律领域尤为重要，因为律师需要向客户清晰地解释决策依据。

2. 辅助律所案件预测的 AI 工具

几款主要的 AI 工具及功能描述见表 7-4。

表 7-4　辅助律所进行案件预测的 AI 工具及功能描述

地区	工具名称	功能描述
国外	Solomotic	分析诉讼内容，预测庭审判决结果
	Allen & Overy-Corlytics	风险情报检测与自动分析
	Lex Machina	分析法院和法官行为（判决倾向、程序经过时间），预测对方律师的策略
国内	AlphaGPT	案情智能分析与诉讼预期

3. AI 辅助律所案件预测的流程和方法

（1）数据收集

AI 系统从律所的案件管理系统以及公开的法律数据库中收集相关数据，包括：

❑ 历史案件的裁决结果；

❑ 对案件中法律问题和争议点的分析与讨论；

❑ 证据类型和强度；

❑ 法官的判决倾向；

❑ 相关法律法规。

（2）数据预处理

AI 系统对收集到的数据进行清洗和格式化，包括：

❑ 使用 OCR 技术将纸质文档转换为文本数据；

❑ 去除无关信息，如格式错误、重复记录等；

❑ 标准化文本数据，例如统一法律术语。

（3）特征工程

AI 系统识别并提取对案件结果有影响的关键特征，包括：

❑ 案件类型（如版权、商标、专利等）；

❑ 当事人的诉讼历史记录；

❑ 证据的完整性与可靠性；

❑ 案件涉及的法律条款；

❑ 代理律师的胜率及经验。

（4）模型训练

使用机器学习算法（如随机森林、梯度提升机或神经网络）在历史案件数据上训练预测模型。AI 系统通过调整模型参数，找到最佳的预测模型。

（5）模型评估

通过交叉验证等技术评估模型的准确性和泛化能力。AI 系统生成混淆矩阵、

ROC 曲线等评估指标，以确保模型在预测新案件时的可靠性。

（6）案件预测

对于新接手的案件，AI 系统根据输入的案件特征，使用训练好的模型预测胜诉概率。例如，AI 系统预测某版权侵权案件的胜诉概率为 70%。

（7）结果解释与策略建议

AI 系统不仅提供胜诉概率预测，还会解释影响预测结果的关键因素，如证据强度、法官倾向等。基于这些信息，律师可以制定更有针对性的诉讼策略，比如加强证据收集、选择更有利的法院等。

（8）持续学习与优化

随着新案件判决结果的不断反馈，AI 系统持续学习并优化预测模型。通过这种方式，AI 系统的预测准确性将随时间推移不断提高。

因此，AI 在辅助律所进行案件预测方面提供了强大的助力，能够显著提高预测的准确性和效率。然而，管理者需要权衡 AI 系统的成本、复杂性和潜在的依赖风险，并建立适当的数据管理制度和伦理标准。通过合理整合 AI 技术，律所可以在保持专业判断的同时，利用 AI 的优势提升案件处理能力。

7.3　AI 辅助律所文档管理

AI 辅助律所进行文档管理的优势可以归纳为以下几点，具体功能和描述见表 7-5。

表 7-5　AI 辅助律所进行文档管理的功能及描述

序号	辅助功能	功能描述
1	文档自动分类	AI 系统使用机器学习算法对上传的文档进行分类，如将合同、诉状、备忘录等自动归入相应的文件夹
2	信息提取与数据录入	通过 OCR 技术，AI 从扫描的文档中提取文本，并利用 NLP 技术提取关键信息，如当事人姓名、案件编号等，将其自动填充到律所的案件管理系统中
3	文档搜索与检索	律师需要查找过去处理过的类似案件文档。AI 系统通过理解自然语言查询，快速在大量文档中定位相关文件
4	文档自动生成与模板填充	AI 系统提供各种法律文档模板，律师可以根据需要选择模板，AI 将自动填充相关信息，生成定制化的文档
5	合同审查与风险评估	AI 对合同文档进行审查，识别潜在的风险点和不符合标准条款的内容，并向律师提供风险评估报告
6	文档版本控制	AI 系统跟踪文档的修改历史，自动保存不同版本，使律师能够轻松比较和恢复任何历史版本的文档

（续）

序号	辅助功能	功能描述
7	安全性与访问控制	AI 系统根据用户的角色和权限，控制对敏感文档的访问，确保只有授权人员才能查看或编辑
8	文档整理与去重	AI 自动检测重复的文档，并根据内容的相似度进行整理，避免存储冗余的副本
9	知识管理	AI 系统整合律所的文档资源，构建知识库，使律师能够快速访问先前的案例分析、法律意见等
10	自动化工作流程	AI 系统根据律所的工作流程，自动执行文档审批、分发等任务，减少人工干预，提高工作效率
11	报告生成与分析	AI 系统根据文档使用情况和案件数据生成报告，分析文档使用频率、类型分布等，为律所管理层提供决策支持

第一，提高工作效率和精确度：AI 通过自然语言处理、机器学习算法和光学字符识别等技术，自动实现文档的分类、索引和检索，快速、准确地提取关键信息。

第二，强化风险管理：AI 智能识别合同和其他法律文件中的风险点，提前预警潜在的合规问题，并集成访问控制和数据加密等安全措施，确保文档的保密性和完整性。

第三，优化知识管理和资源配置：AI 辅助的知识管理系统有助于构建和维护律所的知识库，实现资源的优化配置和高效利用，同时增强律所对案件策略和客户服务的深入洞察，保持其在法律服务领域的领先地位。

这些工具的协同作用不仅提升了文档处理的速度和质量，而且增强了律所对案件策略和客户服务的深入洞察，从而使律所在法律服务领域保持领先地位。

7.3.1　AI 辅助律所文档生成

1. AI 辅助律所文档生成的优势

AI 辅助律所文档生成的优势主要包括以下几点，表 7-6 介绍了目前国内外能够辅助律所进行文档生成的 AI 法律工具。

表 7-6　辅助律所进行文档生成的 AI 工具及功能描述

地区	工具名称	功能描述
国外	Ironclad	该产品起初致力于协助律师进行合同修订，随后将业务拓展至为企业提供自动化、智能化的法律文书自动撰写和管理服务
	ContractPod	提供合同审查、条款比较和风险评估功能，帮助律师快速理解合同内容并生成标准合同

(续)

地区	工具名称	功能描述
国外	LexisNexis-Knowable	针对可重复任务的法律文书进行审查与分析
	Allen & Overy-Avvoka	合同文本自动生成
	DoNotPay	支持文书起草（司法文书、索赔文书、向政府的申请文书）
	Iov	支持文书起草
	Amto	协助起草法律文件，从而节省律师宝贵的时间和精力。该软件的起草功能旨在帮助法律专业人士制作合法且可根据客户的特定需求定制的文件
	Lander & Rogers、YBF Ventures-Scaleup Josef	帮助律师自动化部分日常工作，包括起草文件、与客户对话并提供法律指导和建议等
国内	通义法睿	根据案情描述，自动总结法律诉求并撰写法律文书
	法宝新 AI	支持自由选择模型，可根据提供的信息和写作要求，输出 12 种类型的法律文书，支持中英两种语言
	AlphaGPT	输入基本案情或上传案情相关文件，即可一键生成专业、规范的法律文书。提供多种诉讼、仲裁模板供选择。支持合同起草，可从合同类型、合同立场、合同背景、合同目的等维度进行选择
	法行宝	支持选择文书类型后在线填写，并获取专属法律文书
	ChatLaw	支持通过法律对话进行多种类型的文书生成

❑ 效率提升：AI 可以快速生成文档，大幅度减少律师在文档起草上花费的时间，使他们能够将更多精力放在解决更复杂的法律问题上。

❑ 成本节约：通过减少对人力资源的依赖，AI 辅助工具有助于降低文档生成相关的人力成本。

❑ 质量保证：利用标准化模板和自动审查功能，AI 有助于减少文档中的错误，确保文档的准确性和一致性。

❑ 格式统一：AI 确保所有文档遵循统一的格式和标准，有助于提升律所的专业形象和品牌一致性。

❑ 知识管理：AI 辅助的知识管理平台使律师能够快速访问和共享以往的案例、文档，加速学习和知识应用过程。

❑ 响应速度：AI 能够快速响应客户需求，及时提供法律文件和咨询，从而提高客户满意度。

❑ 数据安全与法律更新：在使用 AI 工具的同时，律所能够确保客户信息和案件数据的隐私与安全，并保持法律数据的及时更新，以适应法律环境的变动。

2. AI 辅助律所文档生成的方法及实例

（1）自动模板填充

方法：使用预设的文档模板，AI 工具可以根据案件的具体情况自动填充模板中的变量部分。

例子：律师需要生成一份标准的租赁合同，AI 工具根据合同双方的信息、租赁条款等自动填充模板，快速生成合同草稿。

（2）智能文档审核与建议

方法：合同审查 GPT 可以针对不同业务场景，深入洞察专属风险点，做出有针对性的批注说明及修改建议，使审查结果更加精准。律师可选定审查立场，指引 AI 提出针对不同立场的建议。

例子：律师完成一份合同草案后，使用合同审查 GPT 进行审查，可以识别出合同中缺失的关键条款并提出补充建议。以借款合同为例，若选定审查立场为贷款人，那么合同审查 GPT 会重点审查合同中对贷款人不利的条款，并给出有利于贷款人的修改建议，维护律师所选视角的权益。

（3）智能文书写作

方法：律师选择要起草的文书类型后，可以用口语化的语言填写该文书中的原告、被告、诉讼请求、事实与理由、证据和证据来源、证人等信息。文书 GPT 会自动将这些信息转化为法律专业语言。

例子：律师确定需要起草的文书类型后，输入整理好的案情内容，或者上传包含案情的图片、文件，AI 即可按照模板自动生成文书。

（4）交互式文档生成

方法：律师与 AI 工具交互，通过提问或指令，引导 AI 生成特定部分的文档内容。

例子：律师通过与 AI 工具对话，逐步构建案件的法律论证部分。AI 根据律师的指令生成相应文本。

（5）文档个性化定制

方法：根据客户的具体需求和偏好，AI 工具生成个性化的法律文档。

例子：客户需要一份符合其特殊要求的遗嘱，AI 工具根据客户的指令定制生成遗嘱内容。

（6）批量文档生成

方法：AI 工具可以处理大量相似的文档请求，快速生成一系列标准化文档。

例子：律所需要为多个客户生成标准保密协议，AI 工具可以批量生成这些协议，节省时间。

（7）法律研究与文档草拟

方法：AI 工具可以根据法律研究结果，辅助律师起草法律文档。

例子：律师需要草拟一份涉及特定法律问题的法律意见书，AI 工具提供相关的法律条文、案例和论据，辅助律师完成文档。

（8）版本控制与文档协作

方法：AI 工具管理不同版本的文档，支持团队成员协作编辑。

例子：一个案件文档需要多位律师协作完成，AI 工具跟踪每位律师的编辑记录，确保文档的统一性和准确性。

（9）风险评估与文档审核

方法：AI 工具可以评估文档中的潜在风险，并提供审核意见。

例子：在生成一份重要的商务合同时，AI 工具分析合同条款，识别潜在的法律风险并提示律师。

（10）知识管理与文档生成

方法：AI 工具利用律所的知识库，为文档生成提供支持。

例子：律师需要一份关于特定法律领域的报告，AI 工具将从知识库中提取相关信息，辅助生成报告。

7.3.2　AI 辅助律所文档审查

《法律实务人工智能现状报告》白皮书中有一项调查是，律师事务所在没有预算限制或其他限制的情况下，它们认为最重要的工具是什么，也就是可以解决最关键需求的工具。近 42% 的受访者表示是文档生成器，其他答案的选择率要低得多（10% 以内），但值得注意的是，共有 58% 的受访者提到了文件工作（核实、汇总、生成、更改）。这表明，在这一领域，律师们认为自动化是一项关键需求。

1. AI 辅助律所文档审查的优势

AI 辅助律所进行文档审查具有显著优势，主要表现在提高审查效率、确保一致性、降低错误率、增强风险识别等方面。

通过使用如 Harvey AI、AlphaGPT、MeCheck 等先进的 AI 工具（见表 7-7），律所能够实现对大量文档的快速分析，自动识别关键条款、潜在风险和不一致性。这些工具利用自然语言处理和机器学习技术，深入理解文档内容，从而辅助律师做出更加准确和全面的审查决策。此外，AI 工具还能够学习和适应律师的审查习惯与偏好，进一步提升审查工作的个性化程度和精准度。通过 AI 辅助的文档审查，律所能够确保法律文件的质量和合规性，同时释放律师的时间，让他们能够更专注于战略性法律咨询和案件策略。

表 7-7　辅助律所进行文档审查的 AI 工具及功能描述

地区	工具名称	功能描述
国外	Harvey AI	专为法律从业者定制的 AI 大模型，可以帮助律师分析合同、做尽职调查、根据数据生成建议等
	Robin AI	其技术基于 Anthropic 的 Claude 大模型，为用户提供一个作为 Microsoft Word 的 Copilot 插件，功能与其他法律大模型产品类似，主要面向法律合同，用 AI 来自动化合同起草
	Law.co	该平台使用 AI 来自动化文档审核过程，不仅加快了法律工作的节奏，还确保了一致性，并减少了出错的可能性
	Mishcon deReya-Donna	运用 AI 提升合同审查效果
	Lander & Rogers、YBF Ventures-Scaleup Josef	帮助律师自动化部分日常工作，包括起草文件、与客户对话、提供法律指导和建议等
	Legal Robot	能自动从文档中提取关键术语，并识别法律风格、定义和风险语言。该工具简化了审查流程，节省了审查时间并降低了忽视关键合同要素的风险
	Iov	合同审查（可通过 word 加载项修改合同）
	ContractCrab	合同概括、合同审查
	kira	合同审查、重要条款提取
	CoCounsel（CaseText）	合同总结概括、合同合规性审查
	Luminance	集成性合同管理，支持合同审查
国内	法宝新 AI	合同审查
	AlphaGPT	可以针对不同的审查立场，深入洞察专属风险点，提供有针对性的批注说明及修改建议，审查结果更精准
	通义法睿	合同审查
	MeCheck	精准识别和定位合同信息，能在 1 分钟内完成数百个合法性、合规性风险点的排查和提示，辅助律师进行合同审查工作
	智合同	模拟专业律师的合同审核能力，实现对合同的分类识别、风险评估，从而代替人工完成对合同的智能审查，并给出专业的修改意见
	智爱法律大模型	合同审查

2. 如何确保 AI 在辅助律所进行文档审查时准确且合规

在提高审查效率的同时，确保法律文件的准确性和合规性是一个复杂但至关重要的任务，包括但不限于以下几个方面：

（1）数据合规性与知识产权管理

❑ AI 法律产品（如 Harvey AI）通过接受包括一般互联网数据、法律数据库和特定业务数据在内的不同数据类型的训练，提高其准确性和适用性。

❑ 技术支持者需对原始语料进行初步审核与管理，确保其来源合法且符合相关法律法规，特别是《中华人民共和国个人信息保护法》。

❑ 必须确保获得完整的知识产权授权，包括复制权、改编权和汇编权等，同时制定知识产权管理策略。

（2）数据标注与反歧视措施

❑ 建立并完善数据标注管理制度，明确标注过程中的管理与安全要求，规范数据标注活动。

❑ 制定标注规则，开展质量评估，核验标注内容的准确性，并采取措施防止在选择训练数据的过程中产生歧视。

（3）防止技术滥用与用户反馈机制

❑ 构建防止技术滥用的责任框架，以防在开发、部署或应用 AI 技术的过程中违背法律规范、伦理标准或社会价值观。

❑ 为用户提供对 AI 输出的控制和反馈机制，以增强用户信任，并向监管机构提供必要信息，确保合规性，遵守伦理标准。

❑ 服务提供者应对生成内容进行安全审核，过滤违法和不良信息以及侵犯知识产权的内容，并在必要时采取停止生成等措施。

❑ 根据《互联网信息服务深度合成管理规定》，服务提供者在提供深度合成服务时，需显著标识并提示公众深度合成的情况，同时建立用户反馈机制，以及时管理和预防潜在风险。

7.3.3　AI 辅助律所文档存储、阅读及理解

1. AI 辅助律所文档存储、阅读及理解方面的优势

AI 法律产品在辅助律所进行文档存储、阅读及理解方面具有显著优势，主要表现在以下几个方面：

❑ 高效性：AI 能够迅速处理和分析大量法律文档，显著提高文档审查和信息检索的效率。

❑ 准确性：通过深度学习和自然语言处理技术，AI 能够准确识别和理解法律文本中的关键信息与概念。

❑ 智能检索：AI 具有强大的语义搜索能力，能够根据用户查询快速定位相关文档和条款，提高检索的准确性和相关性。

- ❑ 自动化文档管理：AI 可以帮助自动化文档的分类、存储和索引，简化文档管理流程，确保信息的有序和可访问性。
- ❑ 风险分析：AI 可以辅助识别文档中的潜在风险和不一致之处，为律师提供风险评估和决策支持。
- ❑ 个性化服务：AI 能够根据律师的工作习惯和需求，提供个性化的文档处理和阅读建议，提升用户体验。
- ❑ 持续学习与优化：通过不断学习和优化，AI 能够适应不断变化的法律环境和用户需求，不断提升服务水平。

综上所述，AI 法律产品凭借其高效、准确和智能的特点，为律所文档的存储、阅读及理解提供了有力支持，极大地提升了法律服务的质量和效率。我们整理了国内外能够辅助律所进行文档存储、阅读及理解的 AI 法律产品，并对其功能进行了详细描述，见表 7-8。

表 7-8　辅助律所进行文档存储、阅读及理解的 AI 工具及功能描述

地区	工具名称	功能描述
国外	Icertis-ICI（Icertis Contract Intelligence）	合同生命周期管理（CLM）软件，利用 AI 提高谈判效率，包括红线洞察、版本管理以及动态审批工作流
	Ironclad-CLM 平台和律师工作流程协同软件	该产品起初致力于协助律师进行合同修订，随后将业务拓展至为企业提供自动化、智能化的法律文书自动撰写和管理服务
	Clio	为律所提供全流程管理的技术支持，包括 CRM、计费、日程规划、案件管理、组织管理、文档管理、账单管理以及潜在客户挖掘等，并将这些功能集成在一个平台上。Clio 被海外评为法律专业人士的首选软件，得到了全球 90 多个律师协会的认可
	Ross Intelligence	AI 系统在识别律师提出的问题后，能够快速检索法律条文、案例和文献资料，为律师提供有力的证据支持
	ContractPod	一款合同管理软件：支持自动化文档生成、审批和其他工作流程的管理，提高效率；帮助用户进行合同审查和批准，提供全面的风险分析报告；自动识别和提取合同条款中的关键信息，便于高效分析和管理
	Evisort	可以快速分析合同和其他法律文件；可以比较不同版本的合同文档，突出显示变更和差异，减少手动审查合同的时间和成本；能快速响应搜索查询，帮助用户找到所需的文档和信息
国内	通义法睿	支持辅助阅读起诉状、答辩状、笔录等法律文本
	ChatLaw	集成了法律咨询、案情分析、精准法条定位、文书生成等多模态信息处理功能
	AlphaGPT	目前支持 50 万字文件阅读，辅助高效梳理法律文档关键信息，导读功能通过 AI 技术帮助生成：全文概述，对文档内容进行高度总结和概括；关键要点，提炼争议焦点、判决结果、裁判规则等关键信息；文档速读，分段总结文档核心内容

2. AI 工具在辅助律所进行文档存储、阅读及理解的工作流程

以 AlphaGPT 为例，我们可以这样应用 AI 来优化工作流程：

第一，使用 AlphaGPT 的项目功能集中管理文档，AI 自动分类和备份，确保信息安全且易于检索。

第二，利用 AlphaGPT 的检索能力快速定位关键文档，由 AI 高亮标注关键信息并生成摘要，加速阅读和理解。

第三，AlphaGPT 使用自然语言处理技术，自动分析合同内容，识别风险并提出修改建议，实现智能审批。

这一套流程不仅极大地提升了文档管理的效率和安全性，还通过精确的风险评估和自动化审批，确保了文档处理的质量和合规。

7.4　AI 辅助律所客户关系管理

7.4.1　AI 辅助律所客户管理概述

1. 律所客户管理难点及 AI 技术解决方案

（1）客户数据整合

难点：客户数据分散在不同平台和系统中，难以进行统一管理和整合。

AI 解决方案：使用 AI 集成工具，实现数据的自动收集和整合，提供一个统一的客户视图。

（2）个性化服务需求

难点：客户需求多样化，要求律所提供个性化服务，律所需要进行深入的客户洞察并提供定制化方案。

AI 解决方案：应用 AI 分析工具，深入挖掘客户数据，提供个性化服务和定制化解决方案。

（3）沟通渠道管理

难点：沟通渠道多样化导致律所与客户的沟通管理和记录耗费大量时间和资源。

AI 解决方案：利用 AI 聊天机器人和自动化记录系统，简化沟通过程并自动记录所有互动信息。

（4）风险管理与市场变化预测

难点：律所难以及时识别和预测与客户相关的法律风险及市场变化。

AI 解决方案：采用 AI 风险评估模型，实时监控和预测法律风险及市场变化，制定有效的风险管理策略。

（5）服务质量与客户满意度评估

难点：律所难以评估律师服务的质量以及客户满意度，缺乏量化与客观的标准。

AI 解决方案：运用 AI 分析客户反馈和案例结果，建立量化评估体系，提高律师的服务质量和客户满意度。

（6）客户忠诚度与长期关系维系

难点：在竞争激烈的市场中，提高客户忠诚度和维护长期关系是律所面临的一项挑战。

AI 解决方案：通过客户关系管理（CRM）系统的 AI 功能，分析客户行为，制定个性化维护策略。

（7）资源合理分配

难点：律所需要合理分配有限的资源，包括律师的时间和专业知识，以满足不同客户的需求。

AI 解决方案：利用 AI 优化资源分配，根据客户需求和案件复杂度，智能匹配律师资源。

（8）提升响应速度和服务质量

难点：客户期望获得快速响应和高效服务，律所需要提高响应速度和服务质量。

AI 解决方案：部署 AI 驱动的快速响应系统，确保及时响应客户需求，提升服务效率和质量。

2. AI 在辅助律所进行客户关系管理中的功能及应用效果

AI 技术在律所客户关系管理中发挥了显著作用。通过整合客户数据、提供个性化服务、优化沟通效率、预测风险、监控服务质量、提升客户忠诚度、智能分配资源和加快响应速度等多种功能，AI 大幅提升了客户管理的效率和效果，同时提高了客户满意度和律所的市场竞争力。具体功能及描述见表 7-9。

表 7-9　AI 辅助律所进行客户关系管理的功能及描述

序号	辅助功能	功能描述
1	数据集成	AI 自动整理与客户的往来邮件和通信记录，并将相关信息同步到案件文档中，保证文档的及时更新和完整性。AI 帮助律所整合不同来源的客户数据，包括案件历史、沟通记录和交易信息，形成统一的视图
2	自动化记录	AI 自动追踪和记录所有客户互动，如电子邮件、电话和会议，确保信息的完整性和可追溯性

（续）

序号	辅助功能	功能描述
3	客户洞察	AI 分析客户沟通内容，提取关键信息和需求，生成深入的客户洞察报告
4	个性化服务	根据客户洞察，AI 推荐个性化的服务方案和沟通策略，以提高客户满意度和忠诚度
5	风险管理	AI 监测客户行为和市场变化，预测潜在风险，并及时提醒律所采取预防措施
6	绩效分析	AI 分析律师与客户的互动效果，评估服务绩效，为持续改进提供数据支持
7	预测分析	AI 使用历史数据来预测客户流失、案件成功概率等关键指标，帮助律所提前准备
8	智能提醒和任务分配	AI 根据客户互动和案件进度，自动设置提醒并分配任务给律师或员工，确保及时响应客户需求

7.4.2　AI 辅助律所客户信息管理及关系维护

1. AI 辅助律所客户信息管理及关系维护的优势

（1）自动记录与分析

自动化数据记录和分析减少了手动输入和报告生成的时间，提高了数据管理效率。

（2）深入了解客户需求

AI 的自然语言处理能力帮助律所深入了解客户需求和偏好，为提供个性化服务奠定基础。

（3）个性化服务与风险管理

基于 AI 的洞察，律所能够提供更加个性化的服务，提高客户的忠诚度。同时，AI 的预测能力有助于律所提前识别和管理客户关系中的风险。

（4）数据支持决策

AI 提供的分析数据可以支持律所决策，使客户关系管理更加科学、系统，提高了决策的准确性。

（5）服务绩效评估与流程优化

AI 对律师服务绩效的评估有助于律所不断优化服务流程和提升服务质量，确保服务持续改进。

（6）提升效率与竞争力

利用 AI 法律工具可以让律所更加高效、精准地管理客户关系，提升客户满意度，增强律所在市场中的竞争力。

2. AI 法律产品在客户关系管理中的应用及效果

（1）自动化与效率提升

自动化的数据记录与分析减少了手动输入及报告生成的时间，提升了操作效率。

（2）深入洞察与个性化服务

AI 的自然语言处理能力使律所能够更深入地理解客户的需求和偏好，从而提供个性化服务，提高客户忠诚度。

（3）风险管理与决策支持

AI 的预测能力帮助律所提前识别和管理客户关系风险，同时 AI 提供的数据可以用于支持决策，使客户关系管理更加科学和系统化。

（4）服务绩效评估与流程优化

AI 对律师服务绩效的评估帮助律所不断优化服务流程并提升服务质量，确保服务持续改进。

AI 法律产品通过自动化记录和分析、深入理解客户需求、个性化服务定制、风险预测与管理、数据驱动决策以及服务绩效评估等功能，提升了客户关系管理的效率，提高了客户满意度，并优化了服务流程，从而显著提升了律所的服务质量和市场竞争力。表 7-10 也对目前能够辅助律所进行客户信息管理及关系维护的 AI 工具进行了介绍。

表 7-10　辅助律所进行客户信息管理及关系维护的 AI 工具及功能描述

地区	工具名称	功能描述
国外	Clio	为律所提供全流程管理的技术支持，包括 CRM、计费、日程规划、案件管理、组织管理、文档管理、账单管理以及潜在客户挖掘等，并将这些功能集成在一个平台上。Clio 被海外评为法律专业人士的首选软件，得到了全球 90 多个律师协会的认可
	Worktile	提供了案件管理、时间和费用追踪、客户关系管理和文档管理功能，帮助律所高效管理多个案件，精确记录工作时间和费用，维护客户信息，集中存储和管理文件。通过任务分配、进度跟踪和时间管理功能，律师们能够清晰了解每个案件的进展，确保按时完成关键任务，提高账单准确性，避免漏计或重复计费。它是一个工具集合，具备 OKR 目标管理、项目管理、项目集管理、项目计划、项目风险、项目成本管理、企业网盘、审批、简报等功能
	Mishcon deReya-Index	协助律师维护客户关系
	Lander & Rogers、YBF Ventures-Scaleup Josef	帮助律师自动化部分日常工作，包括起草文件、与客户对话、提供法律指导和建议等
国内	得理	专为律师定制的智能秘书，帮助律师更好地管理工作内容。提供客户管理、项目管理、审批管理和时间管理等服务，实现律师工作的智能化和高效化

7.5　AI 辅助律所财务管理

1. AI 辅助律所财务管理的内容

律所的财务管理涉及多个方面，具体见表 7-11。

表 7-11　AI 辅助律所进行财务管理的具体内容及描述

序号	财务管理内容	描述
1	预算编制	制定年度或项目的财务预算，包括收入、成本和利润预测
2	账目记录	记录所有财务交易，确保账目的准确性
3	发票处理	创建、发送和追踪发票，处理收款和付款
4	收款管理	加速客户付款流程，提高资金流入效率
5	费用控制	监控和控制运营成本，优化支出
6	财务报告	编制定期的财务报表，如资产负债表、利润表等
7	税务处理	计算、申报和缴纳税费，确保税务合规
8	审计准备	准备审计所需的文件和记录，配合内外部审计
9	财务分析	分析财务数据，评估律所的财务状况和业绩
10	风险管理	识别和管理财务风险，制定风险应对措施
11	合规性检查	确保财务活动遵守法律法规和行业标准
12	资金管理	管理现金流，维护银行关系，处理贷款和信贷
13	财务规划	进行长期财务规划，包括资本支出和投资决策
14	成本回收	确保从案件中收回所有相关成本
15	客户信用管理	评估客户信用状况，制定信用政策
16	内部控制	建立和维护内部控制系统，防止欺诈和错误
17	技术集成	将财务软件与其他管理系统集成，提高工作效率
18	员工薪酬和福利管理	处理员工工资、奖金、福利和退休计划

2. AI 辅助律所财务管理的方式

考虑到财务数据的私密性，目前市面上没有针对律所财务管理的特定法律 AI 产品，但 AI 技术可以从以下方面辅助律所进行高效的财务管理。

❑ 自动化账目处理：AI 能够自动化处理会计事务，例如发票生成、支付处理和账目分类，减少人工输入错误并提高效率。

❑ 智能预算及费用控制：AI 系统可以分析历史数据和市场趋势，帮助律所进行预算编制与费用控制，确保财务状况健康。

❑ 风险预测与管理：利用 AI 进行市场和财务风险分析，例如，通过法蝉平台的数据分析功能，预测潜在的风险并制定管理策略。
- ❑ 合规性检查：AI 工具可以监控律所的财务活动，确保活动符合法律法规要求，减少法律风险。
- ❑ 财务报告生成：AI 技术能够自动收集和分析财务数据，迅速生成财务报告，协助管理层做出决策。
- ❑ 审计支持：AI 可以在审计过程中辅助识别异常交易和潜在问题，从而提高审计效率。
- ❑ 税务优化：AI 通过分析税法和历史税务数据，帮助律所合理规划税务，减少税务负担。
- ❑ 客户信用管理：AI 可以评估客户的信用状况，为律师事务所提供信用政策建议，降低坏账风险。
- ❑ 成本效益分析：AI 可以帮助分析各项支出的成本效益，指导律所控制成本。
- ❑ 数据可视化：AI 使复杂的财务数据更加直观、易懂，便于管理层快速把握财务状况。

通过这些应用，AI 技术能够提高律所财务管理的效率和准确性，增强财务决策的数据支持能力，帮助律所实现更加精细化的财务管理。

7.6　AI 辅助律所案例研究

7.6.1　AI 辅助律所案例研究的优势

1. 降低成本与提高效率

在竞争激烈的法律服务市场中，AI 辅助的案例研究减少了对传统人力资源的依赖，降低了研究成本，并通过自动化和智能化处理，显著减少了律师在案例研究上的时间消耗。

2. 提高研究质量和策略的针对性

AI 能够快速分析大量法律文档和历史案例，精准识别关键要素和法律问题，减少疏漏，提高研究的准确性，并为律师提供数据支持，帮助制定针对性的诉讼策略和谈判方案。

3. 增强客户信任，强化知识资产管理

AI 辅助的案例研究能够快速响应客户需求，提供基于数据的法律意见，增强

客户对律所专业能力的信任。同时，AI 系统作为知识库，可以不断积累和更新案例研究成果，为律所提供宝贵的知识资产。

7.6.2　AI 辅助律所案例研究的流程及工具

1. AI 辅助律所案例研究的流程

AI 辅助律所进行案例研究的主要流程如下。

（1）自动化案例检索

AI 可以快速搜索配套使用的法律数据库，找到相关的案例和法规，节省研究时间。

（2）自然语言处理

AI 利用 NLP 技术理解复杂的法律查询，从法律文档中提取关键信息，包括案件事实、判决理由和相关法律依据。

（3）案例筛选与分类

AI 能够根据律师设定的标准，自动筛选和分类案例，识别出与当前案件最相关的案例。

（4）案例摘要生成

AI 可以自动生成案例摘要，快速提供案件核心要点，帮助律师把握重点。

（5）风险与结果预测

通过分析历史案例数据，AI 可以预测案件结果和潜在风险，为律师制定策略提供参考。

（6）智能推荐系统

AI 根据律师的查询和研究习惯，智能推荐相关案例和法律观点，为律师提供个性化的研究支持。

（7）文档比较和分析

AI 辅助对比不同案例文档的内容，识别差异和相似之处，帮助律师构建论点。

（8）交互式问答

一些 AI 系统提供交互式问答功能，允许律师以对话形式提出问题并即时获取答案。

（9）可视化工具

AI 使用数据可视化技术展示案例研究结果，帮助律师更直观地理解复杂信息。

（10）整合外部数据

AI 集成外部数据源，如新闻报道、学术文章等，为案例研究提供更加全面的背景信息。

（11）持续学习和更新

AI 系统持续学习最新的法律案例和法规变化，确保提供最新的研究信息。

（12）多语言支持

对于处理跨国案件的律所，AI 可以支持多种语言的案例研究，帮助律师克服语言障碍。

2. AI 辅助律所案例研究工具

辅助律所进行案例研究的 AI 工具及功能描述详见表 7-12。

表 7-12　辅助律所进行案例研究的 AI 工具与功能描述

地区	工具名称	功能描述
国内	MetaLaw	支持类案检索
	通义法睿	输入搜索内容即可检索相关案例、法规、案例研判
	得理	自动生成案例检索报告和要素提取
	元典问达	支持类案检索
	AlphaGPT	支持类案检索和实务研究，能够进行案情智能分析
国外	CoCounsel（CaseText）	能够进行法律研究，检索分析法规案例
	ROSS Intelligence	支持类案检索

AI 不仅提高了律所案例研究的效率和准确性，还增强了法律决策的数据支持能力，帮助律所实现更精细化的案例研究。AI 技术在律所管理中的应用，不仅极大地提高了工作效率，还提升了决策质量，优化了客户体验，并为律所带来了前所未有的发展机遇。随着 AI 技术的不断进步，我们有理由相信，它将继续作为律所管理中不可或缺的一部分，引领法律行业走向更加智能化和高效化的未来。

7.6.3　AI 辅助律所进行案例研究与律师进行案例研究的区别

AI 辅助律所案例研究和律师案例研究在法律领域中各自发挥着重要作用，它们在实际应用中展现出一些明显区别。

❑ 效率和准确性：AI 在法律研究和案例分析中显著提高了效率和准确性。通过自动化算法和模型，AI 可以快速从海量法律文献中提取相关信息。与传统的人工研究方法相比，AI 能够更快速地检索案例、法律条文和学术文章。

❑ 深度和广度：AI 在法律研究上的深度和广度也优于传统方法。它通过机器学习和深度学习技术，不仅提高了对复杂法律问题的理解和分析水平，还能对不同领域的法律知识进行整合和交叉分析。

❑ 关键信息识别：AI 可以快速、准确地识别出案例中的关键信息，例如当事人身份、案情描述等，这对于提高案例分析速度非常关键。

❑ 预测和策略制定：利用 AI 的预测功能，律师可以更有效地制定辩护策略和提供法律建议。例如，在刑事案件中，AI 可以预测被告是否有罪及可能面临的刑罚。

❑ 风险评估与预测：AI 能够分析历史案例和相关数据，识别案件中的常见法律问题和风险因素，帮助律师进行风险评估，从而选择最有利的诉讼策略。

❑ 法律服务模式创新：AI 技术的应用不仅提高了效率和准确性，还推动了法律服务模式的创新，例如合同审核、案件预测、文档自动化等，它们都展现了 AI 技术在法律服务领域的广泛应用。

❑ 个性化服务：AI 聊天机器人和虚拟助手能够提供个性化的法律咨询服务，及时回答客户提出的法律问题。

❑ 具体应用：AI 可以快速检索相关法律资源和案例，为案件策略制定提供数据支持，从而显著提高案件研究的速度和准确性，帮助律师更有效地制定法律策略。

综上所述，AI 辅助律所案例研究通过技术手段提高了法律研究的效率、深度和预测能力，而律师案例研究则更侧重于传统的人工分析和策略制定。两者结合使用，可以为法律实践提供更全面、深入的解决方案。

AI 辅助法学教育及司法裁判

法律共同体是法律从业者耳熟能详的概念。除了律师群体，AI 对法律共同体的其他成员群体会产生怎样的影响？本章选取法学教育机构及法院为代表，分别论述人工智能时代下这些机构面临的问题及应对策略。

8.1 AI 对法律共同体的影响

8.1.1 法律共同体

法律共同体也称法律职业共同体，是对由法律职业人员所组成的特殊社会群体的总称，通常指法官、检察官、律师、法学家等职业群体。

一般认为，法学学科的存在以法律职业共同体的存在为前提。而在共同体内，各职业群体基于共同的知识素养（法学背景）、工作语言（法言法语）、价值追求（公平正义的法治社会）密切分工合作，共同推进社会进步。当然，由于岗位角色的不同，各个职业的思维模式和分析问题的立场也有所差异，特别是法官等职业，与其他职业群体之间的交流并非易事。

法律职业共同体的存在，意味着律师不可能单独应对人工智能技术的挑战。律师群体受到的冲击会自然延伸到法官、检察官和公安干警等职业群体。从宏观上看，法律 AI 产品已经对法律共同体产生了深远影响，尤其是对处于法律服务行业最上游的教育机构的学者群体，以及最后端的司法裁判机构的法官群体的冲击尤为明显。

8.1.2　AI 对法学教育机构的冲击

大学被誉为知识的圣殿，素以较高的思想高度著称。在人工智能的未来发展及其走向等重大问题上，大学自愿扮演哲学家的角色。关于人工智能是否会超越人类，未来机器人的极大丰富是否会冲击人类价值观并产生严重的伦理问题以及如何应对等重大问题，法学院教授们乐此不疲地进行着学术探讨。但在教学实践环节，法学院必须直面以下问题。

1. AI 改变教育内容——教什么

未来的法律人才应具备哪些素养？法学院需要传授哪些内容才能满足未来人才市场的需求？从全球各国法学教育实践看，法律 AI 的积极作用正逐渐获得认可，越来越多的法学院开始在教育内容中增加法律 AI 及其应用的相关内容。

（1）教授 AI 相关课程内容

目前，越来越多的法学院开设与 AI 相关的课程、实验室。这些课程不仅限于法学领域，还可能涉及数据科学、计算机编程、心理学、哲学等多个学科，为师生提供了越来越多的学术研讨机会。例如，FGV 里约热内卢校区法学院要求学生学习 Python 编程和数据科学课程，以应对未来法律实践中的新需求。在 AI 产业领先全球的中国和美国，法学院开设 AI 课程的状况尤为盛行。（见本书 8.2 节）

（2）教学实务类操作内容

在目前的法学教育中，专业教育主要集中于向学生传授关于法律的基本原则、规则等知识体系，使其理解法律人的思维。而有关实务操作类的知识更多地留待学生毕业后的法律实务中打磨。随着法律人工智能技术对助理类工作的替代，法学教育与法律实务在人才培养过程中的分工可能逐渐模糊，法学教育也需要承担一定的实务知识传授工作。在国外的一些精英法学院，已经可以观察到课程体系从学习思考（learn-to-think）向学习实务操作（learn-to-practice）扩展的趋势。我们也可以从另外一个角度理解这一转变，即 AI 提升了律师实务的基本水准，而这一水准需要在法学院经过更为专业的培训才能达到。

2. AI 改变教育方式——如何教学

传统的法学教育方式以知识技能传授为主，授课模式通常是一对多，教授面向众多学生。在 AI 时代，由于 AI 的知识存储和检索能力远超人类，人类需要学习如何实现人机配合，法学教育将从知识传授为主转为学习为主的模式，授课模式可以实现一对一。同时，借助 AI 技术，学生将有机会在虚拟环境中进行实习和实践训练，以提升实际操作能力。

3. AI 改变教育评估方式——如何评价

法学教育的评估通常指向教育的输出——法学院毕业的学生。毕业生的综合素质和能力，尤其是他们在应对未来法律实践中的各种挑战的表现，能否满足市场需求，成为评判教育质量的最终标准。这与传统教育并没有本质区别。

借助 AI 的技术能力，各种数据的搜集整理成为可能，法学教育机构的知名度和美誉度、法学院在人工智能领域的影响力、法学院学生的学业成绩、就业率以及在职场中的表现和评价，这些评估数据可能会被迅速反馈给教育机构，并成为评估和改进的重要参考依据。换句话说，教育评估将以更为客观的方式呈现。

4. 学术诚信如何确立

生成式人工智能工具如 ChatGPT 的快速普及，使抄袭等学术不端行为变得更加简单。根据《自然》杂志的调查，68% 的受访者认为生成式人工智能工具将使抄袭更加容易且更难检测。在法学教育领域，由于法律文本的生成和修改可以通过 AI 工具轻松实现，使用者的依赖性可能更强，这可能导致他们忽略对原始文献的深入阅读和思考，从而使研究缺乏深度和创造性，出现学术不端行为的风险也可能更大。

因此，如何规范 AI 工具的使用，加强学术监督和管理，确保法学院的人才培养不因 AI 工具的出现而导致学术伦理的下滑，进而危害整个法律服务行业的生态，是当前法学教育机构必须认真思考的问题。目前，还没有完全清晰的结论。

全国信息安全标准化技术委员会秘书处于 2023 年 8 月出台的《网络安全标准实践指南—生成式人工智能服务内容标识方法》对人工智能输出内容提出了达标要求，这对确立学术诚信有所帮助。但这一标准从网络内容安全角度出发，尚不足以满足教育机构丰富多样的适用场景。

5. 教育公平如何保证

同当年由于数字鸿沟而导致各地经济发展不均衡一样，AI 本身作为一种技术基础设施需要大量的经济投入，但各地的经济条件不一，极易造成发达地区更容易获得先进的 AI 教育工具和技术支持，而经济条件较差的地区则可能面临资源匮乏的问题。这种差异可能会加剧教育不公平现象。

此外，由于 AI 的开发者集中在发达国家和地区，其数据取向及算法偏见可能导致发达国家的 AI 使用者更为熟练，而其他地区的 AI 工具则相对落后。例如，由于 GPT 主要是以英文语料进行训练，这使得母语为英文的国家的使用者得到的服务质量更高，而小语种国家的使用者则难以获得同样的待遇。

8.1.3　AI 对裁判机构的挑战

作为司法的最后一道屏障，法院在 AI 时代处于一种微妙的境地。最初，由于案件审理任务繁重，而"同案不同判"显然是不公正的，因此，计算机信息处理系统被寄予提高先例检索效率的厚望。而在实际应用中，裁判流程的信息化极大地保障了司法透明与司法公开，提升了司法的公信力。信息化、数据分析和算法应用至少在司法裁判过程中被视为相对正面的技术应用。

然而，随着 AI 技术的应用和普及，司法系统面临以下质疑。

1. 法官的自由裁量权是否受到了侵蚀

由于人工智能在提升司法效率方面具有显著优势，利用人工智能进行裁判被视为公正。但人工智能系统的标准化和程序化特性，可能会压缩法官的自由裁量空间，导致裁判的机械化和同质化。

2. 司法独立性是否受到破坏

在司法裁判过程中，由于案件的累积以及人工智能的高效，AI 可能被视为首选工具。但过度依赖 AI 系统可能会影响法官的独立判断。特别是在复杂案件中，法官可能会将 AI 系统的建议视为权威，从而逐渐让位于 AI，导致其独立审判的能力受到破坏。

3. 司法的公信力是否受到削弱

（1）算法黑箱问题

如果人工智能系统公开透明并具有可解释性，其受公众信任的可能性就更大。问题在于，由于具有智能性，AI 系统的后台运算原理可能难以完全透明，再加上某些不确定性的结果难以解释，可能导致裁判结果的公正性受到质疑。

（2）算法过于僵化的问题

人工智能系统在处理案件时，虽然可能满足一致性的要求，但也可能因为算法过于简单，忽视案件中的"法理情"因素，导致裁判结果与社会的普遍正义观念发生偏离。

（3）算法歧视问题

此外，人工智能系统在法律适用过程中，可能会因数据偏见和算法歧视而输出不公正的结果。例如，美国著名的犯罪管理系统 COMPAS（Correctional Offender Management Profiling for Alternative Sanctions，即"用于替代性制裁的矫正罪犯管理分析系统",由美国 Northpointe 公司开发),其分析维度虽然是商业秘密不为公众所知,但基本原理是依赖历史数据分析,来判定犯罪分子未来累犯的法律风险。分析结果分成高、中、低 3 个等级,以帮助法官、缓刑官、假释官进行刑事案件的裁定。有研究认为,这一系统可能存在歧视黑人的倾向,因为在高风险结果中,系统对黑人的误判率相对白人更高。

8.2　AI 对高校法学教育的影响

在高校法学院的教学中,AI 逐渐成为重要的话题之一。不仅美国如此,中国也是。不仅名列前茅的法学院重视 AI 在法律中的实际应用,一些名不见经传的法学院也是如此。

8.2.1　AI 给中国法学院教育带来的变革

在国内,许多法学院高度关注法律科技的发展,尤其体现在学院的机构设置、课程建设和学术活动中。

1. 机构设置

(1)概况

2017 年以来,中国人民大学、北京大学、中国政法大学等高校敏锐地意识到 AI 科技革命可能带来的对法学传统理论的挑战以及对法学教育内容的冲击,纷纷成立研究机构,关注科技发展带来的法治前沿问题,以及新型人才的培养,具体见表 8-1。

表 8-1　国内高校法律 AI 研究机构一览表

成立时间	成立主体	机构名称	主要作用或目的
2017 年 9 月 8 日	中国人民大学法学院	未来法治研究院	聚焦科技革命挑战和法治前沿问题,促进法学与科技发展及司法实践的结合
2017 年 12 月	北京大学法学院	法律人工智能实验室	研究立法、司法、执法等方面的智能技术
2017 年 12 月	西南政法大学	人工智能法学院、人工智能法律研究院	培养高层次法律职业人才,首设"人工智能法学"二级学科
2017 年 12 月底	中国政法大学法学院	大数据和人工智能法律研究中心	加强基础研究,服务人才培养,拥抱大数据时代
2018 年	中国政法大学比较法学研究院	人工智能法研究中心	解决 AI 技术发展的法律和伦理问题,优化法律实践和司法系统

（续）

成立时间	成立主体	机构名称	主要作用或目的
2018 年 4 月	天津大学	中国智慧法治研究院	进行人才培养和法治理论研究，提供法治理论和科技支撑
2018 年 12 月	清华大学法学院	智能法治研究院	提升清华大学在法律与 AI 交叉领域的影响力，为国家法治现代化建设提供支持
2019 年 5 月	上海政法学院	人工智能法学院	培养 AI 与法学的复合人才，提供新型法律人才
2020 年 7 月	上海交通大学	人工智能治理与法律研究中心	推动文理交叉的跨学科研究，形成多元规则体系
2021 年 6 月	上海交通大学	智慧法院研究院（后更名为智慧司法研究院）	推动智慧司法建设的科学理论和应用基础研究，培养交叉型、高层次人才，探索中国特色智慧法院建设模式

（2）原因分析

各大高校建立人工智能相关机构的深层次动机，可归纳为以下几个方面：

1）应对科技革命的挑战：随着人工智能等新兴科技的快速发展及众多新型工具和社会现象的涌现，传统法理面临前所未有的挑战。高校通过建立相关机构，主动适应和应对新一轮科技革命对法律教育和实践的影响。

2）促进学科发展：人工智能与法学的结合，推动了法学与其他学科如计算机科学、数据科学等的交叉融合，促进了法学在新兴领域的发展。

3）培养复合型人才：随着人工智能时代的到来，市场对于人才的需求正在发生改变。高校通过设立人工智能法学院或研究中心，致力于培养既懂法律又懂技术的复合型人才，以满足社会对人工智能时代法律人才的需求。

4）服务国家战略需求：高校积极响应国家关于法治建设和科技强国的战略需求，通过人工智能法律研究，为国家治理体系和治理能力的现代化提供理论支持和人才保障。

5）推动法学研究创新：高校通过建立人工智能相关机构，推动法学研究方法和范式的创新，探索利用人工智能技术优化法学教育和法律实践的可能性。

6）提升学术影响力：通过在人工智能法律领域的研究，各高校希望形成具有中国特色、世界一流的研究成果，提升自身在国内外的学术影响力。

2. 课程建设

（1）课程概况

在设立人工智能法学相关研究机构的同时，各高校法学院对教学内容进行了适当调整，陆续增添了一系列人工智能技术相关的法学课程，见表 8-2。

表 8-2　国内法学院人工智能相关课程（或教材、专业）一览

法学院名称	课程或教材名称	课程主要内容
北京大学法学院	智能公共法律服务诊所	通过对法律条文的深度剖析和 AI 技术的应用，培养法律实践能力
北京大学法学院	人工智能治理与伦理	考察人工智能技术和商业模式的发展，分析产生的政治、经济与社会挑战，探索问题解决方案
清华大学法学院	计算法学、计算法学方法	强调法律与计算科学的结合，推动法学研究从规范研究向实证研究转换
清华大学法学院	算法学专业学位（面向计算机专业相关学生）	自 2018 年开始，培养人工智能时代的兼具计算机相关学位与法学学位的复合型法学人才
中国社会科学院法学研究所	人工智能法学课程体系	总计 100 讲，包括总论篇、实体篇、程序篇、方法论，覆盖人工智能、数字货币、无人驾驶、区块链等内容
西南政法大学	人工智能与法律	涵盖人工智能基础知识和前沿内容，帮助理解人工智能时代的法律问题
东南大学法学院	法律大数据与人工智能导论	依托科研优势，培养对大数据、人工智能等技术的认知力，以及在此基础上的法学研究与实践能力
北京交通大学法学院	人工智能法学课程、人工智能法学教材	建设课程并出版教材，推动人工智能法学领域的教学与研究

（2）课程建设的意义

各高校开设人工智能相关课程的目的有以下几点。

1）促进法学教育现代化：人工智能课程的引入有助于法学教育保持与时俱进，将传统法学理论与现代科技相结合，提高教育的现代性和前瞻性。

2）培养复合型法律人才：这些课程旨在培养学生在法律知识之外，理解和应用人工智能、大数据等技术，以满足市场对复合型法律人才的需求。

3）帮助学生应对新兴法律问题，适应法律服务市场的变革：人工智能技术的发展带来了许多新的法律问题和挑战，相关课程能帮助学生理解这些问题，并培养他们解决这些问题的能力，为学生提供适应法律服务市场变革的必要知识和技能。

4）强化法律伦理教育：探讨人工智能课程中的伦理问题有助于增强学生的职业道德和责任感，培养他们在未来职业生涯中考虑技术应用的伦理边界。

5）拓宽法学研究视野：人工智能课程鼓励学生从更广阔的视角审视法律问题，包括技术发展对社会的影响以及法律对技术进步的回应。

6）形成新的法学教育模式：人工智能课程的开设有助于探索和形成以技术为支撑的新型法学教育模式，提高教学的互动性和实践性。

3. 学术活动

（1）概况

在中国，高校法学院正积极拥抱人工智能与法律的交叉学科研究，并通过一系列学术活动推动了法律界与科技界的深度融合。近年来，高校法学院重大学术活动可参阅表 8-3。

表 8-3　国内法学院重大学术活动一览

时间	组织者名称	学术活动名称	学术活动内容
2019 年 8 月 30 日	清华大学法学院	世界人工智能大会法治论坛	申卫星教授发表主题演讲，主持关于人工智能时代青年责任的圆桌讨论
2020 年 11 月 14 日	同济大学法学院	第二届"人工智能与法律"学术研讨会	聚焦人工智能在法律实践中的伦理挑战和规制问题
2020 年 11 月 28 日	中国政法大学	第一届"人工智能与法律"学术研讨会	讨论人工智能技术对法律制度、法律实践的影响以及科技伦理与法律问题
2021 年 5 月 19 日	清华大学法学院知识产权法研究中心	人工智能专利保护专题研讨会	探讨 AI 发展中的知识产权保护问题
2021 年 9 月 14 日	清华大学法学院	"大数据、人工智能与法律教育"研讨会	深入讨论大数据和 AI 对法律教育的深远影响
2022 年 12 月 3 日～4 日	清华大学	第五届计算法学国际会议	广泛涵盖数字化转型背景下的法治课题，吸引了全球多个国家和地区的专家学者参与
2023 年 4 月 13 日	中南大学法学院	法律人工智能研究前沿问题国际学术研讨会	聚焦司法人工智能应用和知识产权保护等前沿议题，得到国际人工智能与法协会（IAAIL）的学术指导

（2）对法学教育的影响

以上活动极大地促进了学术交流，展现了中国高校法学院在法律科技领域的积极探索和卓越贡献。活动对法学教育和人才培养的影响体现在以下几个方面：

1）增强法学教育的前瞻性和实践性：通过关注人工智能时代的法律问题，这些学术活动强化了法学教育与时代发展的同步性，使法学教育更加贴近实际法律服务的需求。

2）培养解决新兴法律问题的能力：围绕人工智能、大数据等前沿技术引发的法律问题进行深入研讨，有助于学生掌握解决新兴法律问题的技能，为未来的法律职业发展打下坚实基础。

3）提升法律人才的国际视野：这些活动吸引了来自全球多个国家和地区的专家学者参与，有助于拓宽学生的国际视野，增强其在全球化背景下的竞争力。

4）拓宽学生的视野，激发学生的探究精神：通过参与讨论人工智能等前沿技术对法律的影响，学生能够接触到更广泛的知识和信息，这有助于他们多角度审视问题，增强批判性思维的广度。同时，学术探讨中的新兴和复杂问题能够激发学生的好奇心，促使他们主动探究问题的深层次原因和可能的解决方案。

8.2.2 AI 给美国法学院教育带来的变革

与中国不同的是，在美国，大学通常是创新的发源地，也是实业人才的汇集地，尤其是美国西海岸硅谷的斯坦福大学、加利福尼亚大学伯克利分校，西雅图的华盛顿大学，东海岸波士顿地区的哈佛大学、耶鲁大学，以及北卡罗来纳州研究三角区的杜克大学、北卡罗来纳大学教堂山分校等名校。大学通常是工业趋势的引领者，而非追随者。例如，斯坦福大学的吴恩达（Andrew Ng）、李飞飞都是 AI 领域的科学家兼实业家，Open AI 的 CEO Sam Altman 也是斯坦福大学中途退学的学生。

在这种背景之下，美国诸多法学院通常一边投身于未来法律 AI 产品的设计和塑造，一边在日常教学和科研活动中广泛开展课程讲授和研讨，培养能熟练应用 AI 产品的法律人。

1. AI 产品的塑造与打磨

斯坦福大学法学院是美国拥有最多科技创新项目及研究中心的机构。它不仅拥有以在校学生和校友为主体进行法律科技创新的 Legal Design Lab（法律设计实验室），还设有汇集研究员、律师和企业家的法律科技研究中心 CODEX（CODEX 源于 Code 与 Lex，即代码 Code 与法律 Lex 的结合），是高校进行法律科技创新的先行者。

（1）Legal Design Lab

该实验室致力于在以人为本的设计、技术和法律的交汇处工作，以构建新一代法律产品和服务为目标。目前，实验室下有四大项目（2023 年～2024 年），分别为人工智能与司法公正（AI & Access to Justice）、防止驱逐（Eviction Prevention）、司法系统创新（Justice System Innovation）、更好的法律互联网（Better Legal Internet）。这些项目大多具有公益性质，旨在通过参与者的努力，创造一个更为高效、公平的法治环境。

（2）CODEX

CODEX 下属的项目和产品有很多，包括区块链教育、计算法学、人类与人工智能协同、机器生成文本等。

2. 课程与学位建设

在美国，越来越多的法学院正在增加人工智能相关的课程和学位，以回应蓬勃发展的人工智能产业的市场需求。美国律师协会（ABA）的调查结果显示，超过一半的法学院在提供人工智能课程，自 2022 年 11 月 ChatGPT 首次亮相以来，这些课程的数量猛增。

（1）学位建设

下面两所法学院正在启动专注于人工智能的学位项目。

1）亚利桑那州立大学桑德拉·戴·奥康纳法学院将在今年（2024 年）通过其现有的法律、科学和技术学位项目开始提供人工智能专业课程。学生在完成一系列与技术相关的课程后，将获得该学位证书，且无须缴纳额外费用。

2）加利福尼亚大学伯克利分校法学院于 2024 年 8 月 1 日开始接受为期一年的非全日制高级法律学位课程项目的申请。该课程旨在为律师利用 AI 服务客户做准备，费用约为 73 000 美元。根据官网信息，课程面向公司高管及从业律师，提供为期一年的"法律职业生成式人工智能"课程。授课者包括公司高管、律师以及法律与技术领域的专家。课程同时面向社会融资，充分体现加州科技与投融资紧密结合的风格。

（2）课程建设

美国各法学院开设的 AI 课程的内容侧重点有所不同。许多法学院的课程集中在如何在法律实践中使用 AI 技术上。另外一些课程则更为聚焦，比如如何在诉讼中使用 AI 以及解决由此产生的伦理问题。

1）哈佛大学法学院的课程清单显示，各学科目前至少提供了不少于 19 门的 AI 相关课程。法学院长期提供的"法律、科学与技术"（Law, Science, and Technology Program of Study）学位项目中，有诸多与人工智能相关的课程，其中之一是计划于 2025 年春季开设的"自主性人工智能与法律"（Agentic Artificial Intelligence and the Law）。

2）耶鲁大学法学院。自 2016 年以来，耶鲁大学法学院举办了数十场关于 AI 的演讲、座谈会和会议。2024 年春季，信息社会项目（Information Society Project，ISP）将举办"宣传与新兴技术"会议，演讲者将探讨生成式 AI 在塑造政治话语中的作用、AI 选举干扰以及 AI 与民主相关的议题。2024 年秋季，耶鲁大学法学院举行了"计算的规范哲学"会议。

3）乔治城大学法学院因为地处美国政治中心华盛顿，一直是法学教学的标杆。乔治城大学法学院官网显示，去年（2023～2024 学年）全年开设的 80 余门课程中，与 AI 相关的课程有 8 门，涵盖使用生成式人工智能的高级法律写作、人工智能与法律、在人工智能驱动的世界中的法律技能等人工智能与法律结合的多个方面。通过这样的课程设置，乔治城大学法学院致力于让学生准备好应对技术发展给法律实践带来的挑战和机遇。

3. 机构

与中国相似，一些美国法学院也设立了专门研究 AI 及其对法律体系影响的中心或研究机构。

1）范德堡法学院（Vanderbilt Law School）于 2023 年 11 月启动了范德堡 AI 法律实验室，旨在探索如何利用 AI 改善法律体系并使其更便于大众接触。

2）哈佛大学伯克曼克莱因互联网与社会中心（Berkman Klein Center for Internet and Society）。迄今为止，伯克曼克莱因中心已有来自 40 多个国家的 500 多名研究员、员工、教职员工和附属人员；举办了 1000 多场活动、研讨会和会议；制作了 700 多个视频和播客；在 GitHub 上贡献了超过 1000 万行代码；其出版物系列包括 250 多份报告、论文和书籍。

3）伯克曼克莱因互联网与社会中心于 2024 年 7 月启动了由法学教授卡斯·桑斯坦（Cass Sunstein）和奥伦·巴尔 - 吉尔（Oren Bar-Gill）领导的"人工智能与法律"项目。

上述提及的斯坦福大学法学院的 Legal Design Lab 和 CODEX 也是同类机构。严格来说，斯坦福大学设立这些机构是为了应对技术发展，它们虽有较长的历史，但并非专门的人工智能研究机构。此外，斯坦福大学法学院不仅关注学术贡献，还对实业发展及推动技术创新和产业革命有浓厚兴趣。

4. 小结：教育必须服务于法律服务市场

美国的大学通常是创新的源泉。上述美国大学法学院在 AI 产品研发、课程与学位、机构等方面的持续努力，揭示了法学院在人工智能产业和 AI 产品塑造中的引领作用。与人工智能相关的课程、学位、机构建设一致，美国法律服务行业对具有人工智能素养并能应用人工智能为客户服务的律师有着旺盛的需求。

Snell & Wilmer 律所的合伙人托尼·考德威尔（Tony Caldwell）表示，对 AI 的扎实理解和利用能力是新员工的"加分因素"。他所在的律所在校对、电子取证和客户电子邮件起草等任务中使用 AI。Lewis Roca 律所的首席人才官劳伦·赛明顿（Lauren Symington）表示，来自亚利桑那州立大学和伯克利大学等学校的 AI 专业或学位的简历会引起她的兴趣。

尽管法学院的教授们对于未来 AI 应用前景的看法可能不尽相同，但对于未来的法律执业者应该对 AI 及其作用有所了解这一点，教授们倒是有相当的共识。亚利桑那州立大学法学教授加里·马钱特（Gary Marchant）认为，律师的 AI 培训是不可避免的，并表示"未来 5 年内，不使用 AI 就不可能成为一名成功的律师"。

8.2.3　AI 对法学教育公平性的影响

如前文所述，中美两国的法学界普遍认可 AI 的积极作用，但在 AI 是否对教育公平性有正面影响方面，存在两种不同的声音。

1. AI 能够提升法学教育的公平性

AI 技术的出现对法学教育的公平性起到了积极的促进作用。

（1）为获取优质教育资源创造了可能

生成式 AI 的大模型运用了海量的数据，本质上是海量的业内知识。因此，在大模型上构建的法律 AI 产品，为提供丰富且优质的教育资源创造了可能。互联网加 AI 应用产品这种模式，使得偏远和资源匮乏地区的学生也能获得高质量的法学教育资源。此外，AI 技术还可以通过在线学习平台和开放课程，提供多语言、多文化、多国别的课程和资源，推动法学教育的国际化和全球化。

这在如今已经部分变成现实。例如，全球最大的法律数据库平台 vLex 下的 vLex Global（vLex Global 支持 14 种语言的关键词检索及对应语言翻译）已入驻吉林大学法学院。

（2）使个性化学习工具成为现实

AI 技术可以通过个性化学习和智能教学工具，提升法学教育的公平性。AI 技术能够根据学生的学习情况和需求，提供个性化的学习方案和辅导，帮助学生更好地掌握法学知识和技能。

例如，生成式人工智能可以辅助学生进行辩论准备和法律研究，提高学生的实践能力和逻辑推理能力。此外，AI 技术还可以通过智能化教学工具，如智能检索、智能诉讼等，提高法学教育的效率和质量。

（3）可以创造情景化的教学体验

生成式人工智能还能够创造情景化的教学环境，提高学习体验感。传统的课堂教学容易造成理论知识与实践应用的脱节。生成式人工智能可以通过虚拟实验、模拟情景和沉浸式体验来创造情景化的学习环境。

例如，学生可以通过模拟真实世界的情境来参与诉讼，包括接待当事人、谈案报价、代表客户谈判以及诉讼中的陈词与辩驳等。情景化教学可以增强学生的学习体验和理解能力。学生通过亲身体验和参与，感受到学习的乐趣和挑战，更容易理解抽象概念和理论知识。生成式人工智能可以根据学生的学习进度和能力水平，调整情景化教学场域的难度和复杂度，以确保每个学生都能够获得有意义的学习体验。

2. AI 可能对法学教育的公平性构成挑战

以 ChatGPT 为代表的生成式 AI 产品在全球的普及，尤其是自 GPT-3.5 以来 ChatGPT 的表现，轰动了整个法学界。现在，GPT-4.0 参加美国的律师资格统一考试（Bar Exam）并完胜大多数人类。在学习过程中，无论是写作还是分析，GPT 总能给予一定的启发和帮助。因此，是否允许学生在法学院学习期间使用 GPT，以及在何种情况下允许使用，成为牵动法学院教授们神经的一个话题。

（1）学术诚信规则正在被重塑

为了防止学生将申请论文或研究论文外包给算法，一些机构，如加利福尼亚大学伯克利分校法学院，已经在考试和作业中禁止使用生成式 AI。但实际上，这可能加剧不公平。

人们发现禁令难以执行。"如果你可以在做作业时进行谷歌搜索，那么为什么不可以使用 ChatGPT 或者微软必应进行搜索呢？我们希望有一种感觉，即生成式 AI 资源，特别是随着它们变得更好，可以被学生在他们已经被允许使用任何手头资源的情境中使用。当然，这并不意味着在考试或剽窃方面没有任何限制。"⊖

（2）AI 的高经济成本可能导致教育不公

如果法学院不提供相对充分的生成式 AI 工具，使用生成式 AI 的学生就会比不使用生成式 AI 的学生具有优势。大多数学生不知道如何申请 Casetext 下的 CoCounsel 产品，即使知道，目前每月 400 美元的使用费也不是每个法学院学生都能承受的。所以，如果公共教育机构不能提供相对合理的 AI 工具，很可能会导致法学院学生之间的分层。无论是奖励还是工作机会，可能都会偏向具有 AI 工具助力的学生。这是对法学院教育公平性的挑战。

AI 确实提高了更多优质法学资源面向大众的可能性，但是，正如当年上网及

⊖ 详见《AI & the Law...& what it means for legal education & lawyers》，访问链接为 https://www.law.georgetown.edu/news/ai-the-law-what-it-means-for-legal-education-lawyers/。

访问全球网络资源的可能性并不均等一样，接触和使用 AI 同样可能制造不公。因此，AI 对法学教育公平性的影响，在短时间内恐怕仍会是一个敏感而热门的话题。

8.2.4　AI 在法学案例教学中的应用

在普通法教育体系中，说起案例和法律文献检索，两大法律数据库耳熟能详：一个是 LexisNexis，一个是 Westlaw。这两大数据库几乎已成为普通法系案例教学的代名词。目前，两家公司都以实际行动拥抱 AI。

1. 两大法律数据库公司嵌入了 AI 能力

Westlaw 实际是成百上千法律数据库的集合，其母公司是大名鼎鼎的汤森路透。

2020 年春天，汤森路透发起诉讼，指控法律科技公司 Ross Intelligence 窃取 Westlaw 的大量训练数据。尽管 Ross Intelligence 声称对方的诉讼仅仅是凭空捏造，但 Ross Intelligence 自此一蹶不振。在其接盘的诸多公司中，包含大名鼎鼎的法律 AI 先行者 Vlex 和 Casetext。

2023 年，汤森路透公司宣布完成对 Casetext 的并购，而在此之前已经开始对内部用户进行人工智能版本的测试。这意味着汤森路透已经完成了对人工智能法律产品的布局。目前，Westlaw 在其产品中已经嵌入自然语言搜索以及关键词预测检索，实现了搜索结果的可视化。

而 LexisNexis 早在 2018 年，就通过合并 Lex Machina（另一家法律 AI 公司，详见下文介绍）的母公司 Ravel，消除了人工智能技术与产品上的障碍。

可以断言，Westlaw 和 LexisNexis 的法律检索工具已经在拥抱人工智能赛道。基于这一论断，法学院的法科生最依赖的案例和文献检索工具正逐步向更加智能化的方向迈进。人工智能已经渗透到法科生的日常学习和执业培训过程中。

2. 案例教学中 AI 法律产品的应用与效果

诸多法律 AI 产品源于案例检索和分析。只要了解这一事实，就会发现法律 AI 产品与法律检索和法学院案例教学天然地联系在一起。我们可以从以下两个知名产品的发家过程看出端倪。

（1）Lex Machina

Lex Machina 公司由斯坦福大学法学院教授 Mark Lemley 于 2006 年创立，起源于斯坦福大学法学院和计算机科学系的一个名为知识产权诉讼信息交换所（IPLC）的项目。该项目搜集了尽可能多的专利诉讼文档，从 PACER 数据库、94个联邦地区法院的官方网站、国际贸易委员会的电子文档信息系统及美国专利商标局网站中提取文件和数据，利用斯坦福大学开发的自然语言处理和法律文本分类技术，对案件进程文档、判决书、公司主体、专利和案件结果进行分类，然后由律师审核并建立索引，以便搜索。

用户可以利用这些资源进行深入的法律分析，评估不同法律策略的有效性，并了解特定法官或法院在处理知识产权案件时的倾向性。例如，通过评估特定原告在以往知识产权诉讼案件中的成功率、个别法官在其职业生涯中对类似案件的判决倾向，以及特定律师事务所的整体胜诉/败诉记录，公司和律师可以决策在具体个案中选择诉讼还是和解。

尽管"大数据可视化"产品在现在看来非常普遍，市面上如北大法宝、威科、Alpha 目前都提供类似工具，但在当时的知识产权界，这是一个了不起的进步。因为律师传统上依赖 Westlaw 和 Lexis Nexis 进行在线检索，但这些工具都不能提供 Lex Machina 的体验，尤其是其中相对丰富的信息图表。

（2）Ross Intelligence

Ross Intelligence 的核心优势在于利用自然语言处理技术，允许用户使用日常语言提出问题，而不是依赖复杂的布尔搜索（Boolean search）语法。这使得没有技术背景的法律专业人士也能轻松使用法律搜索工具。Ross Intelligence 不仅提高了研究的效率，还利用机器学习算法提高了结果的准确性。运用自然语言以及机器学习，Ross Intelligence 极大地改变了法律检索的方式。在生成式人工智能井喷的今天，这项技术对于法律检索工具仍然具有重大意义。当然，Ross 公司后来因为知识产权诉讼而破产，但其人工智能检索技术通过商业并购方式被 Westlaw 继承，这是另外一个故事了。

8.2.5　AI 在模拟庭审中的应用

作为一种教学方式，模拟法庭对于学生或新入职的律师了解实战具有显著效果。"养兵千日，用兵一时"，模拟法庭希望通过平时的演练，保证律师可以在真实庭审中充分发挥职业水准。目前，国内专门制作模拟法庭产品的公司不多，产品的应用场景也较为有限。北大法宝的法宝新 AI 下的模拟法庭是一个例子。

法宝新 AI 由多个功能模块组成，模拟法庭是其中之一。该模块的目的是结合法宝自身的数据积累和数据处理能力进行加工，为用户提供更加真实、更贴近实战的模拟诉辩判场景，使用户提前感受庭审过程。该产品基本上可以定性为帮助法律人员进行实战练兵。

1. 法宝新 AI 下的模拟法庭的使用步骤

1）进入北大法宝 V6 官网，可以看到"模拟法庭"模块，如图 8-1 所示。

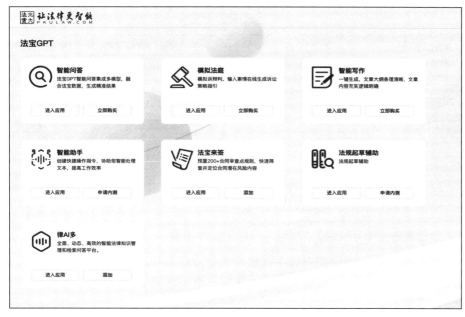

图 8-1　北大法宝 GPT 官网界面

2）单击进入"模拟法庭"模块，选择其中的"模型对抗"或者"人机模式"，如图 8-2 所示。

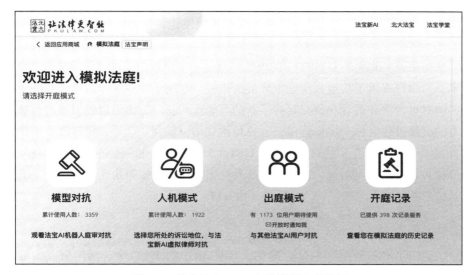

图 8-2　北大法宝 GPT 中的模拟法庭界面

3）输入案件相关的信息，利用智能检索功能进行案情分析，选择相关法条和法律文件，如图 8-3 所示。

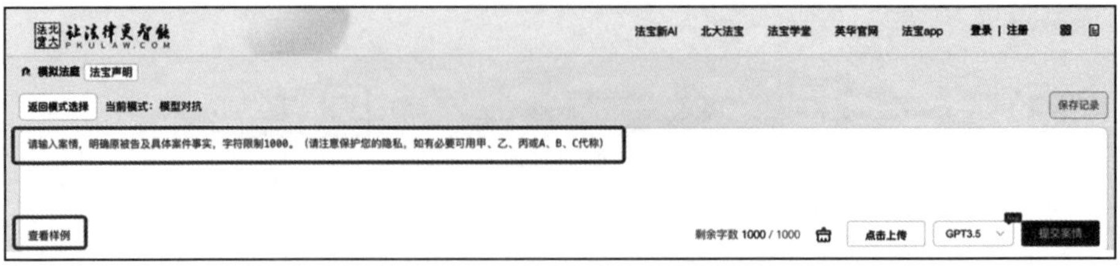

图 8-3　北大法宝 GPT 中，进入模拟法庭界面后进行案情输入

4）进行模拟法律诉讼演练。

5）生成法律文件，比如反诉状、上诉状、辩驳书等。

2. 北大法宝 GPT 模拟法庭可以应用于多种场景

❑ 法律教育：可以作为法学院校的教学辅助工具，帮助学生更好地理解和掌握庭审流程。事实上，北大法宝在诸多暑期学校的培训过程中，将模拟法庭作为连接法学院学生与未来职业生涯的一个窗口。

❑ 律师培训：律师事务所可以利用该工具对新人进行培训，提高其实际操作能力。

❑ 案件准备：律师可以在正式庭审前使用模拟法庭进行演练，以提前发现可能存在的问题并做好准备。

❑ 法律研究：研究人员可以通过模拟不同案例，探索法律适用的边界和可能性。

总的来说，北大法宝 GPT 下的模拟法庭是一个勇敢的尝试。它通过人工智能技术，为用户提供了接近真实庭审环境的体验，有助于提高法律从业者的专业技能，同时也为法律教育和研究开辟了新的可能性。它一方面可以模拟原告和被告双方的交锋过程，另一方面能以法官视角达成居中裁判。此外，模拟法庭支持用户根据实际场景需要，手动选择基于 GPT-3.5 和 GPT-4.0 两种底层对话模型生成的原被告诉辩对话。不过，现阶段该产品尚未成熟，许多模块还在开发中。应用场景的单一可能也限制了该产品的进一步发展。

8.2.6　AI 在法律研究中的应用

ChatGPT 对科研的影响显而易见。自 ChatGPT 问世以来，国内研究人员顾洁进行了一项粗略的统计，以了解各学科对 GPT 的研究情况。结果发现，国内外文献多集中在计算机科学和自动化科学领域。此外，国外文献多集中在医学领域，而国内文献则更多关注社会科学领域，如新闻学、经济学和法学等学科。

1. AI 提升法律研究的效率

AI 在法律研究领域的应用展现了显著的优势，特别是在提高研究效率方面。以一个实际案例为例：一名律师在面对一个复杂的建设工程施工合同问题时，耗费半年仍未找到明确答案。然而，通过使用 AlphaGPT 的法律咨询功能，他仅在 3 分钟内便获得了一份详尽的研究报告。该报告不仅概述了多种观点，还提供了坚实的案例支撑，有效地解决了他的疑惑。这一实例凸显了 AI 在法律研究中的巨大潜力。

2. AI 法律产品在法律研究中的应用与效果分析

依旧是上述法律问题："在建设工程施工合同的签订过程中，中标通知书属于合同的承诺吗？"，如果使用其他类似的 AI 研究工具，结果会是怎样的？

（1）Kimi

Kimi 以长文档的阅读和分析能力在全球闻名。不过，它并非法律垂直类的 AI 工具。所以将上述问题提给 Kimi 之后，Kimi 根据排序前 10 的网页搜索结果进行了综述，得到了不足 1000 字的结果。最后结论是"综合以上信息，中标通知书是招标投标过程中的一个重要环节，具有法律效力，但并不直接等同于合同的承诺。它标志着招标人对中标人的初步认可，并为双方订立书面合同奠定了基础。然而，真正的合同承诺是在双方签订书面合同后形成的。如果书面合同未能在规定时间内订立，或者存在与中标通知书不一致的情况，相关当事人可以根据具体情况主张相应的法律责任。"

（2）秘塔

秘塔的咨询模块和类案检索模块都不错，不过，与 AlphaGPT 不同，秘塔的这两个模块并没有打通。这使得法律实践中很多案例推导出来的结果无法体现在咨询模块中。将上述问题抛给秘塔的咨询模块，得到的结果也很有启发性。它认为，主要问题可能在于《中华人民共和国民法典》和《中华人民共和国招标投标法》之间存在着矛盾的规定。如果按照《中华人民共和国民法典》，中标通知书就是承诺，合同已经成立；但按照《中华人民共和国招标投标法》，中标通知书是预约合同的通知书，预约合同已经成立，但本合同的成立还需要双方进行书面合同签署。

秘塔的主要推理依据是期刊论文，偏向理论研究，而 AlphaGPT 除了实务文章，更注重相关案例和法律法规，偏向实务和落地。这可能与两者的市场定位差异密切相关。AlphaGPT 的主要客户群体是律师，因此更关注司法实践；而秘塔的产品并不限于法律人，所以其客户群体更广泛，涵盖学术研究人员和非法律人士。秘塔对权威组织、学者和文献的梳理和展示也令人耳目一新。

8.3 AI 辅助法院司法裁判

司法裁判是法院系统最重要、最核心，亦是最繁重的任务。在任务繁重的背景下，裁判工作的无纸化、流程化、简明化、信息化、智能化一直是司法系统追求的目标。新冠疫情期间，人们的社交、生活方式受到严重影响，但无形中推动了法院裁判活动的变革。很多法院纷纷启动线上审判，当事人无须亲自到法庭参与庭审，随时随地下载计算机客户端、手机软件或者登录微信小程序，即可在法官的指挥下参加庭审。此外，很多法院引入的庭审语音识别系统、智慧审判系统都具有类案推送、关联法条自动推送、裁判文书自动生成、偏离预警等功能，以及电子卷宗随案生成与移送等，充分体现了人工智能在辅助司法裁判中的作用。

下文分别从 AI 辅助法官撰写裁判书、AI 辅助法院进行流程简化和案件管理以及 AI 助力司法系统改进司法政策等多角度阐述了 AI 对司法系统的影响。

8.3.1 AI 辅助法官撰写判决书

凡是重复性的劳动，今后大概率会被 AI 替代，而裁判文书中有大量结构性重复内容。AI 可以根据案件的类型和特点，生成判决书模板，帮助法官快速撰写判决书。

1. 辅助生成裁判文书

深圳、江苏、浙江等地的法院纷纷引入 AI 技术辅助裁判文书撰写，以提高审判效率和质量。这些 AI 工具在裁判文书生成方面展现出强大的能力。

（1）智能阅卷与信息抽取

无论是深圳、江苏还是浙江，当地法院采用的 AI 工具，都具备智能阅卷和信息提取的能力。它们能自动导入电子卷宗，快速形成阅卷报告，并准确提取案件的关键信息，为后续的文书撰写提供便利。

（2）裁判规则嵌入与自动化案件分析

这些 AI 工具嵌入了裁判规则，能够自动呈现审查要点和争议焦点，辅助法官统一审理思路和裁判标准。同时，它们还能深入分析案件要素，为法官提供全面的案件信息。

（3）AI 辅助文书生成与在线审核修订

基于智能比对和排查结果，这些 AI 工具能够提示法官关注疑问点，并辅助生成裁判文书的初稿。同时，它们还支持在线审核与即时修改，确保文书的准确性和规范性。

（4）语音输入与左看右写创新功能

浙江台州采用的 AI 工具进一步开发了裁判文书编写语音输入法、左看右写等创新功能，使文书制作更加便捷，提高了法官的工作效率。

2. 辅助量刑

AI 可以根据案件事实和法律规定辅助量刑，为法官撰写判决书提供参考。

（1）生成量刑建议

AI 系统能够根据案件的具体犯罪事实和量刑情节（如犯罪次数、犯罪数额等）自动计算并提供量刑建议。例如，在中国浙江省宁波市宁海县法院，AI 根据被告人的具体情况（包括立功情节和自愿认罪）生成了具体的量刑建议。在印度，有专门的线上法庭处理交通违规案件，且案件会连接至高级法院和最高法院的案件门户网站，以把握判决尺度。

（2）辅助判定再犯风险

在美国，PSA（Pretrial Services Agency）系统可用于预测被告在预审阶段的逃跑和再犯风险。该系统通过对年龄、是否涉及暴力犯罪等 9 个风险因素进行评估，帮助法官进行风险判定。

（3）提高审判效率

通过 AI 辅助量刑系统，法官能够更快地完成案件审理和裁判文书的制作。在海南省，使用智能辅助办案系统后，法官办理刑事案件的时间缩短了约 50%，制作裁判文书的时间缩短了约 70%。

（4）实现量刑的规范化

AI 系统通过量化分析量刑要素，帮助法院实现量刑的标准化和规范化，减少人为偏差，避免"类案不同判"的现象。例如，山东省淄博市淄川区法院利用开发的"量刑规范化软件管理系统"，实现了更加准确、快速的量刑。

（5）辅助证据审查

在涉及图片或其他媒体内容的案件中，AI 系统可以进行图片查重和创新比对，辅助法官快速识别和判断侵权行为。例如，浙江省绍兴市柯桥区法院使用的"版权 AI 智审系统"，为法官判断是否侵权以及如何裁决提供了有效的辅助。

（6）减少决策偏见

AI 算法通过减少决策过程中的潜意识偏见，提高判决的客观性和公正性。例如，澳大利亚的司法信息研究系统（JIRS）在量刑中定期使用风险和需求评估，帮助法官量刑，同时减少个人偏见的影响。

3. 自动审核与校验

2022 年，北京法意科技有限公司在最高人民法院的指导下成功研发了"人民法院司法文书纠错系统"。该系统基于最新的文书样式、制作规范和相关法律法规，利用智能分析技术，全方位辅助法官提升文书质量，并提供使用情况统计分析服务，便于审判管理部门和信息部门监控系统使用。

该系统的核心功能包括：

❏ 文书智能纠错功能：针对文书的内容完整性、规范性、合法性、逻辑一致性、法规引用准确性、错别字和语法拼写等进行全面检查，并对人名、金额、法条等重点信息项进行专项检查，分级别提示错误并提供修正建议。

❏ 文书自动排版功能：根据最高人民法院文书制作规范或用户设置的格式，对裁判文书进行一键排版，并智能调整排版效果，确保符合打印需求。

❏ 语音校读功能：支持全文、分段或自定义校读，操作灵活，便于用户根据需求进行校读。

该系统大大减轻了法官在裁判文书撰写中的繁重工作，使其能够将更多精力投入司法推理和裁断中，推动了 AI 在司法领域的实质性发展。

8.3.2 AI 辅助法院进行流程简化和案件管理

除了上述的裁判文书生成，人工智能在法院流程简化和案件管理中同样具有显著的辅助作用。通过智能化系统，AI 可以覆盖从立案到结案的多个环节，提升审判质效，减轻法官的事务性工作负担，确保司法的公正与高效。

1. 立案审查

AI 系统在立案阶段可以通过智能核查立案登记所需的标准，确保"有案必立"及时落实。例如，深圳市中级人民法院的 AI 辅助审判系统可以辅助法官核查立案登记所需的 35 项立案标准，并实现审查结论一次性通知，极大地提升了立案登记效率。

2. 案件精准分流与匹配

AI 技术能够协助法院实现案件的智能分流和精准匹配。上海第一中级人民法院通过案件繁简分流分类处置平台，实现了案件的智能化自动分配，优化了人案匹配，提升了审判质效。该平台通过构建分案算法，提高了人案的均衡度，同时实现了繁案精审、普案简审、简案快审的审理要求。

这种智能化的案件分流和匹配不仅能够提高法院的工作效率，还能够确保案件得到适当处理。例如，对于复杂案件，系统可以分配给经验丰富的法官；对于简单案件，则可以快速处理，从而实现司法资源的合理分配。

3. 智能阅卷

在阅卷阶段，AI 系统利用智能文档结构化技术，帮助法官大幅缩短阅卷时间，提高信息处理精度。例如，深圳市中级人民法院的智能阅卷模块可以显著提高法官的阅卷效率，减少人工阅卷的时间和错误。

4. 智能庭审

AI 系统在庭审阶段可以提供全面支持，通过案情研判、规则推送与庭审提纲生成等功能，大幅缩短庭审准备时间，有效提高庭审效能。例如，深圳市中级人民法院的智能庭审模块在庭前和庭中提供全面支持，帮助法官更高效地进行庭审准备和审理。

5. 文书辅助生成

前文已经详细讨论了文书生成部分，此处不再赘述。

6. 全流程智能化管理

AI 系统通过智能驱动模块串联审判的各个环节，智能管理审判全流程，确保每个环节高效运作。例如，山东省三级法院上线全流程无纸化网上办案系统，包括 26 个核心节点和 77 个子系统，实现了全流程、全节点、实时在线办案。通过这样的系统，当事人可以在任何时间、任何有网络的地方进行网上立案、缴费、退费、阅卷和诉讼，法官则可以在线进行阅卷、开庭、合议、裁判文书生成、送达、归档、执行等工作，显著提高了案件管理的效率。

7. 数据共享与业务协同

《最高人民法院关于印发〈人民法院在线运行规则〉的通知》第三十条（现行有效）规定："人民法院通过智慧审判系统实现案件电子卷宗的随案同步生成和深度应用，支持电子卷宗智能编目、信息自动回填、在线阅批、一键归档、上诉审移送与查阅，支持案件收案、分案、庭审、合议、裁判、结案、归档全流程网上办理；对接司法数据中台和智慧法院大脑，提供案件数据服务、案情智能分析、类案精准推送、文书辅助生成等智能辅助应用；依法按需实现法院内部、不同法院之间、法院与协同部门之间的卷宗信息共享和业务协同。"

8.3.3　AI 助力司法系统改进司法政策

是否应该在司法系统中引入 AI 工具，是一个有争议的话题。世界各国在这方面的决策，都属于司法政策的范畴。

1. 有效提高司法办案效率

AI 技术的引入显著提升了司法办案效率，已成为各国司法系统的普遍选择，并被期待能够提高审判质量。在我国，2022 年发布的《最高人民法院关于规范和加强人工智能司法应用的意见》是具有里程碑意义的文件，明确了我国司法系统接纳 AI 技术的立场和路径。该意见提出，到 2025 年，我国将基本建成较为完备的司法 AI 应用体系，显著减轻法官事务性工作负担；到 2030 年，我国将构建具有规则引领作用的司法 AI 技术应用和理论体系，实现全流程高水平智能辅助支持，大幅提升司法管理和社会治理的效率。

2. 确保判决尺度基本一致

我国司法系统希望 AI 能作为辅助工具，在降低成本、提高效率、司法为民、公正司法、保障司法廉洁等方面发挥积极作用。

具体而言，我国各地的智慧法院系统功能各有千秋，但普遍要求具有"类案同判"功能，即通过对既往案例大数据的分析和学习，AI 可以为司法决策提供有价值的参考信息，确保类似案件得到一致处理，减少法官在决策时可能产生的偏见。

3. 确保司法便民、司法利民

此外，信息技术及人工智能的引进使最高人民法院"司法为民、司法亲民"的理念成为可能。中国公民通过微信小程序搜索"人民法院在线服务"，即可与中国的司法系统关联，通过在线咨询、法规查询、裁判文书公开等多个模块功能，感受司法资源为普通大众提供的服务。人工智能在司法系统中的应用不仅限于审判执行，它已经深入诉讼服务、司法管理和社会治理等多个方面。通过深度融合人工智能技术，可以有效提升社会治理水平，增强公民对司法系统的信任。

8.3.4　AI 与司法裁判的未来

自 ChatGPT 问世以来，生成式人工智能在大众和产业中的影响迅速扩大。司法裁判引入 AI 技术已经成为现实，其深刻影响着法官职业和司法裁判的未来。

1. AI 技术对裁判公正性的影响分析

（1）提高效率和一致性

AI 技术可以自动化处理大量案件数据，提高司法系统的效率。例如，AI 可以帮助法官进行案件的定性和定量分析，确保类似案件得到一致的处理，从而减少人为误差和偏见。此外，AI 系统可以通过智能分析和纠错功能，提升裁判文书的质量和准确性。

（2）减少人为偏见

AI 系统在处理案件时可以保持中立性和一致性，避免因法官个人情感、经验和偏见导致的裁判不公。例如，在刑事案件中，AI 可以通过量刑辅助系统提供客观的量刑建议，减少法官在量刑过程中的主观偏差。

2. AI 技术对裁判公信力的影响

裁判的公信力指的是司法裁判结果被公众信任和接受的程度。公信力的基础至少包括以下几点：

1）司法公正性：司法机构在处理案件时必须保持中立，不偏袒任何一方，确保法律的公正执行。

2）司法透明度：司法程序应该公开，允许公众了解案件的进展和结果，这有助于增强公众对司法系统的信任。

3）司法高效：司法系统应及时处理案件，避免不必要的延误，确保正义能够及时实现。

4）法官专业性：法官及司法工作人员需要具备专业的法律知识和技能，以确保案件能够得到正确和合理的裁决。

5）司法独立性：司法机构应避免受到政治及其他外部因素的影响，以保证其裁决的客观性和公正性。

6）司法资源可接近：司法系统应对所有人开放，确保每个人都有机会通过法律途径解决纠纷。

7）司法人员可追责：司法人员应对其行为负责，如有不当行为应追究相应的法律责任。

8）法律的稳定性：法律的一致性和稳定性也是司法公信力的重要组成部分。法律不应频繁变动，以免造成公众的困惑和不信任。

AI 对上述 8 个因素的影响详见表 8-4。

表 8-4　AI 对裁判公信力影响一览表

裁判公信力的组成因素	描述	AI 引入的可能影响
司法公正性	司法机构保持中立，确保法律公正执行	影响不明
司法透明度	司法程序公开，公众能够了解案件的进展和结果	积极正面
司法高效	及时处理案件，避免不必要的延误	积极正面

（续）

裁判公信力的组成因素	描述	AI 引入的可能影响
法官专业性	法官具备专业法律知识和技能	影响不明
司法独立性	司法机构不受政治和其他外部因素的影响	可能有负面影响
司法资源可接近	司法系统对所有人开放，确保每个人都有机会通过法律途径解决纠纷	积极正面
司法人员可追责	司法人员对其行为负责，不当行为应受法律制裁	可能有负面影响
法律的稳定性	法律一致且稳定，不应频繁变动	几乎没有影响

自 2014 年以来，我国在司法审判中积极引入信息技术，使更多百姓能享受到司法服务，满足了上述公信力组成成分的第二项、第三项、第六项需求，这既是现实中法官减负的迫切需要，也可能是决策层的理性选择。

3. 普通法系司法系统对 AI 技术态度的谨慎

在英美法系国家，法院系统对于信息技术可能带来的便利以及风险已有反思。早年在算法问题上，美国就对 COMPAS 系统存有质疑。在人工智能兴起之际，这种批判的思维惯性仍在。整体而言，普通法系的法官对于 AI 技术持更为谨慎的态度。

（1）法院对生成式 AI 的态度较为保守

目前发达国家对生成式 AI 的关注，主要集中在技术准确性、数据安全、隐私和保密性、法律合规性以及伦理和负责任的使用等方面。

所谓技术准确性，是因为法官普遍认为生成式 AI 尚不能解决幻觉问题，而对于要求严谨的法律实践而言，幻觉是难以接受的。同样，将大量的案例交由 AI 处理，当事人的信息可能随时被泄露，数据安全和隐私保护就无从谈起。更为重要的问题是，公正裁断本来是法官的职责，交由 AI 是否意味着对职业操守的背离？在诸多疑虑之下，英美法系的法官对于 AI 技术普遍采取谨慎观望的态度。

（2）司法过程中的应用场景并不少

尽管法院系统对生成式 AI 持谨慎态度，但并不缺乏其在司法过程中实际应用的案例。例如，生成式 AI 可以用于法律研究、文件起草和案件分析等，以提高司法效率和质量。然而，整体而言，许多法院尚未制定明确的生成式 AI 使用政策，只有少数组织积极培训员工正确使用生成式 AI，这影响了 AI 技术在司法过程中的采纳和应用。

（3）对未来 AI 在司法系统中的应用充满期待

普通法系的法院系统也认识到生成式 AI 可能带来的积极变化，例如提高司法效率、降低成本、提供更高质量的法律服务等。一些法院正在探索如何利用生成式 AI 来改善司法工作流程，并且已经开始为长期应用做准备。这包括评估生成式 AI 对司法工作可能带来的变化，并考虑如何整合生成式 AI 技术以提高司法系统的效率和效果。

4. 中国司法系统对 AI 技术的开放态度

与英美等发达国家不同，中国对于"弯道超车"一直保持关注。在人工智能领域，中国的司法系统更加开放积极，在实践中敢于争先，成为全球的引领者，展现了中国司法系统领导层的魄力。

（1）司法系统积极采用 AI 技术

在中国，司法系统通过信息化建设和智慧法院工程，已经实现了裁判文书的全面公开，这标志着司法透明度和公正性的显著提升。面对案件数量的挑战，中国司法系统不仅表现出极高的适应性和创新精神，而且在信息化和大数据建设方面走在国家前列，最高人民法院在其中发挥了示范作用。2022 年底，最高人民法院发布《最高人民法院关于规范和加强人工智能司法应用的意见》，明确了司法系统对 AI 技术的积极态度和发展方向，强调了 AI 在辅助办案、司法管理和多元解纷等方面的重要作用。

（2）AI 技术的应用前景十分广阔

我国的庭审实践鼓励实际应用 AI 技术，如杭州西湖区人民法院的智能语音识别系统、杭州金融法院的"小智"机器人以及北京高级人民法院的睿法官系统。这些尝试为提高庭审效率和改善法庭服务提供了新思路。虽然某些应用仅处于智能化的初级水平，但它们代表了中国司法系统在利用 AI 技术提升工作效能方面的积极探索和尝试。

（3）持续优化并深化 AI 技术应用

中国的司法系统在实现智能化的过程中，面临着数据基础、算法透明度和人才培养等方面的挑战。然而，这些挑战同时也是发展的动力和机遇。中国司法系统正不断加强数据质量建设，推动法律术语和案件结构的标准化，为智能化发展奠定坚实基础。此外，通过加强法律与计算机领域的交流合作，积极培养跨学科人才，有助于提升司法系统的技术理解和应用能力。随着技术的不断进步和司法实践的深入，中国司法系统的智能化前景充满希望。

8.4　法律共同体的共同应对

不积跬步，无以至千里；不积小流，无以成江海。法律 AI 产品的日益进步极大地改变了法律人的工作方式和工作能力，从而影响了法律服务业的生态。

目前，和互联网信息技术崛起初期一样，AI 技术正在与法律机构和法律人深度合作，对整个法律服务流程进行再造。我们分别从律师与律所、法学教授与法学院、法官与司法机构三个角度，探讨法律共同体的应对方式。总体来看，机会与风险并存。

8.4.1 律师群体

1. 律师必须用 AI 武装自己

对于律师而言，利用 AI 提升工作效率和个人技能已经势不可挡。个人律师利用 AI，可以形成近乎团队作战的能力。比如，中台、广告、推销、律师助理等，都可以通过 AI 来实现。但同时，律师利用 AI 的职业伦理和操守问题目前并不明朗：是否应该征求客户同意之后才能将客户问题提交给 AI？交付成果时是否应该告诉客户有 AI 的帮助？当然，不管是否有 AI 帮助，律师都要对最终的服务负完全责任。这一点在实务界已形成共识。

2. 律所需要 AI 技术来提升市场竞争力

对律所管理者而言，AI 时代的到来意味着产业再一次洗牌。律所如果不能及时洞察行业发展趋势，让律所的律师了解和使用 AI，一则剥夺了律师学习和接受培训的机会，导致其不能与时代技术同频；二则导致团队的整体作战能力相对于使用 AI 的律所处于竞争劣势，可能进一步丧失业务机会和市场地位。

8.4.2 法学教育者群体

1. 法学教育工作者面临思维方式的转变

法学教育工作者是法律人的引路人，承担法学知识传承、法学学术研究、法学思想启迪、批判性思维的培养、实践技能研究和指导、法学教育方法的传承和创新等多项任务。法律共同体的进步和发展在很大程度上取决于法学教育者群体的素养和奉献。

如果法律工作者固步自封，对于 AI 技术及其对未来法学教育的影响缺乏洞见，一方面是教育者本人的重大损失，因为他们未能践行批判性思维，发挥法学教育方式创新者的引领作用；另一方面是法学院学生的损失，作为未来法律共同体的新鲜血液，他们可能难以胜任新时代对 AI 工具的使用和开发要求，而只能被动地被 AI 技术裹挟着向前走。

2. 法学院在 AI 时代的重要议题

作为法学院，让法学院学生和教职员工深刻理解 AI 时代对法学教育和法学理念的冲击至关重要。但法学院要回应以下至少两个重要的问题：

第一，公平性问题。如果 AI 工具能够赋能法学院学生，那么 AI 技术的可获得性，是否应和上网权、知情权一样，成为每个法学院学生的权利？

第二，在 AI 时代，法学院教授应该教授给法学院学生哪些内容？如何在让法学院学生接受最先进科技的同时，避免其过度依赖 AI 工具？在频繁使用 AI 工具的同时，如何使学生仍然具备法科学生应有的批判能力和分析能力？

以上两个问题尚且没有答案。

8.4.3　法官群体

与法律共同体的其他工种不同，司法系统的法官始终处于一种微妙的境地：作为法治的最后一道屏障，法官必须按时进行裁断。随着经济发展与法治环境的改善，诉讼案件总量有增无减，法官始终处于文案处理不完的焦虑状态，因此迫切希望 AI 工具能够帮助减负。然而，作为正义的守护者和社会伦理道德的判断者，法官大多谨慎而保守，不希望 AI 完全替代他们的职能，尤其是作为法官"明断是非"的职责。

1. AI 作为辅助工具被法官广泛应用

在中国的法院庭审及裁判过程中，AI 工具仍然主要发挥辅助配合作用，很少出现高度自动化的"黑科技"范例。法院官方宣传强调，法官应积极主动审查 AI 输出结果，AI 能够提升法官判案效率，而不仅仅是自动生成裁判文书。同时，能够体现为民服务、减轻当事人负担、增加司法机关透明度和公信力的线上服务平台，比如全国法院线上系统，即使智能化程度不高，仅仅起到信息汇聚以及留痕的作用，也被冠以 AI 技术之名。

2. 法院系统大规模应用 AI 技术才刚刚开始

目前，在司法系统中，存在大量宣传且在实践中有广泛应用的主要有 ADR（Alternative Dispute Resolution，争议解决替代）系统，包括线上调解和仲裁等功能。这类系统最早源于电子商务平台的争端解决机制，在商业实战中经过多年打磨，功能已经非常完备，并经受了平台商家与消费者的检验，产品已经相当成熟。由于其具有准司法而非完全司法的性质，反而更容易推广。在司法裁判活动中，那些小额、裁判规则相对简单或规则较为清晰、人为判断因素较少的案件，越来越多地依赖 AI 技术进行辅助裁判。从历史发展的角度来看，这不过是 AI 辅助裁判的开始。

　　处于历史的起点，我们已经触及人工智能时代的脉搏。法律共同体在面临 AI 时代冲击的同时，也需要思考如何应对。法律共同体不仅是法律 AI 产品的塑造者和评估者，也是未来法律服务行业变革的引导者与推进者。未来的法律服务行业走向何方，取决于这一代法律共同体的认知与探索。

法律大模型的构建与实践

　　随着人工智能技术的飞速发展，法律行业正在经历一场深刻的变革。在这场变革中，法律行业垂直大模型扮演着核心角色。本书第 9 章至第 11 章将深入探讨如何从零开始构建法律行业垂直大模型，以及这些模型如何与现有的 AI 技术相结合，推动法律服务的创新。

　　在第 9 章，我们主要探索了构建法律行业专用 AI 模型的过程，从理解其与通用模型的区别到功能实现和架构设计。第 10 章概述了 RAG 技术与法律大模型结合的潜力，以及这种协同如何增强模型的法律文本处理能力。第 11 章回顾了法律 AI Agent 的历史发展、设计原理以及评估其效果的方法，对法律领域中的典型技术交互方案进行了全面讲解。

从零开始构建法律行业垂直
大模型

在法律的殿堂中，智慧与逻辑交织成一幅严谨的图景。法律行业，以其独特的复杂性和对精确性的追求，一直是专业领域中的佼佼者。然而，随着人工智能技术的飞速发展，法律领域也迎来了前所未有的变革机遇。

本章将探讨如何从零开始构建一个专为法律行业量身定制的垂直大模型。这不仅是技术的挑战，更是对法律专业知识的深刻理解和应用。在此过程中，我们将详细讨论大模型的基础概念、搭建准备、训练步骤及相关应用。本章不仅揭示法律大模型构建的复杂性，还展示其在法律领域的无限潜力。让我们一同踏上这段旅程，见证法律与人工智能如何共同塑造一个更加智能、高效的法律服务新时代。

9.1 通用大模型与垂直大模型的区别

在人工智能领域，大模型通常指具有大量参数的机器学习模型，它们能够处理和理解复杂数据。通用大模型（General Large Model）设计用于处理广泛任务，如语言翻译、图像识别等。垂直大模型（Vertical Large Model）则是针对特定行业或领域定制的，在特定领域内具有更高的精度和效率。

通用大模型的优势在于其广泛的适用性，但它们可能无法深入理解特定行业的复杂性和细微差别。相比之下，垂直大模型专门针对法律行业的数据和需求进行训练，能够更好地应对法律领域的特定挑战。

9.1.1　通用大模型

1. 定义

通用大模型是为了广泛地应用而设计的。它们在大规模、多样化的数据集上进行训练，以获得广泛的知识基础和强大的泛化能力。

2. 特点

- ❏ 广泛适用性：能够处理多种语言和任务，如文本翻译、情感分析、图像识别等。
- ❏ 泛化能力强：在面对未知的数据时，能够做出较为准确的预测和响应。
- ❏ 资源需求高：需要大量计算资源来支持庞大的参数量和复杂的模型结构。

3. 应用场景

通用大模型能适用于各种场景，部分主流场景简要介绍如下：

- ❏ 自然语言处理：如 BERT、RoBERTa 等模型，通过深度学习技术，理解用户的查询意图，提供更精准、更个性化的搜索结果。
- ❏ 计算机视觉：用于图像的识别和分析。
- ❏ 广告推荐：通过分析用户的行为数据、兴趣偏好和搜索历史，为用户提供个性化推荐。
- ❏ 文学创作：利用 AI 生成大纲或剧情树、续写故事，提升写作效率，也可用于文笔润色加工。
- ❏ 音乐创作：基于文本提示快速创作个性化音乐，涵盖多种风格。
- ❏ 视频创作：一键生成视频，自动生成字幕和配音，简化制作流程。

9.1.2　垂直大模型

1. 定义

垂直大模型是专门为特定行业或领域定制的模型，这些模型在特定类型的数据上进行训练，以获得深入的专业知识和强大的性能。

2. 特点

- ❏ 领域专精：对法律术语、案例、法规等有深入理解，能够提供精准的法律分析和建议。

❏ 定制化服务：能够根据法律行业的特定需求进行定制和优化。
❏ 资源利用效率：与通用大模型相比，垂直大模型在特定任务上可能更加高效，因为它们专注于处理特定类型的数据。

3. 应用场景

垂直大模型依托于具体行业业务，这里列举一些可能具有商业前景的场景：
❏ 金融风控：如信用评分模型、欺诈检测模型，基于大量金融数据进行深度分析，预测潜在违约风险。
❏ 智能家居：用于语音识别和语义理解，实现更自然的人机交互。
❏ 法律审查：在法律领域应用的垂直大模型，具有合同审查和案情分析等功能。
❏ 医疗行业：如医疗咨询、体检报告分析、常见病症答疑等。不过请注意，医疗行业涉及较强的伦理和安全问题，在具体业务立项方面及内容输出安全问题上需要更加谨慎。

综上所述，通用大模型和垂直大模型在人工智能领域有着不同的应用场景和特点。通用大模型设计用于处理广泛任务，如语言翻译和图像识别，它们在多样化的数据集上训练，具有广泛的适用性和强大的泛化能力，但可能缺乏对特定行业的深入理解。相比之下，垂直大模型针对特定行业定制（如法律），通过专门训练以获得深入的专业知识，提供精准的分析和建议，通常更高效且资源利用更合理。

垂直大模型通常基于通用大模型，使用特定行业的数据进一步训练和优化，以适应行业特定需求。这种训练方法允许垂直大模型在保留通用大模型泛化能力的同时，增强对特定领域数据的理解和处理能力。

9.2 法律大模型的功能与架构

9.2.1 法律大模型的功能

法律大模型旨在提供一系列高级功能，以支持法律专业人士的工作。这些功能可能包括但不限于：
❏ 文档理解：自动解析法律文件，提取关键信息和条款。
❏ 案例匹配：分析法律案例数据库，快速找到相关的案例。
❏ 合同分析：评估合同的合规性，识别潜在的风险点。
❏ 法律咨询：提供基于人工智能的法律咨询和建议。

对以上需求具体做功能点提炼，大概可分为以下产品：

❑ 文书 / 合同起草：利用自然语言生成技术，根据用户需求自动创建法律文书或合同草稿，从而节省律师的起草时间。

❑ 合同审查：对合同内容进行深入分析，识别潜在的法律风险和不一致之处，确保合同的合法性和公平性。

❑ 案情分析：通过对案件事实和相关法律依据的分析，为用户提供法律评估和可能的策略建议。

❑ 法律咨询：提供 7×24 小时的自动化法律咨询服务，回答用户关于法律问题的基础咨询，涵盖多个法律领域。

❑ 类案检索：根据当前案件的特点，快速检索相似的历史案例和相关法律条文，为案件提供参考。

❑ 智能阅卷：自动化处理并分析大量案件卷宗，提取关键信息，辅助律师进行证据审查和案件准备。

9.2.2　法律大模型的架构设计

法律大模型的架构设计需考虑模型的可扩展性、效率和准确性。一个典型的法律大模型架构如图 9-1 所示。

对架构图的解析如下。

（1）数据层（Data Layer）

❑ 负责存储和管理大量法律文本数据，包括法律条文、案例、合同模板等。

❑ 确保数据的安全性、隐私性和可访问性。

（2）处理层（Processing Layer）

❑ 数据预处理模块包括文本清洗、命名实体识别（NER）、词性标注等。

❑ 解析和结构化法律文本，提取关键信息。

（3）模型层（Model Layer）

❑ 基于 Transformer 架构构建深度学习模型，通常用于处理语言的复杂性和上下文关系。

❑ 包含自注意力机制，能够捕捉长距离的依赖和模式。

（4）推理层（Inference Layer）

❑ 实现法律推理能力，模拟法律专家的思维过程。

❑ 应用法律规则和原则进行案例匹配与逻辑推理。

（5）服务层（Service Layer）

❑ 包括文书生成、合同审查、案情分析等具体法律服务。

❑ 将模型的输出转化为具体的法律建议或行动。

（6）应用层（Application Layer）

❑ 设计用户界面和API，以便法律专业人士能与模型进行交互。

❑ 提供定制化的法律服务与解决方案。

（7）合规性与伦理层（Compliance and Ethics Layer）

❑ 确保模型的输出符合法律和伦理标准。

❑ 包括偏见检测和纠正机制，以保障模型的公正性。

（8）反馈与学习层（Feedback and Learning Layer）

❑ 收集用户反馈，不断优化模型的表现。

❑ 通过持续学习机制，使模型适应法律领域的最新变化。

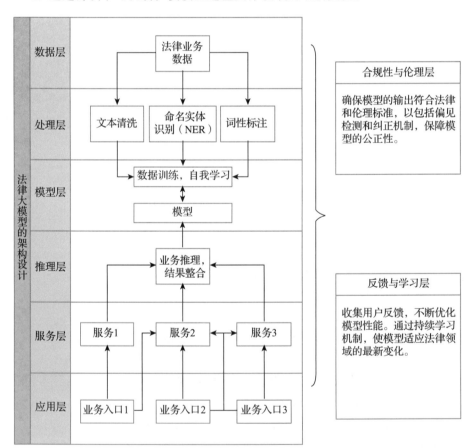

图 9-1　典型的法律大模型架构

当然，以上仅从业务理论的角度进行了分析。然而，从技术层面深入探讨，针对不同企业的体量和现有资源，可以灵活调整相应的技术架构。同时，在实际应用中，大模型也只是整个技术业务流程的一部分，需要更加复杂的技术框架与之相辅相成，才能得出更为理想的结果。AI 大模型与相关业务的技术结合方式如图 9-2 所示。

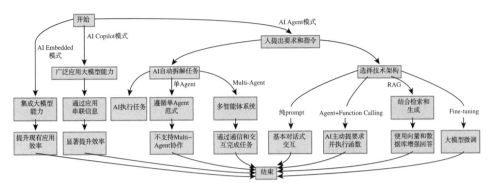

图 9-2　AI 大模型与相关业务的技术结合方式

对图中各种模式的介绍如下。

（1）AI Embedded 模式（嵌入模式）

在现有应用中，可以通过在某个环节中引入 LLM 的能力来提升效率。这种结合方式相对简单，通常用于流程中对某一段内容的总结或推理，或者只做内容展示。具体应用如客户服务聊天机器人，即在企业的客服系统中嵌入大模型，以自动回答常见问题，提升响应速度和客户满意度。

（2）AI Copilot 模式（副驾模式）

在应用中大量运用 LLM 的能力，用来组织信息流，并提升效率。这种结合方式较为高级，整个技术架构将 AI 的结果作为参数用于后续逻辑的使用。但需注意，AI 的结果在一定程度上不可控，因此在技术架构中必须充分预留应对该风险的机制。具体应用如编程辅助工具（如 GitHub Copilot），集成在开发环境中，根据代码上下文提供编程建议和自动补全代码。

（3）AI Agent 模式（代理模式）

1）单 Agent 系统：遵循单一智能体范式，不支持多智能体协作。

❑ 虚拟个人助理：如智能手机中的语音助手，遵循单 Agent 范式，执行设定任务，如设置提醒、搜索信息等。

❑ 自动邮件分类：在电子邮件系统中使用大模型自动分类和过滤垃圾邮件，减少用户处理邮件的负担。

2）Multi-Agent 系统：由多个智能体组成，通过相互通信与交互来完成任务。

❑ 智能调度系统：在物流或交通管理中，多个 Agent 协同工作，优化车辆路线和调度方案。

❑ 多角色对话系统：在客户服务场景中，多个 Agent 分别扮演不同角色（例如技术支持、销售顾问）与客户进行交互，提供综合服务。

9.3　法律大模型的构建方法与步骤

9.3.1　通用大模型的选型与准备

构建法律大模型的第一步是选择合适的基础通用大模型。这需要评估不同模型的性能、可定制性和兼容性。准备工作包括：

❑ 确定模型的规模和复杂性。

❑ 准备必要的硬件和软件资源。

❑ 准备模型训练所需的基本数据集。

最后，要确定工程预算。不管是硬件资源还是商业大模型，目前的费用相对较贵，再加上训练周期的维护消耗，确实是一笔不小的开销，需要量力而行。

9.3.2　大模型训练环境的准备

为了训练法律大模型，需要搭建一个稳定且高效的训练环境，准备工作包括以下几点。

1. 配置高性能计算资源

对于大模型而言，硬件资源配置至关重要。尤其是 GPU（图形处理器），它是支持大模型运行的主要硬件基础。以 5B（即 50 亿参数）规模的 LLM 为例，其基本运行至少需要 20GB 至 30GB 的 GPU 内存。若要实现流畅运行，建议配置的 GPU 内存不低于 40GB。对于更大规模、参数达到千亿级别的模型，则至少需要上百 GB 的 GPU 资源。

请注意，高性能计算资源的成本相对较高。下面参考某云服务商提供的报价来评估所需的具体费用，如图 9-3 所示。

这里笔者为大家做一个简单的计算。2024 年，家用计算机游戏级别显卡的最高型号是 RTX 4090，显存大约为 24GB，市价大约在 1 万元到 2 万元之间。工业级别、商业应用级显卡的显存我们按 100GB 计算，大概一台云服务器的月租金就得 25 000 元以上。如果想同时支持数万人在线使用，则至少需要几十台服务器，仅维护成本每年大约需要几百万元。

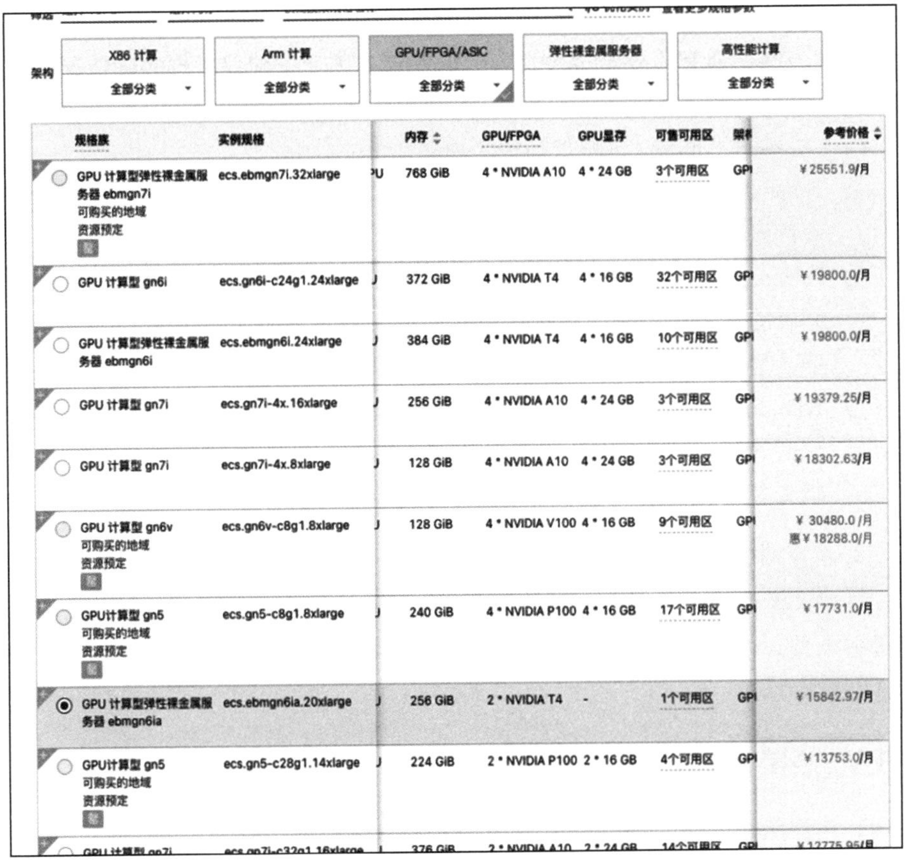

规格族	实例规格	内存	GPU/FPGA	GPU显存	可售可用区	参考价格
GPU 计算型弹性裸金属服务器 ebmgn7i 可购买的地域 资源预定	ecs.ebmgn7i.32xlarge	768 GiB	4 * NVIDIA A10	4 * 24 GB	3个可用区	¥25551.9/月
GPU 计算型 gn6i	ecs.gn6i-c24g1.24xlarge	372 GiB	4 * NVIDIA T4	4 * 16 GB	32个可用区	¥19800.0/月
GPU 计算型弹性裸金属服务器 ebmgn6i	ecs.ebmgn6i.24xlarge	384 GiB	4 * NVIDIA T4	4 * 16 GB	10个可用区	¥19800.0/月
GPU 计算型 gn7i	ecs.gn7i-4x.16xlarge	256 GiB	4 * NVIDIA A10	4 * 24 GB	3个可用区	¥19379.25/月
GPU 计算型 gn7i	ecs.gn7i-4x.8xlarge	128 GiB	4 * NVIDIA A10	4 * 24 GB	3个可用区	¥18302.63/月
GPU 计算型 gn6v 可购买的地域 资源预定	ecs.gn6v-c8g1.8xlarge	128 GiB	4 * NVIDIA V100	4 * 16 GB	9个可用区	¥30480.0/月 惠¥18288.0/月
GPU计算型 gn5 可购买的地域 资源预定	ecs.gn5-c8g1.8xlarge	240 GiB	4 * NVIDIA P100	4 * 16 GB	17个可用区	¥17731.0/月
GPU 计算型弹性裸金属服务器 ebmgn6ia	ecs.ebmgn6ia.20xlarge	256 GiB	2 * NVIDIA T4	-	1个可用区	¥15842.97/月
GPU计算型 gn5 可购买的地域 资源预定	ecs.gn5-c28g1.14xlarge	224 GiB	2 * NVIDIA P100	2 * 16 GB	4个可用区	¥13753.0/月

图 9-3　商业 GPU 计算型服务器大致报价（2024 年 7 月 31 日报价）

2. 安装和配置所需的机器学习框架及工具

（1）明确选择模型基座的策略

针对垂直大模型的训练，通常无须完全从零开始构建模型。我们可以在现有的通用大模型的基础上进行二次训练，以提高训练效率并利用其已有的智能基础。这一选择可以分为两种情况：

- 开源模型：这些模型通常免费使用，但可能规模较小，智能基础相对有限。
- 商业模型：尽管成本较高，但它们通常拥有更大的模型规模，开发商也会提供全面的售后服务。

在确定模型适用性时，可以参考如魔塔社区这样的资源库，例如 ModelScope 模型库。

注意，无论选择哪种模型，都需要考虑后续的机器成本和维护成本。这些费用可能相当高，通常需要至少数百万元的预算。因此，建议根据实际情况和资源能力，审慎决策。

（2）机器学习框架（这里仅列举几种最常用的）

❑ TensorFlow：由 Google 开发的开源机器学习框架，广泛用于研究和生产，支持多种深度学习模型的构建和训练。

❑ PyTorch：由 Facebook 的 AI 研究团队开发，因易用性和灵活性而受到研究者的青睐，特别适用于快速原型设计和复杂的神经网络研究。（上手简单，笔者推荐）

❑ Transformers：由 Hugging Face 提供，是一个包含多种预训练 Transformer 模型的库，如 BERT、GPT 等，这些模型可用于各种 NLP 任务，包括法律文本分析。

3. 建立训练过程的监控与优化机制

法律大模型相较于通用大模型具有更强的专业性，需要专业的指导意见不断地进行干预，以确保模型的整体效果朝着良好的方向发展。（具体内容将在 9.3.7 节详细讨论。）

9.3.3 法律大模型的数据准备

1. 构建法律大模型所需的数据类型和数据来源

训练法律大模型需要依赖多样化的数据来源，包括但不限于：

❑ 法律文书：包括合同、诉状、判决书等，提供了丰富的法律语言和案例细节。

❑ 法律新闻：报道最新的法律事件和裁决，有助于模型了解法律领域的最新发展。

❑ 论坛讨论：法律专业人士的讨论可以提供对法律问题的深刻见解。

❑ 法律条文：法律大模型理解法律框架的基础。

❑ 司法解释：对法律条文的具体应用和解释，对于模型的精确度至关重要。

❑ 已修正的训练数据：在训练过程中，选取一些良好的结果或人为修改后的结果进行反复多次训练，也会对模型的性能提升有很大帮助。

这些数据类型对训练模型至关重要，因为它们提供了模型所需的上下文和细节，以便理解和应用法律知识。

2. 数据预处理

数据预处理是确保数据质量的关键步骤，具体包括：

❏ 格式化数据以适应模型输入。

❏ 标准化文本，如统一日期和货币格式。

❏ 识别和处理文本中的噪声与异常数据。

3. 数据清洗

数据清洗的目的是去除数据集中的错误和不一致之处，包括：

❏ 删除重复记录。

❏ 纠正拼写错误和语法错误。

❏ 识别并移除不完整或无关的数据。

4. 数据标注

数据标注是指为模型训练提供指导的过程，包括：

❏ 标记法律概念和实体，如案件类型、法律术语等。

❏ 为案例匹配和文档分类任务创建标签。

9.3.4　法律大模型的训练

法律大模型的训练是一个复杂的过程，涉及多种学习方法和策略。选择合适的训练方法对模型的性能至关重要。以下是一些主要的训练方法及其在法律大模型中的应用。

1. 监督学习

监督学习是最常见的机器学习方法之一，特别适用于训练法律大模型。在这种方法中，模型通过大量的标注数据学习如何预测或分类法律文档。具体步骤包括：

❏ 数据标注：由法律专家或训练有素的标注人员对法律文本进行标注，标记出关键的法律概念与实体。

❏ 模型训练：使用标注数据训练模型，使模型能够识别和预测法律文本中的特定特征。

❏ 模型验证：使用验证集评估模型的准确性，确保其在未见数据上的表现。

2. 无监督学习

无监督学习是指模型在没有明确标签的情况下发现数据中的模式和结构。这对法律大模型尤为有用，因为法律文本可能包含大量未标记数据。无监督学习方

法包括:

- ❏ 聚类分析:将法律文档分组,使同一类中的文档在某些特征上相似。
- ❏ 主题建模:识别法律文本中的主题和概念。
- ❏ 降维技术:例如主成分分析(PCA),用于减少数据的维度并提取关键特征。

3. 强化学习

强化学习通过与环境进行交互来优化模型的决策过程。在法律大模型中,这种方法可以用于:

- ❏ 模拟法律决策:模型在模拟法律环境中做出决策,并根据结果进行学习。
- ❏ 优化法律策略:通过不断试错,模型学习如何在复杂法律环境中做出最佳决策。

4. 训练方法的选择

选择合适的训练方法取决于具体的应用场景和数据特性。

- ❏ 数据的可用性:如果有足够的标注数据,监督学习可能是最佳选择。
- ❏ 数据的复杂性:对于复杂的法律问题,可能需要结合多种学习方法,如监督学习和无监督学习结合。
- ❏ 实时性要求:强化学习可能更适合需要实时决策的法律应用,例如智能合约的自动执行。

9.3.5 法律大模型的推理

推理是法律大模型应用法律知识解决问题的核心过程。这一过程不仅要求模型对法律概念有深刻理解,还需要将这些概念应用于具体案例。推理过程通常包括以下几个方面:

- ❏ 问题理解:模型首先需要准确地理解用户输入的法律问题或文档内容,包括识别关键的法律要素和问题焦点。
- ❏ 法律知识检索:模型通过内部知识库或外部数据源,检索相关的法律条文、案例和原则。
- ❏ 逻辑应用:依据法律逻辑,模型将检索到的法律知识与具体问题相结合,进行逻辑推理和分析。
- ❏ 案例先例:模型在推理时会考虑历史判例和裁决,分析其对当前问题可能产生的影响。
- ❏ 生成输出:模型生成相关的法律意见、策略建议或决策支持,为法律专业人士或普通用户提供参考。

9.3.6　法律大模型的评估

评估是确保法律大模型性能和可靠性的关键步骤。评估过程需要全面而细致，以确保模型在实际应用中的表现。

- ❑ 评估指标的定义：依照模型的应用目标，定义合适的评估指标，如准确率、召回率、F1 分数、ROC-AUC 等。
- ❑ 性能测试：使用测试集对模型的性能进行测试，评估其在法律文本分类、案例匹配、文书生成等任务中的表现。
- ❑ 交叉验证：采用交叉验证等统计方法测试模型的泛化能力，确保模型在不同数据集上保持稳定的性能。
- ❑ 鲁棒性分析：评估模型在面对异常数据、模糊问题或复杂案例时的鲁棒性。
- ❑ 用户反馈：收集法律专业人士和用户的反馈，对模型的实用性和准确性进行主观评估。法律行业与面向广大消费者的行业（to C）存在显著差异，法律行业的从业人员和用户群体相对较小，但专业素质较高。在 to C 行业的模型校正中，我们可以通过页面浏览量（PV）、独立访客数（UV）和点击率等指标，结合大量用户行为数据来评估模型的效果。然而，这种方法在法律垂直领域的模型评估中并不适用，主要难点包括：由于用户基数较小，难以收集到足够的数据进行深入分析；法律领域的高专业性使得传统指标如 top 点击率等不再可靠。因此，依靠一定数量的资深业界人士的主观测评反而会更客观。

9.3.7　法律大模型的优化

优化是持续提升法律大模型性能的过程，涉及多个方面的策略和技术。

- ❑ 超参数调整：通过网格搜索、随机搜索或贝叶斯优化等方法，调整模型的学习率、批次大小、层数等超参数，以找到最佳的模型配置。
- ❑ 模型架构改进：根据性能评估结果，改进模型架构，如增加或减少层次深度、调整网络宽度等。
- ❑ 特征工程：通过特征选择和特征构造，增强模型对法律文本的理解和分析能力，如命名实体识别和情感分析。
- ❑ 数据增强：采用数据增强技术，如文本的合成、变换等，增加训练数据的多样性，从而提高模型的泛化能力。

❑ 集成学习：通过集成学习方法，结合多个模型的预测结果，以提升整体性能和鲁棒性。

❑ 持续学习：在模型部署后，通过持续学习机制，让模型不断从新的数据和反馈中学习，以适应法律领域的发展和变化。

9.3.8 法律大模型的部署

部署法律大模型是将经过充分训练和测试的模型集成到实际应用环境中的关键步骤。这个过程不仅涉及技术实现，还需要考虑用户体验和安全性等多个方面。

❑ 可扩展性设计：确保模型在用户数量增加时仍能保持性能，利用分布式计算资源或云服务来满足可能的扩展需求。

❑ 维护性考虑：设计模型更新和迭代的流程，确保可以方便地更新法律知识库，并调整模型参数以适应法律环境的变化。

❑ 用户接口的开发：开发直观且易用的用户界面，使法律专业人士无须深入了解技术细节，即可便捷地使用模型。

❑ 个性化服务定制：提供定制化服务选项，使用户能够根据自己的具体需求，调整模型输出的详细程度或特定功能。

❑ 资源预估与分配：根据预测的用户数量、请求频率和数据量，合理分配计算资源，确保服务的响应速度和稳定性。

❑ 网络优化：确保网络基础设施能支持高并发请求，实现负载均衡和故障转移，提高服务的可靠性。

❑ 网络安全措施：实施网络安全策略，包括数据加密、访问控制、安全认证等，以保护用户数据和防止未经授权的访问。

❑ 反爬虫策略：部署反爬虫机制，通过行为分析和请求频率限制等手段，防止自动化工具滥用和垃圾请求。

❑ 合规性与伦理考量：确保模型的部署和使用符合相关的法律法规及伦理标准，尤其是数据保护与隐私方面的规定。

❑ 监控与日志记录：建立监控系统以跟踪模型的性能和使用情况，并记录日志以便于问题排查和行为分析。

❑ 用户反馈机制：建立用户反馈渠道，收集用户对模型性能、功能和用户体验的反馈意见，以便不断改进服务。

❑ 灾难恢复计划：制定灾难恢复计划和备份策略，应对可能的系统故障或数据丢失等情况。

❑ 持续性能评估：定期对模型进行性能评估，确保其在实际应用中能够持续满足既定的准确度和效率要求。

9.4 关键挑战及其解决方案

9.4.1 法律专业知识处理的挑战

1. 挑战

❑ 复杂性：法律知识涵盖众多复杂的概念、术语和原则，对模型的理解能力提出了较高要求。

❑ 动态性：法律环境是不断变化的，新的法规、司法解释和案例经常出现，需要模型能够适应变化。

2. 解决方案

❑ 数据集的持续更新：定期收集和整合最新的法律文献、法规更新和司法案例，以保持数据集的时效性。

❑ 法律专家合作：与法律专业人士合作，定期进行审查和反馈，以确保模型能够准确理解和应用法律概念。

❑ 模块化设计：将模型模块化，使其在法律领域有新发展时，可以快速更新特定模块而无须重新训练整个模型。

❑ 持续学习机制：引入持续学习框架，使模型能够从新数据中学习，不断适应法律环境的变化。

9.4.2 结果准确性的挑战

1. 挑战

❑ 准确性要求高：法律领域对于结果的准确性要求极高，任何小错误都可能导致严重后果。

❑ 多样性和模糊性：法律问题通常具有多样性和模糊性，模型需在各种情况下都能提供准确解答。

2. 解决方案

❑ 严格的数据管理：从数据收集、清洗到标注，实施严格的质量控制流程，确保训练数据的准确性和高质量。

❑ 增强模型训练：采用先进的训练技术，如对抗性训练和多任务学习，提高模型对法律文本的理解和生成内容的准确性。

❑ 用户反馈机制：建立有效的用户反馈机制，收集用户对模型输出准确性的评价，并以此进行模型的迭代优化。

❑ 集成专家系统：将法律专家的知识以规则形式集成到模型中，形成混合智能系统，提高模型解答复杂法律问题的准确性。

❑ 交叉验证与广泛测试：通过交叉验证与广泛测试，评估模型在不同场景下的准确性，并有针对性地进行调整和优化。

❑ 透明度和可解释性：提升模型的透明度与可解释性，使用户能够理解模型的决策过程，从而更信任模型的输出。

法律大模型的应用是人工智能技术在法律领域的重要体现，在提高法律服务效率、降低成本、增强决策支持等方面发挥着重要作用。

法律领域常见的商业业务应用大致有以下几种：文书/合同起草、合同审查、案情分析、法律咨询、类案检索、智能阅卷等。这几种业务的具体原理及应用在前面几章已重点描述，这里笔者不再赘述。

第 10 章　*Chapter 10*

法律大模型与 RAG

在现代法律行业中，人工智能技术正在引领一场革命，大模型（LLM）和 RAG（Retrieval-Augmented Generation）技术成为其中的核心创新。这些技术不仅提升了法律文本处理的效率和准确性，还开辟了全新的应用场景，从法律检索、咨询到文本生成，极大地促进了法律服务的智能化和高效化。这一趋势不仅展示了科技在法律领域的巨大潜力，也为未来法律服务的变革提供了重要方向。

本章深入分析了传统搜索技术的局限性和 RAG 技术的优势，介绍了 RAG 的工作流程和实现步骤，并展示了如何构建和优化法律大模型。此外，最后两节还提供了具体的法律文本自动生成和案例分析与法律查询的实用方案，旨在为法律从业者提供高效、准确的技术支持。

10.1　大模型与 RAG 技术概览

10.1.1　从传统搜索到 RAG

无论是法律还是其他行业，搜索都是人们生活中的一个非常基础的需求，渗透到了生产生活的方方面面。如图 10-1 所示，检索技术经历了分类检索、文本搜索、向量搜索以及大模型问答等阶段。在早期，真正的搜索技术问世之前，检索内容通常依靠分类管理。当时的检索效率非常低，并且能够检索的数据规模也很小，直到基于倒排索引技术的关键词检索技术出现，才引发了一场革新，推动了整体搜索效率的提升。倒排索引实现了秒级至毫秒级的响应速度，可以在大规模数据上快速查找反馈。

图 10-1　检索技术的演进

然而，这种基于关键词匹配的技术在本质上存在一些缺点。首先，它的搜索范围局限于文本搜索领域，无法处理图片、视频等多媒体信息。其次，它也不能很好地理解用户的搜索语义。例如，搜索"小汽车"和"小轿车"这两个词——在关键字比较的维度上，它们被认为是不同的，因此检索结果也不同。后来出现的向量化技术很好地解决了语义理解的问题。

1. 倒排索引

一种高效的数据结构，用于快速查找包含特定关键词的文档。它广泛应用于信息检索系统和搜索引擎中，以提高检索效率和速度。倒排索引将文档和关键词的映射关系进行了逆转，形成从关键词到文档的映射，从而快速定位包含特定关键词的文档集合。

2. 向量化

向量化技术可以将文字和图片、视频等多媒体信息的特征提取出来，形成多维向量。通过在向量空间中计算这些向量之间的距离关系，比如欧式距离、余弦相似度等，可以判断两个内容之间的相关性。这样不仅扩大了搜索范围，也能够在语义上寻找相关性。

到此为止，这仍然属于传统搜索的范畴。因为在用户提出一个问题之后，返回的仍是结果列表。用户需要在这个结果列表中自己进行分析总结，最终得到想要的答案，整体效率仍然较低，而实际上人们更希望搜索的反馈能够直接给出问题的答案。

如今，大模型已经可以从非常庞大的数据中搜索与我们问题相关的内容，并进行总结提炼，从而非常好地回答我们的问题。企业非常希望将该技术进一步应用到实际生产中。然而，在实践过程中，我们发现仍然存在种种障碍。这就是RAG技术出现的原因，它可以作为一个桥梁，帮助我们更好地解决知识的匹配搜索问题。

10.1.2　RAG 的概念

RAG（Retrieval-Augmented Generation）是一种将检索与生成相结合的技术。它利用检索模型从大量文档中找到相关信息，再结合生成模型对这些信息进行处理和生成回答。这种方法能够显著提升回答的准确性和相关性，特别是在处理包含丰富背景知识的复杂问题时。而在法律行业，将法律知识与 RAG 结合进行法律检索和咨询也是非常合适的。

那有人会问，大模型也可以解决问题、给出回答，为什么不直接使用大模型呢？

我们知道，大模型是一个预先训练好的模型，这也带来了一些问题：在训练完成时，模型所学习和接纳的知识就停留在了那个时刻，之后发生的事情以及相关知识它可能就无法理解。此外，大模型检索的是一些公开的信息，基本上是基于互联网公共数据的，对于垂直领域的知识则在专业性和全面性上有所缺失。

RAG 技术提供了一种方案，使企业可以将本地的一些专业知识提交给大模型，不需要投入大量计算资源进行重新预训练，就能让大模型更好地回答专业领域的各种问题。

10.1.3　RAG 的应用

RAG 主要用于提升生成模型在生成文本时的准确性和丰富性，用途广泛，以下是一些主要应用场景。

（1）问答系统

❑ 信息检索：RAG 可以从大量文档中检索与用户问题相关的段落或句子。

❑ 答案生成：基于检索到的信息，生成模型可以生成更准确和详细的答案。

（2）对话系统

❑ 上下文增强：在对话过程中，RAG 能够实时检索与当前话题相关的信息，使生成的对话内容的上下文关联性更强，信息量更大。

（3）文档生成

❑ 内容丰富性：在生成长篇文档时，RAG 能够不断检索相关资料，使生成的文档内容更加丰富多样。

（4）推荐系统

❑ 个性化推荐：根据用户的查询与偏好，RAG 可以生成个性化的推荐内容，提升用户体验。

（5）知识库问答

❑ 精准回答：对于企业内部或公共知识库，RAG 可以通过检索相关文档，提供更精确和专业的回答。

（6）教育和学习

❑ 辅助学习：学生可以通过 RAG 获取与学习内容相关的详细信息，辅助理解和掌握知识。

结合信息检索和生成技术，RAG 能够在确保生成文本具有连贯性和创造性的同时，大幅提升信息的准确性和实用性。这使得 RAG 在需要高信息密度和准确度的应用场景中，具有明显的优势。

10.1.4 RAG 的技术原理

RAG 结合了信息检索和文本生成两种技术，以提高回答问题的准确性和相关性，主要分为以下两个方面。

第一，当用户询问一个问题时，RAG 系统会先从大量文档中找到与该问题相关的内容。这个过程类似于搜索引擎的工作方式：系统会在数据库中检索相关的信息，例如找到几段与问题相关的文本。

第二，RAG 将这些检索到的文本和问题一起传递给生成模型。这个生成模型是一个已经经过大量训练的语言模型，类似于我们常见的智能助手。它会根据这些相关文本和问题生成一个更准确、更有针对性的答案。

这种结合使得 RAG 不仅能找到相关的信息，还能生成连贯、详细的回答。这对于需要大量背景知识的复杂问题特别有用，比如法律咨询、医疗诊断等。简而言之，RAG 通过先找到信息再生成答案的方式，使回答更准确、更有深度。以上是对 RAG 技术原理的简单概述，下面将深入探讨 RAG 的技术细节。

1. 基础 RAG 技术

基础 RAG 技术流程：首先将文本分割成若干块；然后使用 Transformer Encoder 模型将这些文本块转化为向量，存储到索引数据库中；最后创建一个大模型指令，控制生成模型（LLM）根据我们在搜索步骤中找到的上下文回答用户的查询。在实际应用中，我们会使用相同的 Encoder 模型将用户的查询转化为向量，然后基于该查询向量在数据库中进行搜索，并与索引进行相似度匹配，找出最相关的前 n 个结果，再从数据库中提取相应的文本块，并将其作为上下文输入生成模型进行处理。基础 RAG 的工作原理如图 10-2 所示。

2. 高级 RAG 技术

高级 RAG 技术与基础 RAG 技术在整体流程上基本一致，都是利用信息检索和文本生成技术完成最终的问题回答。然而高级 RAG 技术在具体实现流程中做了更为细致的处理，如：在处理用户查询阶段增加了查询转化（Query Transformation），在数据检索阶段增加了融合检索或混合检索（Fusion Retrieval），在原始文档向量化过程中增加了分层或摘要索引（Summary Index），在得到相关数据后又增加了重排序处理（Reranking Postprocessing）。

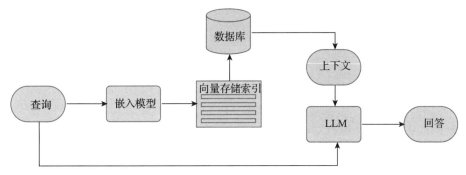

图 10-2　基础 RAG 的工作原理

图 10-3 展示了高级 RAG 的工作原理。

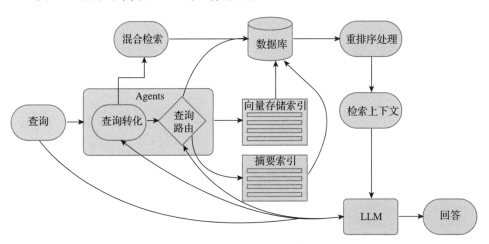

图 10-3　高级 RAG 的工作原理

高级 RAG 的工作流程总结如下。

1）数据索引：将原始的知识数据分割成块，然后使用 Transformer Encoder 模型将这些文本块转化为向量存储到索引数据库中；同时对数据进行摘要概括提取，采用相同方式将这些文本块转化为向量存储到索引数据库中。

2）数据检索：指用户提出一个问题后，系统使用一个 LLM 指令对查询进行转换，并利用大语言模型作为推理引擎，对用户输入进行调整的一系列技术，目标是把用户问题和知识语义对齐以及提升检索的质量。接着，使用一个 LLM 指令让大模型生成查询路由，即查询摘要还是具体的文本向量或者是其他。最后，根据查询路由对向量数据库进行搜索，并与索引进行相似度匹配，找出最相关的前 k 个结果。

3）数据重排序：根据一定的排序算法对步骤 2）中的数据结果集进行重新排序。

4）答案生成：创建一个 LLM 指令，控制生成模型（LLM）根据搜索步骤中找到的上下文来回答用户的查询。

10.2　法律知识的结构化与 RAG

在法律领域，知识的结构化对于提高法律信息检索和处理的效率至关重要。结构化法律知识是指将法律法规、裁判案例、相关实务文章等以系统化和规范化的方式组织和表示出来。这种结构化的处理不仅使得检索更加便捷和高效，还能显著地提升信息的利用率和准确性。

结构化法律知识对于 RAG 的实现至关重要。RAG 是一种将检索与生成相结合的技术，通过从大量文本中检索相关信息，生成符合需求的内容。结构化的法律知识库可以显著提高 RAG 系统的性能，使其能够更准确地定位和提取所需的法律信息，从而为用户提供更高质量的法律服务。

10.2.1　结构化法律知识的构成

- ❑ 法规：效力级别、地域、时效性、发文机关、发文时间、施行时间、标题、编、章、节、条、款、项，以及引用法规、法条、法条沿革。
- ❑ 案例：案由、法院、地域、案件类型、审理程序、标题、法院认为、裁判结果、引用法条等。
- ❑ 实务文章：发布时间、标题、正文、引用法规法条、引用案例等。

10.2.2　结构化方法和技术

- ❑ 信息抽取：利用自然语言处理技术从法律知识中提取结构化信息，例如法规知识中的标题、条款等，以及裁判案例中的当事人、案由、法院认为等。常用的技术手段包括命名实体识别（NER）、关系抽取和基于规则的分段提取等。
- ❑ 索引、向量化：对法律相关知识进行关键词提取和索引，并对法律相关知识进行向量化特征提取和存储。

❑ 知识图谱：对存在联系的知识进行实体识别和关系抽取，并以图的方式表示这些知识的内在联系。

10.3　RAG 技术的实现过程

在 10.1.4 节，我们介绍了 RAG 技术的工作原理以及 RAG 系统的工作流程。基于 RAG 的工作流程，RAG 技术的实现通常包括以下几个步骤。

1）数据准备：收集大量的法律法规、裁判案例以及实务文章，对这些数据进行清洗、标注、分段、标准化和向量化。

2）检索模型训练：使用预先标注的数据来训练检索模型，使其能够根据输入的查询高效地找到相关的文档。

3）生成模型训练：通过在大量法律文本上进行训练，生成模型可以具备生成高质量文本的能力。常见的生成模型包括 GPT 系列、BERT 等。

4）RAG 系统集成：将检索模型和生成模型集成到一个系统中。系统接收到查询后，先使用检索模型找到相关文档，再将这些文档输入生成模型处理，生成最终回答。

5）性能优化：通过多次测试与调整，优化 RAG 系统的性能，确保其能够快速、准确地回答法律问题。

10.4　法律文本的自动生成

法律文本自动生成技术融合了先进的自然语言处理技术和人工智能技术，为法律行业带来了革命性的工具。这项技术能够自动撰写法律文件和文本，包括但不限于合同、法律意见书、诉讼文件等，极大地简化了法律文档的创建过程。

传统的法律文本编写不仅耗时，而且要求极高的准确性和对法律术语的精确运用。为了克服这些挑战，基于大模型和 RAG 技术的自动生成功能被开发出来。这一功能通过深度学习模型理解法律语言的复杂性，并根据用户的具体需求，智能生成结构化和规范化的法律文本。

通过减少人工干预，这项技术不仅提升了文档生成的速度，还提高了文本的准确性和一致性。法律专业人士可以利用该技术提高工作效率，将更多的时间和精力投入需要专业判断的法律分析与策略制定中。自动生成的法律文本结合了专业知识库和实时更新的法律数据，确保内容的合法性和适用性，为法律行业提供了高效、可靠的文档解决方案。

第 5 章探讨了法律文本自动生成技术在具体业务场景中的应用，本节则主要从技术实现的角度分析法律文本自动生成技术的技术架构、技术流程及具体实现。

10.4.1 法律文本自动生成的技术架构

法律文本自动生成技术采用了分层架构模型，自上而下分为应用层、逻辑层、模型层、数据层，如图 10-4 所示。

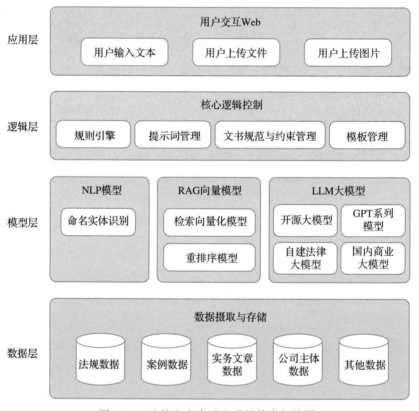

图 10-4 法律文本自动生成的技术架构图

1. 应用层

在用户输入方面，应用层是法律文本自动生成的前端界面，为用户提供了一个直观、易用的交互环境。通过表单、模板选择、文件上传、图片上传、文本输入等功能，使用户能够便捷地输入定制化需求。同时，应用层还包括安全性和合规性校验功能，对用户输入信息进行校验。

在系统输出方面，应用层展示了法律文本自动生成的结果，提供预览、下载、手动修正和生成历史记录展示等功能。

2. 逻辑层

在法律文本自动生成中，逻辑层扮演着核心角色。它负责处理应用层接收到的用户输入，执行业务逻辑，并与模型层交互，以生成法律文本。逻辑层主要包含规则引擎、提示词管理、文书规范与约束管理以及模板管理四个部分。

（1）规则引擎

规则引擎是法律文本自动化中的一个关键组件，负责实现和应用法律逻辑与规则。

（2）提示词管理

提示词管理是法律文本自动生成中的一个关键功能，涉及管理和优化用于生成文本过程中的提示词，记录提示词的版本与迭代，并保证提示词变更的可追溯性。

（3）文书规范与约束管理

文书规范与约束管理是法律文本自动生成中的一个关键环节，它确保生成的法律文档遵守特定的格式、风格和法律要求，主要包括格式规范、结构规范、引用准确性和语言风格等。

（4）模板管理

对法律文书模板进行管理，功能包括：模板创建、模板存储、模板分类、模板更新、模板复用等。

3. 模型层

在法律文本的自动生成过程中，需要使用传统的 NLP 模型进行命名实体识别，识别用户输入中的法律实体，如法官、案由等；使用 RAG 技术实现法律相关数据的摄取，RAG 技术会使用向量化模型和重排序模型；最终使用 LLM 生成法律文书。

4. 数据层

数据层主要涉及法规数据、案例数据、实务文章数据、公司主体数据以及少量的网络公开数据。

10.4.2　法律文本自动生成的技术流程

如图 10-5 所示，我们将主要讲述法律文本自动生成的技术流程。

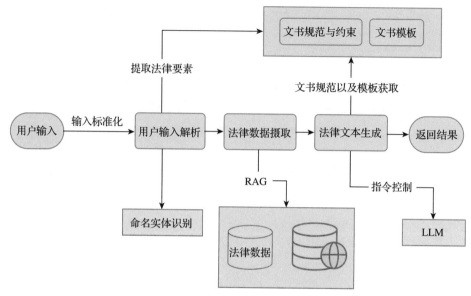

图 10-5 法律文本自动生成的技术流程

1. 用户输入

用户输入是法律文本自动生成过程的开始。用户通过一个设计直观、易于操作的界面提交他们的法律文本需求。这可能包括合同的草拟、法律意见书的编写或诉讼文件的制作。用户可以通过文本输入、文件上传、模板选择等方式提供信息。系统支持各种文件格式，如 TXT、PDF、Word 文档等，以及图片格式，如 JPEG、PNG 等。此外，用户还可以通过表单输入特定的法律参数或案件详情。同时，系统对用户输入进行安全性和合规性校验，确保用户输入的信息符合法律和数据保护标准，为后续的文本生成打下坚实的基础。

2. 用户输入解析

用户输入解析是将用户提交的信息转换为系统能够理解和处理的数据格式的过程。在这一阶段，系统首先对输入的文本内容进行标准化处理，以消除格式不一致或非结构化数据带来的障碍。接着，系统使用自然语言处理技术，如分词、词性标注和句法分析，来理解文本的语义结构。此外，命名实体识别（NER）技术被用来识别文本中的法律实体，如人名、地点、法律术语等。解析结果将提取出关键的法律要素，为法律文本的生成提供必要的信息输入。最后，系统根据文书规范与约束过滤用户的输入内容，确保用户输入内容与生成文书的必要要素匹配，排除无用的干扰信息。

3. 法律数据摄取

法律数据摄取是检索和收集与用户需求相关的法律信息的过程。这包括法律法规、案例判例、实务文章和公司信息等。系统使用先进的信息检索技术，如向量空间模型和搜索引擎算法，以确保数据的相关性和准确性。此过程主要使用 RAG 技术对法律数据进行搜索摄取。此外，系统还可能应用机器学习算法，根据用户的历史输入和反馈，进行个性化的法律数据推荐。摄取的法律数据将为法律文本的生成提供丰富的背景信息和依据，确保生成的文本内容合法、准确且具有权威性。

4. 法律文本生成

法律文本生成是整个自动生成流程的关键阶段。在该阶段，系统综合解析用户输入得到的关键信息、摄取法律数据得到的背景信息以及从模板管理中获取的文书规范，通过大语言模型（LLM）生成法律文本。系统采用 RAG 技术，结合检索到的法律数据和用户输入，生成文本草案。然后，通过规则引擎和文书规范与约束管理，确保文本的合法性和格式的正确性。生成的法律文本将通过应用层展示给用户，用户可以预览、下载或手动修正。此外，系统还提供生成历史记录展示功能，使用户能够追踪文本生成的过程和版本迭代。

10.5 案例分析与法律查询

法律从业者在日常工作中频繁地进行案例分析和法律查询。然而，传统的查询和分析方式不仅耗时费力，还容易出错。为提高效率和准确性，我们利用大模型和 RAG 技术，帮助法律从业者快速、准确地进行案例分析和法律查询。本节将详细介绍这一功能的实现流程和主要技术。案例分析与法律查询的工作流程如图 10-6 所示。

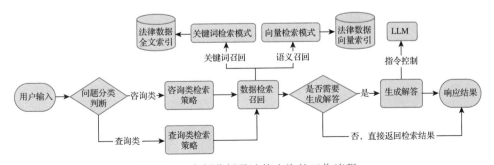

图 10-6 案例分析及法律查询的工作流程

用户输入查询请求，系统首先会根据输入内容判断问题类别（查询类或咨询类），之后在数据检索时采取相应的检索策略。查询类问题通过全文索引技术，利用关键词快速检索法律数据，而咨询类问题则通过全文索引 + 向量语义召回的模式来检索相关的法律数据。系统将检索到的法律数据利用 LLM 配合指令进行深入分析，生成精准的法律分析内容。在确定用户需求后，如果问题已有明确答案，系统会直接返回检索结果；若需进一步分析，则通过指令控制生成详细解答。

10.5.1 问题分类

问题分类是案例分析与法律查询流程的首要步骤。用户提出查询请求后，系统利用自然语言处理技术分析输入内容，并识别问题的性质。问题被分为查询类和咨询类。查询类问题通常寻求具体的法律信息或数据，而咨询类问题则可能需要更深入的法律分析或建议。分类结果决定了后续检索策略的选择和执行路径，以确保系统能够以最合适的方式响应用户的法律需求。以下是关于问题分类的举例分析。

- ❏ 问题 1："AI 创造属于抄袭吗？著作权属于谁呢？"这很明显是一个咨询类问题，需要更加复杂的检索、处理、分析流程。
- ❏ 问题 2："查找民法典中关于离婚的法条"，这是一个典型的查询类问题，只需匹配相关法条即可，无须进行深入分析和解答。

10.5.2 检索策略的生成

根据问题分类的结果，系统生成相应的检索策略。对于查询类问题，系统采用全文索引技术，快速定位包含关键词的法律文档或条文。此方法侧重于速度和精确度，以迅速提供用户所需的信息。对于咨询类问题，系统则结合全文索引和向量语义召回，以更全面地检索相关法律数据，确保提供更丰富、更深入的法律信息。检索策略的生成是流程中的关键环节，直接影响检索结果的相关性和准确性。

下面以 10.5.1 节中提及的问题 1 和问题 2 为例，分析各自的检索策略。

1. 问题 1 的检索策略分析

- ❏ 检索范围：案例数据、法规数据、实务文章数据。
- ❏ 检索方式：关键词全文索引模式检索 + 向量方式语义检索。为什么涉及两种检索方式呢？因为问题 1 中"抄袭"和"著作权"这两个关键词的辨识度很高，采用关键词全文索引模式检索会匹配高质量的法规数据；而向量方式语义检索则注重内在的语义逻辑。因此，二者结合会产生很好的"化学反应"。

2. 问题 2 的检索策略分析

❑ 检索范围：法规数据
❑ 检索方式：关键词全文索引模式检索。由于用户的意图非常明确，因此系统只需在法规数据中匹配《中华人民共和国民法典》中有关离婚的法条即可。

10.5.3　法律数据检索

在检索策略指导下，系统开始检索法律数据。查询类问题通过关键词检索迅速定位信息，而咨询类问题则通过结合全文索引与向量索引的语义召回模式，检索出更为相关的法律数据。系统利用先进算法，如向量空间模型和自然语言处理技术，提高检索的准确性与覆盖面。检索到的法律数据为后续的法律分析和答案生成提供了基础。

10.5.4　生成答案

在法律数据检索完成后，系统进入答案生成阶段。检索得到的法律信息被输入 LLM 中，LLM 在此扮演核心角色，不仅处理和分析数据，还根据预设的指令模板进行智能决策。对于复杂咨询类问题，模型会启动深度分析，综合考虑法律数据和相关指令，构建详尽的法律分析和建议。

LLM 的高级功能，如自然语言理解和模式识别，使其能够捕捉到法律文本的细微差别，并在生成的答案中反映这些细节。此外，该模型还具备学习和自我优化的能力。随着时间的推移，它能够根据用户的反馈和新的法律数据，不断改进答案的质量。

最终，系统生成的答案不仅基于全面的法律分析，还融入了智能技术以提高响应速度和准确性。这一流程的智能化显著提升了法律查询的整体效率，同时确保法律从业者能够将时间和精力集中在更为复杂的法律问题上。

下面是一个 LLM 指令控制法律咨询问题生成答案的简单示例，真实场景下通常会使用更加复杂的指令集。这个示例仅说明指令的控制方式，不作为真实场景讨论。

以问题 1 为例，LLM 的指令示例如下：

❑ 角色：你是一个法律咨询专家，你非常擅长法律问题的分析与解答。
❑ 目标：你需要依据 [法律参考数据] 中的相关法律数据，回答我提出的 [法律问题]。结果以文本的方式输出。
❑ 法律参考数据：提取 10.5.3 节检索到的法律数据。
❑ 法律问题：AI 创造属于抄袭吗？著作权属于谁呢？

第 11 章 *Chapter 11*

法律 AI Agent 的设计

在第 9 章中，我们简要提到了 AI Agent 的应用。本章将详细介绍法律 AI Agent 的概念及其相关延伸。

在法律的严谨世界中，人工智能的介入如同一股清风，吹拂着传统法律服务的边界。随着技术的进步，法律 AI Agent 不再只是科幻小说中的概念，而是现实世界中法律专业人士的得力助手。本章将深入探讨法律 AI Agent 的设计哲学、历史脉络以及效果评估的科学方法。

在本章中，我们不仅揭示法律 AI Agent 如何成为法律行业的变革者，还将展现其在提高法律服务质量、效率和可访问性方面的潜力。让我们一同开启这段旅程，见证 AI 在法律领域中大放异彩。

11.1 法律 AI Agent 的发展历史

AI 大模型的"Agent"概念通常指一个能够独立执行任务、做出决策，并与环境进行交互的智能体。在 AI 领域，Agent 可以是聊天机器人、个人助手、推荐系统或者其他形式的自动化服务，它们能够理解用户的指令或需求，并提供相应的响应或服务。

法律 AI Agent 的发展历史是一个逐步演进的过程，从最初的简单工具到现代的复杂系统。以下是其发展的主要阶段。

1. 早期探索

❑ 专家系统：最初的法律 AI Agent 可以追溯到专家系统的发展。这些系统通过模拟专家的决策过程来提供建议，但仅限于特定领域的简单任务。

❑ 文档检索：在法律领域，早期的 AI 应用主要集中于文档检索系统，帮助法律专业人士快速找到相关法律文件和案例。

2. 技术突破

❑ 自然语言处理（NLP）：随着 NLP 技术的进步，法律 AI Agent 开始能够理解和处理自然语言文本，从而提供更复杂的分析和建议。

❑ 知识管理：法律知识管理成为法律 AI Agent 发展的关键。通过构建和维护法律知识库，Agent 能够提供更准确的法律信息和建议。

3. 现代发展

❑ 深度学习：深度学习技术的引入极大地提升了法律 AI Agent 的能力，使其能够处理更复杂的法律问题并提供更深入的分析。

❑ 多模态处理：现代法律 AI Agent 不仅能处理文本数据，还能够处理图像、音频等多种数据类型，以提供更全面的法律服务。

❑ 个性化服务：通过机器学习和用户行为分析，法律 AI Agent 可以提供个性化的法律建议和服务，以满足不同用户的需求。

4. 应用场景扩展

❑ 法律咨询：法律 AI Agent 在提供法律咨询方面发挥着重要作用，能够快速响应用户的法律问题，并提供初步的法律建议。

❑ 合同管理：在合同管理领域，法律 AI Agent 能够自动审查合同条款，识别潜在风险和不合规问题。

❑ 案件预测：通过分析历史案例和法律数据，法律 AI Agent 能够预测案件结果，为法律策略的制定提供支持。

5. 未来趋势

❑ 集成化：未来的法律 AI Agent 将更加集成化，并与其他法律技术工具（如电子发现系统、法律文档管理系统）结合，提供一站式的法律服务。

❑ 伦理与合规：随着 AI 技术的发展，伦理与合规问题也日益突出。未来的法律 AI Agent 需要在设计与应用中更加注重伦理与合规，确保其服务符合法律和道德标准。

11.2　法律 AI Agent 的设计方法和步骤

法律 AI Agent 的设计是一个多学科融合的过程，涉及法律知识、人工智能技术、人机交互设计等多个方面。以下是法律 AI Agent 的设计方法和步骤。

（1）用户界面设计

❑ 交互性：界面应支持用户的自然交互，包括语音、文本和图形等多种交互方式。

❑ 可访问性：确保不同能力和背景的用户都能使用，包括为视力或听力障碍者提供辅助功能。

❑ 个性化：允许用户根据个人偏好和工作流程自定义界面布局与功能。

（2）知识库构建

❑ 结构化：将法律知识以结构化形式存储，以便检索和更新。

❑ 动态更新：设计机制以实时或定期更新知识库，反映最新的法律动态。

❑ 多源整合：整合多种来源的法律数据，包括官方文档、学术文章和案例数据库。

（3）算法与模型开发

❑ 深度学习：使用深度学习技术处理和分析大量法律文本数据。

❑ 自然语言理解：开发高级 NLP 技术，使 Agent 能够理解复杂的法律语言和概念。

❑ 推理能力：集成逻辑推理算法，使智能体能够进行法律逻辑推演和案例分析。

（4）适应性与灵活性

❑ 模块化设计：采用模块化架构，便于用户根据不同法律领域的需求进行定制和扩展。

❑ 上下文感知：让 Agent 能够理解并适应不同的法律情境和用户需求。

❑ 用户反馈学习：通过用户反馈不断优化 Agent 的性能。

（5）伦理与合规性考量

❑ 透明度：确保 Agent 的决策过程是透明的，使用户能够理解其建议的依据和来源。

❑ 数据保护：遵守数据保护规定，对用户数据进行加密和安全存储。

❑ 偏见和公平性：定期审查和测试 Agent，以避免偏见，确保提供公平无歧视的服务。

（6）性能和可靠性

❑ 鲁棒性：确保 Agent 能够在面对错误输入或异常情况时仍然稳定运行。

❑ 错误处理：设计有效的错误处理机制，当 Agent 无法提供准确答案时能够给出适当的反馈。

❑ 性能监控：实时监控 Agent 的性能，及时发现并解决问题。

（7）扩展性和维护性

❑ 技术栈选择：选择可扩展的技术架构，以支持 Agent 的长期发展和升级。

❑ 文档和社区：提供充足的开发文档和用户指南，建立用户与开发者社区，促进知识共享与问题解决。

（8）跨学科协作

❑ 法律与技术的结合：鼓励法律专家与技术人员紧密合作，确保 Agent 的设计既符合技术发展又满足法律实务的需求。

❑ 持续教育：为法律专业人士提供关于法律 AI Agent 使用的培训和教育资源。

11.3 法律 AI Agent 的设计与应用实例

本节我们以 AlphaGPT 法律咨询为例，说明如何结合 AI Agent 设计一款法律咨询的应用实例。

正所谓"兵马未动，粮草先行"，商业应用一定要以用户的核心需求为导向，所以前期要做好需求调研。例如，用户有哪些问题，期望什么样的结果，怎样的操作界面和操作流程更符合用户的审美和使用体验等。

同时，技术方面也要同步做好调研。为达到理想效果，需要考虑以下事项：所需资源的数量、模型的选型、是否有专业评测标注团队、所需训练数据的量级，以及数据来源等。

综合考虑和调研后，我们逐步梳理出一张咨询检索流程图，如图 11-1 所示。

通过这张流程图，我们来看看具体要做哪些工作。

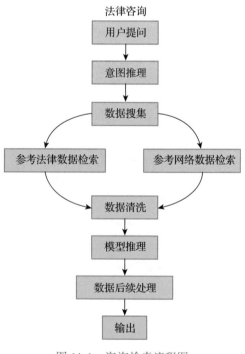

图 11-1 咨询检索流程图

11.3.1 用户提问与界面设计

我们首先要根据实际调研设计一个用户界面，如图 11-2、图 11-3 所示。搜索界面应尽量简洁，色调明亮，核心功能和内容的位置要突出。

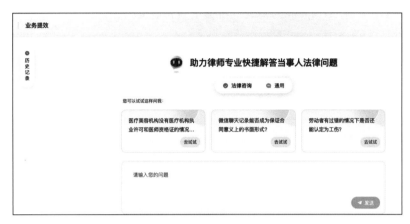

图 11-2　法律咨询界面 1

医疗美容机构没有医疗机构执业许可和医师资格证的情况下对客户进行了医疗美容服务的应该如何处罚？

法律咨询　内容已生成 ✅ 2024-08-27 18:01:26 　　　　　　　　　　　　 ⬇ 导出报告

结论：

对于未取得《医疗机构执业许可证》及医师资格证而进行医疗美容服务的机构，应当依照现行法律法规进行处罚。具体措施包括责令停止执业活动、没收违法所得及相关药品器械，处以罚款，严重者还可追究刑事责任。

分析：

在处理未获得医疗机构执业许可和医师资格证而提供医疗美容服务的机构时，应当综合考虑《医疗美容服务管理办法（2016修订）》 现行有效 、《医疗机构管理条例实施细则（2017修正）》 现行有效 、《中华人民共和国医师法》 现行有效 等相关法律法规的规定，以及司法实践中的相关案例。

首先，根据《医疗美容服务管理办法（2016修订）》第二十三条 现行有效 和第二十八条 现行有效 的规定，任何单位和个人未取得《医疗机构执业许可证》不得开展医疗美容服务。否则将会依据《中华人民共和国医师法》 现行有效 、《医疗机构管理条例》 现行有效 等规定予以处罚。这意味着，未经批准开展医疗美容服务的机构，将面临根据上述法律法规规定的处罚 ① ② 。

其次，根据《医疗机构管理条例实施细则（2017修正）》第七十七条 现行有效 的规定，对未取得《医疗机构执业许可证》擅自执业的，责令其停止执业活动，没收非法所得和药品、器械，并处以三千元以下的罚款；存在特定情节的还将责令其停止执业活动，没收非法所得和药品、器械，处以三千元以上一万元以下的罚款。《中华人民共和国医师法》第五十九条 现行有效 也同样明确规定了对非医师行医的处罚措施，包括责令停止非法执业活动，没收违法所得和药品、医疗器械，并处以违法所得二倍以上十倍以下的罚款。

从司法实践的角度来看，案例 [（2020）鲁04刑终65号] 中，张某某在未取得医师资格证书、也未取得医疗机构执业许可证的情况下，开办美容医疗机构并为他人实施美容手术，其行为构成未经批准擅自开办医疗机构和非法行医，因此受到了相应的行政处罚。

图 11-3　法律咨询界面 2

11.3.2 意图推理、数据收集、数据清洗和知识构建

问题解答不能空穴来风，需要依赖专业的知识库进行训练和参考。如图 11-4 所示，Alpha 大数据拥有业界最全面、最权威、最庞大的知识库体系，使得 AlphaGPT 在法律 AI Agent 的实现上占据了领先地位。

图 11-4　Alpha 大数据知识库

有了庞大且专业的知识库，无论是进行模型训练还是检索数据参考，具体实现上都会方便许多。当然，如果没有自己的知识库，我们也可以通过其他途径解决。例如，通过商业合作购买，或在合法前提下抓取一定量的网络数据，都是较为可行的方式。

11.3.3 模型推理

问题的解答主要依靠模型自身的能力，通常有两种解决方式：

❑ 如果对效果要求不高，主要用于实验和学习，可以直接购买一定量的商业模型 token，通过调用 API 进行推理。但请注意，这种方法无法进行模型的后续训练，而且一旦效果不佳，接下来的调优工作也比较困难。

❑ 对于效果要求较高的企业用户而言，最好选择自研模型。模型基座选型和训练事项在第 9 章已有详细说明，此处不再赘述。

11.3.4 数据后续处理和其他注意事项

为了给用户提供更好的交互展示体验,我们还需要对最终结果做一些处理,例如对相关段落进行飘红处理、插入关键条文的超链接、生成检索报告等。

此外,模型推理结果存在一定的不可控性。考虑到相关政策对互联网信息的规定及一些伦理问题,我们需要对一些敏感数据进行处理。这可以通过多种方式实现,例如通过商业 API、人工审核团队校正等方式。

11.4 传统法律工具与法律 AI Agent 的使用对比

本节内容对比了传统法律工具和法律 AI Agent 的区别。由于法律相关业务工具较多,我们以 AlphaGPT 类案检索为例,简要对比新旧两种方式下的检索使用体验和结果。

例如,我们要查询该问题的相关类案:"标前合同与中标合同不一致时,以何为准,如何确定结算"。

1. 传统检索

在传统检索方式下,如果我们直接查询,大概率是没有结果的,如图 11-5 所示。因此,在检索时,用户需要首先在高级检索中对问题进行分词分析,如图 11-6、图 11-7 所示。查询结果的质量与用户的指令密切相关,如果结果不理想,还需要反复调整指令。更加烦琐的是,由于法律业务的专业性,用户难以在较短时间内准确判断检索结果是否符合需要,阅读查询结果又会浪费大量时间。

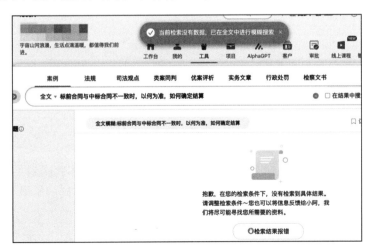

图 11-5 传统类案检索 1

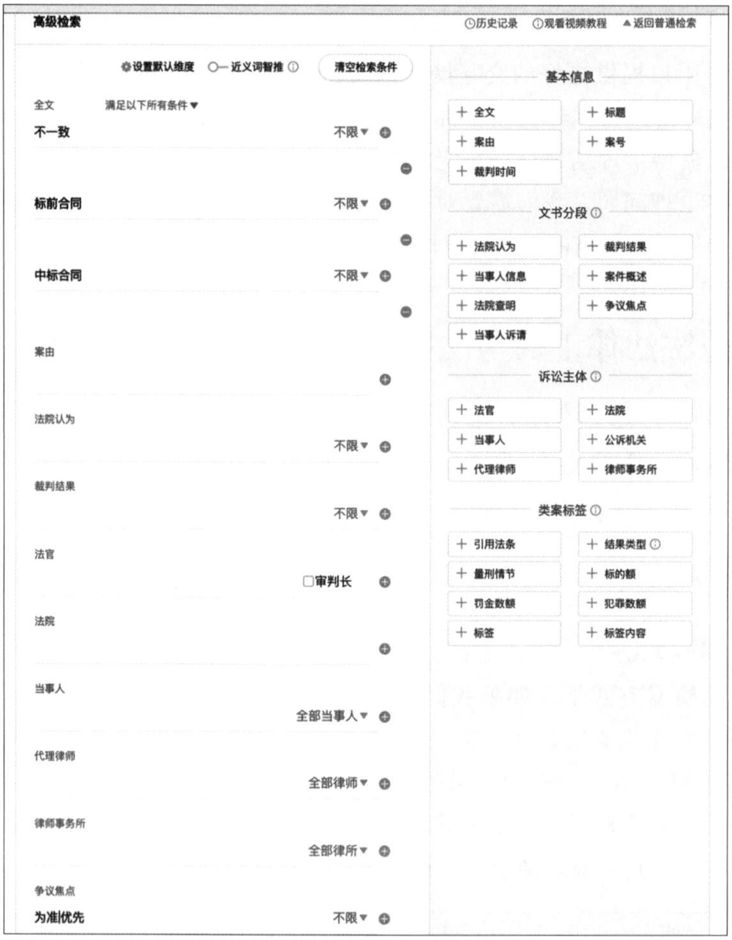

图 11-6 传统类案检索 2

当然，这对 Alpha 资深用户来说自然是比较简单的，但是对于大多数普通用户来说，使用门槛还是很高的。他们可能会期望另一种更加简便、准确且适合自己的检索方式。

2. AI Agent 检索

结合了法律 AI Agent 的类案检索模式后，新手的使用体验得到了大幅提升。如图 11-8 所示，用户只需直接输入问题，就可以得到相对准确的结果。每条结果中标注了相关命中段落，用户可以快速判断是不是自己所需的类案。此外，类案综述也会总结法院的观点，提供专业的参考建议。这种结合 AI Agent 的技术模式大大降低了用户的操作门槛，并提升了检索效率。

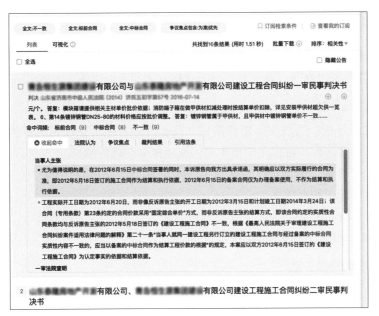

图 11-7　传统类案检索 3

图 11-8　AI Agent 类案检索

11.5　如何评估法律 AI Agent 的效果

评估法律 AI Agent 的效果是一个多维度、多阶段的过程，涉及技术、法律、用户和社会等多个方面。以下是详细的评估方法和考虑因素。

1. 准确性评估

❑ 案例分析：通过实际案例测试 Agent 的分析能力，评估其提供的法律建议的准确性。可以采用历史案例或模拟案例进行测试。

❑ 专家评审：邀请法律专家对 Agent 的输出结果进行评审，评估其法律分析的深度和准确性。

❑ 对比分析：将 Agent 生成的分析结果与人类律师生成的分析结果进行对比，评估二者的一致性和差异性。

2. 用户满意度评估

❑ 问卷调查：设计涵盖详细问题的问卷，收集用户对 Agent 的易用性、帮助程度、响应速度等方面的反馈。

❑ 用户访谈：通过一对一访谈，深入了解用户的需求和使用体验，获取更详尽的用户满意度信息。

❑ 用户行为分析：分析用户与 Agent 的交互行为，评估用户对 Agent 的依赖程度和使用频率。

3. 效率评估

❑ 任务完成时间：记录用户在使用 Agent 前后完成任务所需时间的差异，评估 Agent 在提升工作效率方面的效果。

❑ 自动化程度：评估 Agent 在自动化法律流程中的作用，例如合同审查和案件分析，计算其对工作流程的影响。

4. 可靠性评估

❑ 压力测试：在高负载情况下测试 Agent 的性能，确保其在高需求时仍能稳定运行。

❑ 异常管理：评估 Agent 在遇到异常输入或错误数据时的应对能力，确保其在各种情况下都能提供可靠的服务。

5. 合规性评估

❑ 法规遵循性：检查 Agent 的决策过程和输出结果是否符合现行法律法规，确保其合法合规。

❏ 伦理标准：评估 Agent 是否遵循行业伦理标准，例如隐私保护和偏见预防，确保其符合社会伦理要求。

6. 持续学习与适应性评估

❏ 反馈循环：建立机制，使 Agent 能够根据用户反馈和新数据进行自我优化，并评估其自学习和适应新法律知识的能力。
❏ 更新频率：评估 Agent 知识库和算法的更新频率与效果，确保其能够及时反映最新的法律变化。

7. 技术性能评估

❏ 系统资源使用：评估 Agent 运行时对计算资源的占用情况，如 CPU、内存和存储，确保其在资源使用上高效。
❏ 扩展性测试：测试 Agent 在不同规模和复杂度的法律任务中的扩展能力，评估其在大型法律项目中的适用性。

8. 经济性评估

❏ 成本效益分析：评估 Agent 的使用成本与带来的效益，如时间节省、错误减少和工作效率提升，计算其经济性。
❏ 投资回报率：计算使用 Agent 的长期投资回报率，评估其经济可行性和价值。

9. 社会影响评估

❏ 就业影响：评估法律 AI Agent 对法律行业就业的长期影响，分析其对法律专业人士工作方式的改变。
❏ 普及度调查：了解法律 AI Agent 在法律行业的普及程度和接受度，评估其在社会中的接受和应用情况。

10. 安全性评估

❏ 数据安全：确保 Agent 在处理敏感法律数据时的安全性，评估其数据加密和保护措施。
❏ 系统防护：评估 Agent 对外部攻击和内部漏洞的防护能力，确保系统的安全性和稳定性。

11. 多维度综合评估

❏ 平衡计分卡：从财务、客户、内部流程和学习与成长四个维度，使用平衡计分卡方法综合评估 Agent 的效果，确保全面考虑各方面的影响。
❏ 关键绩效指标（KPI）：设定并跟踪关键绩效指标，如用户满意度、案件处理速度、建议采纳率等，用于评估 Agent 的整体表现。

第五部分 *Part 3*

不可忽视的新兴法律服务领域

　　随着人工智能技术的飞速发展，我们正站在一次前所未有的科技革命的门前。AI不仅在改变我们的日常生活，也在深刻影响社会的各个方面。然而，正如任何一项革命性技术一样，AI的发展同样伴随着一系列挑战和问题。

　　首先，著作权归属问题尤为棘手，AI创作作品的版权归属尚无明确界定，这不仅关系到创作者的利益，更影响整个创意产业的发展。同时，AI在提供服务时收集的个人数据，其安全性和隐私保护问题也日益受到关注。数据泄露和滥用不仅侵犯个人隐私，还可能引发社会信任危机。更令人担忧的是，深度伪造技术的发展，使得虚假信息的制造和传播变得更加容易，对社会秩序和安全构成了严重威胁。面对这些挑战，中国、欧盟、美国等国家和地区已经开始采取行动，探索解决方案，例如，通过立法明确AI作品的著作权归属，加强对个人数据的保护，以及制定相关法律法规来打击虚假信息和深度伪造技术。然而，这些措施仅是初步的，对于未来可能出现的新问题，我们还需要更多的思考和准备。为了确保AI技术能够成为推动社会进步的积极力量，我们需要深入理解AI技术的本质和发展趋势，具备前瞻性思维。我们需要预测可能出现的问题，并制定相应的策略和措施，只有这样，我们才能确保与AI的和谐共生，让AI技术成为推动社会进步的积极力量，而不是潜在威胁。

第 12 章

AI 引发的新型法律问题

技术的飞速发展往往会促进生产力的变革，在大幅提升效率、优化生活质量的同时，也带来诸多挑战。人工智能，特别是生成式人工智能的广泛应用，让生活方式、工作模式及社会结构经历着前所未有的变化。然而，这种变化也伴随着潜在的法律问题，比如著作权问题、数据安全、个人隐私保护以及虚假信息和深度伪造问题等。这些问题常常超出现有法律的规范与解释范畴。法律具有天然的滞后性，难以迅速契合快速变化的社会环境。成文法国家依赖详尽的条文规范行为，面对新兴技术问题可能覆盖不全或不够明晰；判例法国家虽能以先例指导新问题的解决，但判例积累耗时且并非所有问题都能在历史判例中找到答案。本章将聚焦这些法律问题展开探讨。

另外，在正式展开本章的内容之前，需首先明确两个问题。第一个问题是本章聚焦的人工智能（AI）类型。本章特别关注那些展现出较高自主性和创造性的生成式人工智能系统。这些系统不仅能够理解和学习，还能够基于已有知识生成全新的内容，如文本、图像、音频或视频。通过先进的算法和大量的数据训练，它们可以创造出前所未有的作品，在艺术创作、产品设计、科学研究等领域具有巨大的应用潜力。本章并不涵盖非生成式人工智能，如语音识别、图像分类、推荐算法等特定任务的智能系统。第二个问题是，本章所述的著作权和版权为同一概念，只是在国外一些法域的法律规定或国际条约中，版权是更常用的术语。

12.1　AI 生成物的著作权问题

12.1.1　AI 创作与人类创作的界限与区别

AI 创作与人类创作的主要区别体现在创意生成和情感表达两个方面。

1. 创意生成方面的差异

（1）创作过程对比

AI 的创作以大量的训练数据和算法模型为支撑。它不断分析海量的文本、图像、音乐等数据，从中提取特征和模式，进而生成新的作品。其创作过程高效快速，但缺乏真正的情感和深度。而人类创作源自创作者的个人经验、情感、知识和想象力。创作者们通过用心观察生活中的人和事，对各种问题进行深入思考，细腻地感受情感的波澜，从而获取灵感的火种。随后，他们凭借自身的创造力，将灵感逐步转化为具体的作品，这个过程漫长而充满挑战，需要不断地思考、尝试和修改，以追求完美的表达。

（2）创意来源对比

AI 的创意主要来源于其所学习的数据。它通过数据分析和模式识别，生成新的创意组合。然而，这种创意往往受到数据的限制，容易出现重复和缺乏深度的问题。人类创作者的创意来源更加广泛和多样，除了个人经验和知识外，还包括文化传统、社会环境、历史事件等。人类的情感、价值观和独特的思维方式也为创意的产生提供了丰富的源泉。人类创作者能够从不同的角度看待问题，创造出富有深刻内涵和具备独特个性的作品。

（3）创意表现形式对比

AI 创作的作品在表现形式上往往具有一定的规律性和固定模式。由于其作品是基于算法生成的，所以在风格、色彩、构图等方面可能会出现相似性。人类创作的作品则更加富有个性和情感表达。创作者可以使用不同的艺术手法和表现形式，传达自己的思想和情感。人类作品的风格各异，每一件作品都带有创作者独特的印记。

2. 情感表达的差异

（1）情感表达机制比较

AI 创作的情感表达主要依赖于算法和数据。通过对大量文本、图像、音乐等数据的学习，AI 可以识别和模拟某些情感模式。例如，一些 AI 音乐生成软件可以根据特定的情感标签生成相应的音乐作品。然而，这种情感表达是基于数据统计和模式识别的，缺乏真正的情感体验和理解。人类创作的情感表达则是基于创作者的个人情感体验和认知。创作者基于自己的生活经历、情感波动、思考感悟等获得情感素材，然后运用各种艺术手段将这些情感表达出来。人类创作者能够真正感受到情感的复杂性和多样性，从而在作品中传达出更加深刻和真实的情感。优秀的作者可以通过文字将情感有效传达给读者，使读者的心绪随着文字的流动或起或伏。

（2）情感来源区别

AI 的情感来源主要是数据中的情感标签和模式。它通过学习大量带有情感标注的数据来理解和模拟不同的情感状态。然而，这种情感来源是间接的，缺乏真正的情感深度和主观性。人类创作者的情感来源非常广泛和丰富。它可以来自个人的生活经历、人际关系、社会环境、文化传统等。人类的情感是真实的、主观的，并且具有深刻的内涵和意义。人类创作者能够将自己的情感与他人的情感产生共鸣，从而在作品中传达出更加普遍和深刻的人类情感。

（3）情感表现效果差异

AI 创作的作品在情感表达上往往具有一定的局限性。由于其情感表达基于算法和数据，所以可能出现情感单一、缺乏变化和深度的问题。此外，AI 创作的作品也难以引起观众真正的情感共鸣，因为观众很难感受到作品中的真实情感。相比之下，人类创作的作品在情感表达上更加丰富和深刻。创作者可以通过各种艺术手段，如语言、色彩、音乐、表演等，将自己的情感生动地传达给观众。观众能够在作品中感受到创作者的真实情感体验，从而产生共鸣和感动。人类作品的情感表达具有更高的艺术性和感染力。

综上所述，人类创作的灵感源自丰富的生活体验、复杂的情感变化以及深邃的思想探索。这些创作背后的支撑是作者对世界的独特看法和深刻理解。相比之下，AI 的创作过程更依赖对大量数据的分析和学习，通过算法对已有信息进行重新组合和加工来生成内容。尽管 AI 能够创造出看似新奇的作品，但这些创意在很大程度上基于其训练数据集内的模式重组，缺乏人类跨越现有信息的真正创新能力。

另外，人类作品之所以动人，很大程度上是因为它们能够深刻表达作者的情感、态度和观点。这些情感元素使得作品具有感染力和吸引力，能够引起读者的共鸣。而 AI 作品，尽管在某些方面能够模仿人类的情感表达，但由于缺乏真正的情感体验和生活感悟，其情感表达往往显得机械和生硬。AI 难以理解和模拟人类复杂的情感变化，也无法在作品中融入个人的情感色彩。

随着 AI 创作的普及，伦理问题也逐渐浮现。著作权、原创性和责任归属等问题成为人们关注的焦点。同时，AI 创作的可解释性也变得越来越重要，人们希望了解 AI 是如何创作出特定作品的，这有助于增强他们对 AI 创作的信任和接受度。

12.1.2　AI 生成物是否构成著作权法语境下的作品

AI 生成物能否成为著作权法意义上的作品，是一个复杂的议题，且针对此议题的学术观点仍在不断发展中。目前，不同国家和地区对此有不同的解释和实践。

1. 国内学术观点的碰撞

《中华人民共和国著作权法》第三条规定："本法所称的作品，是指文学、艺术和科学领域内具有独创性并能以一定形式表现的智力成果。"判断 AI 生成物是否构成著作权法语境下的作品，首要问题就是判断 AI 生成物是否具有独创性。

现行著作权法并未明确规定"独创性"这一法律概念的具体内涵，而是由法官在具体案件中根据作品定义条款进行解释。关于 AI 生成物是否具有独创性，学界主要有主观和客观两种标准。

客观标准是指只要 AI 生成物具备作品的外观就具有可版权性，而无须考察创作的过程。[一]主观标准的核心是，独立创作的过程是著作权法客体的必然要件。作品的诞生基于创作主体的独立创作过程，主体的创作过程使得创作对象被打上了主体的烙印，形成了独特的风格和特色，从而与其他对象区分开来。[二]从主观标准进一步延伸，还有学者认为构成著作权法语境下的作品必须是人创作出来的，否则将有违著作权法的立法精神，而人工智能生成物不是人类的创作成果。[三]包括 ChatGPT 在内的人工智能生成的内容也是如此，因为该内容也并非人的创作成果，人工智能也不可能受到著作权法的激励，因此人工智能生成的内容不属于受著作权法保护的作品。[四]在前述观点之外，还有学者提出，人工智能生成内容是人机混同的智力成果，应考虑个案的不同情景，只有生成内容能达到作品的独

[一]　"猕猴自拍案"经常会作为这一标准 / 观点的反面案例，如果依据独创性的客观标准，猕猴拿着自拍杆拍摄的照片也具有独创性。

[二]　参阅《人工智能生成内容的著作权客体性思考——兼论作品判定的独创性标准选择》，发表于《北京航空航天大学学报（社会科学版）》2024 年第 2 期，作者为杨利华、王诗童。

[三]　参阅《再论人工智能生成的内容在著作权法中的定性》，发表于《政法论坛》2023 年第 4 期，作者为王迁。

[四]　参阅《ChatGPT 生成的内容受著作权法保护吗？》，发表于《探索与争鸣》2023 年第 3 期，作者为王迁。

创性要求，才可构成作品。

2. 国内现有司法实践——国内首例 "AI 文生图" 案

在由北京互联网法院审理的著作权侵权案件 "国内首例 'AI 文生图' 著作权侵权案" 中，原告使用开源软件 Stable Diffusion，通过生成式人工智能技术输入提示词生成了涉案图片。该案具有重要的司法实践意义，并入选 2024 中国数字经济发展与法治建设十大重大影响力事件。

该案中，法院在论述涉案图片是否属于受《中华人民共和国著作权法》保护的作品时，认为从涉案图片的外观上来看，其与通常人们见到的照片、绘画无异，显然属于艺术领域，具有一定的表现形式；从涉案图片本身来看，其体现出与在先作品存在可以识别的差异性；从涉案图片的生成过程来看，其体现了原告的选择、安排和个性化表达。有关图片生成过程的论述是本案最大的亮点，法院认为，原告通过输入提示词、设置相关参数，获得了第一张图片后，继续增加提示词、修改参数，不断调整、修正，最终获得涉案图片，这一调整修正过程体现了原告的审美选择和个性判断。

从法院的论述来看，北京互联网法院似乎更倾向于认为 AI 是人类的创作工具。人类向 AI 下达的操作指令体现了人类的选择和安排，而 AI 生成物是人类利用 AI 这一工具创造的作品（需满足独创性标准）。换言之，仅从这个案例看，AI 生成物能够构成著作权法语境下的作品。

当然，该判决在作出后引发了社会的广泛讨论。法院没有论述人类的指令需要详细到何种程度，以及人类的智力活动对最终的 AI 生成内容的贡献度达到何种水平，才能体现人类的智力活动与 AI 生成物之间的直接因果关系。换言之，由生成式 AI 所生成的内容一方面受模型算法的影响，另一方面也受用户输入的指令、提示词等的影响，是否仅在用户输入作为主导因素的情况下才能认定人类作者的独创性？如果是，此种 "主导" 的标准又是什么？

3. 国际观点

关于 AI 生成物是否构成著作权法 / 版权法意义上的作品，国际上的观点似乎在以下层面具有相似之处：大都强调人类智慧或人为干预对最终 AI 生成物的贡献程度。

《国际知识产权保护协会（AIPPI）2019 伦敦决议》关于 "人工智能生成物的版权问题" 专题指出："AI 生成物只有在其生成过程中有人类干预，并且该生成物符合受保护作品应满足的其他条件（即独创性）的情况下，才能获得版权保护。对于生成过程中无人类干预的 AI 生成物，其无法获得版权保护。" 值得一提的是，

决议同时指出 "AI 生成物不应仅仅因为其是人类创建的 AI 系统的输出内容而获得版权保护"。

在美国，美国版权局曾明确表示，著作权法仅适用于人类创作的作品，拒绝了一项由 AI 系统生成的虚拟艺术作品的著作权登记申请。《美国版权局惯例汇编》（第 3 版，2021 年 1 月）第 313.2 条规定："《版权法》所保护的是作者的原创作品（original works of authorship），成为作者的前提是作品必须是由人类创作的。"美国版权局同时指出："版权局也不会注册由机器或单纯的机械过程而无任何人类作者创造性投入或者干预的作品。"美国版权局亦强调人类作者干预程度的重要性。

在英国，《1988 版权、设计和专利法案》第 9 条第（2）项规定："对于计算机生成（Computer Generated）的文学、戏剧、音乐或艺术作品，作者应被视为为创作该作品进行必要安排的人。"

也就是说，根据英美等国家以及相关知识产权组织的观点，AI 生成物并未被一刀切地排除在著作权法 / 版权法的保护之外，重点在于人类创作或人类干预对最终 AI 生成物的创造性表达贡献的程度。当 AI 生成物缺乏 "人" 这一要素时，也就无须继续探讨独创性问题，更无须探讨著作权法 / 版权法的保护问题。

结合本节前述的全部讨论，如果在个案中认为 AI 生成物构成著作权意义下的作品，那么接下来的问题就是 AI 生成物的著作权归属问题。对于该问题，目前并没有统一的定论。关于将著作权归属于人工智能的所有者、研发者还是使用者，目前意见尚未统一。此问题将继续引发下一节关于 AI 生成物作者的讨论。

12.1.3　AI 是否能成为受法律保护的作者

在探讨 AI 能否成为受法律保护的作者之前，我们需要先考虑一个更为基础的问题，即 AI 是否具有法律人格。

美国、加拿大出台的相关法案中都出现过 "电子代理人" 概念，而在欧盟的立法中更是出现了 "电子人" 概念。这些法案在一定程度上赋予了人工智能法律上的人格。甚至，"独立的法律人格说" 认为人工智能有独立的意识，能够进行独立的判断，已经摆脱了人的控制。这些观点在学界引发了广泛的争议和讨论。尽管如此，目前的主流观点仍认为人工智能仅能作为客体存在而无法作为主体存在，否则将极大地侵犯世界各国现行的 "以人（自然人和法人）为本" 的法律体系，并且违背人工智能为人类服务的目标。人工智能是在人的控制下运行的，是人的能力的延伸物。它本身没有内源性的行为能力，也没有内源性的权利能力。从意识、行为能力和责任能力方面来看，人工智能无法成为法律关系中的主体，因为它不具有人类的意识、行为能力和责任能力。

我们现在回到 AI 的作者主体性问题。结合人工智能的发展程度，至少在目前的法律体系之下，不具有法律意义上的权利能力、行为能力和责任能力的人工智能，并不具备法律上的主体资格，就更谈不上著作权法意义下的作者。根据《中华人民共和国著作权法》第二条规定，受中国著作权法保护的客体包括中国公民、法人和非法人组织的作品，以及在满足一定条件下的外国人和无国籍人的作品。也就是说，我国著作权法规定的作者是指自然人。

如前所述，如果缺乏人类的创造性投入、人类的干预、人类的主导，AI 生成物将不会被认定为著作权法语境下的作品。从这个逻辑再进一步推理，通过人机合作生成的内容，如果具有独创性并构成作品，作者也只能是人类。各家观点的区别在于这个人是谁，是算法的研发者、算法的使用者、指令的发送者，还是其他主体。

12.1.4　AI 生成物的著作权侵权问题及应对措施

1. AI 生成物为何会引发著作权侵权问题

（1）未经作者授权的数据训练

生成式人工智能的快速发展对传统版权法构成了深刻挑战，这不仅因为其具有强大的内容生成能力，还因为人工智能生成内容版权的解释复杂，以及大型人工智能系统的"黑箱"本质。

AI 的训练是一个复杂的资源密集型过程，需要大量的数据来"喂养"算法，使其能够学习并模拟人类的决策过程。这些数据集通常来自互联网、公共数据库以及各种数字媒体，涵盖了文本、图片、音频和视频等内容。然而，这些内容中很多都是受著作权法保护的原创作品，其使用需要获得原作者或著作权人的明确授权。

在未经授权的情况下使用这些作品进行 AI 训练，不仅可能侵犯原作者的版权，还可能引发一系列法律和道德问题。例如，如果一个 AI 系统在训练过程中使用了未经授权的音乐或文学作品，那么一旦该系统被用于商业目的，就可能面临版权诉讼和巨额罚款。此外，这种行为还可能损害公众对 AI 技术的信任，使公众认为 AI 的发展是以牺牲创作者权益为代价的。

（2）"黑箱"问题

AI 的"黑箱"特性指的是其内部工作机制的不可见性和不可解释性，这一点在深度学习模型中尤为显著。深度学习模型通过复杂的神经网络结构进行训练，这些网络由成千上万的参数和层级构成，它们在训练过程中会自动调整以优化性能。尽管这些模型在图像识别、语言处理等任务上表现出色，但它们如何从输入数据中学习并做出决策，对于人类来说仍是一个谜。

这种不透明性导致了多个层面的问题。首先，当 AI 生成的内容与受著作权保护的作品相似时，由于缺乏对 AI 决策过程的理解，很难确定这种相似性是源于对原创作品的直接复制还是只是算法的巧合。这使得判断 AI 生成内容是否构成侵权变得极为复杂。其次，AI 的黑箱本质也给监管带来了挑战。监管机构和法律专家难以评估 AI 系统是否遵守了著作权法，因为他们无法完全理解 AI 是如何生成特定内容的。这种不确定性可能会阻碍对 AI 侵权行为的有效监管和法律规制。最后，AI 的不可解释性还可能影响著作权的归属问题。如果一个 AI 系统生成了一个新作品，那么这个作品的著作权应该归属于谁？是 AI 的开发者、训练数据的提供者，还是 AI 系统本身？在当前的法律框架下，这些问题还没有明确的答案。

（3）技术措施的局限性

技术措施的应用似乎能够预防和减少侵权行为的发生，但这种旨在预防和减少侵权行为的技术措施同样具有局限性。

AI 在创作过程中生成的内容通常具有高度的复杂性和多样性，这使开发者难以预测和控制所有可能的侵权情况。例如，即使开发者设置了过滤系统来识别和排除已知的受著作权保护的作品，AI 仍可能通过学习这些作品的特征，创造出新的、与原作品相似的衍生内容，从而引发潜在的侵权问题。此外，AI 的黑箱特性进一步增加了技术措施的局限性。由于 AI 的决策过程不透明，开发者和监管者难以准确评估这些技术措施是否真正有效，以及它们是否能够在不同情境下提供一致的保护。这种不确定性可能导致技术措施的实施效果与预期目标之间存在偏差。

2. AI 生成物的著作权侵权类型

（1）抄袭现有作品

AI 的学习能力使它能够迅速吸收和分析大量数据，包括受著作权保护的文学作品、学术论文、新闻报道等。如果 AI 在生成新内容时，过度模仿某一特定作品的语言风格、叙事结构或特定表达，就可能构成抄袭。例如，AI 写作工具生成的文章如果与某位作者已发布的文章在段落结构和用词选择上高度相似，甚至出现整句或整段的复制，就构成直接抄袭。这种抄袭行为不仅侵犯了原作者的著作权，还损害了其原创性和劳动成果。

（2）未经授权的改编

AI 在音乐、电影、戏剧等领域的应用，可能涉及对现有作品的改编。AI 可以通过算法对音乐旋律进行变调、对剧本进行情节调整或对电影镜头进行重新剪辑，创作出所谓的"新作品"。然而，如果这些改编作品未经原作者或著作权持有者授权，就可能构成侵权。例如，AI 将一部经典小说改编成剧本，用于商业演出或电影制作，如果没有获得原作者或版权持有者的许可，就侵犯了他们的改编权。

（3）信息网络传播权的侵犯

随着互联网的普及，AI 生成物的传播途径更加多样化，包括社交媒体、在线论坛和博客等。如果 AI 生成的作品侵犯了他人的著作权，那么这些作品在网络上的传播也可能构成侵权。例如，AI 生成的音乐作品被上传到音乐分享平台，供用户下载和播放，如果这些作品未经授权使用了受保护的旋律或歌词，就侵犯了原作者的信息网络传播权。此外，一些 AI 生成的图片或视频，如果未经授权使用了受著作权保护的元素，其在网络上的传播同样构成侵权。

3. AI 生成物著作权侵权典型案例

（1）"奥特曼案"——全球首例 AIGC 平台著作权侵权案

该案件被称为"奥特曼案"，也是全球首例 AIGC 平台著作权侵权案。被告是一家 AI 公司，经营 Tab 网站，用户在该网站的 AI 绘画模块中输入如"生成奥特曼"等特定提示词后，AI 系统便能生成与广受欢迎的"奥特曼"系列动漫形象高度相似的图片。这些图片不仅在视觉上与原作品接近，而且在某些情况下，甚至能够保留"奥特曼"形象的关键特征，如标志性的颜色、形状和装饰元素。

原告与奥特曼系列的原始创作者日本圆谷制作株式会社签订了授权协议，获得了对该系列形象的独占使用权，并可以用自己的名义独立维权。原告认为，被告的 AI 绘画服务未经授权，擅自使用奥特曼形象作为生成图片的基础，侵犯了其著作权，具体包括复制权、改编权和信息网络传播权。被告则认为，其并无主观和客观上擅自利用原告享有著作权的作品来训练大模型并生成实质性相似图片的行为，且 Tab 网站的 AI 绘画功能是通过第三方服务商实现的。

本案的核心争议在于 AI 生成的艺术作品与原作品之间的界限，以及 AI 服务提供者在这一过程中的法律责任。关于前者，法院认为 Tab 网站生成的图片与原告享有著作权的作品构成实质性相似；关于后者，法院认为 Tab 网站生成的图片侵犯了原告的复制权和改编权，但是法院未对是否侵犯原告的信息网络传播权做出评价，且法院认为被告作为服务提供者未尽到合理注意义务，存在过错。

　　同时，法院在判决中指出，考虑到生成式人工智能产业正处于发展的初期，需要兼顾权利保障和产业发展，不宜过度加重服务提供者的义务。该案作为全球首例 AIGC 平台著作权侵权案，具有重要的指导意义。

　　（2）知网与秘塔的侵权之争——"28 页告知函"事件

　　根据"每日经济新闻"公众号于 2024 年 8 月 16 日发布的文章，秘塔（上海秘塔网络科技有限公司）在其官方公众号"AI 秘塔"发表标题为《完蛋！我们收到了知网 28 页的侵权告知函》的文章。知网在其告知函中指出，秘塔通过秘塔 AI 搜索、秘塔 AI 搜索 App 向用户提供学术文件题录及摘要数据，要求秘塔在其搜索服务中停止提供这些数据。尽管秘塔在此次事件后已经停止提供学术文件题录和摘要数据，但是关于秘塔是否侵犯了知网的知识产权这个问题尚无定论。知网和秘塔的学术之争主要涉及以下法律问题。

　　知网对外提供的学术文件题录及摘要数据是否属于作品？如果属于，知网是不是作品的权利主体？秘塔 AI 认为其"学术"版块仅收录了论文的文献摘要和题录，并未收录文章内容本身，阅读正文需通过来源链接跳转至网站获取。然而，并非只是文章的正文内容才构成作品。《中华人民共和国著作权法》第十五条规定："汇编若干作品、作品的片段或者不构成作品的数据或者其他材料，对其内容的选择或者编排体现独创性的作品，为汇编作品，其著作权由汇编人享有，但行使著作权时，不得侵犯原作品的著作权。"根据该条规定，如果知网汇编论文的文献摘要和题录体现了其选择或编排的独创性，那么就构成汇编作品，汇编作品同样受《中华人民共和国著作权法》的保护。

　　另一个问题是 AIGC 训练数据是否构成"合理使用"？《中华人民共和国著作权法》第二十四条以列举的方式规定了 13 种合理使用的情形，但这些情形似乎难以适用于 AIGC 训练数据的大规模商业应用。然而，让模型的训练方逐一获得著作权人的授权也不现实。因此，如何在著作权人的利益和技术的发展之间寻求平衡是立法者面临的难题。

4. AI 生成物的著作权侵权的应对举措

　　AI 生成物的著作权侵权治理不仅关系到创作者权益的保护，也关系到 AI 技术的健康发展和创新生态的构建。随着生成式 AI 引发的侵权问题日益增多，各国对 AI 生成物侵犯著作权的应对措施需求也日益迫切。AI 生成物的著作权侵权治理是一项复杂的系统工程，需要法律、技术和社会三方面的共同努力。通过完善法律体系、增强技术透明度、建立多方共治机制和推广合理使用原则，可以有效应对 AI 生成物著作权侵权的治理困境，促进 AI 技术的健康发展和创新生态的构建。同时，也需要不断探索和创新，适应 AI 创作的特点和趋势，为 AI 生成物的著作权保护提供更加科学、合理和有效的解决方案。

（1）完善法律体系

当前的著作权法律法规多建立在人类创作活动的基础上，而 AI 生成物的创作主体、创作过程和独创性标准均与传统意义上的作品存在差异。因此，必须对现有法律体系进行更新和完善，以适应 AI 创作的特点。首先，需要明确 AI 生成物的著作权归属问题，确定 AI 开发者、使用者和原始数据提供者之间的权益分配。其次，要界定 AI 生成物的保护范围，对 AI 创作的独创性标准进行科学合理的界定。最后，要明确 AI 生成物侵权责任的认定标准和责任承担机制，为 AI 创作提供清晰的法律指导和规范。

（2）增强技术透明度

AI 生成技术的黑箱性是导致著作权侵权问题难以发现和追究的重要原因。因此，增强技术透明度是治理 AI 生成物侵权的关键。推动 AI 生成技术的开源，让社会各界能够了解 AI 的工作原理和创作过程，有助于提高 AI 生成物的可追溯性和可解释性。此外，通过技术手段记录 AI 创作过程中使用的数据和算法，也可以为发现和固定侵权行为的证据提供支持。同时，鼓励 AI 开发者采用标准化的数据标注和创作记录，能够确保 AI 生成物的来源可查、过程可知。

（3）建立多方共同治理机制

AI 生成物的著作权问题涉及多方利益主体，需要构建一个包括政府、企业、学术界和公众在内的多方共同治理体系。政府在制定相关政策和法律法规方面发挥着关键作用，企业在技术研发和市场应用方面具有重要影响力，学术界在理论研究和技术创新方面具有专业优势，公众则是 AI 创作成果的最终用户和评价者。通过建立多方参与的对话和协商机制，形成共识，共同推动 AI 生成物著作权问题的解决。同时，鼓励各利益相关方在技术研发、标准制定、权益保护等方面加强合作，形成协同治理的良好局面。

（4）推广合理使用原则

合理使用是著作权法中的一项重要制度，旨在平衡著作权人和公共的利益，促进作品的合理流通与使用。推广合理使用原则在 AI 生成物的著作权问题上具有重要意义。首先，通过引入或扩展合理使用原则，为 AI 生成物的创作与使用提供一定的法律空间，允许在一定条件下对 AI 生成物进行学习和研究。其次，明确合理使用的具体情形和判断标准，如引用、评论、新闻报道等，为 AI 生成物的使用提供明确指导。最后，加强对合理使用原则的宣传和教育，提高公众对合理使用的认识与理解，引导公众在尊重著作权的前提下合理使用作品。

12.2　AI 的数据安全和个人隐私保护问题

12.2.1　数据的收集、处理和生成回应的方式

作为一种先进的机器学习技术，生成式人工智能通过深度学习模型分析和处理大量输入数据，从中提取关键特征并学习数据的内在模式。这些深度学习模型能够理解数据的复杂结构和关系，进而生成新的、未曾见过的数据实例，如文本、图像、音频和视频。生成式人工智能技术最核心的要素是数据，它主要依靠大数据，通过学习数据、模拟演练数据、对数据进行调整和优化，最终实现数据输出。其生成新数据的过程涉及对现有数据的收集和处理以及利用模型进行数据训练等问题。

1. 数据收集

生成式人工智能的数据收集是一个多源融合的过程，数据的多样性和质量直接影响生成内容的创新性和准确性。生成式人工智能的效能和创造力在很大程度上取决于其训练数据的质量和多样性，数据来源包括但不限于以下渠道：

- ❑ 在线交互数据：如各类社交媒体平台提供了丰富的用户生成内容。
- ❑ 新闻与出版：新闻网站、博客和在线杂志等出版渠道，为 AI 提供了大量的时事报道和深度分析文章，这些文本数据有助于 AI 理解语言的多样性。
- ❑ 学术与研究：学术论文、专利和专业数据库提供了经过同行评审的高质量知识，为 AI 的深度学习提供了坚实的理论基础。
- ❑ 公共与商业数据：政府和企业发布的公共数据集，以及商业数据库提供的市场研究和消费者行为数据，为 AI 提供了宏观经济和行业趋势的洞察。
- ❑ 物联网与实时数据：智能家居、可穿戴设备等物联网设备收集的实时数据，为 AI 提供了关于用户行为和环境变化的即时信息。
- ❑ API 和在线服务：通过调用天气、地图、金融等在线 API 服务，AI 能够获取到各种领域的实时更新数据。

通过这些来源的数据，生成式人工智能能够进行深入的理解和分析，进而生成具有高度相关性和创新性的内容。这些数据的整合和分析是 AI 学习和创造过程中不可或缺的一环。

2. 数据处理

数据收集完成后，接下来的步骤是数据处理，包括数据清洗、数据整合、特征工程、数据标注和数据增强等。数据清洗是去除无效、错误或不相关的数据；

数据整合是将来自不同来源的数据合并成统一的数据集；特征工程是识别和构建对模型训练有用的特征，以增强模型的表达能力；数据标注是为机器学习模型提供训练所需标签的过程。在监督学习中，准确的标注对模型学习如何正确分类或预测数据至关重要。数据增强技术用于增加数据集的多样性，这有助于提高模型的泛化能力，使其能够更好地处理未见过的样本。通过这些步骤，生成式人工智能能够将原始数据转化为结构化、清洁、丰富且有用的信息，为模型的训练和内容的生成提供支持。数据处理是确保生成式 AI 生成高质量、相关性强的内容的关键环节。

3. 模型训练

模型训练对于生成式人工智能至关重要，它是赋予机器创造力的关键步骤。在这一过程中，机器通过分析和吸收大量的样本数据，逐渐构建对数据内在结构和特征的理解。这些样本数据可能包括文本、图像、音频或视频等多种形式，它们为机器提供了丰富的学习材料。

在模型训练的初始阶段，机器需要对输入的数据进行预处理，以确保数据的质量和一致性。随后，机器利用算法对数据进行特征提取，识别数据中的关键信息和模式。这一步骤对于模型能否准确学习和生成新内容至关重要。随着训练的深入，模型开始尝试生成新内容。在生成过程中，机器会利用已学到的模式和规律创造出与训练数据相似但全新的实例，再通过高质量的算法完成高质量且逼真的输出。

为了提高生成内容的质量和多样性，模型训练通常需要进行多次迭代。在每次迭代中，机器会根据生成结果与真实数据之间的差异来调整和优化其参数。这个自我修正的过程使得模型能够逐渐提高其生成能力，最终达到令人满意的效果。

4. 生成回应

生成回应需要根据应用场景进行个性化定制。例如，在个性化推荐系统中，AI 可以根据用户的偏好推荐内容；在自动化客服中，AI 能够提供定制化的客户服务。此外，生成式 AI 还可以辅助人类的创意工作，为设计师或艺术家提供新的设计概念或艺术表现形式。

12.2.2　AI 对个人隐私保护和数据安全的挑战

1. AI 的数据来源：个人隐私的自我披露

个人隐私的自我披露可以进一步划分为主动自我披露和被动自我披露。

　　理论研究表明，在个人隐私保护这一问题上，存在"隐私悖论"现象。也就是说，用户一边高度重视自己的隐私安全，一边又热衷于分享个人隐私。随着社交媒体的广泛使用，社交媒体平台越来越成为个人隐私自我披露的前沿阵地。用户为了建立社交联系、分享生活点滴，往往会上传照片、视频和个人状态。这些信息可能包含位置数据、生活习惯甚至情感状态，为 AI 提供了丰富的个人信息。

　　另外，个性化服务的偏好设置以及在线交易和金融活动也是用户披露个人隐私的主要渠道。为了获得定制化的内容和服务，用户通常会在各种应用和网站上设置个人偏好，如新闻订阅、音乐播放列表和购物推荐。这些偏好设置不仅反映了用户的个人品位，也可能暴露他们的政治观点、宗教信仰和健康信息。在线购物、电子支付和网络银行等金融活动需要用户提供敏感的支付信息，如信用卡号、银行账户和交易记录。这些信息的收集为 AI 提供了洞察消费者经济状况和消费行为的机会。尽管表面上看起来用户的隐私披露是主动行为，但实际上是为了换取个性化或完整的服务，并非完全基于自由意志的主动披露行为。

　　然而，无论是主动自我披露还是被动自我披露，都不代表用户允许自己的个人隐私被滥用。然而，随着人工智能的发展，越来越多的数据被投放至公共空间，尤其是生成式人工智能需要海量的数据，这些包含个人隐私的数据被用于模型的训练，这些操作都在用户不知情的情况下进行。用户对自己数据的流向及其用途并不清楚。用户数据的收集方和利用处理方是同一个主体，用户失去了对个人数据的控制。海量的数据在这些垄断人工智能分析技术的中心化平台的"数据黑箱"中被任意操控，隐私侵犯在所难免。

　　在生成式人工智能时代，个人隐私的自我披露与控制变得更加复杂。数据收集的隐蔽性（用户在使用服务时往往忽视了其数据可能被收集的事实）和数据使用的不透明性（即使用户意识到数据被收集，他们通常也难以了解数据的具体使用方式）都使用户对自己的隐私数据失去了控制。用户需要更加谨慎地分享个人信息，同时要求更高的透明度和控制权。技术提供者和政策制定者应共同努力，确保技术的发展不会侵犯个人隐私，并增强用户对其数据的控制能力。通过教育、技术创新和法律保护，我们可以朝着更加安全和负责任的数据使用方向发展。

2. 挑战的主要表现形式

　　生成式人工智能技术也对个人隐私保护和数据安全发起了强有力的挑战，具体包括模型滥用、黑客攻击、数据泄露和算法偏见，因此需要制度进行回应。

（1）模型滥用的深远影响

模型滥用可能导致社会信任基础受到侵蚀，并引发复杂的伦理和法律问题。例如，通过生成式人工智能技术制作的深度伪造视频可能被用于政治抹黑或个人诽谤，破坏社会秩序和个人名誉。在商业领域，模型滥用可能导致侵犯知识产权，如通过模仿知名品牌的产品设计来误导消费者，损害企业的商业利益，破坏市场公平竞争。如何界定人工智能生成内容的责任归属，如何确保技术不被用于不道德或非法的目的，这些都是急需解决的问题。

（2）黑客攻击的复杂性与隐蔽性

黑客攻击的复杂性在于，攻击者可以利用 AI 技术来自动化攻击过程，从而提高攻击的隐蔽性和效率。例如，利用机器学习算法识别和利用系统漏洞，或者通过生成式人工智能生成逼真的钓鱼邮件，诱骗用户泄露敏感信息。黑客攻击的隐蔽性还体现在，攻击者可以利用 AI 技术来掩盖攻击行为，如通过生成式人工智能生成的虚假日志来混淆追踪，使得安全事件难以被发现和调查。随着 AI 技术在关键基础设施中的应用日益增多，黑客攻击可能对能源、交通、医疗等关键领域造成严重威胁。一旦这些系统被攻击，可能导致大规模的服务中断和社会混乱。

（3）数据泄露的广泛性及其连带效应

数据泄露的广泛性体现在泄露的数据可能涉及大量用户。一旦发生数据泄露事件，影响范围广泛，可能涉及数百万甚至数亿用户。数据泄露的连带效应则体现在一旦个人信息被泄露，用户可能会面临一系列连锁反应，如身份盗窃、金融诈骗等。这些风险可能长期存在，并持续影响用户的安全。数据泄露不仅影响个人在数字世界的安全，还可能渗透到个人生活的各个方面。例如，泄露的个人信息可能被用于跟踪个人行踪、监听私人对话，甚至用于敲诈勒索。

OpenAI 曾在其官网上发布过一则声明，声称开源库中存在一个漏洞，该漏洞允许某些用户查看其他活跃用户聊天记录中的对话内容、姓名、电子邮件地址，甚至包括支付方式。尽管 OpenAI 进一步表明相信用户的数据不会面临持续风险，但是此次数据泄露事件仍然给公众带来了深深的担忧，并引发多国监管的持续关注。

（4）算法偏见的系统性与持续性

算法偏见指的是在人工智能或机器学习算法的开发和应用过程中，由于数据集的选择、算法设计或人为因素等，算法对某些群体产生不公平或歧视性的判断和结果。从数据收集、模型训练到应用部署，每个环节都可能引入或放大偏见。这种系统性的偏见可能导致某些群体长期受到不公平对待，引发社会问题，加剧社会分层和不平等。在司法、医疗、教育等对公正性要求极高的领域，算法偏见可能导致不公正的决策，影响个人的权利和机会。例如，如果招聘算法存在性别偏见，可能会导致某些候选人因为性别而被系统性地排除在招聘过程之外。

12.2.3　关于 AI 的数据安全和个人隐私保护问题的案例

1. ChatGPT 的隐私泄露事件[○]

2023 年 3 月，全球瞩目的 ChatGPT 平台遭遇了严重的用户对话数据泄露事件，引起了国际社会的广泛关注。在此次事件中，部分用户在使用 ChatGPT 时意外看到其他用户的对话记录，其中甚至包含敏感的电子邮件地址和支付信息。意大利个人数据保护局迅速做出反应，对 ChatGPT 服务实施封锁，并启动正式调查程序。该局指出，OpenAI 公司在处理用户个人信息方面缺乏透明度和法律依据，且未能充分告知用户其数据的使用方式。

OpenAI 强调公司始终遵循隐私法规。尽管如此，OpenAI 还是采取了紧急措施，在意大利禁用了 ChatGPT 服务，并承诺加强隐私保护措施。此事件不仅在意大利引起了轩然大波，加拿大、德国、法国和爱尔兰等国家的监管机构也表现出对 ChatGPT 数据安全性的担忧，并开始与意大利数据保护机构进行沟通，探讨可能的监管行动。

此外，还有用户报告称其 ChatGPT 账号遭遇未经授权的登录，这进一步凸显了平台在安全性方面的脆弱。这一系列事件不仅对 OpenAI 公司的声誉造成了打击，也引发了公众对生成式人工智能在隐私保护能力方面的质疑。随着人工智能技术的快速发展，如何在技术创新与用户隐私保护之间找到平衡点，已成为全球监管机构和技术开发者共同面临的挑战。

2. 三星员工泄露商业机密事件[○]

2023 年 3 月，三星电子经历了一系列由员工使用 ChatGPT 引发的机密资料泄露事件。这些事件在短短 20 天内连续发生，涉及半导体设备测量资料、产品良率和内部会议内容。这些泄露不仅对三星构成商业威胁，也引起了全球对生成

[○] "浙江网信网"于 2023 年 3 月 28 日发布的文章《ChatGPT 为泄密致歉　谁来保护我们的隐私》中讲述了此事件。

[○] "全球技术地图"于 2023 年 4 月 4 日发布的文章《三星因 ChatGPT 泄露芯片机密》中讲述了此事件。

式 AI 安全性的关注。

具体来说，先是一名三星设备解决方案部门的员工在处理软件下载问题时，错误地将源代码复制到 ChatGPT 中，这可能导致原始代码外泄。然后，另一名员工在尝试优化识别产品良率的程序代码时，同样不慎将信息暴露给了 ChatGPT。最后，第三起事件涉及一名员工将会议内容输入 ChatGPT 以制作会议记录，结果可能造成敏感信息泄露。

作为响应，三星电子迅速加强了 ChatGPT 的安全措施，加紧内部监管，并对员工进行了进一步培训。公司发布公告，提醒员工在使用 ChatGPT 时避免输入敏感信息，并警告这些信息可能会被发送到外部服务器。为了防止类似事件再次发生，三星正在制定新的保护措施，包括限制 ChatGPT 的输入长度，并考虑开发公司自己的 AI 产品以减少对外部服务的依赖。

12.2.4　应对 AI 的数据安全和个人隐私保护问题的措施

2023 年 7 月，国家互联网信息办公室、国家发展和改革委员会等七部委联合发布《生成式人工智能服务管理暂行办法》（以下简称《办法》），要求生成式人工智能服务提供者履行个人信息保护义务，旨在促进生成式人工智能技术的健康发展，同时确保个人权利和社会公共利益得到妥善保护。自此，我国在生成式人工智能治理方面迈出了关键一步。

1. 个人信息的合法使用

根据《办法》第七条，服务提供者在进行数据处理活动，包括预训练和优化训练时，如果涉及个人信息，必须依法获得个人的明确同意，或者必须符合其他由法律、行政法规规定的情形。这确保了个人信息的收集和使用是在合法与正当的基础上进行的。

2. 保护义务

《办法》第九条和第十一条强调，服务提供者在提供服务过程中，必须保护使用者的个人信息。这包括不收集非必要的个人信息，不非法留存或向他人提供能够识别使用者身份的信息。同时，服务提供者应当依法及时处理用户关于个人信息的相关请求，如查阅、复制、更正、补充或删除个人信息。

3. 防止信息泄露与滥用

《办法》第十九条要求，参与生成式人工智能服务安全评估和监督检查的相关机构和人员对所知悉的国家秘密、商业秘密、个人隐私和个人信息负有保密义务，不得泄露或非法提供给他人。这确保了在监管过程中对个人信息的保护。

4. 防止歧视，尊重合法权益

《办法》第四条和第五条要求，服务提供者应在算法设计和数据选择过程中采取措施，防止产生各种形式的歧视，并尊重知识产权和商业道德。同时，服务提供者必须尊重他人的合法权益，包括肖像权、名誉权、荣誉权、隐私权等。

5. 监督检查与法律责任

根据《办法》第十六条、第十七条和第二十一条，相关主管部门将依法对服务提供者进行监管，确保其遵守法律法规。违反规定的服务提供者将面临法律责任，包括但不限于警告、通报批评、责令限期改正，甚至暂停服务等。

12.3　AI 的虚假信息和深度伪造问题

12.3.1　虚假信息和深度伪造的 AI 技术背景及生成机制

生成式人工智能在丰富内容创作边界、提高数据处理效率的同时，也带来了生成虚假信息和深度伪造内容的风险。

1. 技术背景

（1）数据的丰富性与易获取性

互联网的蓬勃兴起致使数据呈爆炸式增长，海量的文本、图像、音频、视频等数据在网络中广泛传播。这为虚假信息和深度伪造提供了充裕的素材来源，无论是捏造虚假的新闻事件，还是制作逼真的视频内容，皆能在海量数据中找到参考和依据。

（2）强大的计算处理能力

高性能计算设备在不断演进，例如 GPU 和 TPU 等，极大提升了计算效能。这为大规模神经网络模型的训练和运算提供了条件。在虚假信息生成方面，AI 能以极快的速度对大量数据进行分析和处理，编写出看似合乎逻辑的虚假文本内容。而在深度伪造方面，强大的计算能力支持复杂的深度学习算法对图像和视频进行精细处理，从而生成逼真度极高的伪造内容。

（3）深度学习算法的发展

深度学习作为一种强大的机器学习方法，近年来取得了重大突破。神经网络，特别是深度神经网络，在图像识别、语音处理、自然语言处理等领域展现出卓越的性能。这些算法为虚假信息和深度伪造提供了关键技术支持。例如，生成对抗网络（GAN）和变分自编码器（VAE）等深度学习架构可以学习数据的特征和模式，从而生成虚假的文本、图像或视频内容。

2. 生成机制

（1）数据的利用和篡改

在虚假信息的生成中，AI可以利用现有的真实数据进行篡改和歪曲。例如，截取部分真实新闻内容，对其进行修改、拼接，制造出虚假的新闻事件。深度伪造同样是对原始数据的利用和篡改。AI可以收集目标人物的大量图像和视频数据，然后利用深度学习算法对这些数据进行分析和处理，将目标人物的面部特征、表情、动作等移植到其他场景中，生成虚假的视频内容。

（2）对抗性生成

一些深度学习模型采用对抗性训练机制。在虚假信息生成中，生成器可能会尝试生成越来越逼真的虚假内容来骗过判别器。生成器负责创造，判别器负责判别真假。在深度伪造中，生成器和判别器的对抗博弈更为明显。生成器努力生成逼真的伪造内容，而判别器则试图区分真实内容和伪造内容。通过这种对抗，伪造内容的质量不断提高，变得更加难以识别。

（3）缺乏对真实世界的理解

虽然AI可以处理大量数据，但它们往往缺乏对真实世界的全面理解和常识认知。这使得无论是虚假信息还是深度伪造内容，在某些情况下可能会出现逻辑漏洞或与实际情况不符。对于不具备专业知识和批判性思维的受众来说，这些虚假内容可能仍然具有很大的迷惑性。

12.3.2 AI生成虚假信息和深度伪造内容的风险

随着人工智能技术的飞速发展，AI生成虚假信息和深度伪造内容的风险日益突显，对社会的各个方面构成了严峻挑战。这些风险不仅涉及技术层面，还触及法律、伦理、心理和社会等多个维度。

1. 技术滥用的风险

人工智能技术的飞速发展，特别是深度学习和生成对抗网络的应用，已经将信息生成的门槛降低到前所未有的水平。这虽然为创意产业和艺术创作带来了革命性的变化，但也伴随着技术滥用的风险。AI生成的虚假图像、视频、音频和文本因其逼真度极高，容易被不法分子利用，实施诈骗、诽谤、误导等恶意行为。这些行为不仅侵犯了个人的名誉权和隐私权，还可能对社会秩序和公共安全造成严重威胁。

（1）经济风险和政治风险

在经济领域，AI 生成的虚假信息可能被用于操纵市场、进行商业欺诈，从而给企业和消费者带来经济损失。在政治领域，深度伪造技术可能被用于制造政治宣传、操纵选举结果、破坏政治人物或政党的声誉，甚至引发政治动荡。此外，深度伪造内容还可能被用于制造和传播恐怖主义、极端主义等有害信息，威胁社会稳定。

（2）公共信任风险

随着 AI 技术的普及，普通用户可能因缺乏识别虚假信息的能力，使虚假内容更容易在社会中传播和被接受。这种技术的滥用不仅损害了信息的真实性和可信度，还对社会的诚信体系和公共信任造成破坏。例如，2024 年 3 月 22 日，某公众人物在社交媒体上发布了一段视频，宣布自己正在接受癌症早期阶段的治疗。然而，这段视频发布后，社交媒体上有一些质疑声音，认为视频中的主人公可能并非真人，而是通过人工智能技术生成的。一些网友指出视频中存在一些不一致的细节，例如人物的造型与 7 年前相似，视频背景中的花草没有随风摆动，以及人物手上的戒指时隐时现等。尽管没有确凿证据表明视频是 AI 合成的，但这一事件无疑增加了公众对 AI 技术在媒体和信息传播中作用的认识与讨论，以及对虚假信息的猜测和警惕。

（3）跨国传播风险

技术滥用的风险还表现在跨国性和匿名性上。虚假信息和深度伪造内容的传播往往不受国界限制，使跨国的监管和合作更加困难。同时，技术的匿名性使追踪和打击滥用行为更为复杂。因此，需要全球范围内的共同努力，加强国际合作，制定统一的监管标准和法律框架，以应对 AI 技术滥用带来的挑战。只有这样，才能确保 AI 技术的发展不会对社会造成负面影响，而是能够为人类社会带来更多的福祉和进步。

2. 法律监管的风险

法律监管风险是 AI 生成虚假信息和深度伪造内容面临的重大问题。随着 AI 技术的快速发展，现有的法律法规在很多方面已经显得滞后，难以有效应对这一新兴现象。这种法律的滞后不仅导致监管措施无法跟上技术进步，还使得对 AI 生成虚假信息的惩处存在法律空白，让不法行为者有机可乘。

（1）技术的复杂性与法律的困境

以生成式人工智能为例，其在创作内容时所遵循的算法和逻辑通常难以明晰解读，使得法律在规范和约束其行为时陷入困境。虚假信息和深度伪造内容的制作与传播，往往牵涉众多错综复杂的环节及多元主体。例如在一些利用生成式人工智能制造虚假新闻的案例中，从最初的创意构想者，到运用相关技术进行制作的人员，再到负责传播扩散的各类渠道和平台，形成了一个极为复杂的网络。这使得明确责任主体和追究责任的工作愈发艰巨。

（2）跨国性与地域性限制

网络空间的跨国性使得法律的地域性局限更加明显。虚假信息和深度伪造内容的传播往往不受国界限制，而不同国家和地区的法律法规存在差异，这给跨国监管带来了难题。在缺乏国际统一标准和协作机制的情况下，法律的执行力度和效果因地区而异，导致监管漏洞。

（3）技术更新与监管追赶

AI 生成虚假信息的技术手段不断更新迭代，使得法律监管始终处于追赶状态。不法行为者可能会利用这些技术规避现有的监管措施，例如，通过匿名技术隐藏身份，或使用加密技术保护虚假信息的传播渠道。这就要求法律监管不仅要紧跟技术发展的步伐，还要具备前瞻性和适应性。

法律监管风险的存在也反映了法律体系与技术发展之间的紧张关系。在技术不断创新和变革的背景下，法律体系需要持续自我更新和完善，以适应新的社会需求与技术条件。这不仅需要立法机关及时制定和修订相关法律法规，还需要司法机关和执法机关加大法律的适用和执行力度，更需要社会各界的积极参与和合作。

3. 伦理道德风险

人工智能技术的飞速发展也引发了一系列复杂的伦理问题。人工智能伦理是指在人工智能产品、服务、应用与治理中，智能体（包括人类与智能机器）应当遵循的一般伦理原则和行为规范。AI 技术在生成虚假信息和深度伪造内容方面的能力，尤其考验着我们对真实性和诚信等伦理原则的坚守。这些问题的出现，迫切要求我们在技术创新和伦理道德之间寻找一个恰当的平衡点。

（1）对真实性原则的损害

AI 技术在信息生成方面的应用，可能导致真实性原则受到侵蚀。AI 可以轻易创造出看似真实的图像、视频、音频和文本，这些内容如果被用于不正当目的，可能会误导公众，扭曲事实，甚至引发社会恐慌和混乱。这种现象对维护社会秩序和公共安全构成了严重威胁。

（2）对诚信原则的挑战

AI 技术的应用也对诚信原则提出了挑战。在商业、政治和个人交往等领域，

AI 生成的虚假信息可能被用于欺骗、诽谤和操纵等不诚信行为。这种行为不仅损害了他人的权益，也破坏了社会的诚信体系，降低了人与人之间的信任度。

（3）其他伦理问题

AI 技术的发展还涉及公平性、透明度和责任归属等伦理问题。例如，AI 系统可能会因训练数据的偏见而产生歧视性的结果，这需要我们在算法设计和应用中注重公平性和包容性。同时，AI 系统的决策过程往往缺乏透明度，这需要我们提高算法的可解释性，让用户了解 AI 的决策依据。此外，当 AI 系统出现问题时，如何确定责任归属也是一个需要解决的问题。

4. 心理影响风险

人工智能生成的虚假信息和深度伪造内容对个体和群体的心理影响是深远且复杂的。在当前信息爆炸的时代，我们每天都在接触大量的信息，信息的海洋淹没了我们的认知能力，使得我们对每一条信息的甄别变得异常困难。这种信息过载的现象不仅增加了人们的认知负担，也降低了人们对信息真实性的警觉性。

（1）确认偏误

确认偏误，作为一种普遍存在的心理现象，进一步加剧了虚假信息的传播。人们往往倾向于寻找、解释和记忆信息以证实自己的先入之见，忽略或否定与自己信念相悖的证据。这种选择性的认知方式使得虚假信息，特别是符合个人预期或信念的虚假信息，更容易被接受和传播。在社交媒体和算法驱动的内容推荐系统中，这种现象尤为明显，因为这些平台往往会根据用户的兴趣和观点推荐内容，无意中加强了用户的确认偏误。

（2）群体极化

AI 生成的虚假信息和深度伪造内容可能引发群体极化现象。在某些情况下，虚假信息可能被设计用来激发特定群体的情绪反应，如愤怒、恐惧或同情，从而加深群体内部的团结和对外部的排斥。这种现象在政治和社会议题上尤为突出，可能导致社会分裂和对立。

（3）心理操纵

心理操纵也是 AI 生成虚假信息的一个风险之一。通过精心设计的虚假信息，不法分子可能试图影响人们的决策和行为，甚至操纵他们的情感和认知。这种操纵可能被用于商业广告、政治宣传或其他不正当目的，对个体的自主性和社会的公正性构成威胁。

（4）心理健康

AI 生成的虚假信息还可能对个体的心理健康产生负面影响。长期接触虚假信息可能导致人们对现实世界的认知产生扭曲，增加焦虑和不确定感。在一些极端情况下，个体可能因为无法区分真实与虚假而感到困惑和恐慌，进而影响其日常生活和社会功能。

5. 社会稳定风险

虚假信息的传播是一个多面的社会问题，其影响远远超出了个体层面，触及社会结构和国家安全的深层。这种信息的传播如同病毒，一旦在人群中迅速蔓延，就会引发一系列连锁反应，且后果可能难以预测。

（1）社会恐慌与社会矛盾

社会恐慌是虚假信息传播的直接后果之一。当一则虚假信息在人群中引起共鸣时，尤其是涉及公共安全或健康危机的谣言，它能够迅速引发集体性的恐慌情绪。这种恐慌可能导致人们做出非理性的决策，比如恐慌性购买、逃避现实或盲目跟风，进而造成市场混乱、资源错配，甚至社会秩序的崩溃。

进一步，虚假信息还可能激化社会矛盾，引发群体对立和冲突。在某些情况下，针对性的虚假信息被设计用来挑拨不同群体间的关系，通过放大分歧、制造误解或传播仇恨言论，破坏社会成员之间的信任和团结。这种分化策略不仅损害了社会的和谐，还可能引发更大规模的社会动荡和冲突。

（2）社会安全威胁

深度伪造技术的滥用对社会安全的威胁不容忽视。恐怖主义和极端主义团体可能利用这项技术制造虚假的宣传材料，以此来招募新成员、筹集资金或传播恐怖。这些深度伪造的内容，由于其高度逼真性，往往更具说服力和影响力，使得公众更难辨识真伪，增加了执法机构预防和打击这些活动的难度。

（3）对政治、经济、文化和教育的负面影响

在政治领域，虚假信息的传播同样具有破坏性。它可能被用于诽谤政治对手、操纵选举结果或者煽动政治暴力。在一些国家，政治人物或团体已经在利用虚假信息来误导选民，破坏对手的声誉，甚至颠覆民主制度的基本原则。

经济层面上，虚假信息也可能对市场造成重大影响。金融市场尤其容易受到虚假新闻的影响。例如，一则关于公司财务状况或政策变动的虚假报道，可能引起股价的剧烈波动，给投资者带来巨大损失，甚至影响整个国家的经济稳定。

文化和教育领域同样不能幸免。虚假信息可能破坏知识的传承和教育的价值。当虚假观念和错误信息在社会中广泛传播时，它们可能影响年轻一代认知的发展和价值观的形成。

6. 信息安全风险

（1）网络安全威胁

深度伪造技术可能用于恶意攻击。网络钓鱼是一种常见的网络攻击手段，攻击者通过伪造网站或电子邮件，诱导用户提供用户名、密码或信用卡信息等敏感信息。深度伪造技术可以使这些伪造内容更加逼真，提高攻击的成功率。此外，身份冒充也是一种严重的安全威胁，攻击者可能利用深度伪造技术生成虚假的身份证明或认证信息，进行非法活动。

（2）国家战略安全与信息战

在国家层面，虚假信息和深度伪造技术存在被当作战略工具的风险。某些国家或组织可能会心怀不轨地利用这些技术，精心策划并大量制造和传播虚假信息，其目的是冲击其他国家的政治稳定，扰乱其正常的政治秩序，使得政府公信力下降，社会陷入动荡。它们还试图通过此手段影响他国经济发展，制造经济方面的虚假舆情，误导投资者决策，破坏市场正常运行，阻碍经济健康发展。

（3）企业风险管理与经济损失

在企业层面，虚假信息和深度伪造技术也可能造成重大损失。企业可能因为虚假信息而失去客户信任，从而损害品牌形象和市场地位。深度伪造技术还可能被用于内部攻击，如伪造高管指令或文件，导致企业决策失误或资产流失。此外，企业在进行商业谈判或交易时，也可能因虚假信息而受到欺骗，进而造成经济损失。

12.3.3　AI 生成虚假信息和深度伪造内容的防范策略

在人工智能技术不断进步的今天，AI 生成虚假信息和深度伪造内容的挑战日益凸显。虚假信息和深度伪造带来的风险是方方面面的，本书将在此部分探讨防范和应对策略。

1. 技术研发和创新

加强技术研发和创新对于应对 AI 生成的虚假信息至关重要。尖端技术工具的核心是深度学习算法，这些算法能够有效地检测和识别虚假内容。它们的复杂性和强大能力在于可以从大量数据中学习模式，进而识别出微小的不一致性，这些不一致性可能表明内容是 AI 生成或操纵的。

例如，先进的图像识别技术可以检测出深度伪造视频中的不自然面部表情或光照异常。音频分析工具可以识别出由 AI 合成的声音中的节奏和语调的不自然波动。对于文本内容，自然语言处理技术可以评估语言模式和用词习惯，以识别出与真实人类写作风格不符的迹象。

此外，机器学习技术的应用还可以实现对可疑内容的自动标记。这样的实时反馈机制能够帮助用户在使用信息时更加谨慎。通过这种方式，用户在浏览社交媒体、新闻网站或其他信息平台时，可以收到关于内容真实性的即时提示，从而避免被虚假信息误导。

2. 增强公众的防范意识

增强公众防范意识在防范虚假信息传播中至关重要。为了有效应对这一挑战，必须采取全面的教育策略，确保公众具备必要的信息识别和验证技能。通过教育和宣传活动，不仅可以提高公众对虚假信息的警觉性，还能增强他们对深度伪造内容的识别能力。教育内容应涵盖基础的数字素养，比如如何辨别网络信息的真伪，包括识别图像、视频、音频和文本中的异常特征。

此外，教育计划还应包括更高级的技能培训，如使用专业的验证工具和方法来检测虚假信息。这些工具可能包括图像分析软件、音频比对工具和文本验证算法。通过这些教育内容，公众可以更自信地处理和评估他们接收到的信息，减少被误导的风险。

同时，鼓励媒体机构和记者在新闻采集和发布过程中使用可靠的工具和方法来验证信息，也是减少虚假信息传播的关键。作为信息传播的主要渠道，媒体的准确性和可靠性直接影响公众的信息接收。因此，媒体机构应加强内部培训，提升记者和编辑的信息验证能力，确保发布的新闻内容真实可靠。

3. 国际合作

国际合作在应对 AI 生成虚假信息这一全球性挑战中发挥着至关重要的作用。在全球化的今天，信息传播的速度和范围前所未有，虚假信息的传播不再局限于单一国家或地区，而是成为一个跨国界的问题。因此，与其他国家和国际组织合作，共同制定和实施跨国监管措施，成为打击跨国传播虚假信息的有效途径。

通过建立国际合作框架，各国可以共享关于虚假信息的监测数据、分析方法和应对策略，从而形成一个全球性的预警和响应机制。这种合作不仅有助于提高各国对虚假信息的识别和处理能力，还能够促进各国的信息交流和经验分享，共同增强全球范围内的防范能力。

此外，国际合作项目还可以推动先进检测技术的共享和应用。通过跨国的研究合作和技术创新竞赛，各国可以共同开发和完善虚假信息检测工具，提高这些工具的准确性，扩大应用范围。同时，国际合作还可以为各国提供一个平台，在这个平台上，各国可以相互学习和借鉴在虚假信息治理方面的成功经验和做法。

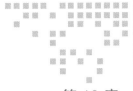

第 13 章 *Chapter 13*

全球 AI 立法和司法实践

在全球范围内，人工智能技术的迅猛发展为法律领域带来了前所未有的挑战与机遇，并推动各国在立法和司法实践方面进行深入探索。美国、欧盟和中国作为全球人工智能发展的重要力量，在数据与隐私保护、知识产权、伦理与责任、市场准入与监管、国际合作等多个方面的立法和司法实践，共同影响着 AI 产业的发展。这些实践不仅确保了技术进步与个人隐私、知识产权、市场安全和社会福祉之间的平衡，还通过国际合作推动了全球统一的人工智能治理标准的形成，促进全球范围内的技术交流与合作，为其他国家提供了宝贵的经验和参考。

13.1 美国的立法和司法实践

美国人工智能（AI）和人工智能生成内容（AIGC）行业的快速发展引起了立法者、监管机构和司法部门的极大关注。能够创建文本、图像、音乐和其他形式内容的人工智能技术的兴起，极大地改变了娱乐、营销甚至教育等各个领域。这些技术产生了巨大的经济潜力，并提高了生产效率，但也引发了复杂的法律问题。其中最关键的是版权问题、数据安全、用户隐私以及虚假或有害内容的传播。随着人工智能的不断发展，围绕它的法律环境也在不断变化。

13.1.1 现行法律法规及政策文件

1. 版权方面

从版权角度来看，核心问题围绕着人工智能生成作品的作者身份和原创性。

现行美国版权法仍旧遵循传统，保护人类作者创作的作品，这导致人工智能生成作品的地位和权利存在不确定性。美国版权局在 2022 年发布的指导意见建议，仅由人工智能创作、未经大量人工干预的作品不符合版权保护条件，该指导意见也体现在了此后的案例中。2023 年 8 月，美国哥伦比亚特区联邦地区法院维持了版权局拒绝批准 Stephen Thaler 博士申请登记人工智能生成的画作 *A Recent Entrance to Paradise*（如图 13-1 所示）的决定，理由是该作品缺乏人类作者身份。 ⊖

图 13-1　由人工智能生成的画作 *A Recent Entrance to Paradise*

2. 个人隐私保护方面

数据安全和用户隐私也是 AI 领域的关键问题。自 2018 年起，美国多个州提出并逐步通过以 AI 监管为重点的法案，聚焦数据安全、用户隐私和 AI 伦理等关键领域。例如，《加利福尼亚州消费者隐私法案》（California Consumer Privacy Act，CCPA）⊜2020 年生效，以加大对加利福尼亚州居民的隐私权和消费者的保护力度。CCPA 赋予用户了解个人数据收集情况的权利，并确保用户拥有删除和不出售个人数据的能力，同时在行使隐私权时不受歧视。虽然 CCPA 没有直接使用"数据最小化"这一术语，但其要求企业在隐私政策中明确其收集个人信息的

⊖　访问链接为 https://www.morganlewis.com/pubs/2024/05/dueling-briefs-filed-over-human-authorship- requirement-for-us-copyright-registration。

⊜　访问链接为 https://oag.ca.gov/privacy/ccpa。

目的（见 CCPA 第 135 条），在处理个人信息时必须遵循"数据收集限制"（Data Minimization），这隐含了仅收集实现这些目的所必需的数据的原则。具体来说，CCPA 中的几个关键条款体现了这些原则：

- ❑ 收集告知（Notice at Collection）：根据 CCPA 第 100 条，企业在收集个人信息时必须明确告知，并列出收集的个人信息类别及使用目的。
- ❑ 删除权（Right to Delete）：根据 CCPA 第 105 条，消费者可以要求企业删除其收集的个人信息，并要求企业指示其服务提供者同样删除这些信息，但存在一些例外情况。
- ❑ 限制使用权（Right to Limit the Use and Disclosure of Sensitive Personal Information）：根据 CCPA 第 121 条，消费者可以指示企业仅将其敏感个人信息用于有限的目的，例如提供消费者所请求的服务。
- ❑ 更正权（Right to Correct）：根据 CCPA 第 106 条，如果企业持有的个人信息不准确，消费者有权要求企业更正信息。
- ❑ 知情权（Right to Know）：根据 CCPA 第 110 条，消费者可以要求企业披露其收集的个人信息类别、具体信息、信息来源、使用目的，以及与第三方共享或出售的信息类别。
- ❑ 选择退出权（Right to Opt-Out）：根据 CCPA 第 115 条和第 120 条，消费者可以要求企业停止出售其个人信息。企业在收到退出请求后，不得继续出售信息，除非消费者再次授权。
- ❑ 非歧视权（Right to Non-Discrimination）：根据 CCPA 第 125 条，企业不得因为消费者行使 CCPA 权利而拒绝提供商品或服务、收取不同价格、提供不同水平或质量的商品或服务。

通过这些规定，CCPA 确立了全面的隐私保护框架，旨在保护消费者的个人信息不被滥用，并确保 AI 技术的发展与应用遵循严格的数据保护标准。企业必须定期审计和评估其 AI 模型系统，以确保遵守数据保护法规，这体现了对数据最小化原则的尊重与落实。

3. AI 系统监管原则

2020 年 12 月 3 日，美国颁布了第 13960 号行政令《促进联邦政府使用可信人工智能》（Promoting the Use of Trustworthy Artificial Intelligence in the Federal Government）[⊖]。该行政令为联邦政府机构及其人员使用人工智能技术提供了 9 项

⊖ 访问链接为 https://www.federalregister.gov/documents/2020/12/08/2020-27065/promoting-the-use-of-trustworthy-artificial-intelligence-in-the-federal-government。

指导原则，这些原则包括合法性、目的性、准确性、可靠性、安全性、可理解性、可追溯性、透明度和可追责性。尽管这些原则对人工智能未来应用的研发和使用提供了指导，但该行政令也明确了3种例外情况：

- ❑ 国防或国家安全系统中全部或部分使用的人工智能；
- ❑ 嵌入在文字处理器或地图导航系统等常见商业产品中的人工智能功能；
- ❑ 人工智能的研究与开发（R&D）活动。

以上3种例外情况不受该行政令的管制，但可能需要遵循其他法规的要求。

2021年1月1日，美国颁布《2020年国家人工智能倡议法案》（National Artificial Intelligence Initiative Act of 2020）[⊖]。该法案更倾向于美国在AI领域的政策布局，主要是通过设立一个协调统筹机构来促进人工智能的研究和应用，促进经济繁荣和国家安全，以保持和扩大美国在人工智能技术领域的领先地位。法案的主要目标是：协调联邦机构与社会各界之间的合作；增加联邦政府对AI研发的资助，重点关注长期基础研究；加强AI教育和培训，建立能够推动AI创新的熟练劳动力队伍，最终确保美国在AI研发方面继续保持领导地位。

为确保该倡议法案的实施，美国还成立了专门的人工智能和法律实施子委员会，定期向总统汇报与人工智能相关的法律的实施情况。同时，美国还成立了国家科学技术委员会（NSTC）人工智能特别委员会，以推进人工智能相关的标准、指南与技术的研究。

2022年10月，白宫科技政策办公室（OSTP）发布了《人工智能权利法案蓝图》(The Blueprint for an AI Bill of Rights)[⊖]（以下简称为《蓝图》）。《蓝图》包括前言、五项原则、应用人工智能权利草案蓝图的说明和技术指南等几个部分，旨在指导自动化系统的设计、使用和部署，从而保护人工智能时代美国公众的权利。

《蓝图》将公平和隐私保护置于首位，其核心内容包括五项基本原则，分别是：

- ❑ 建立安全且有效的系统（Safe and Effective Systems），具体指公众应免受不安全或无效系统的影响。
- ❑ 算法歧视保护原则（Algorithmic Discrimination Protections），具体指公众不应受到算法和系统的歧视，自动化系统应被公平地设计和使用。
- ❑ 数据隐私原则（Data Privacy），具体指自动化系统应有内置的保护措施，

⊖ 访问链接为 https://www.uspto.gov/sites/default/files/documents/National-Artificial-Intelligence-Initiative-Overview.pdf。

⊖ 访问链接为 https://www.whitehouse.gov/ostp/ai-bill-of-rights/。

以避免数据被滥用，并且公众应保有对如何使用与其有关的数据的主导权。

❑ 通知和解释原则（Notice and Explanation），具体指公众应知晓其正在使用自动化系统，并理解它的性质及其如何对公众产生影响。

❑ 人工选择、考虑和退出原则（Human Alternatives, Consideration and Fallback），具体指在适当的情况下，公众应该能够选择退出或不使用自动化系统，并使用人工替代方案或其他可选方案，同时应将人工因素纳入考虑。

这五项基本原则旨在避免人工智能系统滥用带来的危害，并着重强调了公平性和隐私性。在公平性方面，《蓝图》要求自动化系统的设计者、开发者和部署者应采取积极措施，保护个人和社区免受算法歧视，并以公平的方式使用和设计系统。在隐私保护方面，《蓝图》提出数据隐私是实现该框架中其他原则所需的基础性和交叉性原则。同时，《蓝图》要求自动化系统的设计和构建应默认保护隐私，数据收集和使用范围应有确定目标。

2023 年 1 月 26 日，美国国家标准与技术研究院（NIST）为加强对人工智能（AI）相关个人、组织和社会风险的管理，通过与私营和公共部门合作，制定了《人工智能风险管理框架》（Artificial Intelligence Risk Management Framework）[⊖]（以下简称《框架》）。《框架》首先阐述了可信赖 AI 需要遵守的特征，提供了解决 AI 风险问题的 4 个步骤，即治理、识别、测量、管理，并将可信度考量纳入设计、开发、使用和评估 AI 产品、服务和系统中。

4. AI 系统的发展路径

为了进一步加强美国在全球 AI 领域的领先地位，2023 年 10 月 30 日，美国白宫发布新行政命令——《关于安全、可靠和可信的人工智能行政命令》(Executive Order on the Safe, Secure, and Trustworthy Development and Use of Artificial Intelligence)[⊖]。作为美国政府负责任创新综合战略的一部分，该行政令以美国总统之前采取的行动为基础，包括促使 15 家领军企业自愿承诺推动安全、可靠和可信的 AI 发展的工作。该行政令包含 8 个目标：

❑ 建立 AI 安全的新标准；

❑ 保护美国公民的隐私；

⊖ 访问链接为 https://nvlpubs.nist.gov/nistpubs/ai/nist.ai.100-1.pdf。
⊖ 访问链接为 https://www.whitehouse.gov/briefing-room/presidential-actions/2023/10/30/executive-order-on-the-safe-secure-and-trustworthy-development-and-use-of-artificial-intelligence/。

- ❑ 促进公平与保护公民权利；
- ❑ 维护消费者、患者和学生的权益；
- ❑ 支持劳动者；
- ❑ 促进创新和竞争；
- ❑ 提升美国的领导地位；
- ❑ 确保美国政府负责任且有效地使用 AI。

2024 年 5 月 15 日，参议院 AI 工作组发布了一份全面的路线图（Driving U.S. Innovation in Artificial Intelligence）⊖，以应对 AI 带来的机遇和风险。该路线图中列出的关键政策包括：

- ❑ 促进人工智能创新：努力确保高等教育机构和各类规模的公司能够在人工智能创新方面展开竞争。
- ❑ 研发投资：优先为美国人工智能研发提供资金，鼓励每年至少投入 320 亿美元用于非国防人工智能创新，以保持全球竞争力并促进技术进步。⊜
- ❑ 劳动力发展：实施培训计划，使工人掌握人工智能驱动的经济发展所需的技能，同时解决可能出现的失业问题。
- ❑ 法律和指南的制定与执行：建立道德准则并确保执行现有法律，解决人工智能技术负责任的开发和部署问题，包括考虑偏见、测试、隐私、透明度和可解释性。
- ❑ 知识产权：评估是否需要制定符合第一修正案原则的立法，防止在与人工智能相关的领域未经授权地使用个人姓名、形象、肖像和声音。
- ❑ 保护公众：应对包括"深度伪造"在内的操纵技术对选举内容和非自愿亲密图像构成的挑战，并研究人工智能对内容创作者的影响。
- ❑ 隐私与责任：认识到应利用高影响力的人工智能解决隐私问题与安全问题，并支持联邦数据隐私法，以全面应对这些问题。
- ❑ 管理风险：支持开发和标准化风险测试和评估机制，包括红队测试和商业人工智能审计。
- ❑ 国家与网络安全：利用新兴人工智能技术加强国家安全，并应对人工智能带来的国家安全威胁、风险和机遇。

在当前的环境下，美国颁布全面的人工智能联邦立法（无论是对现有法律进行实质性修改还是制定新的人工智能相关法律）具有一定的挑战性。报告明确指

⊖ 访问链接为 https://www.schumer.senate.gov/imo/media/doc/Roadmap_Electronic1.32pm.pdf。

⊜ 访问链接为 https://reports.nscai.gov/final-report/。

出，各管辖委员会应在其专业领域内制定立法，因此美国更有可能在各州逐步进行单独立法，而不是等着参议院审议综合法案。[⊖]

13.1.2　美国的 AI 产业规范

得益于 AI 产业的飞速发展，美国多家科技公司正在主动探索并制定相应的产业规范或集体承诺。2023 年 7 月 21 日，美国政府宣布与 7 家主要人工智能公司达成安全自愿承诺，以应对 AI 带来的风险。这 7 家公司分别是 Amazon、Anthropic、Google、Inflection、Meta、Microsoft、OpenAI。这些承诺措施包括：

❑ 在发布前对其 AI 系统进行内部和外部安全测试，确保 AI 产品在推向公众之前是安全的，并在整个行业以及与政府、民间组织和学术界共享关于管理 AI 风险的信息。

❑ 投资网络安全和内部威胁防护措施，以保护专有和未发布的模型权重，并鼓励第三方发现和报告 AI 系统中的漏洞。

❑ 开发强大的技术机制，例如水印系统，以确保用户知道内容由 AI 生成，并公开报告 AI 系统的功能、局限性以及适当和不适当使用的领域等内容。

美国科技公司在知识产权保护方面展现出了积极态度，并采取了前瞻性行动。2023 年 9 月 7 日，微软宣布为商业用户因使用人工智能生成内容而可能面临的著作权侵权问题提供法律诉讼和赔偿支持。1 个月后，谷歌宣布将为其 Duet AI 和 Vertex AI 产品的商业用户提供法律保护，以防范潜在的著作权侵权诉讼。

同年 12 月 5 日，IBM、Meta、英特尔等全球 50 多个创始成员和合作伙伴联合发起并成立了"人工智能联盟"（AI Alliance），旨在推动人工智能技术负责任地创新与发展。AI 联盟的主要工作包括 4 个方面：开发基准和评估标准、工具及其他资源，以确保 AI 系统的全球负责任性和可扩展性；开放基础模型，构建多模态的开放基础模型生态系统；培育充满活力的 AI 加速硬件生态系统；支持全球 AI 技能建设、教育和探索性研究。

2024 年以来，更多的美国科技公司通过制定并公布道德准则走向自我监管。例如，以 GPT 模型而闻名的 OpenAI 通过发布《公司宪章》（OpenAI Charter）[⊖] 做出承诺，强调安全和用户数据保护。通过采取措施防止人工智能技术滥用，制定道德内容生成标准，确保生成的内容能够反映多样化的观点并最大限度地避免刻

⊖　访问链接为 https://www.csg.org/2023/12/06/artificial-intelligence-in-the-states-emerging-legislation/。

⊖　访问链接为 https://openai.com/charter/。

板印象或其他有害的内容输出。

13.1.3　美国的司法实践

在司法实践方面，美国目前仍有多起个人或集体针对人工智能技术公司提出的诉讼，例如针对 Meta、OpenAI、微软等企业，就其训练数据的行为违反版权法和个人信息保护等法律规定而提起的诉讼。

《纽约时报》于 2023 年 12 月 27 日起诉微软（The New York Times Company v. Microsoft Corporation (1:23-cv-11195)），认为 OpenAI 和微软未经许可使用其数百万篇文章来训练 GPT 模型，创建包括 ChatGPT 和 Copilot 在内的 AI 产品，构成了直接和间接的著作权侵权及不正当竞争。《纽约时报》要求数十亿美元的赔偿金额并销毁所有包含《纽约时报》作品的 GPT 或其他大语言模型和训练集。该案被认为是迄今为止具有代表性的 AI 侵犯著作权案例。

2024 年 2 月，美国最大的独立进步新闻网站 Raw Story 起诉 OpenAI，指控其侵犯版权（Raw Story Media, Inc. v. OpenAI Inc.（1:24-cv-01514））。OpenAI 使用了 Raw Story Media 的数千篇文章来训练 ChatGPT，导致在没有适当署名的情况下复制了受版权保护的材料。具体来说，聊天机器人在提示时会"逐字或几乎逐字"地复制其内容，同时该公司的聊天机器人在给出的答案中删除了文章中的版权识别信息，从而助长了侵权行为，构成"对版权作品的恶意大规模窃取"。

截至 2024 年 7 月，法院已安排听证会，以处理双方提出的初步动议。OpenAI 和微软称其训练实践符合"合理使用"原则，并在法律上是允许的。原告对此进行了反驳，强调这种使用不具有变革性，也没有带来新的意义或信息。法院表示，可能需要建立一个框架，以确保内容创作者获得公平的报酬，同时允许 AI 开发者继续创新。

通过上述对美国现行法律法规、政策文件及现行产业规划的梳理，我们可以发现，美国在人工智能领域的立法和司法实践体现了其对创新自由的高度重视。美国在人工智能监管方面呈现出两个特点：

❑ 目前，美国在人工智能领域并没有成熟的规制方案，已经生效的人工智能相关法律法规或行业规范仍以原则性要求为主，强调了公平、隐私保护以及透明度的重要性。这也反映出美国为了激励人工智能创新发展，以价值导向和审慎监管结果风险的方式，采取了综合性的规制路径。

❑ 美国对于人工智能的治理采取多方参与的合作模式。首先，各类行业协会和研究机构等社会组织在人工智能伦理监管中发挥重要作用；其次，企业通过自治模式进行管理，例如让头部企业进行自我承诺以避免 AI 产生不可控的风险。在处理 AI 相关案件时，美国的司法者偏向于保护版权持有者的利益，并强调合理使用原则的重要性。

13.2　欧盟的立法与司法实践

13.2.1　现行法律框架及政策文件

2017 年，欧洲议会通过了《欧盟机器人民事法律规则》（Civil Law Rules on Robotics）[○]，目标是在欧盟范围内建立一套有关人工智能的民事规则，包括其法律地位、民事责任、设计原则、知识产权、标准化和安全保证等。2018 年 12 月，欧盟委员会建议将"值得信赖的人工智能"作为技术开发和应用的前提条件与原则，这包括"道德目标"和"技术可信性"的内容，强调人工智能的开发和应用必须符合欧盟条约和基本权利宪章中的基本原则和价值观。为此，可问责性、普遍性、人工智能自主决策的监督、非歧视性、尊重隐私、可靠性、安全性和透明度等原则必须被纳入人工智能发展的初始阶段，并在后续发展中不断予以保证。

1. 版权方面

欧盟的《单一数字市场版权指令》（Directive on Copyright in the Digital Singles Market，以下简称 DSM）[○]于 2019 年通过，该指令旨在协调版权规则，以更好地反映数字时代的现实并增强数字单一市场的运作。DSM 的第 17 条要求，在线内容服务提供商应从用户上传的内容中获得明确的授权，从而有效地追究 YouTube 等平台的版权侵权责任。同时，DSM 还明确了两种进行文本和数据挖掘的例外情况（Text and Data Mining（TDM）Exceptions）：一是允许研究组织和文化遗产机构以科学研究目的进行文本和数据挖掘；二是允许以任何目的进行文本和数据挖掘，前提是数据是合法可访问的，并且权利人没有明确保留其权利。DSM 下的 TDM 例外情况使研究人员和创新者无须获得个人许可即可分析大量数据，从而促进了人工智能的发展和创新。[○]

2. 数据保护方面

2018 年 5 月 25 日生效的《通用数据保护条例》（General Data Protection

○　访问链接为 https://www.europarl.europa.eu/RegData/etudes/ATAG/2017/599250/EPRS_ATA (2017)599250_EN.pdf。

○　访问链接为 https://eur-lex.europa.eu/eli/dir/2019/790/oj。

○　访问链接为 https://mse.dlapiper.com/post/102ivrx/training-ai-models-content-copyright-and-the-eu-and-uk-tdm-exceptions。

Regulation，GDPR）[⊖]表现了欧盟对数据问题的重视。该条例旨在直接限制企业收集公民信息并利用算法的权利，也对滥用免责条款规避法律责任的问题进行了有效控制，以确保数据的安全和透明处理。GDPR 的针对对象非常广泛，既包括欧盟境内处理个人信息的公司，也包括境外处理欧盟公民个人信息的公司。在处理原则上，GDPR 明确表示需要遵循目的限制、存储限制、完整性和保密性等原则，同时也赋予了欧盟居民诸如被遗忘权等关键权利。当 ChatGPT 处理个人隐私信息时，需要遵守 GDPR 关于数据处理的要求，如果企业未能遵守规定，将会被处以 2000 万欧元（2170 万美元）或高达年收入 4% 的罚款。意大利对 OpenAI 的拟处罚决定就是基于此条款做出的。

近年来，欧盟继续增设对成员国具有普遍约束力的机构和措施，进一步强化单一市场和统一政策。2023 年 9 月，《数据治理法》（The European Data Governance Act，DGA）[⊜]生效，欧盟因此成立了欧洲数据创新委员会。

3. AI 系统的监管

2024 年 5 月 15 日，欧盟理事会常设代表委员会通过了《人工智能法案》(The EU Artificial Intelligence Act)。[⊝]该法案被誉为世界上第一个全面的人工智能监管框架，于 2024 年 8 月 1 日起分阶段生效，适用于在欧盟境内将人工智能系统投放市场或提供服务的提供者，无论这些提供者是设立于欧盟境内还是第三国。

该法案的重要内容之一是基于风险的分类系统，该系统将人工智能系统分为 4 个风险等级：

- ❑ 不可接受风险：此类别包括被认为过于危险而不被允许的人工智能应用，例如操纵人类行为的系统或社交评分系统，以及某些类型的面部识别技术。
- ❑ 高风险：被视为高风险的人工智能系统将受到更严格的监管，例如用于关键基础设施、医疗保健和教育领域的系统。这些系统在部署前必须经过严格测试并遵守基本权利评估标准。
- ❑ 有限风险：具有有限风险的人工智能系统需要履行特定的透明度义务。开发人员和部署人员必须确保最终用户知道他们正在与人工智能（如聊天机器人）进行交互。
- ❑ 无风险：此类别包括风险最小或无风险的应用程序，这些系统几乎不需

⊖ 访问链接为 https://gdpr-info.eu/。

⊜ 访问链接为 https://www.european-data-governance-act.com/。

⊝ 访问链接为 https://artificialintelligenceact.eu/。

要监管，并且基本上可以自我监管，例如 AI 垃圾邮件过滤器。

该法案建立的风险分类系统代表了人工智能技术监管的重要转变，反映了不同人工智能应用所带来的不同挑战与监管责任。要了解某个人工智能系统具体属于哪个风险等级，读者可以参考图 13-2 进行判断。

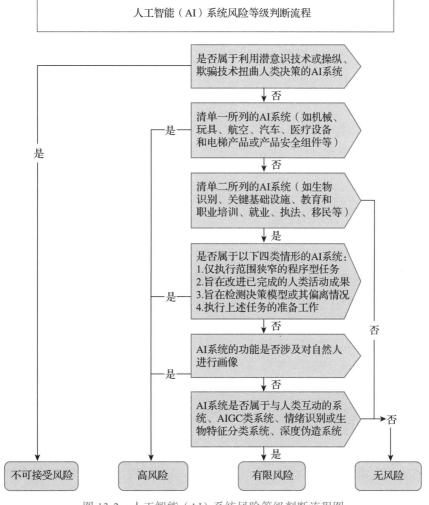

图 13-2　人工智能（AI）系统风险等级判断流程图

为了实施该法案，欧盟委员会还设立了人工智能办公室[⊖]，负责监督 AI 模型提供商的有效实施和合规情况，其主要职责包括：

　　⊖　访问链接为 https://digital-strategy.ec.europa.eu/en/policies/ai-office。

- ❑ 支持 AI 法案的实施，促进可信 AI 的发展和使用：AI 办公室在执行 AI 法案方面发挥关键作用，特别是对通用人工智能，通过制定工具、方法和基准来评估通用 AI 模型的能力和范围，确保其安全、可信，同时为 27 个成员国的企业提供法律确定性。
- ❑ 加强国际合作：AI 办公室在国际层面上推动欧盟对可信 AI 的监管，与全球类似机构合作，促进 AI 的国际合作和治理，支持 AI 国际协议的制定和实施。
- ❑ 执行通用规则：AI 办公室利用其专业知识执行 AI 法案，包括建立成员国的咨询机构，提供支持，进行信息交流，以及对可能违反规则的行为进行调查和采取纠正措施。
- ❑ 促进创新生态系统：AI 办公室旨在构建一个可信赖的 AI 创新生态系统，以获取社会和经济利益，包括 AI 沙盒、现实世界测试和其他 AI 支持系统的最佳实践。
- ❑ 监测系统：AI 办公室持续监测 AI 生态系统、技术与市场发展，以及系统性风险和其他相关趋势。
- ❑ 与机构、专家和利益相关者合作：AI 办公室与各种机构、专家和利益相关者合作，包括与欧洲人工智能委员会和欧洲算法透明度中心（ECAT）的紧密合作，以及与独立专家组成的科学小组和代表性咨询论坛的合作。
- ❑ 监督 AI Pact：AI 办公室监督 AI Pact，允许企业与委员会及其他利益相关者进行接触，分享最佳实践并参与活动。

通过这些职责，欧盟人工智能办公室旨在成为全球 AI 领域的参考点，确保 AI 的发展和应用符合欧盟的价值观和规则。同时，法案规定下游供应商可以就上游供应商的侵权行为向人工智能办公室投诉。

13.2.2 欧盟的司法实践

欧盟在人工智能产业的发展上略逊于美国，尚未形成统一的或者特别有影响力的行业标准或产业规范。然而，由于欧盟一直秉持较为严格的监管政策和法律中的惩罚性规定，已有不少人工智能领域的科技公司因版权和隐私侵权问题而遭遇司法诉讼。

1. 著作权方面

目前，欧盟境内尚未认定有人工智能产品侵犯版权的判决，但学术实践中已有很多争论。争议焦点在于使用受版权保护的文本来训练 AI 模型是否属于合理使用。支持属于合理使用的观点认为，这种训练属于 DSM 中进行文本和数据挖掘的例外情况，即只要数据是合法可访问的，并且权利人没有明确保留其权利，那么使用这些数据进行文本和数据挖掘（训练 AI）是可以被接受的。

然而，反对观点认为，DSM 指令下的合理使用和例外情况必须遵守"三步测试"（three-step test），即它们只能适用于以下情况：

- ❑ 它们是特殊的；
- ❑ 它们不与作品的正常使用相冲突；
- ❑ 它们不会不合理地损害版权持有者的合法权益。

简言之，如果版权方能够证明人工智能公司使用受版权保护的作品来训练生成式 AI 模型的行为损害了版权持有人的合法权益，那么这种训练将不属于可接受的例外情况，并构成侵权。根据欧盟一直以来较为严格的监管政策和裁决，法院很可能会倾向于保护版权持有人，要求人工智能公司获得明确的许可。

2. 隐私保护方面

鉴于 GDPR 的严格性，一旦确定违规行为，法院很可能会施以严厉的处罚，这凸显了人工智能数据处理中同意和透明度的重要性。在个人信息保护方面，数据保护局诉 Facebook（Case C-311/18）[⊖]的案例具有里程碑意义。该案是在隐私活动家 Max Schrems 质疑 Facebook（Meta）将用户数据从欧盟转移到美国之后发生的。欧洲联盟法院（CJEU）担心美国的监控行为可能损害欧盟公民的权利，裁定美国数据保护法没有为欧盟公民提供足够的保护，因此美国与欧盟签署的隐私盾协议无效。

从欧盟关于人工智能相关版权和隐私问题的司法实践可以看出，欧盟法院表现出保护版权持有者的倾向，要求在人工智能训练中使用受版权保护的材料时需获得明确许可。[⊜]另外，欧盟严格执行 GDPR 等数据保护法规的趋势明显。法院强调人工智能公司需要确保遵守隐私法，特别是有关用户同意和数据处理实践的法律[⊜]。这些案件体现了欧盟内部关于版权和隐私问题的现状，表明法院倾向于保护个人权利并坚持严格的监管标准。随着人工智能行业的不断发展，这些裁决可能会影响未来在欧盟运营的科技公司的监管和合规义务。

简而言之，欧盟倾向于保护知识产权并执行严格的数据隐私标准，人工智能

⊖　访问链接为 https://noyb.eu/files/CJEU/judgment.pdf。

⊜　访问链接为 https://www.taylorwessing.com/en/insights-and-events/insights/2024/05/ai-act-und-copyright。

⊜　访问链接为 https://data.consilium.europa.eu/doc/document/ST-5662-2024-INIT/en/pdf。

公司必须谨慎遵守这些法律要求，以避免重大处罚和法律纠纷。

13.3 中国的立法与司法实践

13.3.1 人工智能的法律沿革

自 2017 年国务院发布《新一代人工智能发展规划》以来，我国在人工智能领域持续推进法律政策的制定与完善，并设定了分阶段的战略目标，旨在逐步实现全球领先。面对算法歧视等问题，国家互联网信息办公室于 2021 年和 2022 年相继发布了《互联网信息服务算法推荐管理规定》和《互联网信息服务深度合成管理规定》，关注 AI 技术应用中的风险。

1. 著作权方面

根据《中华人民共和国著作权法》第十一条规定，著作权属于作者，创作作品的自然人是作者，这在一定程度上排除了非自然人如人工智能成为著作权主体的可能性。此外，《中华人民共和国著作权法实施条例》第四条对作品的类型进行了列举，未将人工智能生成物明确纳入任何一类作品中。在法律法规层面，虽然没有法律法规直接提及人工智能生成物的版权性，但《中华人民共和国著作权法》第一条表明了著作权法的立法目的，即鼓励作品的创作和传播，促进文化和科学事业的发展与繁荣。这一立法目的可能在解释人工智能生成物的版权性时起到一定的指导作用，尤其是在考虑是否给予此类生成物著作权保护时，需要平衡创新激励与公共利益之间的关系。

在司法实践中，法院往往不直接讨论人工智能生成物的可版权性，而是针对具体作品的独创性和作者身份进行判定，然后再针对作品作者可享受的财产权益做出判决。

2. 个人信息保护方面

2021 年出台的《中华人民共和国数据安全法》和《中华人民共和国个人信息保护法》注重风险防范，对 AI 技术的发展提供了一定的支持。2023 年，随着 ChatGPT 等技术的发展，国家互联网信息办公室于 7 月正式出台了《生成式人工智能服务管理暂行办法》（以下简称为《办法》），首次对生成式人工智能的研发及服务做出明确规定，旨在促进生成式人工智能健康发展和规范应用，维护国家安全和社会公共利益，保护公民、法人和其他组织的合法权益。

《办法》对个人信息保护有以下具体规定：

- ❏ 合法使用个人信息：在预训练、优化训练等数据处理活动中，涉及个人信息时，应当取得个人同意或者符合法律规定。
- ❏ 保护义务：应依法履行对使用者输入信息和使用记录的保护义务，不得非法留存能够识别使用者身份的输入信息和使用记录，不得非法向他人提供使用者的输入信息和使用记录。
- ❏ 及时处理个人信息请求：信息提供者应当及时受理并处理个人对于查阅、复制、更正、补充、删除其个人信息等的请求。
- ❏ 数据标注规则：在生成式人工智能技术研发过程中进行数据标注时，提供者应制定符合要求的标注规则，确保数据标注的准确性，并保护参与标注人员的合法权益。
- ❏ 服务协议：提供者与使用者签订服务协议时，应明确双方在个人信息保护方面的权利与义务。
- ❏ 防止信息滥用：应采取有效措施，防止未成年人用户过度依赖或沉迷于生成式人工智能服务，并保护未成年人的个人信息。
- ❏ 监督检查：有关主管部门将依法对生成式人工智能服务进行监督和检查。
- ❏ 法律责任：违反《办法》规定，将依法受到处罚，包括但不限于警告、通报批评、责令限期改正，甚至暂停或终止服务。

这些规定体现了我国对个人信息保护的重视，确保了个人信息的安全和依法使用。

3. AI 的监管与治理方面

2023 年 8 月，中国社会科学院法学研究所提出《人工智能法（示范法）》，为立法提供参考。同年 10 月，中国提出《全球人工智能治理倡议》，强调发展与安全的平衡。

进入 2024 年，中国在人工智能法方面有了新的发展。3 月，中国外交部重申了"确保有益、确保安全、确保公平"的全球治理立场。2024 年 3 月 16 日，在北京举办的"AI 善治论坛　人工智能法律治理前瞻"专题研讨会上，中国政法大学等单位的专家联合发布了《中华人民共和国人工智能法（学者建议稿）》。该建议稿共 9 章 96 条，涵盖了一般原则、发展与促进、权益保护、安全义务、监督管理、特殊应用场景、国际合作、法律责任等内容，旨在为人工智能立法提供参考和方向。

2024 年 7 月 11 日，以"人工智能时代的法治变革与创新"为主题的 2024 中国互联网法治大会主论坛在北京举办。全国人大常委会法制工作委员会研究室处长王洪宇在会上发表主旨演讲，提出我国人工智能立法需要进一步凝聚共识，探索包容、审慎、分阶段的立法思路。

一是优先考虑灵活适用现有法律规则，通过法律解释或司法解释，解决人工智能发展过程中面临的突出法律问题，比如涉及大模型训练、知识产权合理使用等方面的问题。

二是对于某些人工智能应用的具体场景，可以通过授权立法的方式，让地方政府在其立法权限范围内先行先试，或者参考目前智能网联汽车领域的试点做法，由国家有关部门组织示范应用并开展试点。

三是针对影响产业发展的痛点、难点问题，在迫切需要法律规范的领域，坚持"小快灵"立法原则，通过修改现行法律的方式解决。

2024 年 9 月，全国网络安全标准化技术委员会发布了《人工智能安全治理框架》1.0 版（以下简称《框架》）。文件中，委员会提出了 4 个主要的管理原则：包容审慎、确保安全；风险导向、敏捷治理；技管结合、协同应对；开放合作、共治共享。

《框架》内容涵盖了人工智能的安全风险、技术应对措施、综合治理措施、安全开发应用指引等 4 个模块。《框架》分析了人工智能技术的风险来源和表现形式，并针对模型算法安全、数据安全和系统安全等内生安全风险，以及网络域、现实域、认知域、伦理域等应用安全风险，提出了相应的技术应对和综合防治措施。

除此以外，《框架》还为模型算法研发者、服务提供者、重点领域使用者和社会公众等不同角色提供了具体的安全开发应用指引，鼓励社会各方积极参与，协同推进人工智能安全治理。

《人工智能安全治理框架》的发布，为我国发展安全、可靠、公平、透明的人工智能技术和应用生态提供了基础性及框架性的技术指南。

13.3.2　中国的司法实践

在中国目前的法律政策、监管环境以及身处的国际竞争背景之下，AI 产业，尤其是生成式 AI 面临的风险，可以归纳为知识产权风险、数据安全与个人信息保护风险、内容安全风险、国家安全风险。

1. 著作权方面

生成式 AI 无论是在训练过程中还是在随后面向公众或者企业的商业应用过程中，都存在知识产权方面的隐患。一方面，在研发过程中，训练使用的数据可能需要获得相关知识产权人的许可或授权，而通用大模型的数据源非常广泛，寻求著作权人许可可能会影响研发进程并增加研发成本；另一方面，相关 AI 产品的商业应用越广泛、越成功，其被抄袭或剽窃的可能性越高，同时前期训练数据的曝光量也可能增加，从而导致投诉风险上升。目前看来，著作权风险居于首位（尽管合理使用可以为研发中未经授权的使用进行抗辩），其次是商业秘密，最后是不正当竞争和垄断风险。

在著作权领域，中国目前的著作权法并没有明确规定人工智能生成作品的版权归属问题，但已有司法实践案例对这一问题进行了探索。

2023 年 11 月 27 日，北京互联网法院在李某诉刘某著作权纠纷案【（2023）京 0491 民初 11279 号】中，认定"AI 文生图"具有可版权性。该案中，原告李某使用 AI 绘图模型 Stable Diffusion 生成了一幅人物图像，随后以《春风送来了温柔》为名发布于其社交平台。原告李某声称，其通过构思布局、输入约 150 个提示词、安排提示词顺序、设定并不断修改参数、选定最终图像等方式创作了该图像，而被告刘某将其作为文章配图发布并截去水印，侵害了原告的署名权和信息网络传播权。

在判决书中，法院肯定了该 AI 生成图像体现了原告李某的智力投入和个性化表达，具备"智力成果"和"独创性"要件，属于作品，受《中华人民共和国著作权法》保护。同时，法院指出，原告是涉案图片的作者，享有涉案图片的著作权，因为人工智能模型的设计者仅是创作工具的生产者，而原告是直接对模型进行相关设置并最终选定图片的人。

广州互联网法院在 2024 年 2 月的上海某有限公司诉 AI 公司案【2024 粤 0192 民初 113 号】中认定被告侵权。该案中，被告 Tab 人工智能有限公司（化名）对外提供 AI 生成服务，第三方利用该服务可生成著名的"奥特曼"图像。"奥特曼"著作权人提起诉讼，认为 Tab 的服务侵犯了其著作权。广州互联网法院认为，依据《生成式人工智能服务管理暂行办法》《互联网信息服务深度合成管理规定》等，服务提供者应建立举报机制、提示潜在风险、进行显著标识等，应通过服务协议等方式提示用户不得侵害他人著作权。但考虑到生成式人工智能产业处于初期发展阶段，需要兼顾权利保障和产业发展，不应过度加重服务提供者的义务。在技术飞速发展的过程中，服务提供者应当主动积极履行合理的、可负担的注意义务，从而为促进形成安全与发展相济、平衡与包容相成、创新与保护相容的中国式人工智能治理体系提供助益。最终，对于原告提出的 30 万元索赔，法院判决被告需向原告赔偿经济损失 1 万元（包含取证费等合理开支）。

从上述比较典型的案例可以看出，中国的司法实践在 AI 生成物著作权侵权与保护上，虽然有案例认定 AI 生成物在体现人类智力投入和独创性时具有版权性，但在版权归属问题上仍显模糊，未能为快速发展的 AI 产业提供明确的法律指引。此外，司法实践中虽尝试平衡权利保障与产业发展，但在确定服务提供者的责任时显得较为审慎，可能不足以有效遏制侵权行为，对创新激励亦有所保留，反映了司法在新技术背景下面对复杂利益平衡时的谨慎态度。

2. 个人信息保护方面

在数据安全与个人信息保护方面，随着互联网、大数据、人工智能等科技的迅猛发展，隐私权和个人信息保护面临诸多新挑战和新问题。在最高人民法院举办的 2023 年全国两会《最高人民法院工作报告》解读系列全媒体直播访谈活动中，最高人民法院民一庭庭长表示：2021 年，各级法院受理的隐私权和个人信息保护纠纷案件共有 1203 件，2022 年受理了 1491 件，呈现出明显的增长态势。2021 年 7 月，最高人民法院发布了人脸识别司法解释，以保护人民群众的"人脸"等生物识别信息安全。

一个比较著名的案件是"AI 陪伴软件侵害人格权案"。被告运营一款智能手机软件，用户可以自行创设或添加"AI 陪伴者"进行网络陪伴。然而，该软件在未经原告同意的情况下，以其姓名和肖像为标识生成"AI 陪伴者"，并通过算法应用开放给众多用户，制作互动内容对陪伴者进行"调教"。法院认为，该软件的 AI 角色形成了原告的虚拟形象。被告未经同意使用原告姓名和肖像，设定涉及人格自由和人格尊严的系统功能，构成对原告姓名权、肖像权及一般人格权的侵害。该案明确了自然人虚拟形象受人格权法律保护，并对算法应用的评价标准做了有益探索，对人工智能时代加强人格权保护具有重要意义。

另一个典型案例涉及应用程序利用 AI 进行自动化推荐应用的合法性问题。根据《中华人民共和国个人信息保护法》第七十三条，自动化决策是指通过计算机程序自动分析、评估个人的行为习惯、兴趣爱好或者经济、健康、信用状况等，并进行决策的活动。个人信息自动化决策包括但不限于用户画像分析、信用评估、风险预测等。这种决策方式在提高效率、优化服务等方面发挥着重要作用，但同时也引发了对个人信息权益保护的担忧。

在郭某某诉某网络有限公司的案例【（2021）浙 0192 民初 5626 号】中，原告认为被告公司的购物 App 未经同意公开其购物记录并进行个性化推荐，侵犯了其个人信息权益。法院认为，在互联网时代，更贴近用户的个性化服务代表着用户的普遍需求。如果认定其推送广告的行为构成侵权，将极大阻碍互联网新兴技术和业务的正常健康发展，会限制互联网新业务的发展空间。杭州市物联网法院最终判定被告公司没有侵权，因为信息处理者事前通过隐私政策等取得个人概括性同意，并在事后提供拒绝方式，可视为对个人知情同意权的保障。在这种情况下，信息处理者利用个人信息进行自动化决策具有合法性基础。

可以看出，人民法院在利用个人信息自动化决策与个人信息权益保护之间尝试进行平衡，并在《中华人民共和国个人信息保护法》第十六条、第二十四条的适用规则中寻找解决方案，既充分保障个人信息安全的合法权益，又促进网络服务行业的正常发展。

综上所述，中国在人工智能立法和司法实践方面展现了积极主动的姿态。《中华人民共和国数据安全法》和《中华人民共和国个人信息保护法》的出台为 AI 技术的发展提供了法律基础，而《生成式人工智能服务管理暂行办法》的发布则标志着中国在 AI 领域立法的进一步深化。中国的司法实践在处理 AI 相关案件时，逐渐明确了 AI 生成作品的著作权保护标准，并在数据安全与个人信息保护方面重视了对个人权利的保护。同时，中国也在积极探索与国际接轨的人工智能治理模式，通过《全球人工智能治理倡议》等文件，强调了发展与安全的平衡。

随着人工智能技术的不断进步和应用领域的不断拓展，我们可以认识到：法律法规更擅长应对现有风险，而不是先发制人或未雨绸缪地抑制未知风险。全球人工智能治理的法律框架和司法实践仍将持续演变，以适应这一变革时代的新需求和新挑战。

未来展望

这是一个充满无限可能的时代。以 GPT 为代表的大模型取得了重大突破，人工智能正以惊人的速度学习和进化，展现出前所未有的创造力和效率。AI 时代不仅重塑了传统行业的运作模式，还拓展了我们的认知边界，使我们能以全新的视角审视世界、探索未知。AI 研究与应用引发了一系列新型法律问题和挑战，需要我们以更加审慎和负责的态度加以应对，从而引导 AI 技术健康发展。

本章在第 13 章的基础上，对 AI 生成物的著作权问题、数据安全与个人隐私保护以及虚假信息和深度伪造问题进行剖析。从技术、政策导向与国际合作等多个视角，探讨 AI 带来的新型法律问题，旨在为读者描绘 AI 相关法律发展的蓝图，并提供一些前瞻性的思考。

14.1　AI 生成物的著作权问题的未来展望

14.1.1　技术进步使 AI 创作能力增强

随着深度学习、自然语言处理等技术的突破，AI 创作在内容质量、多样性及创新性方面有了质的飞跃。AI 不仅能够生成简单的文本和图像，还能创作出具有复杂情感和深度的作品，这预示着一个由 AI 与人类共同编织的创意新纪元的到来。使用 AI 工具工作，就像有了一个外置大脑，工作效率得到极大提升。AI 创作的核心在于通过分析大量的数据，学习其中的规律和模式，然后生成新的内容。那么，技术进步是如何增强 AI 创作能力的呢？

1. 深度学习算法的进展

深度学习作为 AI 技术的核心驱动力，通过模拟人脑神经网络的工作原理，具备从海量数据中自动提取特征、学习复杂模式的能力。近年来，以 Transformer 模型为代表的深度学习算法取得了巨大成功，特别是以此为基础构建的 OpenAI 的 GPT 系列（如 GPT-3、GPT-4 等），将 AI 生成文本的能力推向了新的高度。这些模型通过预训练加微调的方式，能够生成连贯、富有逻辑且富有情感色彩的文本，甚至在某些情境下展现出超越人类作者的创造力和想象力。

GPT 系列模型的进步不仅体现在文本生成上，通过引入指令微调（instruction tuning）等技术，AI 模型能够更准确地捕捉用户的意图和需求，生成更加符合用户期望的内容。这种能力的提升，为 AI 在文学创作、新闻报道、剧本编写等多个领域的应用提供了无限可能。

2. 跨模态生成能力的广泛应用

跨模态生成是指通过组合不同模态（如文本、图像、音频、视频），实现模态间转换和生成的人工智能技术，例如将文本转化为图像、音频或视频。因此，AI 不再局限于单一媒体形式的创作，而是能够跨越文本、图像、音频乃至视频等多种模态，实现内容的无缝转换与融合，拓宽了 AI 创作的边界。例如，国外的 DALL·E 2、Stable Diffusion，国内的文心一格、通义万相等工具支持根据文本描述绘制出逼真的图像，如图 14-1 所示，这些工具不仅能提供多种画风，还能根据用户输入的提示词进行个性化创作。

图 14-1　文心一格生成的 AI 配图

此外，AI 在音频生成领域也取得了显著进展。字节跳动的 Seed-TTS 等语音合成系统能够生成接近人类自然语音的高质量音频，可以广泛应用于有声读物、视频配音、游戏角色配音等领域，极大地丰富了数字内容的多样性。

3. 个性化与定制化服务的精准实现

AI 现今能够更精准地捕捉用户的偏好和需求，提供高度个性化的创作服务。例如，在艺术创作领域，AI 可以根据用户的审美偏好、情感需求乃至文化背景，生成独特的艺术作品；在广告设计领域，AI 能够根据目标受众的特征和兴趣，设计出更具吸引力的广告内容。这种个性化与定制化的服务模式，不仅提高了内容创作的效率和质量，还为用户带来了更为沉浸和个性化的体验。

14.1.2 算法透明度

正如第 12 章所述，AI 生成物背后的算法复杂性及其运作机制的不透明性，不仅给著作权的保护与归属带来了前所未有的挑战，也引发了公众对技术公正性与伦理责任的深切关注。在此背景下，算法透明度（algorithmic transparency）作为揭开 AI 黑箱、保障著作权秩序的重要工具，其重要性愈发凸显。

1. 算法透明度在应对 AI 生成物著作权问题上的价值

简而言之，算法透明度是指通过一定的技术手段或法律规制，使 AI 生成物背后的算法逻辑、决策过程及结果能够被外界以可理解、可验证的方式所知晓。算法透明度不仅关乎著作权归属的明确性，更在原创性评估、公众信任以及法律规制等方面具有重要作用。

（1）明确创作过程中的角色与贡献

算法透明度有助于明确 AI 生成物创作过程中人类创作者与 AI 算法各自的角色与贡献。在当前的 AI 技术框架下，AI 生成物往往是在由人类设定目标、提供数据并选择算法的基础上产生的。透明度要求揭示这些创作细节，包括输入数据、算法选择、训练过程以及最终生成物的生成机制。这不仅有助于厘清创作过程中人类与 AI 的界限，也为著作权归属的判定提供了客观依据，有助于明确责任主体，判断 AI 生成物是否构成侵权。

（2）促进原创性评估和版权保护

算法透明度对于评估 AI 生成物的原创性具有重要意义。传统版权法通常保护具有独创性的作品，而 AI 生成物是否具备独创性，往往取决于其创作过程中所使用的数据源、算法逻辑以及人类的参与程度。透明度使这些创作要素得以公开，便于法律界和学术界对 AI 生成物的原创性进行客观评估。在此基础上，法院可以更加合理地确定哪些 AI 生成物应受到版权保护，以及如何保护这些 AI 生成物的著作权。

（3）增强公众的信任与接受度

算法透明度有助于增强公众对 AI 生成物的信任与接受度。在信息不对称的情况下，公众可能对 AI 生成物的来源、真实性及价值产生疑虑。而透明度要求 AI 生成物的创作者或开发者公开其创作过程与依据，这不仅有助于消除公众的疑虑，还能够提升 AI 生成物的公信力与影响力。当公众能够了解并信任 AI 生成物的创作过程时，他们更有可能接受并认可这些生成物的价值，从而推动 AI 技术的广泛应用与普及。

（4）为法律制定提供基础

算法透明度为法律规制 AI 生成物的著作权提供了重要基础。随着 AI 技术的不断发展，法律界需要不断适应新技术带来的挑战与变革。透明度要求使得法律规制基于清晰、可验证的事实进行决策，从而避免主观臆断与误判。在此基础上，立法者可以制定更加合理、有效的法律法规，规范 AI 生成物的创作、传播与使用行为，保障各方利益的平衡与协调。

2. 国外对算法透明度在著作权方面的应用实践

在 20 世纪末至 21 世纪初，随着计算机技术的发展，著作权法开始面临 AI 生成物的挑战。21 世纪 10 年代，随着 AI 技术的广泛应用，各国纷纷通过立法明确对算法透明度的要求。近年来，多国法院在处理 AI 著作权案件时，强调算法透明度对于著作权判定的重要性。全球范围内，算法透明度的立法正逐渐成为各国监管人工智能和自动化决策的重要手段。然而，从目前各国的立法实践来看，关于算法透明度要求的条款仍较为原则性，缺乏具体指引。

2019 年 3 月，欧盟通过的《单一数字市场版权指令》中提出了内容识别技术的透明度要求。第 17 条提出了在线内容分享服务提供商的责任机制，要求这些服务提供商应权利人的要求，向其提供关于合作所涉措施和做法的运作情况的充分信息，以及当服务提供商与权利人签订许可协议时关于该协议所涉内容之使用情况的信息。此外，第 19 条强调了作者和表演者的透明度义务，要求他们能够定期从与他们达成了权利许可或转让协议的当事人或其继承人那里获得关于他们的作品及表演之开发利用的最新、相关和全面的信息。欧盟的《人工智能法案》（Artificial Intelligence Act）规定，用于生成艺术、音乐和其他内容的基础 AI 模型必须按照规定模板披露其模型训练是否使用数据版权信息，并且应向公众发布有关使用受版权法保护的训练数据的信息。

3. 国内关于算法透明度的实践与立法趋势

（1）《中华人民共和国个人信息保护法》

2021 年 11 月 1 日实施的《中华人民共和国个人信息保护法》第二十四条第一款要求："个人信息处理者利用个人信息进行自动化决策，应当保证决策的透明度和结果公平、公正，不得对个人在交易价格等交易条件上实行不合理的差别待遇。"第三款要求："通过自动化决策方式作出对个人权益有重大影响的决定，个人有权要求个人信息处理者予以说明，并有权拒绝个人信息处理者仅通过自动化决策的方式作出决定。"这一规定进一步强调了个人信息处理者在自动化决策技术应用中的算法透明度。

（2）《互联网信息服务算法推荐管理规定》

2021 年 12 月，国家互联网信息办公室发布了《互联网信息服务算法推荐管理规定》。该规定指出，提供算法推荐服务应当遵循公平公正、公开透明等原则，鼓励算法推荐服务提供者优化检索、排序、选择、推送、展示等规则的透明度和可解释性，避免对用户产生不良影响，预防和减少争议纠纷。

（3）《关于加强互联网信息服务算法综合治理的指导意见》

2021 年 9 月，国家互联网信息办公室、工业和信息化部等九部委联合发布了《关于加强互联网信息服务算法综合治理的指导意见》的通知。该通知要求：推动算法公开透明，规范企业算法应用行为，保护网民合理权益，秉持公平、公正原则；督促企业及时、合理、有效地公开算法基本原理、优化目标、决策标准等信息，做好算法结果解释，畅通投诉通道，消除社会疑虑，推动算法健康发展。

4. 当前面临的挑战

（1）算法成熟度

当前，尽管诸如 LIME（局部可解释性模型）等算法在提升模型可解释性方面取得了一定进展，但不稳定性仍然是制约其广泛应用的一大障碍。LIME 通过模拟局部数据分布来近似预测模型的行为，但这种方法可能因数据分布的微小变化而导致解释结果的大幅波动，从而降低了解释的可靠性和稳定性。

为了克服现有算法的局限性，未来的研究需聚焦于算法的持续迭代与优化。这包括探索更加稳定且具有鲁棒性的可解释性算法，以及开发能够自动评估和调整解释质量的元学习算法。同时，跨学科的合作也将变得尤为重要，需结合机器学习、统计学、优化理论等多个领域的知识，共同推动算法成熟度的提升。

（2）算力成本

可解释性算法通常需要在保证模型预测精度的同时提供详尽的决策依据。这一要求往往导致算法的计算复杂度显著增加，尤其是在处理大规模数据集时，更是对算力资源提出了严峻挑战。高计算成本不仅增加了企业的运营成本，还可能限制可解释性算法的普及和应用。

为了降低算力成本，研究者需要不断探索优化算法的途径。这可能包括设计更加高效的算法结构、利用近似计算技术减少计算量，或者通过并行计算、分布式计算等技术手段提升算力资源的使用效率。同时，硬件技术的不断进步，如GPU、TPU等高性能计算设备的普及，也将为可解释性算法的应用提供有力支持。

（3）数据稀缺

数据标注是基于训练人工智能模型的需要，对文本、图像、音频、视频等原始数据添加标签的过程。标注后的数据成为人工智能的训练数据，可以根据不同的训练任务创建不同类型的训练数据集。在 AI 领域，标注数据稀缺是一个普遍存在的问题。对于可解释性算法而言，充足的标注数据是提升解释质量的关键。然而，在实际应用中，由于标注工作耗时费力且成本高昂，往往难以获得足够的高质量标注数据。这导致了许多可解释性算法在面对复杂问题时表现不佳，难以提供准确可靠的解释。

为了克服标注数据稀缺的问题，研究者开始探索无监督学习和半监督学习等新型方法。无监督学习能在没有标注数据的情况下，自动发现数据中的模式和结构，为可解释性算法提供了新的数据来源。而半监督学习结合了有监督学习和无监督学习的优点，能够在少量标注数据的指导下，有效利用大量未标注数据进行学习。这些方法有望在未来成为提升可解释性算法性能的重要途径。

5. 未来发展趋势

（1）对算法可解释性技术与性能平衡的深入探索

在 AI 技术日新月异的今天，算法的可解释性已成为连接技术伦理、法律监管与公众信任的桥梁。未来，算法可解释性技术的发展将不再仅限于提高透明度，而是需要在确保模型高性能的同时，实现解释性的显著提升。对这一平衡点的追求，将推动 AI 技术向更加成熟、可信赖的方向发展。

1）技术挑战及其解决方案。

❑ 优化算法设计：研究者将致力于开发新型算法，例如基于局部解释的方法（如 LIME、SHAP），这些方法能够在保持模型整体性能的同时，对特定预测结果提供直观解释。此外，集成学习方法（如随机森林、梯度提升树）因其内置的决策树结构，自然具备较高的可解释性，也是未来研究的重要方向。

- 混合模型策略：将高性能的"黑箱"模型与可解释性强的"白箱"模型相结合，形成混合模型架构。例如，使用深度学习模型进行特征提取，再利用逻辑回归或决策树等可解释模型做出最终决策，从而在保持预测精度的同时提升可解释性。
- 自动化可解释性工具：开发自动化工具，帮助非专家用户理解和分析 AI 模型的决策过程。这些工具将利用可视化和自然语言处理等技术，将复杂的模型决策转化为易于理解的形式，如文本描述、图表或动画。

2）法律与政策的影响。随着算法可解释性技术的不断进步，法律界将能够更准确地评估 AI 生成物的独创性。例如，在著作权纠纷中，法院可以依据 AI 系统的透明度报告，分析创作过程中的算法逻辑和数据来源，从而判断生成物是否满足独创性的要求。此外，政策制定者也应考虑将算法可解释性纳入监管框架，作为评估 AI 系统合规性的重要指标。

（2）可解释性评估标准的法律构建

为了应对 AI 生成物著作权问题的复杂性，法律层面急需建立统一的算法可解释性评估标准。这些标准不仅要关注技术层面的透明度，还需考虑法律实践中的实际需求，以确保在著作权纠纷中能够进行有效判断。

1）评估标准的制定原则。

- 明确性：标准应清晰界定"可解释性"的具体内涵，包括解释的深度、广度和准确性等方面，以便不同利益相关者能够达成共识。
- 灵活性：考虑到 AI 技术的快速发展，评估标准应具有一定的灵活性，以适应新技术和新应用的出现。
- 可操作性：标准应便于实施和操作，为法律实践提供具体指导。例如，可以规定 AI 系统开发者需要提交哪些类型的透明度报告，以及这些报告应包含哪些关键信息等。

2）具体法律条款建议。

- 立法引入：在《中华人民共和国著作权法》或相关法规中明确规定，AI 生成物的著作权保护应基于算法的可解释性进行评估。同时，规定 AI 系统开发者或使用者在提交著作权登记或参与著作权纠纷时，需提供符合一定标准的算法透明报告。
- 标准制定机构：设立专门的机构或委员会，负责制定和更新算法可解释性的评估标准。该机构应吸纳技术专家、法律学者、行业代表等多方参与，以确保标准的科学性和公正性。

❑ 违规处罚：对于违反算法透明度要求的 AI 系统开发者或使用者，应规定
相应的法律责任和处罚措施，以维护市场秩序和公平竞争。

14.1.3　公共领域和开放许可

1. 公共领域的界定

公共领域是指那些不受著作权法保护的作品领域，这些作品可被任何人自由
使用、复制、修改和分发。对于 AI 生成物而言，确定其是否属于公共领域至关
重要。通常而言，作品在著作权保护期满后会进入公共领域，但 AI 生成物的著
作权归属和保护期限在法律上尚不明确。因此，探讨 AI 生成物的公共领域问题，
需要从法律、技术和伦理多角度进行综合考量。

2. 开放许可的概念

开放许可是一种允许他人在特定条件下使用、复制、修改和分发作品的许可
方式。常见的开放许可包括知识共享许可（Creative Commons，CC）和开源软件
许可（如 GNU 通用公共许可证）。开放许可为 AI 生成物的共享和再利用提供了
法律框架，使创作者可以明确授权他人在一定条件下使用其作品，从而促进作品
的传播和创新。

3. AI 生成物的开放许可实践

在 AI 生成物的著作权问题中，开放许可的实践尤为重要。例如，一些 AI 艺
术作品或音乐作品可以通过知识共享许可进行授权，允许公众在非商业用途下自
由使用。这种许可方式不仅有助于作品的传播，还能激发更多的创意和创新。同
时，开放许可也为 AI 作品的商业化提供了可能。通过开放许可，AI 作品可以被
更广泛地应用于教育、科研和商业领域，从而实现更大的社会和经济价值。

14.1.4　伦理与道德问题

数据、技术、政策和法律共同构成了数字司法生态系统的基石，而伦理道德
则是这一体系中不可或缺的灵魂。我国科技伦理治理仍存在体制机制不健全、制
度不完善、领域发展不均衡等问题，难以适应科技创新发展的现实需要，尤其在
数据与算法偏见方面。AI 依赖大量数据进行学习，可能会无意中学习并放大训练
数据中的偏见，导致在决策和输出中产生不公平和歧视性的结果。适应我国国情
的人工智能伦理道德要充分坚持马克思主义的引领，回应人工智能伦理挑战的现
实问题，实现人、人工智能、社会、自然的和谐相处。

2022 年 3 月，中共中央办公厅、国务院办公厅印发的《关于加强科技伦理治理的意见》中强调："制定生命科学、医学、人工智能等重点领域的科技伦理规范、指南等，完善科技伦理相关标准，明确科技伦理要求，引导科技机构和科技人员合规开展科技活动。"由此可见，国家在立法层面对人工智能领域的法律法规及规章的制定需求已经迫在眉睫。

1. 新时代的人工智能伦理定义

2023 年 3 月，由中国电子技术标准化研究院牵头，依托国家人工智能标准化总体组和全国信标委人工智能分委会，组织浙江大学、上海商汤智能科技有限公司等 50 余家政产学研用单位共同编制的《人工智能伦理治理标准化指南》提出了三方面定义，为我们理解人工智能伦理提供了全面的视角：

1）在人类开发和使用人工智能相关技术、产品及系统时，应遵守的道德准则及行为规范；

2）人工智能体本身所具有的符合伦理准则的道德编程或价值嵌入方法；

3）人工智能系统通过自我学习和推理形成的伦理规范。

2. 常见的人工智能伦理国际标准和指南

表 14-1 汇总了国内外一系列与人工智能伦理相关的标准和指南，为 AI 的伦理实践提供框架和指导。在我国，中共中央办公厅、国务院办公厅明确了增进人类福祉、尊重生命权利、公平公正、合理控制风险和保持公开透明这五项科技伦理原则。《人工智能伦理治理标准化指南》将其细化为以人为本、可持续性、合作、隐私、公平、共享、外部安全、内部安全、透明和可问责共十项可实施性较强的伦理准则。

表 14-1　常见人工智能伦理国际标准和指南

序号	文件名称	发布机关	简述
1	《可信赖的人工智能伦理准则》	欧洲人工智能高级别专家组	包括尊重人的自主性、预防伤害、公平性和可解释性等四项伦理准则；实现可信赖 AI 的 7 个关键要素，包括人的能动性和监督、技术鲁棒性和安全性、隐私和数据管理、透明性、多样性、非歧视性和公平性、社会和环境福祉、问责等
2	《人工智能原则》	经济合作与发展组织（OECD）	包括包容性增长、可持续发展和福祉；以人为本的价值观和公平；透明性和可解释性；稳健、安全和无害；责任。这些原则被广泛认为是国际人工智能治理的基础
3	《人工智能伦理问题建议书》	联合国教科文组织	强调了人工智能伦理的全球性和文化多样性

（续）

序号	文件名称	发布机关	简述
4	《伦理指南》	欧洲科学和新技术伦理小组	尊重人的自主性原则、防止伤害原则、公平、公正、可解释性
5	《关于加强科技伦理治理的意见》	中共中央办公厅、国务院办公厅	明确了增进人类福祉、尊重生命权利、坚持公平公正、合理控制风险和保持公开透明五项科技伦理原则
6	《新一代人工智能治理原则——发展负责任的人工智能》	国家新一代人工智能治理专业委员会	包括和谐友好、公平公正、包容共享、尊重隐私、安全可控、共担责任、开放协作和敏捷治理等，以确保人工智能的安全、可靠和可持续发展八大原则
7	《人工智能伦理治理标准化指南》	国家人工智能标准化总体组、全国信标委人工智能分委会	包括增进人类福祉、尊重生命权利、坚持公平公正、合理控制风险、保持公开透明五大伦理原则和以人为本、可持续性、合作、隐私、公平、共享、外部安全、内部安全、透明、可问责共十项伦理准则

3. 未来发展趋势

（1）构建整体伦理原则体系

在治理 AI 生成物著作权问题的过程中，首要任务是构建一个以人类价值观为基础的整体性伦理原则体系。该体系应围绕尊重人权、公平性、透明度、责任性四大核心原则展开，确保 AI 技术的发展始终服务于人类社会，而不是成为侵害人类权益的工具。

❑ 尊重人权：AI 生成物不得侵犯任何人的基本权利，包括知识产权、隐私权、名誉权等。应明确在何种条件下 AI 生成物可被视为原创作品，以及如何合理界定其著作权归属，以保障创作者的合法权益。

❑ 公平性：在 AI 技术广泛应用的过程中，应确保技术红利能公平惠及所有人群，避免技术垄断和数字鸿沟加剧。对于 AI 生成物的著作权分配，应考虑技术贡献者与内容创作者之间的利益平衡，实现公平合理的分配机制。

❑ 透明度：AI 系统的运作机制及其决策过程应具有较高的透明度，以便公众能够理解和监督。对于 AI 生成物的创作过程，应建立相应的追溯机制，确保公众能够了解作品背后的算法逻辑和数据来源。

❑ 责任性：明确各相关方在 AI 技术应用中的责任和义务，建立清晰的责任与问责机制。当 AI 生成物引发著作权纠纷时，能够迅速定位责任主体，并采取相应的法律措施进行解决。

（2）完善法律法规，为 AI 生成物的著作权提供法律保障

面对 AI 生成物带来的新挑战，现有的法律法规体系急需完善。立法机构应

加快制定或修订相关法律法规，为 AI 生成物的著作权保护提供明确的法律依据和规范。

❑ 明确 AI 生成物的法律地位：通过立法明确 AI 生成物是否构成作品、是否享有著作权等基本问题。同时，应探讨如何界定 AI 技术贡献者与内容创作者之间的权利关系，为双方提供合理的法律保障。

❑ 加强跨境法律合作：鉴于 AI 技术的全球性和跨国性特点，加强国际法律合作与交流显得尤为重要。各国应共同制定国际统一的 AI 生成物著作权保护标准，促进全球范围内的知识产权保护与合作。

（3）推动技术标准制定，确保 AI 技术的伦理合规

技术标准的制定对于 AI 技术的伦理合规性具有重要意义。通过制定严格的技术标准，可确保 AI 系统在设计、开发、部署和使用的全过程中遵循伦理原则和法律规范。

❑ 建立 AI 生成物评价标准：制定一套科学、客观、可操作的 AI 生成物评价标准，以评估作品的创新性、艺术性、实用性等方面。这些标准有助于判断 AI 生成物是否达到著作权保护的要求。

❑ 强化算法伦理审查：对 AI 算法进行严格的伦理审查，确保其设计理念和实现过程都符合伦理原则。对于可能引发著作权纠纷的算法，应提前进行风险评估并采取规避措施。

❑ 推动数据隐私保护标准：鉴于 AI 生成物往往依赖大量数据，加强数据隐私保护标准的制定和执行尤为重要。应确保 AI 系统在收集、处理和使用数据的过程中严格遵守相关法律法规和隐私政策。

（4）加强国际合作与公众参与，构建全球伦理治理体系

AI 生成物著作权问题的治理需要全球范围内的合作与努力。通过加强国际合作与公众参与，可以共同应对这一全球性挑战，推动全球伦理治理体系的构建。

❑ 加强国际合作：各国政府、国际组织、企业和社会团体应加强沟通合作，共同制定国际统一的 AI 生成物著作权保护标准和伦理规范。通过分享经验、交流技术和协调政策等手段，推动全球范围内的知识产权保护与合作。

❑ 促进公众参与：提高公众对 AI 生成物著作权问题的认识和理解，鼓励公众参与相关讨论和决策过程。通过举办论坛、研讨会、公开听证会等活动，听取公众的意见和建议，增强公众对 AI 技术伦理治理的参与度和认同感。

14.2　AI 的数据安全和个人隐私保护问题的未来展望

生成式人工智能的运作可大致分为数据抓取、数据训练以及数据输出三个阶段。每个阶段的核心运行都是基于对海量数据的处理与使用，因此引发的数据风险也各不相同。不论是在学习及训练数据的准备阶段，还是在其后的数据输出与存储阶段，数据源是否合法合规以及数据是否被污染、滥用或泄露，都日益成为数据安全的焦点问题。

在国外的先进实践中，欧盟对 ChatGPT 等技术的潜在风险保持了高度警惕，认为这些技术在提升服务效率、创新内容生成方面展现出巨大潜力的同时，也引发了数据隐私、算法偏见、透明度等问题。因此，欧盟强调在推动 AI 发展的同时，必须加强数据保护法规的适用与监管，确保技术发展与隐私保护并重。《人工智能法案》对生成式人工智能的数据保护进行了系统性的规范，对 AI 系统提供商的技术文件和透明度提出了更高要求。模型提供商需公开训练模型内容的详细摘要，同时保护商业秘密和机密信息。这一要求对企业而言既是挑战也是机遇，有助于推动企业提升透明度和公信力。

我们可以预见，随着 AI 技术的不断突破，数据安全和个人隐私保护问题将变得更加复杂。因此，我们需要不断更新和完善相关法律法规，加强国际合作，共同应对这些挑战。同时，技术的透明度和可解释性也将成为关键因素，它们可以帮助公众理解并信任 AI 技术，确保其在安全和负责任的框架内发展。

14.2.1　数据隐私保护技术的增强

随着 AI 技术的广泛应用，数据隐私保护技术也在不断发展，以应对日益复杂的安全威胁。目前，主流的数据隐私保护技术主要包括数据加密、访问控制、数据脱敏、安全审计以及遵守法律法规等方面。

1. 数据加密技术的进展

数据加密技术是一种通过某种算法将明文数据转换成密文的方法，以保护数据的机密性。常见的数据加密技术包括对称加密和非对称加密。

❑ 对称加密是指使用相同的密钥进行数据的加密和解密。它的优点在于加解密速度快，适合大量数据的处理。然而，对称加密的挑战在于密钥的分发和管理，因为所有使用该方法的用户必须共享同一个密钥。一旦密钥泄露，整个系统的安全性就会受到威胁。

❑ 非对称加密，又称公钥加密，即使用一对密钥，包括一个公钥和一个私钥。公钥可以公开分享，用于加密数据，而私钥则必须保密，用于解密数据。非对称加密解决了密钥分发问题，因为即使公钥被公开，没有私钥也无法解密信息。这种方法在安全性上更为优越，但计算上更为复杂，处理速度相对较慢。

2. 数据的匿名化和去标识化

数据匿名化和去标识化技术通过去除或模糊数据中的个人身份信息，保护个人隐私免受侵害。未来，这些技术将向以下方向深化：

❑ 差分隐私的广泛应用：差分隐私技术通过向数据集中添加随机噪声，在保护个人隐私的同时保留数据的统计特性，为数据分析提供有力支持。随着技术的不断成熟和算法的优化，差分隐私将在医疗研究、市场调研等领域发挥更大作用。

❑ 匿名化技术智能化：结合 AI 技术，匿名化技术可以实现更智能的数据处理和分析。通过机器学习算法，系统能够自动识别数据中的敏感信息并采取相应的匿名化措施，提高数据处理的效率和准确性。

3. 用户控制权的增强

赋予用户更多控制其数据的权利，如数据访问、更正、删除等，通过技术实现用户对其数据的完全控制。未来，技术将赋予用户更多控制自己数据的权利与能力。

❑ 数据访问权限的细粒度管理：用户可以根据个人需求对数据的访问权限进行细粒度的管理，包括设置访问时间、地点、设备等条件，确保数据仅在合法、合规的情况下被访问和使用。

❑ 数据透明度和可溯源性：通过区块链等分布式账本技术，用户可以实时查看自己数据的流向和使用情况，确保数据的透明和可溯源。同时，区块链的不可篡改性也为数据保护提供了额外的安全保障。

❑ 数据更正与删除权：用户能够轻松更正错误数据或删除不再需要的个人信息，确保个人数据的准确性和时效性。此外，企业也应建立完善的数据删除机制，及时响应用户的删除请求。

4. 隐私保护设计

将隐私保护作为系统设计的起点，确保隐私保护措施与技术解决方案同步开发并部署。

隐私保护设计（Privacy by Design，PbD）强调在系统设计之初就将隐私保护纳入考虑范围，以确保技术解决方案与隐私保护措施同步开发和部署。未来，隐私保护设计将成为 AI 技术发展的必然趋势。

❑ 全生命周期的数据保护：在数据的采集、处理、分析、共享、存储和销毁的整个生命周期中，全面融入隐私保护设计原则，以确保数据的安全性和隐私性。

❑ 跨领域、跨行业的隐私保护标准：随着 AI 技术的广泛应用，跨领域、跨行业的隐私保护标准将逐步建立和完善。这些标准将涵盖数据收集、处理、共享等各个环节的隐私保护措施和要求，为 AI 技术的健康发展提供有力保障。

❑ 隐私保护技术的持续创新：隐私保护设计将激发技术创新活力，推动更多新技术、新方法在隐私保护领域的应用与发展。通过技术创新和迭代升级，不断提升隐私保护技术的有效性与可靠性。

14.2.2　算法透明度与可解释性

算法透明度和可解释性是确保 AI 系统公正性和可接受性的关键要素。

1. 算法透明度和可解释性在数据安全问题中的价值

（1）提高算法的可信度和可靠性

❑ 增强公众信任：算法透明度允许公众了解算法的工作原理和决策过程，从而增强公众对算法结果的信任。当算法的行为和决策能够被理解和监督时，公众对 AI 生成物的不确定性和疑虑就会减少。

❑ 减少误解和偏见：算法透明可以减少因算法不透明而导致的误解和偏见。公众可以清楚地看到算法是如何处理数据和做出决策的，从而避免因算法黑箱而产生的猜疑和不信任。

❑ 保障用户知情权：算法透明度保障用户的知情权。用户有权了解算法如何处理其数据并做出决策。这有助于用户更好地了解其权益和利益，并采取相应措施保护自身权利。

❑ 防止被算法操控：透明度有助于防止用户被算法操控。当用户了解了算法的工作原理和决策过程后，可以自主选择是否接受算法的建议或决策，从而避免被算法误导或操控。

（2）防止算法歧视

算法透明度有助于防止在决策过程中出现的歧视现象。当算法的工作原理和决策依据被公开时，任何潜在的歧视性偏见都可以及时被发现和纠正。

（3）为算法审查打下基础

算法透明为算法审查提供了重要基础。通过公开算法的代码、数据和决策树等信息，中立第三方可以核对或检验算法决策的真实性及是否存在算法歧视。这有助于发现和纠正算法中的错误和问题，保障算法的公正性和合法性。

（4）促进技术创新与发展

激发创新动力：算法透明可以激发技术创新的动力。当算法的工作原理和决策过程被公开时，更多的研究者和开发者可以基于这些信息进行深入研究和创新。这有助于推动算法技术的不断发展和进步。

通过提高透明度，算法技术可以得到更好的共享和交流。不同的研究者和开发者能够相互学习和借鉴彼此的经验与成果，从而共同推动算法技术的繁荣和发展。

2. 国外在数字安全和个人隐私保护方面对算法透明度的实践

（1）欧盟

欧盟在 2018 年 5 月生效的《通用数据保护条例》（General Data Protection Regulation，GDPR）中确立了算法解释权，并进一步在 2024 年 2 月生效的《数字服务法》（Digital Services Act，DSA）中采取算法问责和透明度审计等措施，要求在线平台公开推荐算法的参数，提高透明度。欧盟还成立了欧洲算法透明度中心（European Centre for Algorithm Transparency，ECAT）。ECAT 由数据科学家、人工智能专家、社会科学家和法律专家组成，向欧盟委员会提供内部技术和科学专业知识，以确保超大型网络平台和超大型网络搜索引擎使用的算法系统符合《数字服务法》中的风险管理、缓解和透明度要求。ECAT 的成立旨在协助欧盟委员会对指定公司的系统进行检查，更彻底地分析指定公司提交的透明度报告和风险自我评估。

（2）美国

美国在联邦和州政府层面对算法透明性进行规制。2019 年提出的《过滤气泡透明度法案》要求大型互联网平台在使用算法进行个性化推荐时，必须告知用户并提供退出选项。2021 年提出的《算法正义与在线平台透明度法案》旨在通过披露算法收集和处理个人信息的方式，确保算法透明性。

《算法责任法案》（Algorithmic Accountability Act）要求企业对其使用的算法进行审计，确保算法的公正和透明。

（3）英国

英国在提升公共部门算法透明度方面采取了具体措施。2021 年 11 月，英国中央数字和数据办公室发布了《算法透明度标准》，为公共部门在使用算法工具辅助决策时提供透明度指引。该标准包含算法透明度数据标准、模板和指引，要求算法使用者填写的内容和相应格式，并提供算法透明工作的实例和流程指引。

3. 未来发展趋势

算法透明度与可解释性的未来发展趋势将呈现出技术创新与法规政策并进的态势。在技术层面，新型可解释性 AI 模型、交互式解释技术和自动化评估与验证工具的不断涌现，将为 AI 技术的健康发展提供有力支撑。在法规政策层面，细化法律条款、加大监管与执法力度以及推动国际合作与标准制定等举措的实施，将确保 AI 技术在保障数据安全与个人隐私的前提下实现广泛应用。随着这些趋势的不断发展和完善，AI 在未来社会中的作用将会更加积极和正面。

（1）对技术创新的深入探索

随着研究的深入，科学家们将不断探索新的 AI 模型架构，旨在从设计之初就融入可解释性。例如，基于符号逻辑的模型将重新获得关注，这些模型能够直接表达因果关系和推理过程，使决策路径清晰可见。同时，混合模型（Hybrid Models）将结合传统机器学习算法与深度学习技术，利用各自的优势，既保持高性能又提升可解释性。此外，注意力机制（Attention Mechanisms）和可解释性神经网络（Interpretable Neural Networks）等技术的进一步发展，也将为 AI 模型的可解释性提供新的解决方案。

为了满足不同用户群体的需求，交互式解释技术将不断革新。这些技术允许用户以自然语言提问、调整解释参数或进行假设分析，从而更深入地理解 AI 模型的决策逻辑。例如，基于自然语言处理的解释系统能够解析用户的复杂查询，并生成易于理解的解释文本或图表。同时，增强现实（AR）和虚拟现实（VR）技术也可能应用于解释过程，通过模拟真实场景或构建可视化模型，帮助用户直观感受 AI 决策的影响。

为了确保算法透明度与可解释性的有效实施，自动化评估与验证工具的开发将成为重要趋势。这些工具能够自动检测算法中的不透明区域，评估解释的质量，并指出潜在的偏见或歧视问题。通过集成到 AI 开发流程中，这些工具帮助开发者及时发现并修复问题，提升算法的公正性和可靠性。此外，标准化评估指标和基准测试集的建立也将促进不同算法之间的比较和评估。

（2）法规政策的精细构建

随着 AI 技术的广泛应用，各国政府将进一步细化法律条款，明确算法透明度与可解释性的具体要求。这些要求可能包括：算法决策过程的透明度标准；解释内容的详细程度；用户权利的保护措施等。同时，政府将发布指导原则，为企业和开发者提供合规指引，促进算法透明度与可解释性的实践。

同时，为了确保法规的有效执行，政府将加大监管与执法力度。这包括建立专门的监管机构、制定监管规则、开展定期检查和评估等。对于违反法规的企业和开发者，政府将依法进行处罚，以维护市场秩序和公众利益。此外，政府还将鼓励公众参与监督，通过举报机制、公开听证等方式，增强监管的透明度和公正性。

鉴于 AI 技术的全球化特点，国际合作在法规政策制定中显得尤为重要。各国政府将加强沟通与合作，共同制定算法透明度与可解释性的国际标准。这些标准将涵盖数据保护、隐私安全、算法公正性等方面，为跨国数据流动和 AI 技术的国际应用提供法律保障。同时，国际组织也将发挥重要作用，推动各国政府之间的协商与合作，促进全球 AI 治理体系的完善。

14.2.3 国际合作与共享

在 2024 年数据安全治理与发展论坛中，新加坡资讯通信媒体发展局局长柳俊泓表示："人工智能发展凸显出数据的重要性，同时也在创造一个全球性的治理框架，其中建立互信是最重要的因素。"对数据和 AI 的信任，是数字时代平衡保护和创新的基础。在全球化的背景下，国际合作对于解决 AI 带来的数据安全和隐私保护问题至关重要。

1. 现有国际法律框架

当前，国际社会已初步形成了一系列旨在保护数据安全与个人隐私的国际法律框架。联合国、世界贸易组织等国际组织在推动全球数据治理方面发挥了积极作用。同时，欧盟 GDPR 等区域性法律框架为数据保护设立了高标准，成为全球范围内的标杆。然而，这些法律框架在应对跨国数据流动、AI 技术应用等方面仍存在诸多局限性，如法律适用冲突、监管标准不统一等问题。

2. 国际合作的趋势

合作范围将更加广泛，涵盖更多国家和地区；形式将更加多样化，包括双边协议、多边合作机制等；合作内容将更加深入，涉及技术标准、监管政策等多个方面。为了推动国际合作取得更大成效，政策制定者需发挥引领作用，加强国际沟通与协调；行业参与者需积极响应国际规则和标准要求；公众也需增强数据保护意识并积极参与监督。

（1）双边或多边的国际法律法规

在 AI 数据安全和隐私保护领域，国际合作和共享至关重要。各国政府应加强沟通与合作，共同制定双边或多边的国际法律法规，以应对跨国数据流动和隐私保护的新挑战。例如，欧盟与美国之间可以就数据隐私保护问题进行磋商，制定相互认可的数据保护标准和协议。这将有助于促进跨国企业的合规经营和数据共享，同时保障个人隐私权益。

（2）跨境数据流动的监管政策

制定明确的规则，以管理跨境数据流动，并保护用户数据免遭非法访问和滥用。

为了应对 AI 技术带来的跨国隐私保护问题，各国政府还应加强跨区域的监管合作。通过建立跨区域的数据保护监管机构和协调机制，实现监管政策的协同一致和有效执行。例如，可以设立一个国际性的数据保护监管机构，负责协调和监督各国的数据保护政策和执行情况。这有助于打破地域壁垒和制度障碍，促进全球范围内的数据安全和隐私保护合作。

（3）国际标准和认证体系

各国应协调立法，制定统一的数据保护和隐私标准，建立有效的国际争端解决机制，处理涉及 AI 技术的数据安全和隐私问题，以促进国际数据流动和 AI 技术的全球化发展。国际社会还应加强国际标准和认证体系的建设，推动 AI 技术的健康发展和广泛应用。通过制定统一的技术标准和认证流程，规范 AI 产品的设计、开发和测试等环节，确保其符合数据安全和隐私保护的要求。同时，还可以建立国际性的认证机构，对符合标准的 AI 产品进行认证和标识，提高消费者对产品的信任度和满意度。

14.3　AI 的虚假信息和深度伪造问题的未来展望

14.3.1　开源工具的增加与深度伪造技术的普及

1. 开源工具的增加

开源文化自诞生以来，以其开放、共享和协作的理念推动了软件技术的快速发展。在 AI 领域，开源项目同样发挥了重要作用。GitHub、GitLab 等平台上涌现出大量 AI 相关的开源项目，涵盖了算法、模型、框架等多个层面，见表 14-2。这些项目的开放性使得任何人都可以学习、使用和改进 AI 技术，从而加速了技术的普及和进步。

表 14-2　国内外常见 AI 开源工具简介

类别	工具名称	开发者 / 来源	功能描述
国外开源工具	Deepfakes	个人开发者	使用深度学习技术进行人脸替换的先驱工具

（续）

类别	工具名称	开发者／来源	功能描述
国外开源工具	FaceSwap	个人开发者	图片和视频人脸交换工具，用户界面友好
国外开源工具	StyleGAN	NVIDIA	高级人脸生成模型，生成高分辨率逼真人脸图像
国外开源工具	GANimation	学术研究	利用 GANs 生成动态人脸表情和头部动作
国外开源工具	This Person Does Not Exist	个人开发者	展示 GAN 生成的不存在的人脸
国外开源工具	DeepNude	个人开发者	有争议的应用，用于生成"脱衣"效果，已下架
国外开源工具	Face2Face	学术研究	实时面部捕捉和替换
国外开源工具	OpenPose	学术研究	实时多人身体关键点检测工具，用于动作捕捉
国内开源工具	ZAO	国内团队	手机应用程序，用户可将自己的脸替换成视频中的明星脸
国内开源工具	Dlib	国际开发，国内应用	包含多种机器学习工具的库，用于人脸检测和特征点定位
国内开源工具	FaceU	国内团队	提供实时面部滤镜和效果的相机应用
国内开源工具	美图秀秀	国内团队	图片编辑软件，包括人脸编辑和美容功能
国内开源工具	B612	国内团队	相机应用，提供基于深度学习的人脸交换技术

2. 深度伪造技术的普及

深度伪造技术（Deepfakes）是深度学习（Deep Learning）与伪造（Fake）的组合，这一概念最早出现在 2017 年底，最初特指基于人工智能，尤其是深度学习的人像合成技术。随着技术进步，现在已发展为包括视频伪造、声音伪造、文本伪造和微表情合成等多模态视频欺骗技术。

深度伪造技术凭借其强大的图像与视频处理能力，能够精准模仿并伪造人类行为特征，生成高度逼真的图片、视频乃至音频。近年来，深度伪造技术因其多样化的应用，例如在电影和营销领域，越来越受欢迎。然而，原本用于激发创造力和创新的工具，也可能被不法分子利用，进行隐私侵犯、谣言传播等恶意行为，严重损害社会公信力与个人权益。奇安信集团发布的《2024 人工智能安全报告》揭示了基于 AI 的 12 种重要威胁，其中 2023 年基于 AI 的深度伪造欺诈暴增3000%。在政治领域，深度伪造技术可能被用于制造假新闻、篡改证据等不正当行为；在经济领域，它可能导致品牌声誉受损、消费者信任危机等问题；在社会领域，它可能引发恐慌或误导舆论。

深度伪造技术，作为 AI 技术的一种应用，其开源化进程也在加速。从最初的学术研究工具（如 StyleGAN、FaceSwap），到后来的商业应用软件，再到现在的开源项目，深度伪造技术的应用门槛不断降低，操作简便性不断提升。这使得非专业用户也能轻松掌握这一技术，生成逼真的虚假图像和视频。开源工具的增多，不仅加速了深度伪造技术的普及，也加剧了虚假信息的泛滥，对公众的认知和信任构成了挑战。

3. 未来发展趋势

（1）技术层面

随着生成式人工智能技术的不断发展，深度伪造技术将变得更加智能化和高度真实化。大模型的广泛应用使伪造内容在外观和细节上几乎与真实内容无异。

多家研究机构和技术公司正在不断投入资源，研发更先进的生成模型，如 Stable Diffusion、DALL·E 等。这些模型在图像和视频生成领域取得了显著进展。

深度伪造技术将不仅限于人脸替换，还可能扩展到声音、动作乃至整个场景的伪造。其应用场景也将更加广泛，包括娱乐、广告和教育等多个领域。

未来在技术层面，我们应该研究和开发更先进的检测技术，以识别和过滤深度伪造内容。同时，需加强对网络和媒体平台的监管，防止虚假信息的传播。

（2）个人层面

❏ 侵犯个人隐私：深度伪造技术可能被用于制作虚假视频、图片或音频，侵犯个人肖像权、隐私权和名誉权。例如，通过 AI 换脸技术，不法分子可以伪造他人的图像或视频，用于非法目的，给受害者带来极大的困扰和损害。

❏ 损害名誉权：当深度伪造内容被广泛传播时，会对受害者的名誉造成严重影响。特别是当这些内容与知名人士或公众人物相关时，其负面影响更为显著。

❏ 造成经济损失：在诈骗案件中，深度伪造技术常被用于假冒熟人、知名人士或官方网站，诱骗受害者转账或提供个人信息，造成经济损失。

❏ 建立技术限制与伦理规范：技术开发者和使用者应建立伦理规范，明确技术使用的界限。同时，通过技术手段对深度伪造内容进行限制，例如在视频中添加难以伪造的水印或数字签名，以便识别和追踪。

（3）法律层面

❏ 法律挑战：深度伪造技术的出现对现行法律体系提出了挑战。如何界定深度伪造行为的法律责任、如何保护受害者的权益等问题亟待解决。

❑ 执法难度增加：由于深度伪造技术的隐蔽性和高仿真度，执法部门在打击相关犯罪时面临较大困难。需要不断更新技术手段和法律法规以应对新的挑战。

立法机构需要针对深度伪造技术制定相应的法律法规，明确制作、传播虚假信息的法律责任，保护个人和公共利益免受侵害。

（4）社会层面

❑ 信任危机加剧：随着深度伪造技术的普及，公众对视频、图片和音频的真实性产生怀疑，容易引发信任危机。这种不信任感不仅限于特定事件或人物，还可能扩展到整个社会层面。

❑ 影响社会稳定：虚假信息的快速传播可能引发社会恐慌和混乱，进而影响社会稳定。例如，新冠疫情期间，关于疫情发展的虚假信息可能导致公众恐慌，引发抢购药品和物资等行为。

❑ 公信力受损：媒体、政府等权威机构可能因为虚假信息的传播而失去公信力。公众一旦对信息来源产生怀疑，这些机构的权威性和公信力就会受到挑战。

❑ 加强教育与公众意识提升：通过普及 AI 知识、提高公众信息素养和辨别能力，可以有效遏制虚假信息的传播。教育部门和公共机构应开展相关教育项目，普及深度伪造技术知识，提升公众信息素养。

14.3.2 虚假信息与深度伪造检测技术的发展

当前，多种检测技术正在被研究和应用，以识别和防范深度伪造内容。

1. 技术发展现状

（1）机器学习算法

机器学习算法，尤其是深度学习，已成为识别深度伪造内容的前沿技术。通过分析图像和视频的像素级特征，机器学习模型能够学习伪造内容的模式。例如，研究人员利用深度卷积神经网络（CNN）成功识别了经过面部替换的视频。这些网络经过数以万计的真实和伪造样本的训练，能够以高准确率区分真伪。然而，随着深度伪造技术的不断进步，检测算法面临着持续更新的挑战。研究人员需要不断优化算法，以应对更高级别的伪造技术。

（2）区块链技术

区块链技术因为其去中心化和不可篡改的特性，为内容的真实性提供了新的保障。通过在内容发布时记录其元数据和时间戳，区块链可以作为验证内容来源和历史的一种手段。一些新闻机构已经开始探索使用区块链技术来验证新闻报道的真实性，以确保报道内容的可信度。将区块链技术与现有的内容管理系统结合，可以保证内容整个生命周期的透明度和可追溯性。

（3）数字水印

在内容创建时嵌入难以察觉的标记，这些标记可以在内容分发后用于验证其真实性。数字水印可以是可见或不可见的，它们通常对图像或视频的感知质量影响极小，但足以在后期检测中提供关键信息。随着伪造者尝试移除或破坏水印，水印技术也在不断进步，包括使用更加稳健的水印算法，即使在内容经过压缩或其他处理后仍能保持完整性。

2. 未来发展趋势

（1）检测技术的精确度和效率

未来的检测技术将需要在准确性和效率上实现质的飞跃。随着深度伪造技术的精细化，检测算法必须能够快速且准确地识别出最微小的不一致之处。

1）技术融合。通过融合多种技术，如利用机器学习进行特征识别，结合区块链进行来源验证，使用数字水印进行内容标记，可以构建一个多层次的检测体系。

2）实时监测。发展实时或近实时的监测能力，以便在虚假信息和深度伪造内容传播之前迅速进行识别和拦截。

（2）平衡检测技术的侵入性与用户隐私权

实施检测技术时，必须尊重用户的隐私权。未来的检测技术需要在不侵犯个人隐私的前提下，实现对虚假信息的有效识别。

1）隐私保护的设计。从技术设计阶段就考虑隐私保护，例如，通过匿名化处理或使用差分隐私技术来保护用户数据。

2）法规与标准。制定相关法规和标准，明确检测技术的适用范围和限制，确保技术使用不会逾越隐私权的边界。

14.3.3　国际合作与国际标准的制定

探讨 AI 时代深度伪造问题的未来趋势时，国际合作与国际标准的制定无疑是构建全球防御体系、维护信息真实性与社会信任的关键环节。随着技术的飞速发展，深度伪造技术的门槛逐渐降低，其潜在威胁已跨越国界，成为全人类共同面对的挑战。因此，加强国际合作，推动国际标准的制定与实施成为重要议题。

国际标准可以为不同国家和地区提供统一的技术规范和法律指导。在这一过程中，各国应秉持开放包容、互利共赢的原则，国际标准的制定需要考虑到不同国家和地区的法律、文化和价值观差异。

1. 国际合作的重要性

（1）应对跨国犯罪的需求

深度伪造技术已被不法分子利用，用于网络诈骗、政治操纵、名誉诽谤等跨国犯罪活动，其影响范围之广、速度之快，远超传统犯罪手段。面对这类跨国犯罪，单一国家的力量显得捉襟见肘。国际合作能够整合全球资源，形成合力，快速追踪犯罪线索，有效打击深度伪造犯罪。

（2）技术与法律的双重挑战

深度伪造技术的快速发展对现有的检测手段和法律体系构成了双重挑战。不同国家和地区在技术水平、法律框架、执法能力等方面存在差异，导致对深度伪造内容的识别和打击效果各不相同。国际合作能够促进技术交流，提升全球检测能力，同时推动法律制度的协调与统一，形成更加有效的国际法律防线。

（3）维护社会信任与稳定

深度伪造技术的滥用严重侵蚀了社会信任基础，对政治稳定、经济秩序、个人名誉等造成深远影响。国际合作不仅能够提升全球对深度伪造内容的防控能力，还能通过共同行动向公众传递积极信号，增强社会整体对信息真实性的信心，维护社会稳定。

2. 国际合作路径及策略

（1）建立国际对话与合作机制

首先，应建立多边对话机制，邀请各国政府、国际组织、技术企业、学术机构等利益相关方，就深度伪造技术的挑战、应对策略及国际合作框架，进行深入讨论。通过定期召开国际会议、研讨会等形式，加强信息交流，增进共识，为国际合作奠定坚实基础。

（2）推动技术共享与研发合作

鼓励跨国技术合作，共同研发更加高效、精准的深度伪造内容检测技术和工具。建立国际技术交流平台，促进研究成果的共享与应用。同时，支持发展中国家提升技术检测能力，缩小技术鸿沟，确保全球范围内对深度伪造内容的防控能力均衡发展。

（3）加强法律的协调与互认

推动各国在深度伪造相关立法上的协调与互认，明确责任主体，统一法律标准。通过签订双边或多边协议，建立跨国案件协查机制，简化跨国诉讼程序，提高打击跨国犯罪的效率和效果。同时，加强国际司法协助，共同打击利用深度伪造技术实施的跨国犯罪。

3. 国际标准的制定与实施

（1）制定统一的技术标准

在技术层面，应制定统一的深度伪造内容检测与识别技术标准。这些标准应涵盖检测算法的准确性、效率、稳定性等方面的要求，确保不同国家和地区采用的技术手段具有可比性和互操作性。同时，随着技术的不断进步，应及时更新技术标准，保持其先进性和适用性。

（2）明确法律适用原则

在法律层面，应制定国际通用的法律适用原则，明确深度伪造内容的法律性质、责任主体及法律责任。这些原则应充分考虑不同国家和地区的法律、文化和价值观差异，寻求最大公约数，确保国际法律标准的广泛适用性和可接受性。同时，鼓励各国在立法实践中参考国际法律标准，推动国内法律制度的完善与升级。

（3）加强标准的宣传与培训

制定国际标准后，应加强宣传与培训工作。通过举办国际培训班、研讨会等形式，向各国政府、执法机构、技术企业等利益相关方普及国际标准的内容和要求。同时，鼓励各国将国际标准纳入国内教育体系，培养更多具备国际视野和专业技能的人才，为国际标准的实施提供有力保障。

在这一章里，我们审视了 AI 在著作权、数据安全、个人隐私保护以及虚假信息和深度伪造技术方面带来的新型问题及其发展趋势。未来已来，通过持续推动技术发展、建立全面的伦理指导原则、完善相关法律法规以及加强国际合作等措施，我们可以期待一个更加安全、公正、可靠的未来，实现技术创新与社会福祉的和谐共进。